臺灣歷史與文化 研究輯刊

二三編

第 12 冊

洪棄生的豔體香奩與描寫婦女詩研究

陳 光 瑩 著

花木蘭文化事業有限公司

國家圖書館出版品預行編目資料

洪棄生的豔體香奩與描寫婦女詩研究／陳光瑩 著 -- 初版 --
新北市：花木蘭文化事業有限公司，2023〔民112〕
目 4+290 面；19×26 公分
（臺灣歷史與文化研究輯刊二三編；第 12 冊）
ISBN 978-626-344-204-7（精裝）
1.CST：洪棄生 2.CST：臺灣詩 3.CST：詩評
733.08   111021720

ISBN-978-626-344-204-7

臺灣歷史與文化研究輯刊
二三編　第十二冊　　　　　　ISBN：978-626-344-204-7

洪棄生的豔體香奩與描寫婦女詩研究

作　　者　陳光瑩
總 編 輯　杜潔祥
副總編輯　楊嘉樂
編輯主任　許郁翎
編　　輯　張雅淋、潘玟靜　美術編輯　陳逸婷
出　　版　花木蘭文化事業有限公司
發 行 人　高小娟
聯絡地址　235 新北市中和區中安街七二號十三樓
　　　　　電話：02-2923-1455／傳真：02-2923-1452
網　　址　http://www.huamulan.tw 信箱 service@huamulans.com
印　　刷　普羅文化出版廣告事業
初　　版　2023 年 3 月
定　　價　二三編 13 冊（精裝）新台幣 38,000 元　　版權所有‧請勿翻印

洪棄生的豔體香奩與描寫婦女詩研究

陳光瑩 著

作者簡介

陳光瑩（1967～），國立高雄師範大學文學博士，曾任南開科技大學助理教授，任教十五年。現職為臺中市立臺中第一高級中等學校國文老師，任教十年。

提　要

　　洪棄生（西元一八六六～一九二八年），清末臺灣鹿港秀才，為臺灣古典漢文學詩文大家。日治時期貞隱不仕。「洪繻」、「洪棄生」則是乙未年（西元一八九五年）之後改取之名與字，寓意自己是清朝棄民，以教授並傳承漢學，創作古典詩為志。本書研究其艷體香奩與描寫婦女詩，緒論從艷體香奩與描寫婦女詩的「辨體」論述，詞與駢文固然屬於別裁，作者以不同體裁寫作，同樣以婦女形象寫家國情懷主題，詩作也可託諸詠史，或出之以遊仙詩。因此，研究方法以「辨體」論述，涉及文學與其他領域的涵攝，闡發「互文性」的寫作，析賞嚴密的美學肌理，煥彩道德踐履的倫理意涵。確立研究動機、背景、問題意識，以及重要文獻探討、研究方法與論文架構。

　　此書研究理論架構，先在第一、第二章析論洪棄生艷體香奩與描寫婦女詩作品，其特色與旨趣。接著此書以涵攝作品、作者、宇宙和讀者的文學理論，架構作品批評意識。因此各章要旨如下：

　　第一章「艷體香奩，喻意特色。」析論艷體香奩與描寫婦女詩的特色。

　　第二章「公詠節婦，私愛艷情。」析論艷體香奩與描寫婦女詩的旨趣。

　　第三章「神韻格調，專運機神。」形上理論「神韻」「格調」，專運「機神」。以文學為宇宙原理之顯示，這種概念為基礎的各種理論。

　　第四章「變風變雅，憂世憂身。」洪棄生詩學的決定理論，即〈讀變雅說〉，乃「以時論詩」，強調時世與社會反應在詩歌內容。

　　第五章「奇麗出新，情足理足。」洪棄生詩學的表現理論，強調作家氣質的個人才賦，提出「骨氣」論。

　　第六章「兒女性靈，詩家之心。」從審美理論言，「神韻」與「骨氣」說主要是探討作品與宇宙。則作者與讀者的關係，見棄生的「意味」說，一方面強調為文重「意」，另一方面「味」的析賞則是強調讀者的品味。

　　第七章「思圓活法，剪裁烹煉。」從技巧理論言，洪棄生一如西方形構主義者，將文學當成詩，設定「陌生化」是文學的本質。

　　第八章「詩格雅正，真實自然。」洪棄生的詩學關於實用理論者，著重孔子詩教的闡發。詩的鑑賞則討論詩的體裁、風格和成就，洪棄生強調《詩經》和《楚辭》影響詩的題材、主題和風格等。

　　第九章「結論」洪棄生的艷體香奩與描寫婦女詩的成就與倫理意義。

目

次

緒　論

　　臺灣彰化鹿港文人洪棄生，生於清同治五年（西元一八六六年），卒於民國十七年（西元一九二八年），享年六十三歲。本名攀桂，官章一枝，字月樵。日據後改名繻，字棄生。為清末至日據時期，台灣古典詩之大家。各體兼擅、風格饒美，其詩苟置之有清詩作之林，亦足稱名家。其中以諷諭詩為大宗，所詠者多關乎清末至日據初期時事之大者，其他題材如香奩體、詠物、遊仙詩等，亦有可觀處。洪棄生的一生，經歷清朝同治、光緒、宣統三朝，跨越至中華民國建立之後。從台灣的歷史言，則由清領時期跨越至日治中期。就其個人言，乙未（西元一八九五年）臺灣割日，為其生涯轉捩點。乙未以前他志在科舉，求為世用，以經世濟民。臺灣割日的身世之痛和家國之悲，使他絕仕貞隱，專心著述。堅持不與日人打交道，以口伐筆誅的強烈反抗態度，將詩作史，為一代之興亡留下見證與反思，其道德文章足為臺灣人之典範。本專書《洪棄生的豔體香奩與描寫婦女詩研究》研究範圍以洪棄生的詩集中的豔體香奩與描寫婦女詩為主。共約 314 首。論文字數共計約二十萬字，共有十個章節（包括緒論、結論）。

第一節　研究動機、背景、問題意識，以及重要文獻探討

　　就洪棄生豔體香奩與描寫婦女詩作品，詞與駢文屬於別裁，卻與其詩作是「互文性」的寫作，如克里斯多娃的觀點，以疊映、重複、倒置或對照文本，

使其成為集眾多文本內涵、語境、語意為一體的意義的「輻射源」，〔註1〕有助於了解豔體香奩與描寫婦女詩寫作特色。洪棄生以《玉臺》豔體寫婦女生產的苦難，其節孝貞詞的風格亦相似，以典雅的駢文來寫作當代婦女問題，體裁選擇的歷時性與共時性特點，用法國羅蘭·巴爾特的觀點，此「寫作的零度」是風格化的寫作方式。從另一個角度，傳統婦女婚姻觀的封建性格，也表現為此寫作方式，也就是以「遵古通變」的寫作精神，強調傳統文化的價值。就洪棄生作品，別裁詞與駢文，豔體香奩與描寫婦女詩的承繼創新而自成風格。別裁合作，抒發家國情懷。其〈徵林烈婦施氏詩啟〉云：「蓋報國丈夫，全忠既難以全孝，亦捐軀巾幗，盡節不能以盡慈矣。」〔註2〕既以傳統儒家的節孝來責求婦女，以此來激揚士風，移風易俗，進而以盡忠於君王的家國君臣大義來繩求眾人，如何解決或是看待倫理衝突的兩難困境？如其所說，婦女對於忠孝如何兩全？殉節又如何撫子盡慈？

洪棄生的豔體香奩與描寫婦女詩寫及時行樂，耽溺花間，棄生自謂「多情」、「多慾」、「多愁」，觀之信然。〔註3〕階級、性別、種族是許多國家與社會必須探討的主題，則此類詩反映傳統中國男尊女卑的階級觀，性別男女的職分差異，以及清末西方文化思想影響之下，不同種族的婦女觀。面對倫理困境與個人情慾歡情，清末中國傳統文人的文學作品如何書寫？研究動機由筆者長期研究洪棄生的文學作品，以知人論世，以意逆志，以文學文本互文性的理論觀點，從辨體的文學思考深入探討，此奠基於當代文學研究注重共時性與歷時性，風格特色的寫作方式為研究背景。因此，問題意識自洪棄生的豔體香奩與描寫婦女詩作品，其書寫世風不得不求新變的辯證。此問題意識與文學的美學細密肌理，以及倫理學指涉某種實在（reality），因此能如同既存（given）的事物那般被探索其本質。

從豔體香奩與描寫婦女詩的「辨體」論述，詞與駢文固然屬於別裁，作者以不同體裁寫作，同樣以婦女形象寫家國情懷主題，詩作也可託諸詠史，或出之以遊仙詩。因此，研究方法以「辨體」論述，涉及文學與其他領域的涵攝，闡發「互文性」的寫作，析賞嚴密的美學肌理，煥彩道德踐履的倫理意涵。

〔註1〕羅婷著，《克里斯多娃》（台北市：生智文化，2002年8月初版一刷），頁127。
〔註2〕洪棄生著，《寄鶴齋駢文集》（南投：臺灣省文獻委員會，1993年），頁62。
〔註3〕洪棄生著，《寄鶴齋古文集》〈報張子汝南書〉，頁274。

　　此處先討論何謂倫理？論者孫效智〈與他者的關係——倫理學〉討論何謂
倫理？何謂道德？提到倫理學就是研究「倫理」與「道德」的「學問」。並說
明定義分兩種，一種是唯名定義（nominal definition），一種是實質定義（real
definition）。前者的目的是賦予字詞以特定意義，後者的目的則在於探究字詞
之特定意義所指涉的觀念或事物的客觀本質。此處有關「倫理」與「道德」的
不同看法，源於唯名定義的差異。一個人在唯名定義上如何理解「倫理」與
「道德」，自然就決定了他對這兩個概念的關係的看法。定義精確為學術討論
的重要性。論者孫效智分析：

　　　　「唯名定義」可以說就是一種「操作型定義」，目的在於確定語詞所
　　　　指涉的事物。確定「倫理」與「道德」的唯名定義，才能掌握倫理
　　　　學研究的對象，也才能進一步去建構「倫理」與「道德」的實質定
　　　　義，探究它們的本質。

　　在操作定義上，論者孫效智〈與他者的關係——倫理學〉將「倫理」與
「道德」視為同義詞。理由有四。其一，在中文語源上兩者之間確實有細微
差異，例如「倫理」原指人我之間的規範次序，「道德」則指主體內在價值態
度。然而，現代日常語言似乎早已通用兩者，而不再做如此精密的區別。好
比「合不合乎倫理」既可以用來評價一個人內在態度（仇恨的動機不合乎倫
理），也可以來評斷人我關係中的外在行為（童叟無欺的買賣合乎商業倫理）。
「合不合乎道德」也是如此。其次，做為評價用語，兩者的意思是相通的。
說一個行為「合乎倫理」也就是說它「合乎道德」；說一個動機「不合乎倫理」
也就是說它「不道德」。其三，當代中倫理學者多半也已不再區別「倫理」與
「道德」。最後「倫理」與「道德」對應到的兩個西方語詞在含意上也沒有太
大差異。

　　「倫理」何所指呢？孫效智引用蘇格拉底在柏拉圖的《理想國》一書中論
及這個問題時說：「我們現在討論的可不是芝麻綠豆的小事，而是應該如何生
活的大事」（"We are discussing no small matter, but how we ought to live."）。將
攸關「如何生活」或「如何做人」的倫理原則與其它實踐原則加以比較。這樣
的比較一方面可以讓人清楚「倫理」所指為何，另一方面也更讓人明瞭，何以
倫理問題遠比其他實踐問題都要優先而重要。〔註4〕

〔註4〕沈清松主編，孫效智等合著，《哲學概論》（臺北：五南，2002年），第二章，
　　　頁25～26。

　　孫效智的注釋提到，講的更仔細一些，唯名定義賦予字詞意義，實質定義則探究（透過唯名定義）被賦予特定意義的字詞所指涉的事物的本質。並非所有倫理學家都認為「倫理」與「道德」指涉某種實在（reality），因此能如同既存（given）的事物那般被探索其本質。相關議題即倫理中有關實在論（realism）的爭論。〔註5〕論者稱唯名論者和本質論者是歷史主義者與普世主義者之間的爭論。普世主義者例如亞里斯多德相信詩比歷史更具普遍性。比較偏向歷史相對論的觀點，例如討論悲劇時，華特‧班雅明堅持悲劇的歷史特異性，認為古希臘悲劇才有資格稱為悲劇，悲劇哲學是一種去歷史化的論述，把悲劇化約為跨越不同歷史條件的一套概括感情。〔註6〕

　　孫效智論實質定義，定義方與被定義方的外延（extension）必須一致，而內涵（intension）方面，定義方內涵至少必須是被定義方的部分集合，指出它的主要特色，且足以使得被定義方與其他事物區分開來。依此，實質定義是有真假對錯可言的。孫效智舉例定義人是什麼？四隻腳或動物都不對，理性是人性的主要特徵，又足以使得人與其他動物區分開來。〔註7〕

　　本文依此說法，不再區別「倫理」與「道德」。論者孫效智分析蘇格拉底認為道德本身的價值，遠遠高於道德所帶來的外在福報。「為什麼應該道德？」，道德是「人禽之分」，如孟子所言，則符合理性的道德能力是道德根源，也是人性事實。做君子而以修身為本，發揮人性殊勝處，不就是「善對你有好處」，所謂「較好」的選擇。從「價值」和「圓滿生命的開展」，可知幸福最優先而不可缺的本質要素即「道德」。真誠關心他人，未必出於義務，此道德自律即「關係性的自律」。慈悲須無我無執，真正開悟者行善時是忘記福報的，善行累積的德功已轉化為開悟的智慧。《新約》〈若望書信〉言上帝愛人，上帝要人在愛中實行上帝旨意，故無恐懼，更不懼懲罰。「苟得其情，哀矜而勿喜。」哀矜同情和愛人如己，即陶淵明詩云：「縱浪大化中，不喜亦不懼。」論者泰瑞‧伊格頓認為倫理學完全是關於人類的，是關於人類像什麼，而不是人類喜歡什麼。「德行」意味某種作為人類的技藝或技巧，良善生活是費力的技術性事業。〔註8〕

〔註5〕沈清松主編，孫效智等合著，《哲學概論》，頁24～25。

〔註6〕泰瑞‧伊格頓（Terry Eagleton）著，黃煜文譯，《論悲劇》（台北市：商周出版：城邦文化出版，2021年4月初版），頁42～44。

〔註7〕孫效智著，《宗教、道德與幸福的弔詭》（台北：立緒文化，2002年），頁43。

〔註8〕泰瑞‧伊格頓（Terry Eagleton）著，李尚遠譯，《理論之後：文化理論的當下與未來》（臺北市：商周，2005年），頁160～161。

　　論者孫效智分析「自我實現」是將自己的生命潛能和諧地實現出來。完整的幸福來自互相尊重，彼此相愛的關係。無私的父母跟孩子一起成長，接受自我與接受他人，以他人為中心的愛，以無私忘我的態度，雖不是為了滿足自己，卻帶給人最深的滿足。「愛人如己」，愛己是愛人的基礎。以善念追求善行，如基督宗教的愛與佛教講的慈悲，其重要特徵是「自律」，即為了行善而行善的態度。《中庸》「君子之道，造端乎夫婦。」以夫妻情愛為人間最高峰、最根本的關係，接下來便是親子之愛。《中庸》「天命之謂性」以下三句，論者孫效智的詮釋：「人性來自天命，人性的根源在於天。至於道德的意義在於順合人性，將人性的本質與潛能實現出來。」〔註9〕將攸關「如何生活」或「如何做人」的倫理原則來討論朱熹的理學，可謂切中要旨。業師應裕康論朱熹的學術精神云：

> 朱子主張格物窮理，然他的格物目的在於窮天理、明人倫、講經義，通世故而已。以引天理，以克人欲。以倫理道德為衡量是非，約束行為之準則。所以朱子雖亦講求自然奧祕之學，但仍以「人」學為主。〔註10〕

　　以倫理道德為衡量是非，約束行為之準則，以「人」學為主，就是探討攸關「如何生活」或「如何做人」的倫理原則。泰瑞·伊格頓說得好：

> 人類是自我決定的存有者——但惟有以對自然、世界、彼此的深刻依賴為基礎，他才會是自我決定的存有者。……一個有意義的人生計劃如果不顧及親屬、社群、性、死亡、遊憩、哀傷、歡笑、疾病、勞動、溝通等等事實，也很難維持下去。

　　泰瑞·伊格頓認為這些個人生命的核心特徵，在任何個人的生命過程中都很重要，但在不同文化中的實踐方式是很不同的。從社會學的觀點，如何實踐生命意義與價值建構？棄生的態度是參古變法，對古人是「半肯半不肯」；非親履實踐，不足以學究天人。顧及親屬、社群，一如泰瑞·伊格頓認為生命意義是屬於倫理道德，「某種生命的品質、深度、豐饒、強度。」〔註11〕親履實踐，學究天人，「引天理，以克人欲。以倫理道德為衡量是非，約束行為之準

<hr />

〔註9〕孫效智著，《宗教、道德與幸福的弔詭》（台北：立緒文化，2002年），頁174～175、頁176～177、頁188～189、頁166、頁144～145、頁110～111、頁24。

〔註10〕業師應裕康評論伍振鷟文。伍振鷟著，〈朱陸教育方法論之比較〉（《教育哲史教學國際學術研討會》，教育部中等教育司主辦，國立高雄師範大學教育研究所承辦。民國八十二年四月二十日至二十二日）。

〔註11〕泰瑞·伊格頓（Terry Eagleton）著，方佳俊譯，《生命的意義是爵士樂團》（台北：商周出版社，2009），頁142～153、181。

則。」充分「自我實現」天性之善，此德性生命來自格物致知。

　　道德修養來自自律，自律功夫即儒家所說的「慎獨」，《中庸》一書：「莫見乎隱，莫顯乎微，故君子慎其獨也。」「慎獨」，就是在別人看不見的時候，也能慎重行事；在別人聽不見的時候，還依舊保持清醒。而你怎麼對待別人，別人也會怎麼待你。此即《孟子·梁惠王下》：「出乎爾者，反乎爾者也。」論者泰瑞·伊格頓稱一個人的行動在他者眼中——取決於一個人在整個權力、繼承、意義、諸神的場域中的位置——以及在自己眼中，意義可能有所出入，因此你的行動的真實意義不僅超越你的掌握，而且日後還可以不同的形式反彈到你的身上。泰瑞·伊格頓云：

> 人因此必須審慎地計算自己的行動，在難測的權力與相互競爭的力量構成的地雷區迂迴前進。更確切地說，由於不存在最終的後設語言，人們因此總是需要以另一種語言來闡釋，如我們曾經提到的，他者不存在他者——沒有任何觀點可以綜觀全體。這不是個統一的領域，奧林帕斯山爭論不休的諸神也未構成一個單一而至高無上的權威。透過他者，人們重新將自己建立成一個能自行產生動機的行動者；但這注定超越我們的心智領域之外，因為從一開始就是他者將我們建構成一個認知的主體。〔註12〕

　　人類的天性在於超越自己。實現「自我最可能充分發展自我的方式」即天性，只因方式涉及什麼我們並不清楚，使人誤以為人類毫無天性。〔註13〕泰瑞·伊格頓認為如果幸福不是直接對準的目標，只因它不是善的一種，而是許多種善所造成的結果。因此，討論何為良善生活時，亞里斯多德是多元論者，踐履天性本身即是愉快的目的，不以功用性，效用性或個人享樂、國家榮耀等行動、目的來實踐。摒除資本主義思索何種方法可法最有效達成目標的思維，為了追求報酬或效率而淪為金錢奴隸。唯有透過彼此相互促成自我實現，以「人為政治動物」的社會主義，或者是自由主義的理論，每個人在不妨礙他人情形下，實現個人獨特的能力。視道德依循意志而以某種方式行動的純粹性，無視行為後果或快樂、效用，此康德視道德為「責任」之說，進而結合天性實踐中，惻隱之心，或體諒之心的傾聽，視道德為為一愉快目的，此即以道德本

〔註12〕泰瑞·伊格頓（Terry Eagleton）著，黃煜文譯，《論悲劇》，頁92～93。
〔註13〕泰瑞·伊格頓（Terry Eagleton）著，李尚遠譯，《理論之後：文化理論的當下與未來》（台北：商周出版社，2021），頁154。

質上是政治的事務。

　　誠如論者泰瑞‧伊格頓的闡釋，非存有可以是對人類的脆弱與無根據性的覺察，再也沒有可失去的悲劇性自由可以產生正面的社會改革。悲劇提醒我們，面對非存有時要繼續生活下去是多麼困難的事，同時提醒我們，缺乏勇氣來面對受傷的生活方式，最後也將缺乏活下去的勇氣。深處內心的非存有會擾亂夢想，挫折計畫，但也為更光明的未來付出代價，是一種使我們對人性的開放本質保持信念的方式，是一種希望的源頭。階級、性別、種族是絕對必要的主題，卻不是只能繼續重複的敘事，擺脫僵化的正統教條，探討至今不敢碰觸的新的主題，是探索的開端。〔註14〕

　　另一方面，文學的美學細密肌理，如果從中國詩歌「詩言志」、「詩緣情而綺靡」的觀點，誠如陸機〈文賦〉所說：「詩緣情而綺靡」。〈詩大序〉所說：「在心為志，發言為詩；情動於中，而形於言。」「變風，發乎情。……發乎情，民之性也。」沈約《宋書》〈謝靈運傳〉：「民稟天地之靈，含五常之德，剛柔迭用，喜慍分情，夫志動於中，則歌詠外發。」劉勰《文心雕龍‧明詩》：「人稟七情，應物斯感，感物吟志，莫非自然。」鍾嶸《詩品‧序》：「氣之動物，物之感人，故搖蕩情性，形諸舞詠。」誠如學者廖蔚卿所說，「文學的語言基本是『緣情』的，它表現的是個人內心對經驗世界的感覺、關注和欲望，是一種個別的、特殊的內在的生活及感情的描繪。故詩純粹是感情的洋溢的語言表現，而詩人做此表現的欲望和目的，本質上固然純是個人情緒的心理的慰藉。」〔註15〕

　　從「詩言志」、「詩緣情而綺靡」的觀點來討論。詩人真誠篇什，較少粉飾之作，如王國維所說：「能於詩詞中不為美刺投贈之篇，不使隸事之句，不用粉飾之字，則於此道已過半矣。」又說：

　　　　「君王枉把平陳業，換得雷塘數畝田。」政治家之言也。「長陵亦是閒邱隴，異日誰知與眾多？」詩人之言也。政治家之眼，域於一人一事。詩人之眼，則通古今而觀之。詞人觀物，須用詩人之眼，不可用政治家之眼。故感事、懷古等作，當與壽詞同為詞家所禁也。〔註16〕

〔註14〕泰瑞‧伊格頓（Terry Eagleton）著，李尚遠譯，《理論之後：文化理論的當下與未來》，頁272～274。

〔註15〕廖蔚卿著，〈論中國古典文學中的兩大主題——從登樓賦與蕪城賦探討遠望當歸與登臨懷古〉，《漢魏六朝文學論集》（台北市：大安出版社，1997年第一版），頁44～47。

〔註16〕王國維作，林玫儀導讀，《人間詞話》（台北：金楓，1991），頁47～48、79。

雖說詞家亦是詩家宜懸為箴言，通古今而觀之，此感事、懷古等作，所以有曠古感懷於一瞬之滄桑，以及生死興懷之痛感。

從問題意識爬梳重要文獻，筆者的博士論文以及博士後研究，皆聚焦於洪棄生的文學作品。相關的重要著作，研究臺灣漢詩學者的研究，對筆者都有綠助性的啟發，學者大名與相關書目在此不一一羅列。就問題脈絡化思考，民國初年學者胡適批判文化風俗的文章，如〈婦女問題〉等，具備歷時因果與共時革新的反思。安克強著，袁燮銘、夏俊霞譯，《上海妓女──19～20世紀中國的賣淫與性》（上海：上海古籍出版社，2004年7月第1刷），著眼百年來上海的男女性行為買賣，探討妓女在中國的社會生活、經濟活動、習俗和性生活的程度。從經驗知識的文化與社會觀察入手，對筆者本書有更重要的借鏡參考價值。因此，以洪棄生的詩集中的豔體香奩與描寫婦女詩研究為主，探討百年來婦女在中國和台灣的社會生活、經濟活動、習俗和性生活的程度。

第二節　研究方法：文學辨體論

台灣鹿港作家洪棄生（西元一八六六～一九二八年）關於其豔體香奩與描寫婦女詩。為了能夠把作品和文體置放在一個有意義的脈絡裏，標舉出其特色。必須先探究洪棄生的批評意識與理論範疇。

就洪氏文學理論的文本性研究，和他在日本人控制下的屈從與抵抗經驗有關。這使他的批判意識具有複雜性與同時性，近於薩伊德所謂的「對位」。〔註17〕洪氏分析作品的獨特性和差異性，根據社會概念的開放肌理與美學概念的緊緻紋理。〔註18〕如泰瑞·伊格頓言，在文化的藝術意義上，文化是一群具有根本價值之作品的集合。〔註19〕身為詩人，洪氏頑固的忠於自我，以此作為一種政治批判。他以中國古典文學的理想性質疑事物必須具有功能才能維持下去的假設。以此批判日本人施政的功利性。在日人殖民統治下，中國古典文學如何繼往開來，是他無法擺脫的文化懸念和焦慮。身為詩人，他敏於詩與

〔註17〕艾德華·薩伊德（Edward W. Said, 1935～2003）著，單德興譯，《知識份子論》（臺北：麥田出版社，2004年），頁178、271。

〔註18〕此處借用泰瑞·伊格頓（Terry Eagleton）著，李尚遠譯，《理論之後：文化理論的當下與未來》（臺北：商周出版社，2005年），頁111。

〔註19〕泰瑞·伊格頓（Terry Eagleton）著，《理論之後：文化理論的當下與未來》，頁129。

社會的議題：詩的體製與對社會問題的批評。此因晚清知識份子必須處理中國
政治的變革問題，面對西方帝國侵略的危險和威脅，帝國的永續性成為重要的
課題，而文學如何從歷史經驗中汲取教訓？洪氏理論的世俗性與現世性，一方
面表現在雅、俗之分，另一方面為推陳出新的說法。此因當時的讀者尊崇作品
抒情和敘事能力具有的藝術性和精確性，已不同於十九世紀早期中國學者的
主要工作，是核對古代文獻的大量資訊，並予編目。洪棄生評論詩歌風格，重
視「奇」、「麗」、「清新生動」、「老成」等，足可為例。〔註20〕畢竟，文學處理
的，是文本的美學、存在與意義，感人的文字，以及動人的韻律等問題。誠如
喬納森・卡勒說：

　　　正是張力和衝突使身分的問題成為至關重要的和不可避免的。〔註21〕

　　據殖民與後殖民理論分析下的社會身分認同，日治時期洪棄生因貞隱不
仕，屬於隸屬團體，他以遺民自許，傳承漢學，文章在辨論日本帝國霸權和抵
制它的可能性之間的關係。此為他理論的普遍結構與批評意識的根源。〔註22〕

　　洪氏的詩學強調中國文學體裁和經典的價值，什麼是文學經典？這是他
關心的首要問題。他創造生動的描述有關中國古典文學作家作品的特色。此
外，「古典」一詞表示「反動」、「復古」的寫作方式。認同經典包括對當代社
會的批判與對古代作家的摹仿和競爭。如喬納森・卡勒所說，這種文學研究的
任務是把文學作品作為作者的成就去解讀，而研究文學的主要原因是那些巨
著有著特殊的價值：它們的複雜性、它們的美、它們的洞察力、它們的普遍意
義，以及它們可能會給讀者帶來的好處。〔註23〕洪棄生的文學批評如〈擬作劉
彥和文心雕龍序〉、〈借長生殿小簡〉等文，批評駢文、戲曲等文體，見解頗有
可取處。發凡體例，對洪的批評理論再理解、再批評，闡發其理論與批評的優
異，評價其得失，是我寫作的動機，也是本書撰寫的要旨、目的與重要性。

　　棄生詩論多見於《寄鶴齋詩話》，內容評論自詩經以來到晚清，歷代詩人
詩作。又旁及駢文、賦、散文、戲曲等。《詩話》的批評與鑑賞方式，仍沿襲
傳統詩話的特點，其論詩要旨本漢人溫柔敦厚的詩教，溯源《詩經》、《楚辭》，
下逮歷代詩人詩風之新變代雄，評論風格，品第詩人，以為風雅法式。所謂詩

〔註20〕洪棄生著，《寄鶴齋文集》（南投：台灣省文獻委員會，1993），頁 31、67、77。
〔註21〕喬納森・卡勒（Jonathan Culler）著《文學理論入門》，頁 122。
〔註22〕「普遍的結構」一詞，借用喬納森・卡勒著《文學理論入門》，頁 122。
〔註23〕喬納森・卡勒（Jonathan Culler）著，李平譯《文學理論入門》（南京：譯林出
　　　　版社，2008），頁 49。

教即《禮記・經解》「其為人也，溫柔敦厚，《詩》教也。」「其為人也，溫柔敦厚而不愚，則深於《詩》者也。」棄生論《詩經》，本諸風、雅、頌、賦、比、興六義，與《楚辭》為後世詩作題材與風格淵源。

從文體論來討論豔體香奩詩，溯源自文心雕龍的文體論。詩重奇麗，本自魏晉詩論。此因魏晉「文體論」肇興，強調文質相待，辭采與內容並重。此文學理論又肇始於曹丕《典論・論文》云：「詩賦欲麗」，陸機〈文賦〉說：「詩緣情而綺靡，賦體物而瀏亮。」〔註24〕《文心雕龍・情采》論「為情而造文」、「為文而造情」之分判。為情者「要約而寫真」，只因「志思蓄憤，而吟詠情性。」為文者「淫麗而煩濫」，惟「苟馳夸飾，鬻聲釣世。」采欲有情，文須為己，非欲沽名釣譽。《文心雕龍・辨騷》雖謂「奇文鬱起，其〈離騷〉哉！」言寫作時，「若能憑軾以倚雅頌，懸轡以馭楚篇，酌奇而不失其真，翫華而不失其實。」〔註25〕方不失正理。棄生因讚美劉勰的《文心雕龍》之文藻云：「析辭必根於理，立言必要乎中，無文士好奇之見，無才人釣詭之心。」〔註26〕

棄生論詩文，極推崇劉勰。常以古文學家從道德觀點看五經的價值，以儒家學說從政教立場立說。又強調風格是內容和形式的綜合表現。因此，本文從文學史和文學批評史立說。筆者著作《洪棄生《詩》《騷》別裁的遺民詩史研究》第一章論洪棄生的詩文體裁新變論，棄生文學批評理論根源自〈文心雕龍〉，引用其〈擬作劉彥和文心雕龍序〉（甲午十一月十四日夕作）〉云：「其分體製也，原道以徵聖，意同韓愈；宗經而下緯，識過康成。騷詩賦頌，則異流而同源；碑銘表對，復振業以尋根。大有上下千秋之概，是為網羅百世之書。」從「原道以徵聖」、「宗經而下緯」論文章體製。此外，筆者著作《洪棄生《詩》《騷》別裁的遺民詩史研究》第一章論洪棄生的文學理論旨在由「辨體」，分辨文章體製；另一方面探源索流、遠紹旁搜而「尊體」，企求會通歷代文體風格異同，以「變格求新」，方能汲古而融鑄自家風格。劉勰的體性論一方面本於才氣說，發揮了曹丕文以氣為主的論旨，而在創作及批評方面樹立了精確的原理，對作家文風派別予以劃分，一方面亦將體性論運用為文類區分的條件，予各類文體以明確的製作樣式，將曹丕、陸機的文體論作了更完密的補充。

〔註24〕陸機著，楊牧校釋，《陸機文賦校釋》（台北：洪範書局，1985），頁41。
〔註25〕劉勰原著，王更生注譯，《文心雕龍讀本》下篇（台北：文史哲出版社，1988），頁77～79、66。
〔註26〕洪棄生著，《寄鶴齋駢文集》〈擬作劉彥和文心雕龍序〉，頁99。

　　劉勰的《文心雕龍》對作者與作品的關係，則見於對情采的討論。日本學者
興膳宏討論《文心雕龍‧情采》中推崇劉勰論點：「古之為辭者，為情而造文。」
針砭「今之為辭者，為文而造情。」誠如日本學者岡白駒的闡述，此說可矯正六
朝過分尊重修辭帶來的弊端；唐宋古文家極端排斥修辭，亦有不少缺點。結合
「載道」與「文辭」，才能發揮完全的文章作用。這是劉勰立論卓越處。〔註27〕

　　劉勰的《文心雕龍‧總術篇》以為無韻者「筆」也，有韻者「文」也。「文」
「筆」之分，洪棄生的兒子洪炎秋說：

> 古代的人，無論東西，大都思想質樸，分工不精，所以對於文學的
> 概念，也是非常含混，一直到了魏晉以後，文體崇尚偶韻，大家纔
> 漸漸理會到同是用文字寫出的東西，可以約略分成兩類：一類是抒
> 情的文字，一類是實用的文字。抒情的文字，大都有韻，而實用的
> 文字，則多無韻；於是乎大家就把前者叫做「文」，而把後者叫做
> 「筆」，來做區別。劉勰的文心雕龍總術篇說：「今人常言，有文有
> 筆，以為無韻者筆也，有韻者文也。夫文以足言，理兼詩書，別目
> 兩名，自近代耳。」南史顏延之傳說：「宋文帝問延之諸子才能，延
> 之曰：『竣得臣筆，測得臣文。』」由此可見當時對於文體的區別，
> 流行著「文」、「筆」兩類的說法；這種分類，魏晉以後纔發生出來，
> 在這以前，都以為文字只是補足語言的工具，有韻的、抒情的「詩」
> 和無韻的、實用的「書」，原是一體，並沒有什麼分別。〔註28〕

　　洪炎秋引梁元帝蕭繹在《金縷子‧立言篇》說：「揚榷前言，抵掌多識者
謂之筆；詠嘆風謠，流連哀思者謂之文。」〔註29〕洪炎秋認為梁元帝顯然是以
「筆」來指談論學術的實用文字，而以「文」來指發表情感的抒情文字了。洪
炎秋引曾國藩的〈湖南文徵序〉說：

> 人心各具自然之文，約有二端：曰理，曰情，二者人之所固有。就
> 吾所知之理，以筆諸書，而傳諸世，稱吾愛惡悲愉之情，綴辭以達
> 之，若剖肺肝而陳諸簡策；斯皆自然之文。〔註30〕

〔註27〕興膳宏著，蕭燕婉譯注，《中國文學理論》（台北：聯經出版社，2014 年 12 月），
　　　　頁 308。
〔註28〕洪炎秋著，《文學概論》（臺北市：華岡出版社，1979 年），頁 15。
〔註29〕蕭繹著，《金樓子》（臺北市：臺灣商務印書館，1975 年），卷 5、6。
〔註30〕曾國藩著，《曾國藩詩文選》（上海：上海古籍出版社，2005 年 10 月第一刷），
　　　　頁 411。

　　洪炎秋以梁元帝「文」、「筆」之分的標準，評論曾國藩的這幾句話，很合於六朝時代把作品分為「文」、「筆」兩類的見解。〔註31〕可謂中肯。

　　此關乎體貌之體，以及體要之體。體貌之體，是來自楚辭的系統；則站在劉彥和的觀點說，體要之體是來自五經的系統。若以體貌之體是以感情為主，則體要之體是以事義為主。若以體貌之體，是來自文學的藝術性；則體要之體，是出自文學的實用性；若以體貌之體，是通過聲采以形成其形相；則體要之體，是通過法則以形成其形相。上篇中從史傳到書記，多是以體要之體為主。後來古文家所主張的義法，實際是繼承此一系統而發展的。洪氏論文作詩，一向以清代桐城派「義法」為宗，從文學體製的「辨體」、「尊體」進而「變格求新」。以早年八股文寫作的基礎訓練，尚法古人，會通體製，造語清真，融鑄雅製，風格「清真古雅」，即《文心雕龍‧通變》云：「矯訛翻淺，還宗經誥；斯斟酌乎質文之際，而櫽栝乎雅俗之際，可與言通變。」宗經通變，作品「清真」而「古雅」，方能「文」「質」彬彬。語言「推陳出新」，立意化俗為雅。端在「憑情以會通，負氣以適變。」平日篤志博學，下筆之際，神思陶鈞，志氣情理，得心應手，自有不得不變，會通一貫之合作。本論文揭櫫其香奩體詩的旨趣與風格，評價其承繼創新之成就，此屬於文學的研究觀點。

　　構成文學的重要因素有三：一是作為其媒材的語言文字，一是作為其內容的思想感情，一是作為其藝術表現的形相性。卡西勒：「科學是事實和法則的發見者，而藝術家則是自然之形相的發見者。」藝術家是將自然的形相，表現於藝術作品之中，以成為藝術作品的形相。

　　《文心雕龍》從〈原道〉到〈辨騷〉論文體的根源。〈明詩〉到〈書記〉論各類文章對文體的要求，既成作品中文體的得失，〈總術〉篇所謂圓覽區域。〈神思〉到〈總術〉論構成文體的內外諸因素，學習文體的方法，大判條例。〈總術〉：「才之能通、必資曉術、自非圓鑒區域，大判條例、豈能控引情源、制勝文苑哉。」《文心雕龍》上篇大要在歷史性的文體研究，下篇大要在普遍性的文體研究。文體論中最中心的問題，也是最後的問題，便是文體與人的關係，在達到完成階段的文體論都是環繞此一問題而展開的。所以下篇的〈體性〉篇又是文心雕龍的文論的核心。

　　曹丕《典論論文》「蓋奏議宜雅、書論宜理、銘誄尚實、詩賦欲麗，此四科不同，故能之者偏也；惟通才能備其體。」「雅」、「理」、「實」、「麗」

〔註31〕洪炎秋著，《文學概論》（臺北市：華岡出版社，1979年），頁20。

乃其所謂的「體」，即係「文體」。從曹丕以迄六朝一談到「文體」，所指的都是文學中的藝術的形相性，它和文章中由題材不同而來的種類，完全是兩回事。

文類（genre）是純客觀的存在；談到文類（genre）時，可以不涉及作者個人的因素在內；所以文類（genre）的形式是固定不移的。而文體（style）則是半客觀半主觀的產物，必須有人的因素在裡面，因而他的形式也是流動的。其要點如下：

一、文章的分類，主要是根據題材在實用上的性質；至於文字語言構成的形式，只居於次要的地位；並且有許多根本與由文字構成的形式無關。這便說明西方的文類（genre）與文體（style）有時可以混淆，而中國的文類（genre）與文體（style）則絕不能混淆。

二、某類的文章要求某種文體，也便成為文體論的重要課題。文類（genre）與文體（style）相混淆，則由文類（genre）所給與文體（style）的要求及其制約性，亦因之不顯，於是文章的法式（後來之所謂義法）亦無由建立。要而言之，從體裁，即未含作者的人的因素。進論體要，即作者的智性經營之跡。達到更高的體貌，即作者的性情，以及精神狀貌。

體要即作者的智性經營之跡，能把握題材之要點，適應題材之要求，即係能體於要，而達到體要之體。《文心雕龍‧論說》云：「原夫論之為體，所以辨正然否，窮于有數，追於無形；鑽堅求通，鉤深取極；乃百慮之筌蹄，萬事之權衡也。」「故其義貴圓通，辭忌枝碎；必使心與理合，彌縫莫見其際；辭共心密，敵人不知所乘；斯其要也。」此由體裁向體貌的昇進。

《文心雕龍‧銓賦》云：「夫京殿苑獵，述行叙志，並體國經野，義尚光大。……至於草區禽旅、庶品雜類，則觸興致情、因變取會；擬諸形容，則言務纖密；象其物宜，則理貴側附；斯又小制之區畛，奇巧之機要也。」按此由題材之大小，而決定體製之大小，由體製之大小，而決定體貌之「光大」或「纖密」。所謂體貌的內涵如下。

一、文學特性的自覺，亦即文體的自覺，是通過文學中一系列的「體貌」、「聲貌」的感受而誘發出來的。有了體貌的自覺，才回轉頭來有體裁與體要的自覺。

二、體貌其實質乃是出自感情，乃是感情的客觀化、對象化。例如《詩經》中的比興筆法來表現感情，使其客觀化、對象化。此即《文心雕龍‧辨騷》云：

「觀九歌九辯、綺靡以傷情，……故能氣往轢古，辭來切今。驚采絕艷，難與並能矣。」

「朗麗」、「綺靡」、「采」、「艷」都是形容語言藝術的形相。在此形相的後面乃是「雖與日月爭光可也」的屈原的芳潔的感情。強調體貌是因為感情朦朧而無法把捉的、故必借外物之聲貌，以為感情之聲貌，因此容易引起文體的自覺。

三、文體自覺，恐怕來自東漢以來對人物的品鑒。魏晉以前出於實用的要求「由形所顯，觀心所蘊」。《世說新語‧容止》乃人的「活地」形相。由人的活地形相所奠定的美，是把形相和由形相昇華上去的神味，直接連在一起所形成的。文學的形相，則主要表現在昇華作用以後的神味上，所以對形相而言，只是間接的，可以用感官去具體認取的成分相當稀薄。論體要與體貌的關連，《文心雕龍》「頌主告神，義必純美。」純美乃所以適應於告神之事，亦即頌之要。

「原夫頌惟典雅，辭必清鑠。敷寫似賦，而不入華侈之區；敬慎如銘，而異乎規戒之域。揄揚以發藻，汪洋以樹義；惟纖巧曲致，與情而變，其大體所底，如斯而已。」

典雅者，乃由純美之要所求之文體，係體要之體；清鑠則係指體貌而言，清鑠的體貌，乃達到典雅之方法。「敷寫似賦，而不入華侈之區；敬慎如銘，而異乎規戒之域。」此乃說明體要之體，對體貌之體，所發生之制約性。即是凡與體要不相合的體貌，反成為文章的贅累。

另一方面，闡述體貌向體要的依存，則體貌應以體要為內容。《文心雕龍》論誄碑：「逮尼父之卒，哀公作誄、觀其愁遺之切、嗚呼之歎，雖非叡作，古式存焉。」蓋誄之要求在表達哀情，「切」與「歎」之體貌，正與哀情相合。

《文心雕龍》論哀弔：「夫弔雖古義，而華辭末造；華過韻緩，則化而為賦。固宜正義以繩理，昭德而塞違。割析褒貶，哀而有正，則無奪倫矣。」

故劉勰欲以體要之體，救體貌之失；使體貌能根於體要而昇華上去，以得其倫序。然而每一類文章，其體要雖大體相同，而體貌則不妨各異。《文心雕龍‧通變》云：「凡詩賦書記，名理相因，此有常之體也。文辭氣力、通變則久，此無方之數也。」

清末到日治時期，鹿港文人洪棄生認為詩為「言之尤工者」，詩語當推陳出新，一九一七年所作〈寄鶴齋詩矕小引〉云：「言以道意，言之工者謂之文，言之尤工者謂之詩，則詩貴矣。然而工者少、不工者多；知者少，不知者眾。」

抬高詩的地位在文之上，以為「言之尤工者」，彌足珍貴。詩的定義誠如張健云：「詩最簡潔的定義是：最精鍊的語言，最具藝術價值的文學作品。」〔註32〕二人之說可相印證。

關於「文」的意義，先秦典籍並不專指文學作品，也非狹隘的指作家的詩文。試舉《尚書·堯典》「欽思文明」句，馬融《傳》和鄭玄《注》云：「經天緯地曰文」。〔註33〕則闡發天地間事物道理者曰「文」。此外，「文」又指「文采」。《文心雕龍·原道》云：「乾坤兩位，獨制《文言》，言之文也，天地之心哉！」《易·文言傳》以乾為天，坤為地，闡發乾、坤二卦的微言大義。《韓非子·解老》說：「道者，萬物之所然也，萬理之所稽也。理者，成物之文也；道者，萬物之所以成也。故曰『道，理之者也』……萬物各有理，萬物各有理而道盡」。因此，內在於萬物中的理路為文。合而觀之，「文」有「經天緯地」的「文理」和「文采」兩個意思。論者引用《三國志·魏書·王粲傳》：

> 始，文帝為五官將及平原侯植皆好文學。「文學」不單指「學問」，也意指以詩文為中心的「文章」。〔註34〕

以及《南齊書·陸厥傳》：「會稽虞炎，永明中，以文學與沈約俱為文惠太子所遇。」論者指句中的「文學」作「文」與「學」來解釋。〔註35〕到了六朝後，正史開始為文人設傳，說明「文」的社會價值，已越來越高。曹丕說：「蓋文章經國之大業，不朽之盛事。」《文心雕龍·序志》云：「唯文章之用，實經典枝條。」《宋書·隱逸·雷次宗傳》提到文學與玄學、儒學、史學並列，文學作「文」之「學」來解釋。〔註36〕論者分析如果設定「文學」是「以語言為媒介的藝術」，舊中國又稱作「文章」。〔註37〕此見於《文心雕龍·序志》云：「古來文章，以雕縟成體。」文章須有「采」這種「雕縟」的要素，理論特徵在強調不能缺乏語言中的「美」。《文心雕龍·情采》言「立文之道，其理有三」，即形文、聲文、情文。外在的雕飾，須從內心深處的光輝散發而出，因而推崇《詩經》的文飾方法，主張「為情造文」。〔註38〕

〔註32〕張健著，《文學概論》（台北：五南圖書公司，1983），頁115。
〔註33〕黃慶萱著，《新譯乾坤經傳通釋》（台北：三民書局，2009），頁10。
〔註34〕興膳宏著，《中國文學理論》（台北：聯經出版社，2014），頁38。
〔註35〕興膳宏著，《中國文學理論》，頁40。
〔註36〕興膳宏著，《中國文學理論》，頁40～42。
〔註37〕興膳宏著，《中國文學理論》，頁44。
〔註38〕興膳宏著，《中國文學理論》，頁65～66。

　　《文心雕龍‧宗經》從五經中，探尋四種文體的起源。《易》是論、說、辭、序之源。《書》是詔、策、章、奏之源。《詩》是賦、頌、歌、讚之源。《禮》是銘、誄、箴、祝之源。《春秋》是紀、傳、盟、檄之源。〔註39〕

　　《文選》編輯對象去除經書，諸子，說以及史書（史論與史述例外）四大領域。蕭統認為史書的論、贊，以及序述，也就是史評的部分，列入選擇的對象，因其具有「綜緝辭采，錯比文華」的功用。由《文選》「事出於沉思，義歸乎翰藻。」的批評基準來看，史評這類文章符合「出於深刻的思索後，用優美的文辭表現出來。」的標準。〔註40〕對於文學聲律的發展，論者點出蕭統編選《文選》時，其文學觀比較接近沈約〈宋書謝靈運轉論〉裡的觀點，尊重聲律是文學史發展的過程，給予較高的評價。〔註41〕

　　論者檢討以特定文體為主的向心文學觀，認為《文選》具體化向心的文學觀，其限定文體的代表，越來越偏向五言詩。蕭統所編的《詩苑英華》（隋志記載有十九卷，新舊唐志作二十卷）雖已亡佚，但《梁昭明太子文集》卷三的〈答湘東王求文集及詩苑英華書〉提到蒐集的英華，在「上下數十年間」，無疑是一部選錄宋、齊、梁三朝的作品，大約占百分之四十。《文選》收錄的文體共有三十七類。其中六十卷本的卷一到卷十九前半部分是賦，卷十九的後半到卷三十一是詩。而卷三十二、三十三的騷，實質上也可視為詩，論者認為《文選》全書一半以上收錄的都是詩、賦兩種文體。〔註42〕

　　梁簡文帝命徐陵編纂以五言詩為中心的豔詩《玉臺新詠》十卷。論者認為《文選》和《玉臺新詠》對五言詩的偏好與「文學進化論」的態度相同。《玉臺新詠》全書十卷，除了卷九以外，其餘九卷收錄的都是五言詩，編纂比《文選》稍晚，編者對五言詩向心的偏好，使其內容以太子時代簡文帝蕭綱和其集團之詩風為基準。〔註43〕

　　鍾嶸《詩品》云：「五言居文詞之要，是眾作之有滋味者也。」蕭子顯《南齊書‧文學傳》云：「五言之製，獨秀眾品。」《詩品》云：「窮情寫物，最為詳切。」可見五言詩的優越性。《南齊書‧謝朓傳》云：「朓善草、隸，長五言詩。沈約常云：『二百年來無此詩也』。」〈伏挺傳〉云：「及長，有才思，好屬

〔註39〕興膳宏著，《中國文學理論》，頁66。
〔註40〕興膳宏著，《中國文學理論》，頁97。
〔註41〕興膳宏著，《中國文學理論》，頁75～76。
〔註42〕興膳宏著，《中國文學理論》，頁78～79。
〔註43〕興膳宏著，《中國文學理論》，頁80。

文，為五言詩，善効謝康樂體。」〔註44〕此即棄生〈話詩體裁示及門〉所說「詩體尚有選體（即《昭明文選》中五古一派）」。

　　棄生推崇王士禎（字子真，一字貽上，號阮亭，別號漁洋山人，山東新城人，西元一六三四～一七一一年）論詩，稱「漁洋論詩入微，為古今第一高妙。」〔註45〕清末李慈銘也同樣的推崇王士禎論詩，悟絕古今，尤善分別。康熙八年（西元一六六九年）王士禎《漁洋集》收自己早期詩作〈戲倣元遺山論詩絕句三十六首附猶子浣注〉的要旨，從作家不同的體裁來區分總的特徵。此「辨體」之法是王士禎詩歌批評要義。如小詩欲作王維、韋應物，長篇欲作杜甫，便應全用其體，不可虎頭蛇尾。又主張山水閒適宜王維、韋應物，亂離行役、鋪張敘述宜杜甫等。王士禎認為杜甫五言多鋪張敘述，亂離行役別是一體，以為此體議論不得、才氣馳騁不得，特別推許王、韋山水閒適，以為神韻。〔註46〕王士禎以「辨體」之法辨詩歌時代風格，內容或題材，以及體裁，其「辨體」觀念，誠如黃景進的研究，本自南宋嚴羽《滄浪詩話》所強調辨體的重要，以及明代格調派對嚴氏此一觀念的承襲。辨體說乃因體製的特性、作家的專長來強調不同的文學類型有不同的特性和要求。例如王士禎教人作詩，就有五言感興宜阮、陳等說。〔註47〕洪棄生論詩，與王士禎「辨體」觀同調。如洪氏《寄鶴齋詩話》論遊仙詩云：「安仁〈悼亡〉，洵屬絕唱，故可與太沖之〈詠史〉、景純之〈遊仙〉，並耀千古。」〔註48〕氏推崇郭璞〈遊仙詩〉為此一題材詩作的典範。棄生稱許王士禎循循善養。方東樹所謂冥心孤詣，信而好古，敏而求之，洗清面目，與天下相見者。〔註49〕

　　王士禎之後，論詩辨體的思想，又見浙派文人厲鶚（字太鴻，號樊榭，一號南湖花隱，又號西溪漁者，西元一六九二～一七五二年），《清史稿校注》稱許鶚「搜奇嗜博」云：

　　　揚州馬曰琯小玲瓏山館富藏書，鶚久客其所，多見宋人集，為《宋詩紀事》一百卷。又鶚《南宋畫院錄》、《遼史拾遺》、《東城雜記》

〔註44〕興膳宏著，《中國文學理論》，頁 69～70。
〔註45〕洪棄生著，《寄鶴齋詩話》，頁 80。
〔註46〕張健著，《王士禎《論詩絕句》三十二首箋證》（台北市：文史哲出版社，1994年 4 月初版），前言，頁 1～36。
〔註47〕黃景進著，《王漁洋詩論之研究》（台北：文史哲出版社，1980 年），頁 160～163。
〔註48〕洪棄生著，《寄鶴齋詩話》，頁 9。
〔註49〕方東樹編，《昭昧詹言》（台北縣：漢京，民國 74 年），頁 4。

諸書，皆博洽詳贍。詩刻鍊，尤工五言，有自得之趣。詩餘亦擅南宋諸家之長。先世慈谿，徙居錢塘，故仍以四明山樊榭名其集云。鶚嘗與趙信、符曾等人各為南宋雜事詩一百首，自采諸書為之注，徵引浩博，考史事者重之。〔註50〕

馬曰琯（字秋玉，號山解谷，揚州（今屬江蘇）人，西元一六八八～一七五五年），其弟馬曰璐（字佩兮，號半槎、半查，西元一七○一～一七六一年），人稱「揚州二馬」，家藏書籍極富，約十萬餘卷。當時文人如厲鶚、杭世駿、全祖望咸主其家，竹西歌詠，于斯為最。〔註51〕

鶚友全祖望（字紹衣，號謝山，浙江鄞縣人，西元一七○五～一七五五年）所作〈厲樊榭墓碣銘〉言其人其文云：

讀書數年，即學為詩，有佳句。是後遂於書無所不窺，所得皆用之于詩，故其詩多異聞軼事，為人所不及知。而最長于游山之什。冥搜象物，流連光景，清妙軼群。又深於言情，故其擅長尤在詞，深入南宋諸家之勝。然其人孤瘦枯寒，於世事絕不諳，又卞急，不能隨人曲折，率意而行，畢生以覓句為自得。〔註52〕

全祖望又記厲鶚晚年昵妾而妾竟不安室而去，鶚怏怏失志死。全氏所言或過情，但頗能狀厲鶚性情。乾隆八年春正月五月，查為仁撰《蔗塘未定稿七卷外集八卷八冊》，厲鶚的序論辯詩體與詩派：

詩不可以無體，而不當有派。詩之有體，成於時代，關乎性情氣格之所存，非可以剽擬似，可以陶冶得也。是故，去卑而就高，避縟而趨潔，遠流俗而嚮雅正。少陵所云多師為師，荊公所為博觀約取，皆於體是辨。眾製既明，鑪鞴自我，吸攬前脩，獨造意匠。又輔以積卷之富，而清能靈解，即具其中。合群作者之體，而自有其體，然後詩之體可得而言也。自呂紫微作西江詩派，謝皋羽序睦州詩派，而詩於是乎有派，然猶後人瓣香所在，強為臚列耳。在諸公當日，未嘗斷斷然以派自居也。迨鐵雅濫觴，已開陋習。有明中葉，李、何揚波於前，王、李承流於後，動以派別概天下之才俊，噉名者靡

〔註50〕 國史館編，《清史稿校註‧列傳‧文苑》（台北：國史館，1991年6月初版），卷492，頁11174。

〔註51〕 葉昌熾著，《藏書紀事詩》（北京：中華，1991年），頁387。

〔註52〕 全祖望撰，朱鑄禹彙校集注，《全祖望集彙校集注》（上海：上海古籍出版社，2000），頁363～365。

然從之，七子、五子，疊牀架屋。本朝詩教極盛，英傑挺生，綴學
之士，名心未忘，或祖北地濟南之餘論，以錮其神明；或襲一、二
鉅公之遺貌，而未開生面。篇什雖富，供人研玩者正自有限，於此
有卓然不為所惑者，豈非特立之士哉！……閒為艷詩及樂章，非騫
蘭佩茝之旨，即花飛釧動之悟，此其冶深而采擇富，殆無體不苞，
以成為蓮坡之詩體歟？〔註53〕

明清文人喜歡結社以詩文相切磋標榜，詩社甚多，甚至形成詩派。厲鶚強
調詩不可以無體，而不當有派。詩之有體，成於時代，關乎性情氣格之所存。
詩而有體，方能自出手眼，新變代雄。袁枚〈答沈大宗伯論詩書〉批評沈德潛
的詩學：

先生誚浙詩，謂沿宋習、敗唐風者，自樊榭為厲階。枚，浙人也，
亦雅憎浙詩。樊榭短於七古，凡集中此體，數典而已，索索然寡真
氣。先生非之甚當。然其近體清妙，於近今少偶。先生詩論粹然，
尚復何說。然鄙意有未盡同者，敢質之左右。

嘗謂詩有工拙，而無今古。自葛天氏之歌至今日，皆有工有拙，未
必古人皆工，今人皆拙。即《三百篇》中，頗有未工不必學者，不
徒漢、晉、唐、宋也。今人詩有極工極宜學者，亦不徒漢、晉、唐、
宋也。然格律莫備於古，學者宗師，自有淵源。至於性情遭際，人
人有我在焉，不可貌古人而襲之，畏古人而拘之也。今之鶯花，豈
古之鶯花乎？然而不得謂今無鶯花也；今之絲竹，豈古之絲竹乎？
然而不得謂今無絲竹也。天籟一日不斷，則人籟一日不絕。孟子曰：
「今之樂，猶古之樂。」樂即詩也。唐人學漢、魏變漢、魏，宋學唐
變唐。其變也，非有心於變也，乃不得不變也。使不變，則不足以
為唐、不足以為宋也。子孫之貌，莫不本於祖、父，然變而美者有
之，變而醜者有之。若必禁其不變，則雖造物有所不能。先生許唐
人之變漢、魏，而獨不許宋人之變唐，惑也。〔註54〕

詩有工拙，而無今古。袁枚說法，當變而變，其相傳者心也，新變代雄的

〔註53〕清厲鶚序全祖望撰，查為仁撰，《蔗塘未定稿七卷外集八卷八冊·清乾隆八年
　　　　精刊初印本》《國立中央圖書館善本序跋集錄·集部·別集（五），明～清、民
　　　　國暨朝鮮、安南、日本》（台北市：國立中央圖書館，民國83年4月出版），
　　　　頁441。
〔註54〕李靈年、李澤平譯注，《袁枚詩文》（台北市：錦繡，1993），頁257～261。

文學觀正是洪棄生「辨體」理論所本。論者稱袁枚〈答沈大宗伯論詩書〉要旨：

> 這是一篇論述詩歌觀點的書信。沈大宗伯即與袁枚同時的詩人、學者沈德潛，他選評有《古詩源》、《唐詩別裁集》、《清詩別裁集》等影響很大的詩歌選集。其詩論反對浙派詩歌，尊唐貶宋，提倡詩歌要溫柔敦厚，要關係社會人生，風格要含蓄不露等。袁枚在這封信中對此一一予以反駁，提出「詩有工拙，而無今古」；認為詩歌「當變而變」是由詩的內容所決定的，「當變而不變」則是拘守形式；反對尊唐抑宋、標榜門戶；主張詩歌要有真性情。代表了袁枚多方面的詩歌主張。〔註55〕

「當變而變」是由詩的內容所決定的，「當變而不變」則是拘守形式；反對尊唐抑宋、標榜門戶；主張詩歌要有真性情。此乃棄生「辨體」觀念的要義，見〈話詩體裁示及門〉云：

> 詩之源委，古人言之夥頤矣；所以不嫌其贅者，為初學明之也。
>
> 詩有樂府，有五言古詩、七言古詩、五七言絕句、五七言律詩。漢以前，古詩唯四言；至漢初，始有五言；漢盛時，始有七言。若三百篇中，亦有五、七言；楚詞中，尤多七言；然不為例也。漢魏、六朝及隋，祇有五、七言古詩；至唐初，始有律詩、絕句。若六朝末之齊、梁，詩半守沈約聲病，即五言律矣；然仍名古詩，不名律也。唐病此體之卑，故別之曰律；遂由五言律而充七言律，始與古詩分別。漢、魏多樂府詩，漢以後始多古詩。
>
> 樂府者，歌之於朝廟宴會，如古之三百篇者也；其有歌詠兒女情事者，殆猶三百篇勞人思婦、采蘭贈芍之詩也。唐以前，樂府多用舊題。至杜甫，始創新題以寫時事；元、白輩效之，張、王輩繼之。迨至元朝楊維楨、明朝李東陽，相率張之；而後人遂多制新樂府，鮮用舊題矣。
>
> 古詩之體極多，以時代言，為漢魏體、魏晉體、晉宋體、六朝體（六朝，魏晉、宋、齊、梁、陳言之。然艷體則專屬齊、梁。）漢末有建安體（建安，獻帝年號，即曹氏及鄴中七子之詩。）魏初有黃初體（黃初，曹丕年號，仍建安諸子。）魏末，正始體（廢帝年號，即竹林嵇、阮諸子之詩；然當以阮籍為大宗。）晉，太康體（晉武帝年號，

〔註55〕王英志注譯，《新譯袁枚詩文選》（台北市：三民，2014年），頁152～160。

即左思、潘岳、張華、傅玄、二陸、二張之詩；若劉琨、郭璞亦晉詩家，則在太康後矣。）宋，元嘉體（宋文帝年號，即顏延之、鮑照、謝靈運諸子之詩。）齊，永明體（齊武帝年號，即謝朓暨王、張輩之詩。）。分言之，為齊梁體（即任、江、何、徐、庾諸子及梁帝之詩。）、陳隋體（陳陰鏗、江總、張正見、隋薛首衡等詩，仍齊梁體；唯煬帝及楊素微有別。），統言為南北朝體（南六朝、北元魏）。至唐，有初唐體（初唐五言，仍陳、隋之習，唯七言較壯麗耳。）、盛唐體（盛唐至開元、天寶時，李、杜、高、岑、李諸公出，而詩道遂極美備。）、中唐體（中唐之體極不一，如韓公為一體，韋、柳為一體；元、白一體，張、王一體。餘如郊、島等，亦錯出其體。後人專以有名句如錢、劉者為中唐體，不盡然也。）、晚唐體（溫、李及杜牧、馬戴、許渾、鄭谷、司空曙、司空圖、趙嘏、姚合等詩，皆以佳句稱。）中唐有大曆體（大曆，代宗年號，即錢、郎、韓、盧、皇甫、李等十子之詩，多七言佳句。）、有長慶體（穆宗年號，即元、白七古之詩；或稱元和體。）。宋有北宋體（歐、王、梅及蘇、黃、晁諸家之詩。）、南宋體（南渡後，范、陸、蕭、楊各家之詩。）北宋有元祐體（哲宗年號，即蘇、黃、陳、晁、張、秦諸家詩。）以家數言，為蘇李體（漢蘇武、李陵），為蘇李十九首體（即蘇、李詩及無氏名十九首，然十九首或以為半屬枚乘作。）、三曹體（曹操、丕、植）、七子體（孔融、劉楨、徐幹、陳琳、王粲、阮瑀、應瑒）、曹劉體（曹子建植、劉公幹楨）、曹子建體、阮體（晉阮嗣宗籍）、陶體（陶淵明潛）、謝體（宋謝康樂靈運）、鮑謝體（宋、齊時鮑明遠照、謝玄暉朓）、徐庾體（齊、梁時徐孝穆陵、庾子山信）、沈宋體（初唐沈佺期、宋之問）、四傑體（王勃、楊炯、盧照鄰、駱賓王，並為初唐明麗之體。追陳子昂出，效阮公詠懷，始力追漢、魏古格。張九齡繼之，一變前風；遂開盛唐，故亦稱陳拾遺體、張曲江體，以別於初唐。）、李杜體（盛唐李白、杜甫）、高岑體（高適、岑參）、王李體（王維、李頎，以七古、七律並稱。）、王孟體（王維、孟浩然，以五古、五律並稱。）、儲王體（儲光羲、王維，以田家詩效陶公並稱。）、韋柳體（中唐韋應物、柳宗元，並學陶公以淡遠者。）、錢劉體（錢起、劉長卿）、韓昌黎體（韓愈學李、杜而別開門戶，故前稱韓杜、後稱韓蘇）、李長吉體（李賀好

作奇作險語，時謂鬼才。有盧仝者亦稱鬼才，然涉於粗怪矣。）、元白體（元稹、白居易，並以學初唐明麗而擅場；而白公別有古質一體，故又稱白樂天體。）、張王體（張籍、王建，並以作新樂府稱。）、郊島體（孟郊、賈島，東坡目為「郊寒島瘦」。）、溫李體（晚唐溫庭筠、李商隱，並以艷才稱。又與段成式稱三十六體，蓋三人皆十二也。李又稱義山體，又稱西崑體。）、皮陸體（皮日休、陸龜蒙）、蘇黃體（蘇軾、黃庭堅。蘇學杜、韓而別創門戶，為東坡體；黃學杜而亦自成一家，為山谷體。）、蘇陸體（北宋蘇軾、南宋陸游；陸亦自稱陸公體。此外，北宋尚有陳后山、南宋尚有楊誠齋、劉後村。如賈島、姚合偶為後人所宗，亦遂稱賈浪仙體，姚武功體，實皆不足為體也。）。至元亦有四傑之目，明亦有四傑之目（元四傑：虞集、楊載、范梈、揭傒斯。明初四傑：高啟、楊基、張羽、徐賁；弘、正四傑：則李夢陽、何景明、邊貢、徐禎卿。此後，尚有七子之目。）然元惟虞道園、金元時惟元遺山可成體。明惟高李（高啟、李東陽）、李何（李夢陽、何景明）、徐高（徐禎卿、高叔嗣）、王李（王世貞、李攀龍）；明末則陳黃門（子龍），明末、本朝之際則吳梅村（偉業）。本朝則王漁洋，亦稱朱王（朱彝尊，號竹垞）。此外，尚有國朝六家（王士禎、朱彝尊、施潤章、宋琬、趙執信、查慎行）、江南三家（吳偉業、錢謙益、龔鼎孳）、嶺南三家（陳恭尹、屈大均、梁佩蘭）諸作及乾、嘉以來諸子（乾隆、嘉慶作者輩出，或宗唐、或宗宋，極為總雜，不能論定。）、不能悉數也。又詩體尚有選體（即《昭明文選》中五古一派）、柏梁體（漢武帝與群臣聯句於柏梁臺，為七言權輿；惟句句用韻，故別為一體。）玉臺體（即徐陵所選《玉臺新詠》，皆古風之作；後人為艷詩，其實不盡然也。）、西崑體（即溫李體，為宋楊億、劉均所宗，專施之七律，號為西崑體。）、西江體（即黃山谷一派，江西人宗之。）、宮體（即梁君臣艷詩）、香奩體（唐崔國輔、韓偓喜為兒女言情之作，韓偓遂以香奩名集。明人王次回因專效之，國朝黃莘田繼之，此體遂多。）等名目；而惟選體為深雅，不易能也。

至於各體有各體之淵源、各人有各人之面目、各家有各家之專詣，不能襯縷悉言；散見在余詩話中及前人詩話，取而觀之可矣。〔註56〕

────────────

〔註56〕洪棄生著，《寄鶴齋古文集》（南投：臺灣省文獻委員會，1993年），頁289。

　　此文南宋以前的體製分類，大抵依照嚴羽《滄浪詩話》的見解。然棄生推許「惟選體為深雅，不易能也。」以特定文體為主的向心文學觀，《文選》偏向五言詩，影響洪棄生對漢魏以下五言詩的批評。其駢賦作品以六朝為法，論六朝詩又推許《文選》可貴處在去俗而擇雅，「古人詩文淺俗之作，見於《文苑精華》及張溥百三名家中者不少，此選樓所以可貴。」〔註57〕雖批評：「昭明選詩，惟分門類，莫甄家數。」門類既雜。鍾嶸《詩品》泥於源流，未明等第。源流既混，上中二品輒復舛迕。依清初王士禎的議論來立論、品評等第。〔註58〕復以「辨體」的文體風格辨析，仰挹《詩經》、《楚辭》英華，別裁偽體，以詩為史，以反抗日人殖民。此外，〈寄鶴齋詩矕小引〉云：「言以道意，言之工者謂之文。」則本自「振興文教，經世濟民。」的政治文化觀，以「在地書寫，化民成俗。」提倡文學的教化，與儒者淑世的志向。

　　此外，「各體有各體之淵源」，棄生論韓昌黎體，認為韓愈學李、杜而別開門戶，故前稱韓、杜，後稱韓、蘇。朱熹論韓愈文章力去陳言，又文從字順。因此，字句文法須講求，又能「因道求文」。〔註59〕因此，棄生強調詩應當「奇麗出新，情足理足。」指奇而合道。論者張高評論宋詩的奇趣、反常合道，以翻案詩、禽言詩、詩中有畫為例。引用杜甫：「讀書破萬卷，下筆如有神。」能破能立，才能自出新意。一味故作反語，奇而不正，反而落於外道，失去雋永之味。宋詩好議論，其「翻案」之目的，不過「反常合道」或「合道反俗」而已。用反語或翻案的目的往往只是遮撥語，如老子「大匠不斵」等語，使本體更為顯露。如蘇軾〈東坡超然臺記〉超然於物外觀物，方知物趣，否則入而不能出，則如「身在廬山中」，而不識其真面目。吳喬《圍爐詩話》引用蘇軾的話云：「詩以奇趣為宗，反常合道為趣。」吳喬評論：「此語最善。……不反常而合道者，文章也。」故翻案詩的手法雖常用否定語，但妙趣要旨往往在否定後之肯定語。然因否定語，使旨趣更加顯豁，否定語使詩增波瀾曲折，肯定語則另拓新境。反語用來做遮撥語，如《莊子》：「以馬之喻馬，不若以非馬之喻馬。」〔註60〕《文心雕龍‧序志》：「及其品列成文，有同乎舊談者，非雷同也，勢自不可異也，有異乎前論者，非苟異也，理自不可同也。同之與異不屑

〔註57〕洪棄生著，《寄鶴齋詩話》，頁10。
〔註58〕洪棄生著，《寄鶴齋詩話》，頁8。
〔註59〕方東樹編，《昭昧詹言》（台北縣：漢京，民國74年），頁15～16。
〔註60〕張高評著，《宋詩之傳承與開拓——以翻案詩、禽言詩、詩中有畫為例》（臺北市：文史哲。民國79年3月初版），頁475。

今古，擘肌分理，唯務折衷。」擘肌分理，唯務折衷。體製方能尊古通變，奇麗合道。

「各家有各家之專詣」，例如正始體以阮籍為大宗。方東樹稱許阮籍詩高邁。〔註61〕

「各人有各人之面目」，例如元嘉體的鮑照、謝靈運，方東樹稱許謝靈運、鮑照詩作「真」，不客氣假象。洪棄生評論晉代詩歌，推崇其「清的詩境」，所謂的「晉人清致」，棄生云：「晉人用心大概在清致中，每詞約意深。」〔註62〕關於「晉人清致」，論者于民先生整理《世說新語》中有關人物品藻的審美詞彙後，發現「清暢」、「清便」、「清真」等詞彙為數眾多，並強調：「清，它是魏晉風韻的一個突出特徵，也是魏晉文藝特色的一個顯著表現。」〔註63〕

一、豔體與香奩詩辨體

上引棄生於南朝宋，有元嘉體（宋文帝年號，即顏延之、鮑照、謝靈運諸子之詩。）齊，永明體（齊武帝年號，即謝朓暨王、張輩之詩。）：分言之，為齊梁體（即任、江、何、徐、庾諸子及梁帝之詩。）、陳隋體（陳陰鏗、江總、張正見、隋薛道衡等詩，仍齊梁體；唯煬帝及楊素微有別。），統言為南北朝體（南六朝、北元魏）。

南朝宮體詩以描寫女性本身及男女情愛為主，旁及記遊宴、詠節候、寫風景及詠物詩，手法輕艷柔膩，開拓艷情詩的意境。〔註64〕棄生評晉人詩及齊梁詩云：「至齊、梁則變而入於風情，其弊，宮詞閨意，靡靡不已。」齊梁宮體詩語富於聲色，因主張作詩當「取色於齊梁人。」〔註65〕業師龔顯宗亦批評宮體輕艷之弊，而陳後主所作尤為淫靡。宮體詩辭藻之美實頗動人，業師龔顯宗因稱許宮體詩的創始人—梁簡文帝蕭綱詩的風格云：

〔註61〕方東樹編，《昭昧詹言》（台北縣：漢京，民國74年），頁34～36。
〔註62〕洪棄生著，《寄鶴齋詩話》（南投：臺灣省文獻委員會，1993年5月31日版），頁51。
〔註63〕于民著，《氣化諧和——中國古典審美意識的獨特發展》（長春：東北師範大學出版社，1999年6月），頁241～245。謝佩芬著，〈蘇軾「清」論研究〉（彰化：彰師大第五屆中國詩學會議——宋代詩學研討會，2000年5月20日）。
〔註64〕林文月著，〈南朝宮體詩研究〉，頁141。林文月著，《澄輝集》（台北：洪範，民國74年9月二版）。
〔註65〕洪棄生著，《寄鶴齋詩話》，頁52、103。

風格率真細膩，繪形摹景，窮巧變態，觀察深入細密，聯想力豐富靈活，有獨到之處，喜用典故、對偶、雙聲、疊韻、頂真，作品中大量出現重疊的字詞和相同的偏旁，較永明體更具辭藻之美。〔註66〕

這種「繪形摹景，窮巧變態」之詩風，近承自宋初山水詩「隨物宛轉」的「巧構形似之言」。蕭綱云：「是以沈吟短翰，補綴庸音，寓目寫心，因事而作。」〔註67〕強調文章須「因事而作」，以及「寓目寫心」的觀察工夫和聯想能力。

永明是南齊武帝蕭賾的年號（西元四八三～四九三年），當時沈約、謝朓、王融、周顒等詩人，運用「四聲八病」的規則，從事新詩體的創作，使詩歌逐漸遠離漢魏以來的渾厚樸拙，而趨向精妍新巧，史稱「永明體」，是唐代近體詩發展的源頭。論者王文顏、顏天佑、侯雅文提到永明體繼續在梁、陳時代的宮廷流行，演變成一種詞藻綺麗，內容淫艷的詩體，當時號稱「宮體」。主要作家有梁簡文帝蕭綱、梁元帝蕭繹，以及陳後主、江總、陳瑄、孔範等人。他們的作品反映君王貴族荒淫腐朽的生活，而以美麗的文詞包裝外表，詩格墮落至極，後代大都給予負面評價。〔註68〕

至於南朝民歌，論者王文顏、顏天佑、侯雅文云：

現存的南朝民歌，包括吳歌、西曲、神弦歌。吳歌約有三百二十餘首，西曲約有一百四十餘首，神弦歌約有十餘首。

吳歌是長江下游，以建業為流行中心的民歌。西曲則是長江中游和漢水流域的民歌。吳歌、西曲的產生，與長江沿岸的商業經濟和城市生活有密切的關係，描寫商人和歌伎的戀情，內容比較狹窄，都屬言情道愛之作。吳歌和西曲的藝術手法，最明顯的特點是雙關語的運用和新奇的想像。例如「理絲入殘機，何悟不成匹」（子夜歌），「絲」雙關「思」，「匹」雙關「匹配」。「乘月採芙蓉，夜夜得蓮子」（子夜四時歌夏歌），「芙蓉」雙關「夫容」，「蓮子」雙關「憐子」。〔註69〕

神弦歌是江南人民祭神的樂歌，所祭之神不盡可考，大多是地方性

〔註66〕業師龔顯宗著，《論梁陳四帝詩》（高雄：復文書局，1995），頁63。
〔註67〕蕭綱〈答張纘謝示集書〉。嚴可均校輯《全上古三代秦漢三國六朝文》《全梁文》（北京：中華書局，1995），卷11，頁3010。
〔註68〕王文顏、顏天佑、侯雅文編著，《古典詩歌選讀》（台北市：三民書局，2010年），頁68。
〔註69〕王文顏、顏天佑、侯雅文編著，《古典詩歌選讀》，頁68。

的神祇。歌辭的內容,有描寫祠廟的環境,有描寫祭祀的場景,有想像神祇的生活。例如白石郎曲:「白石郎,臨江居,前尋江伯後從魚。積石如玉,列松如翠,郎豔獨絕,世無其二。」白石是建業附近的山名,白石郎可能就是此山之神。又如青溪小姑曲:「開門白水,側近橋梁。小姑所居,獨處無郎。」清溪小姑傳說是三國時代吳國將軍蔣子文的第三妹。這兩首歌辭都以表達神祇的愛悅之意為主,手法與吳歌相似,頗有楚辭九歌的韻味。〔註70〕

六朝民歌〈西洲曲〉:「節物風光不相待,桑田碧海須臾改。」〔註71〕棄生稱西洲曲「婉麗」,〔註72〕為南朝吳歌西曲中之佳作,其仿作云:

勸郎莫渡江,強過西洲水。洲水淨無沙,荷花開十里。郎為妾采花,妾為郎采子。采采到中流,驚動鴛鴦起。笑指與郎看,妾與郎似彼。輕舟盪不定,過處萍披靡。郎將畫槳搖,妾將畫槳倚。臨鏡看紅波,波清不見底。妾願郎情深,也與此波比。白日去悠悠,秋風來瀰瀰。愁共秋水生,不共水波止。苦調歌江南,含情脫簪珥。垂絲釣錦鯉,沿洲拾芳芷。勸郎且遨遊,芳時能有幾。回首不見郎,郎去幾時矣。怨郎獨自歸,棄儂西洲裏。〔註73〕

古辭中頂真句法「風吹烏臼樹,樹下即門前。」等,此詩「回首」二句句法同之。「郎為妾采花,妾為郎采子。」及「笑指」二句、「郎將」二句,以及末四句,節奏皆回環複沓,自然流轉。此由〈西洲曲〉中輾轆輾轉的語言形式變化而來。〔註74〕至於北朝民歌,論者王文顏、顏天佑、侯雅文云:

北朝民歌今存約六十餘首。北朝是指匈奴、鮮卑、氐、羌、羯等外族所建立的政權,畜牧是他們共同的生活習慣,因此民歌之中,經常出現放牧牛羊或彎弓逐馬的描寫。又北朝先後建立十六個政權,史稱五胡十六國,國與國之間,不時發生征伐的情況,因此民歌也常見與戰爭有關的題材,例如尚武精神、孤兒寡婦的遭遇、行役之苦等等。

〔註70〕 王文顏、顏天佑、侯雅文編著,《古典詩歌選讀》,頁69。
〔註71〕 沈惠樂、錢偉康著,《初唐四傑和陳子昂》(台北:群玉堂,民國80年12月初版),頁56。
〔註72〕 洪棄生著,《寄鶴齋詩話》,頁17。
〔註73〕 洪棄生著,《寄鶴齋詩話》,頁2。
〔註74〕 沈惠樂、錢偉康著,《初唐四傑與陳子昂》。

　　論者提到塞上民族，個性雄健剛強，情感表達，具有直爽、熱烈、率真等特質，舉例如折楊柳枝歌等。〔註75〕論者王文顏、顏天佑、侯雅文提到北朝民歌，因塞上民族，個性雄健剛強，情感表達，具有直爽、熱烈、率真等特質，例如〈折楊柳枝歌〉：「阿婆不嫁女，那得兒孫抱」、「阿婆許嫁女，今年無消息。」歌詞中將一位想要成婚，又無緣成婚女子的急迫心情，毫無掩飾的表達出來。〔註76〕又如〈地驅歌樂辭四首〉其二、其三：「驅羊入谷，白羊在前。老女不嫁，蹋地喚天。」「側側力力，念君無極。枕郎左臂，隨郎轉側。」其二顯現「北朝民歌直率粗獷的風格。」其三顯現女子與情郎相聚後的歡樂，「直率大膽，毫無顧忌。」〔註77〕

　　唐初四傑及沈佺期、宋之問之詩作，均未脫齊、梁艷麗詩作，然體裁、內容較為新密闊大。如王勃〈採蓮歸〉云：「塞外征夫猶未還，江南採蓮今已暮。」本自樂府舊題，卻詠閨婦邊關之思，極富現實性。盧照鄰〈長安古意〉多運用頂真連環句，「回環複沓，自然流轉」的節奏感似前引六朝民歌〈西洲曲〉，內容批判豪貴者的驕奢專權，皆已脫離齊、梁詩靡麗且「興寄都絕」之弊病。沈佺期〈雜詩四首〉抒思婦閨怨，「邊愁離上國，春夢思陽關。」由宮體閨閣轉寫邊塞山林，詩律新密，開啟有唐詩人以律絕書寫宮詞閨怨之先聲。初唐詩人劉希夷（字延芝，穎川人），尤受棄生推崇。其〈白頭吟〉等詩，〔註78〕「年年歲歲花相似，歲歲年年人不同。」劉希夷〈白頭吟〉文字明白流利，不似四傑詩風繁麗。棄生以為較四傑為「恰好」。〔註79〕其五古〈春女行〉、〈採桑〉，棄生以為「亦如太白明麗之作。」〔註80〕中唐王建（守仲初，穎川人）〈宮詞一百首〉語言工麗。晚唐李商隱七律〈無題〉之「老艷」，及溫庭筠詩「全體清新俊麗，英警絕俗」，均為棄生所讚賞。〔註81〕

　　至於「香奩體」，提到唐崔國輔、韓偓喜為兒女言情之作，韓偓遂以香奩名集。明人王次回因專效之，清朝黃莘田繼之，此體遂多。「香奩」原指古代婦女之妝奩。六朝以降的艷詩中，常見「香奩」或「妝奩」一詞。如梁蕭子顯

〔註75〕王文顏、顏天佑、侯雅文編著，《古典詩歌選讀》，頁69。
〔註76〕王文顏、顏天佑、侯雅文編著，《古典詩歌選讀》，頁69。
〔註77〕溫洪隆、溫強注譯，《新譯樂府詩選》（台北：三民書局，2010），頁42～43。
〔註78〕此詩或題為〈代悲白頭翁〉。見施蟄存著，《唐詩百話》（台北：文史哲出版社，民國83年3月初版），頁33之考證。
〔註79〕洪棄生著，《寄鶴齋詩話》，頁16。
〔註80〕洪棄生著，《寄鶴齋詩話》，頁16。
〔註81〕王建及溫、李之評語，引自洪棄生著，《寄鶴齋詩話》，頁17、18、92。

（字景陽，西元四八九～五三七年）詩云：「日出秦樓明，條垂露尚盈。蠶飢心自急，開奩妝不成。」〔註82〕寫織婦開奩化妝。唐沈佺期（字雲卿，約西元六五六～約七一六年）詩云：「百福香奩勝裏人。」〔註83〕香奩體詩之內容及名義，誠如鄭清茂云：

> 凡是詩詞涉及閨閣者，換句話說，凡是歌詠裙裾脂粉者，都叫做香
> 奩體，因此這種體裁先天就有注重形式的傾向。不過，香奩體這個
> 名詞的正式成立，恐怕要在韓偓《香奩集》問世之後。〔註84〕

晚唐韓偓（字致堯，？～九二三年）《香奩集》詩風幽豔，多詠裙裾脂粉及閨閣中事。〔註85〕若論「香奩體」詩之遠源，則《詩經》對閨怨、棄婦之心理描寫，已開其端。〈召南·野有死麕〉「有女懷春」及〈豳風·七月〉「迨及公子同歸」之描寫已見風懷。〈召南·摽有梅〉〈邶風·擊鼓〉〈谷風〉則為後世閨怨、棄婦等詩作之祖。〔註86〕然《詩經》語言較為質樸，不若後世香奩體之豔冶。

第三節　論文架構

洪棄生歌詠節婦貞烈的詩文，可覘見臺灣當時婚姻關係的夫妻階級與倫常。清代臺灣的女性，處於「男尊女卑」的社會。婚姻固由父母或尊長安排作主，婚前難有相處的機會；婚後得操持家務、侍奉公婆，否則丈夫可將其休棄。而治臺官員莫不提倡禮教，以控制台地婦女的言行。論者卓意雯云：

> 因此，歷來治理台政之官員莫不欲科以禮教規範，企圖改變清初台
> 灣婦女的開放活潑。是故不論是旌表節婦或立恤嫠局（同治十三年）
> 以助節婦，乃至於維持清律中婦女的財產、刑法關係，皆在此種理
> 念下大力倡導。而隨著漸次開發，官治力量逐漸普及，傳統的道德

〔註82〕蕭子顯〈陌上桑二首〉其一。徐陵編，《玉臺新詠》（台北：漢京文化，出版日
期不詳），頁574。

〔註83〕沈佺期原著，陶敏、易淑瓊校注，《沈佺期集校注》（北京：中華，2000年11
月第一刷），頁166〈人日重宴大明宮恩賜彩縷人勝應制〉。

〔註84〕鄭清茂〈王次回研究〉。引自王彥泓著，鄭清茂校，《王次回詩集》（台北：聯
經，民國73年7月初版），前言，頁65。

〔註85〕有一說《香奩集》原為和凝所撰，凝後嫁其名為韓偓。此問題之討論可參見徐
復觀〈韓偓詩及香奩集論考〉。收於徐復觀著，《中國文學論集》（台北：學生，
民國79年3月五版二刷）。

〔註86〕洪棄生著，《寄鶴齋詩話》（南投：臺灣省文獻委員會，民國82年5月31日
版），頁2。

標準乃漸深入民心，在清代中葉以後，台地婦女的行逕也就與內地
並無二致。〔註87〕

　　因此，寡婦雖可再醮、招夫，但須夫家等尊長的同意，否則婚姻不能成立。
女子從一而終的觀念深入人心，使再醮者為人不齒，所以其社會地位亦較低
下。〔註88〕婦人守節，則可蒙獲旌表。

　　至於在清代中葉以後，臺灣婦女的行逕也就與內地並無二致。內地婦女的
品德操守，如沈德潛（字確士，江蘇長洲（今蘇州市）人，西元一六七三～一
七六九年）〈誥封一品夫人為母王太夫人墓誌銘〉僅載其忠愛之大者，至於「敦
詩習禮，和內外，睦宗族，助婚者，給葬者，周急難者，貴而不驕，髦而能勤」
諸事，「婦行之淑嬺者或能之」，因此「弗詳論」。〔註89〕雖非當時社會對於婦女
品行的基本要求，但由此可見所謂「婦行之淑嬺者」所需的能力才德。

　　洪棄生傳記文變史法為文法，文直而事核，又傳人寫妙，引鄉里人議物論，
烘托節婦死事之烈。如〈洪烈女傳〉云：

鹿中諸老聞之，曰：「是可以風世矣！吾里故尚風節，去歲有林貞女
未嫁而願寡，官紳迎之。今復有烈女，宜以柩徇諸道路，吾儕拜而
送之；旌諸其墓，以為世道人心勸」。其家故小戶，懼不敢當；問之
余，余韙而行之。里之人焚香結采，十里外文士亦有至者。當是時，
衣冠溢於通衢，途之人相與嘖嘖。有婦人竊語曰：「是何愚也！輕一
死於擲耶」！或曰：「是死矣，身後之榮曷貴耶」！或曰：「是非吾
等所能及也」！而烈女之柩，迎諸四境矣。……〔註90〕

禮教綱維與街談巷議，一嚴肅一閒談，而〈洪烈女傳後記〉云：

烈女既葬之明日，余過書肆；其父故販書為業，顧謂予曰：「為臣盡
忠，為子盡孝，為婦盡節，人生之事，祇此而已。吾女之死，吾無
憾焉」！予謂其言乃出諸市賈之口，詩書之澤人深矣；烈女所以為
之子，殆善氣之感召也。

〔註87〕卓意雯著，〈清代臺灣婦女的生活——婚姻關係〉（《台灣風物》41 卷 4 期，
　　　　1991 年 12 月 31 日）。

〔註88〕卓意雯著，〈清代臺灣婦女的生活——婚姻關係〉（《台灣風物》41 卷 4 期，
　　　　1991 年 12 月 31 日），頁 405。

〔註89〕沈德潛著，潘務正、李言編輯點校，《沈德潛詩文集》（北京：人民文學出版社，
　　　　2011 年），前言，頁 22。

〔註90〕洪棄生著，《寄鶴齋古文集》，頁 189～190。

　　然而面對節烈殉名或是持志守道，如果撇開生死抉擇的難題，勸善化俗的教化目的，從眾取名的僥倖虛偽，如〈洪烈女傳後記〉云：

> 吾里有林拔元淵源者，讀書積善；既卒而家徂落，人謂積善不當如此。然其女，乃以貞節著。未嫁而夫故，年纔十六，矢死不貳，願往視夫喪，母泣而從之。去歲夫家遭事，女投井欲死者數矣，卒遇救不死，天殆欲以苦節成之耳。或以年月久遠為慮，予謂婦孺之義，多本性生，較諸學士文人倍真，不願則已，願則必濟。是女之節，非為利誘、非由勢迫，其為天性無可疑者，尚何慮其節之不終乎！……〔註91〕

　　其思路正如紀昀《閱微草堂筆記》渲染鬼神因果報應，強調節婦值得鬼神起敬，不只在繫戀兒女之愛或田宅之豐；以禮義自克情慾亦不免次等，惟「心如枯井，波瀾不生，富貴亦不賭，饑寒亦不知，利害亦不計者，斯為上矣。」〔註92〕婦人持志守道，不管所為何來，畢竟尚有迴旋轉圜的餘地。以此寬厚中肯以論人，棄生認為言行須合一，慣用接近日常生活的語言來談論人物。更精確的度量，描述人物不管是無心或是有意的作為，以及行為背後的動機。

　　因此此書研究理論架構，先在第一、第二章析論洪棄生豔體香奩與描寫婦女詩作品，其特色與旨趣。接著此書以涵攝作品、作者、宇宙和讀者的文學理論，架構作品批評意識。洪棄生對中國文學作品的批評，以《寄鶴齋詩話》為主，內容評論自詩經以來到晚清，歷代詩人詩作。又旁及駢文、賦、散文、戲曲等。洪對作品的詮釋與評價是採取「文學接受史」的觀點。誠如伊格頓所言：

> 從文學歷時與共時的研究，所有讀者都有其歷史與社會的定位，此一事實會深深具體決定他們詮釋文學作品。將文學作品置於其歷史的「視界」，置於作品本源的文化意義脈絡，然後，探討此一「視界」與歷史上讀者不斷變動的「視界」兩者間的變動關係。文學史的重心在不同歷史階段的「接受」所界定和詮釋的文學。〔註93〕

　　洪棄生云詩之奇莫奇於李白，然今日視之則平淡矣。此有賴於讀者不斷的發現。就文學理論，誠如劉若愚所云，文學批評以文學本論與文學分論加以區分；前者有關文學基本性質與功能，後者關乎文學的不同方面，例如形式、類

〔註91〕洪棄生著，《寄鶴齋古文集》，頁191。
〔註92〕紀昀著，《閱微草堂筆記》（台北：台灣古籍出版公司，2006年），頁42。
〔註93〕泰瑞・伊格頓著，《文學理論導讀》，頁107。

別、風格和技巧。據亞伯拉姆斯在《鏡與燈》一書中所設計的四個要素，亦即：作品、藝術家、宇宙和觀眾，安排成一個相互融攝而多元獨立的理論架構。借用劉若愚的理論結構，分析洪對作品風格的判準，理論的安排如下：〔註94〕

一、形上理論

　　形上理論見第三章，「神韻」「格調」，專運「機神」。如劉若愚所言，在形上的標題下，可以包括以文學為宇宙原理之顯示，這種概念為基礎的各種理論。〔註95〕洪棄生發揮聖人因文以明道之說，就作者與宇宙的關係，洪棄生強調清代早期王士禛（西元一六四四～一七一一年）的「神韻」說。（妙悟派（持有形上學觀點）的批評家）。〔註96〕其特點，如劉若愚所說，有對現實的直覺領悟，直覺的藝術表現，以及個人風格。〔註97〕洪棄生因以「神到」、「入神」、「與會」、「到家」等語評古代詩作與詩人。棄生論作詩，認為作古詩以興象為上，氣格次之，意趣又次之。漢詩高渾淡遠，氣靜神逸，婉轉纏綿，語摯情真；唐詩高視闊步，風格雄秀；宋詩切近賦物，出之以風趣。棄生論作詩，重視詩之骨氣、意味、神韻三者俱備云：

　　　　作詩必骨氣、意味、神韻三者俱備，乃為高格，乃足名家。所就之

　　　　大小，則係天分；所詣之淺深，則關學力。〔註98〕

　　棄生論詩本王士禛神韻說。士禛好引唐司空圖「味在酸鹹之外」的「味外味」之說，來解釋「神韻」，指詩作有「意在言外」的含蓄。〔註99〕詩作若能「超以象外」，「得其環中」，神韻一出，則骨肉宛然。然欲求神韻，須由「骨氣」入手。棄生「骨氣」說則源自劉勰《文心雕龍·風骨》所論，「是以怊悵述情，必始乎風；沈吟鋪辭，莫先於骨。」「風」與「文意」有關，「骨」與「文辭」有關。〔註100〕棄生因云：「五律不鍊或傷骨，過鍊則傷氣。」〔註101〕能

〔註94〕劉若愚著，杜國清譯《中國文學理論》（台北：聯經出版公司，1981），頁1～21。洪棄生著，《寄鶴齋詩話》（南投：台灣省文獻委員會，1993），頁33。

〔註95〕劉若愚著，《中國文學理論》，頁27。

〔註96〕洪棄生著，《寄鶴齋駢文集》（南投：台灣省文獻委員會，1993），頁99。《寄鶴齋詩話》，頁33。

〔註97〕劉若愚著，《中國文學理論》，頁81。

〔註98〕洪棄生著，《寄鶴齋詩話》，頁33。

〔註99〕王士禛著，《池北偶談》（台北：漢京文化，1984年5月15日初版），卷18，頁433。

〔註100〕王忠林著，《文心雕龍析論》（台北：三民，1998年3月初版），頁413。

〔註101〕洪棄生著，《寄鶴齋詩話》，頁103。

鍊辭鍛句，又不損及文意之峻爽者，斯為佳作。棄生論詩推崇王士禎（漁洋）詩外「別有一種超然興象。」〔註102〕不啻心手相應。故棄生論作古詩，亦以興象為上。古詩十九首及魏、晉詩家之作，猶存古風，以興象入情，自然真摯為人所推崇。盛唐李、杜、高、岑諸家，苞綜前代詩家之長，別闢畛域，氣格一變。王士禎論古詩云：「要之，唐五言古固多妙緒，較諸十九首、陳思、陶、謝，自然區別。」〔註103〕以為古調與唐音之風格自然區別。棄生推崇李、杜等人之古詩有氣格而兼興象，意在辨體，其論點本自漁洋。

二、決定理論

決定理論見第四章，變風變雅，憂世憂身。洪棄生詩學的決定理論，即〈讀變雅說〉，乃「以時論詩」，強調時世與社會反應在詩歌內容。決定理論誠如劉若愚所說：

> （決定概念）它與形上概念不同的是，它將宇宙視同人類社會，而
> 不是遍在的道。與模仿概念不同的是，它認定作家對宇宙的關係，
> 是不自覺的顯示而不是有意識的模仿。〔註104〕

此主張見於《詩經》〈大序〉的變風、變雅說。洪氏著有〈讀變雅說〉以提倡之。〔註105〕洪氏強調儒家詩教的「詩言志」，以及「變風」發乎情，止乎禮義。從研讀詩的經典和創作來悍衛情感和個人價值。通過他人的經驗和認同方式使我們成為更優秀的人。

洪氏遺民志節，每以古人為學習典範，以探求詩人心隱志向。如批評陶潛（陶淵明字元亮，後更名潛，江州尋陽柴桑（今江西九江）人，西元三六五～四二七年）〈擬古九首〉其九「種桑長江邊」一詩，以為：

> 「種桑長江邊，三年望當采。枝條始欲茂，忽值山河改。柯葉自摧
> 折，根株浮滄海。」此陶公自悲其遇也。無限感傷身世之言，以淡
> 蕩出之，使人祇覺其高遠，不覺其慘戚。下云：「春蠶既無食，寒衣
> 欲誰待？本不植高原，今日復何悔。」則各明其志也。遯世無悶之
> 懷，曒然若揭矣。《書》曰：「詩言志」，誠有如此者。〔註106〕

〔註102〕洪棄生著，《寄鶴齋詩話》，頁126。
〔註103〕王士禎著，《師友詩傳錄》，頁130。
〔註104〕劉若愚著，《中國文學理論》，頁129。
〔註105〕洪棄生著，《寄鶴齋文集》，頁63。
〔註106〕洪棄生著，《寄鶴齋詩話》，頁30。

　　詩人以孤高之姿，為我們提供讀史論事的視野，此「詩言志」之文學傳統可貴之處。又如棄生〈謝先為生壙來徵詩為題四作〉其一云：「生誄陶淵明，安命素所求。」〔註107〕批評陶潛詩情厚及渾然元氣。〔註108〕陶潛以遺民志節自期，洪氏以為：

> 宋文憲力辨，南史《宋書》所載陶詩書甲子之誕，為今陶集所題甲子，皆在晉時，不始於宋云云。予謂此據今日所見之陶集而論則然耳。安知沈約、李延壽當日所見之陶集，非題晉年號而書宋甲子乎？沈、李去陶公不遠，所見之集，悉係鈔本，必無訛謬，方敢據以入史。若今日之陶詩，則屢經翻刻，所題甲子，或係後人追改，以規一律，未可遽執以駁古人也。〔註109〕

棄生對陶潛詩表現遺民氣節引為同調。

三、表現理論

　　表現理論見第五章，奇麗出新，情足理足。洪棄生詩學的表現理論，強調作家氣質的個人才賦，提出「骨氣」論。表現理論誠如劉若愚所言：

> 從曹丕的「論文」開始，表現理論趨向個人主義。曹認為文學是「氣」的表現，而「氣」被定義為基於作家之氣質的個人才賦。〔註110〕

　　洪棄生的「骨氣」論則接近劉勰。洪認為作詩不外天分與學力，受制於志與氣，須陶染經典、習作、養氣。〔註111〕他認為詩為「言之尤工者」，詩語當推陳出新，一九一七年所作〈寄鶴齋詩矕小引〉云：「言以道意，言之工者謂之文，言之尤工者謂之詩，則詩貴矣。然而工者少、不工者多；知者少，不知者眾。」抬高詩的地位在文之上，以為「言之尤工者」，彌足珍貴。強調取法《詩經》，作詩當求情足理足。洪棄生詩的表現理論：「奇麗出新，情足理足。」情足理足是「平」，由「平」中見「奇」，方是高格。舉例白居易（字樂天，西元七七二～八四六年）〈中隱〉一詩。〔註112〕此詩所謂「中隱」，意指隱於閒

〔註107〕洪棄生著，《寄鶴齋詩集》（南投：臺灣省文獻委員會，1993），頁272。

〔註108〕洪棄生著，《寄鶴齋詩話》，頁1、3、8。

〔註109〕洪棄生著，《寄鶴齋詩話》，頁37。

〔註110〕劉若愚著，《中國文學理論》，頁141～142。

〔註111〕洪棄生著，《寄鶴齋詩話》，頁30、33、38。劉若愚著，《中國文學理論》，頁154。

〔註112〕白居易著，《白居易集》（台北：漢京文化，1984），頁490。

官，此詩是白居易官授太子賓客歸洛陽後所作，乃老病之餘的心情。棄生評云：「詩雖平調，然抒寫胸臆，見出素位而行之詣，不落理障，不墜言筌，使擊壤派為之，不能清談如是矣。」〔註113〕棄生的評論則作於中年之後。傳統士人學優而仕，欲從容廻旋於仕隱之間，以求致身吉安，每因身履憂患，而有深諳世味之達觀。

四、審美理論與技巧理論

審美理論見第六章，兒女性靈，詩家之心。從審美理論言，如果洪棄生的「神韻」與「骨氣」說主要是探討作品與宇宙。則作者與讀者的關係，見棄生的「意味」說，一方面強調為文重「意」，推崇南宋姜夔（西元一一五五～一二二一年）「意高妙」之說，〔註114〕古人強調文字精深在法與意，華妙在興象與詞，〔註115〕是對作者的要求；另一方面「味」的析賞則是強調讀者的品味。〔註116〕此是對作者的要求。誠如劉若愚云：

> 認為文學是美言麗句的文章，這種概念是中國審美文學理論的基礎，而與技巧概念有著密切的關係，甚至可以說這兩者是一枚錢幣的兩面。其基本差異在於審美概念主要注重於文學作品對讀者的直接影響（藝術過程的第三階段），而技巧概念著重於作家對其作品的關係（第二階段）。當批評家從作家的觀點討論文學，而規範出作文的法則，他可以說是闡揚技巧理論，而當他描述一件文學作品的美，以及它給與讀者的樂趣，那麼他的理論可以稱為審美理論。〔註117〕

當批評家描述一件文學作品的美，以及它給與讀者的樂趣，那麼他的理論可以稱為審美理論。洪棄生推崇清代詩人袁枚的詩多有意趣，審美理論主張「意平格高」，指作品實寫人事而能寫出平正之情理，使情文並佳。

技巧理論見第七章，思圓活法，剪裁烹煉。從技巧理論言，洪棄生一如西方形構主義者，將文學當成詩，設定「陌生化」是文學的本質。換言之，「文學性」成了一種言說與另一種言說間種種差異關係。但洪也欣賞散文的寫實

〔註113〕洪棄生著，《寄鶴齋詩話》，頁46。
〔註114〕洪棄生著，《寄鶴齋詩話》，頁81。
〔註115〕方東樹編，《昭昧詹言》（台北縣：漢京，民國74年），頁11。
〔註116〕洪棄生著，《寄鶴齋詩話》，頁81。
〔註117〕劉若愚著，《中國文學理論》，頁211。

與優美，沒有刻意標新，引人注目，卻簡潔穩健。〔註118〕洪雖強調詩意詞藻，認為詩是語言的突出和審美對象。他也認為詩的情感必須可信，使詩的詞藻平實而真誠。進而吸收散文和故事的敘述能力來寫詩。〔註119〕這些文學的本質源自《詩經》和《楚辭》的特色。洪棄生主張風格「清新」，〔註120〕其尋求文學語言創造性用法的活力十分顯著。珍視「老成」的作品，〔註121〕則是追求創造和維持文學精華的驅動力。欣賞古人之深清雅潔，以及奇偉。作品的精采、英氣奇氣。非客氣矜張，偽體假象。〔註122〕

從文壇風氣與學術訓練言，清代為詩詞、古文、駢賦，各種文體集成熟練時期，作家能掌握各類文體特色風格，又能會通求變，方能推陳出新，與古人爭勝。洪棄生於光緒二十年（西元一八九四年）所作〈擬作劉彥和文心雕龍序〉云：

> 魏晉以後，齊梁之間，競為駢體，莫尚高文，故曹丕之稱阮瑀，皆
> 因比儷之辭；謝朓之許稚圭，亦為雙行之句，而舍人體裁，又多對
> 耦，則旨趣所存，宜求鑿悅之悅目，權衡攸在，當取綺縠而賞心。
> 乃議論甚高，不囿應劉七子，推尊惟古，未拘任沈兩家。振其風流，
> 已發三唐之盛，循其源委，將尋兩漢之蹤，故神思一作，早矯蕭代
> 佻靡之風；通變一篇，遂啟韓公起衰之兆，是舍人之學也。〔註123〕

洪棄生詩文風格清真古雅，宗法《文心雕龍・通變》與〈神思〉之說。宗經通變，端在「憑情以會通，負氣以適變。」〔註124〕以「尊古通變」、「神通千載」，懸為學養和創作的銘箴。洪的技巧論本自李夢陽等人，強調文自有格；不祖其格，終不足以知文。〔註125〕所以洪的詩歌體製論：

（1）尊重詩歌體製自有的身分屬性，使形式與內容得以成功結合。

（2）研究詩歌體製的藝術質性，發表詮釋性或評估性的陳述。

（3）風格與語意的特點，全被視為某一繁複總體的有機部分，而其統一

〔註118〕泰瑞・伊格頓（Terry Eagleton）著，吳新發譯，《文學理論導讀》（台北：書林出版社，1993），頁18～19。

〔註119〕洪棄生著，《寄鶴齋詩話》，頁56。

〔註120〕洪棄生著，《寄鶴齋詩話》，頁67。

〔註121〕洪棄生著，《寄鶴齋詩話》，頁44、86。

〔註122〕方東樹編，《昭昧詹言》（台北縣：漢京，民國74年），頁23。

〔註123〕洪棄生著，《寄鶴齋駢文集》（南投：台灣省文獻委員會，1993），頁100。

〔註124〕劉勰原著，周振甫注，《文心雕龍注釋》，頁570、515～516。

〔註125〕洪棄生著，《寄鶴齋詩話》，頁33。

的本質則是一種談論方式，一種談論自身的語言。誠如喬納森‧卡勒所言：

> 文學言語的得體就可能包括他與一種體裁的程式的關係。〔註 126〕

以艾布拉姆斯的闡述，此即客觀論（Objective theories）。〔註 127〕此種理論以蘇聯形構主義者羅曼‧雅克慎等批評家所提出的「文學」定義，視文學作品為種種「語言的設計」。因此。寫作須天分與學力，二者不可或缺。〔註 128〕而詩歌風格的新變代雄與題材、體製、時代、作家等因素密不可分。

五、實用理論

實用理論見第八章，詩格雅正，真實自然。洪棄生的詩學關於實用理論者，著重孔子詩教的闡發。詩的鑑賞則討論詩的體裁、風格和成就，洪棄生強調《詩經》和《楚辭》影響詩的題材、主題和風格等。實用理論誠如劉若愚云：

> 實用理論，主要著重於藝術過程的第四階段，是基於文學是達到政
> 治、社會、道德，或教育目的手段這種概念；由於得到儒家的贊許，
> 它在中國傳統批評中，是最有影響力。〔註 129〕

洪棄生的詩學關於實用理論的兩個重點：（1）詩教與詩。（2）鑑賞。洪氏強調詩的鑑賞應當討論詩的體裁、風格和成就。誠如伊格頓所說：

> 讀者即使視文學為「客觀」、描述性的範疇，最終不僅涉及個人品
> 味，也涉及某些社會團體藉以行使和維持統治他人權力的種種假
> 說。〔註 130〕

洪強調詩文的意味，進而以詩文代替干戈為武器，強調反抗日本的殖民主義。身為一個卓越的作家須有勇敢和魄力，忠實記錄戰爭與殖民帶來的荒蕪與貧困。此外，文學雖為「客觀」、描述性的範疇，但又表現超越的慾望，心通照化而深有真實自然的生活情味。印證古人強調陶淵明無意為詩，自然清深。神氣渾涵，不露圭角。〔註 131〕

棄生主張詩語當典雅，不可以方言、俗語入詩，強調「古雅」之詩觀，

〔註 126〕喬納森‧卡勒著，《文學理論入門》，頁 102。

〔註 127〕周憲著，〈藝術四要素理論與西方文論的演變——艾布拉姆斯《鏡與燈》評述〉（《南京師大學報》（社會科學版）一九八六年第四期），頁 84。

〔註 128〕洪棄生著，《寄鶴齋詩話》，頁 33。

〔註 129〕劉若愚著，《中國文學理論》，頁 227。

〔註 130〕泰瑞‧伊格頓著《文學理論導讀》，頁 30。

〔註 131〕方東樹編，《昭昧詹言》（台北縣：漢京，民國 74 年），頁 34、36。

批評宋人詩好攔入方言及俗語，最為風雅之累。棄生論詩強調「意味」、「格高」，當是受到唐代詩人杜牧啟發。杜牧（字牧之，唐京兆萬年人，西元八〇三～八五三年），棄生稱許杜以「七絕勝」。〔註 132〕杜七絕如〈過華清宮〉、〈泊秦淮〉、〈赤壁〉、〈題商山四皓廟〉、〈題村舍〉、〈江南村〉、〈山行〉等詩，或借古諷今，或詠史而見識卓，或寫景清麗。別出心裁，議論爽利，韻味雋永是其特色。若〈遣懷〉、〈贈別〉等狹邪豔情，特見風流倜儻。嘗言「凡為文以意為主，氣為輔，以辭彩章句為之兵衛。」又言：「某苦心為詩，本求高絕，不務奇麗，不涉習俗，不今不古，處於中間。」〔註 133〕棄生論詩以此針砭清末詩壇「俗言」「白話」詩語叢出之現象。推崇王士禎作詩求「典」，以為古體之典不可入近體，近體之典不可入古詩。選字隸事，必典必切，先求與人「遠」。〔註 134〕棄生作詩強調「詩格雅正，真實自然。」此古人所謂學古有得，即雅。

第四節　研究範圍與研究限制

本書研究範圍以洪棄生的詩集中的豔體香奩與描寫婦女詩為主。共約314 首。

〔表 1〕豔體香奩與描寫婦女詩

集　名	詩篇名
謔蹻集	五古：〈長相思〉、〈西洲曲〉、〈江南曲〉、〈友人與婦睽有竇滔攜妾而行之意賦此諷之〉、〈長干行〉、〈大堤曲〉、〈艷歌行〉、〈怨歌行〉、〈采蓮曲四首〉、〈林烈婦行〉、〈閨情〉、〈茶肆女〉共 15 首。 七古：〈續琵琶〉、〈元夜行〉、〈洪烈女詠〉、〈梨花落〉、〈金樓子〉、〈莫愁樂〉等 6 首。 五言今體：〈橫江詞二首〉、〈古意八首〉共 10 首。 七言今體：〈春日閨情八首〉、〈楊柳枝十首〉、〈阻友人納妓〉、〈春柳〉、〈春草〉、〈春陰〉、〈春晴〉、〈贈小妓花仙六首〉、〈惜別四首〉、〈雜春詩十首〉、〈無題三十首〉、〈春柳限韻四首〉、〈春興四首〉、〈閨詞八首題障〉、〈艷詩六首為新婚者乞題障〉、〈采蓮曲四首〉、〈代催妝吟四首〉共 103 首。

〔註 132〕洪棄生著，《寄鶴齋詩話》，頁 17。
〔註 133〕杜牧著，〈答莊充書〉、〈獻詩啟〉《樊川文集》（臺北：漢京文化公司，1983），頁 194、242。
〔註 134〕方東樹編，《昭昧詹言》（台北縣：漢京，民國 74 年），頁 19。

披晞集	五古：〈有所思效玉臺體十首〉共 10 首。 七古：〈聞客述施孝廉仁思雙妾殉節事有感〉、〈題明妃圖〉共 2 首。 七言今體：〈偶到四首〉、〈看荷詞八首〉、〈置姝不果四首〉、〈雜詠四首〉、〈聞病偶詠四首〉共 24 首。
枯爛集	五古：〈弔李雅妾音陳璧殉節〉一首。 七言今體：〈南唐宮詞二首〉共 2 首。
壯悔餘集 （作於光 緒 23 年， 1897 年）	七言今體：〈花影〉、〈花氣〉、〈花影〉、〈花氣〉、〈寄情十首〉、〈詠花露水〉、〈詠香白粉〉、〈再詠花露水〉、〈再詠香白粉〉、〈記夢十二首〉、〈續前二十首〉、〈續前十六首〉、〈續前十二首〉、〈春詞十六首〉、〈艷食雜詠六首〉、〈賦得陳孟公過左阿君受劾四首〉、〈賦得鳩摩羅什吞鍼二首〉、〈賦得張麗華膝上判事五首〉、〈賦得玉環啖荔六首〉、〈香閨偶詠〉、〈題香閨畫景〉、〈憶步春行〉、〈感歎〉共 121 首。
五古 26 首、七古 8 首、五言今體 10 首、七言今體 250 首，總計 294 首。	

本表以洪棄生於西元一九二二到一九二三年，旅遊中國的《八州詩草》詩歌為主。

〔表 2〕《八州詩草》詩歌繫年
※卷次依省文獻會本，以陽曆為主，括號內為陰曆。

詩 題	時 間	地 點	題 材	體 製	卷 次
1. 自太湖洞庭迴櫂六首	1922/9/27	太湖	山水	七絕	卷一
2. 蘇州城內訪古六首	9/28（8/8）	蘇州	懷古	七絕	卷一
3. 自瓜洲入揚州詠四首	10/8	揚州	懷古	七絕	卷一
4. 揚州紀遊	10/9（8/19）	揚州	懷古	七古	卷一
5. 揚州故宮行	10/9	揚州	同上	同上	卷五
6. 龍潭路望隔江桃葉山	10/11	桃葉山	同上	五古	卷一
7. 莫愁湖曲	10/15（8/25）	莫愁湖	同上	五古	卷一
8. 金陵雜詩十首	10/15	南京	同上	七絕	卷一
9. 過烏江口望見霸王山及廟	10/16（8/26）	烏江口	同上	五古	卷一
10. 江中三面視小孤山作小姑曲	10/17	小孤山	山水	五古	卷一
11. 過馬當即景	10/17	馬當山	山水	七絕	卷二
12. 岳州城北小喬墓二首	11/2	岳陽	懷古	七絕	卷三
13. 徐城西訪燕子樓二首	11/13	同上	懷古	七絕	卷四

14. 過徐海道治（故府治）想望霸王廳	11/13	同上	同上	七律	卷四
15. 濟南雜詠八首	11/16～11/18（9/28～9/30）	濟南	山水	七絕	卷四
16. 尚志書院詠投轄井	11/16～11/18（9/28～9/30）	濟南	懷古	五古	卷四
17. 西苑行	11/26（10/8）	西苑	懷古	七古	卷五
18. 南苑故宮行	12/10（10/22）	南苑故宮	社會	七古	卷五
19. 遊鴛鴦湖登煙雨樓即事	1923/1/4（11/18）	鴛鴦湖	山水	七古	卷五
20. 鴛鴦湖曲	1/4（11/18）	鴛鴦湖	山水	七古	卷五

　　《八州詩草》共有詩作308題，420首。題材：懷古詩有134題、山水詩91題、行旅詩39題、社會詩40題、贈答詩4題。豔體香奩與描寫婦女詩20首。研究限制在於晚清到日治時期，婦女教育機會增加與社會地位提高，相對臺灣傳統仕紳階級的沒落，與新興階級如醫生等的男女兩性觀轉變，有待進一步的研究，尚祈方家指正。

第一章　豔體香奩，喻意特色

　　《楚辭》以美人香草取喻，以男女私情象喻君臣之遇合，別有悱惻芬芳之
情致。漢、魏民歌如〈陌上桑〉、〈羽林郎〉等，善以質樸清新語言描寫女子之
情態。〈古詩十九首〉中如〈迢迢牽牛星〉等，刻劃思婦怨情，亦真切動人。
漢代敘事詩興起，若古詩〈上山採蘼蕪〉一詩，由故夫之生動口吻來映襯下堂
妻之怨情，手法高妙。建安時期曹植〈美女篇〉一詩，以美人形象喻指君子，
喻意深微。當時詩人多以「擬作」及「代言」的方式，以女性為發言角色，喻
託一己之怨情，使思婦閨怨成為習見的詩題。名作如曹丕〈燕歌行〉、曹植〈七
哀詩〉、陸機〈為顧彥先贈婦詩二首〉〈擬青青河畔草〉等。〔註1〕

　　以洪棄生最為推許的漢代樂府和古詩，賦予婦女形象極具典型與個性，此
因中國古典詩以抒情為主者，常是作者俯仰身世的不平之鳴。若詩歌託諸角
色，述說故事，常結合角色特有的個性與故事的代表性，使讀者能知人論世，
增強說服。關於抒情詩與故事詩的特色，洪氏云：

　　　　「上山採蘼蕪，下山逢故夫」一詩，敘述新舊婉轉十餘語，此以繁
　　　　得妙者，而〈豳風〉以二語括之曰：「其新孔嘉，其舊如之何？」此
　　　　以簡得妙。子建〈美女篇〉，敘述美女二十餘語，〈鄭風〉亦以二語
　　　　括之曰：「有女同車，顏如舜華。」繁簡之妙，正與此同，此例可以
　　　　例推。〔註2〕

〔註1〕這類討論可參見梅家玲著，《漢魏六朝文學新論——擬代與贈答篇》（台北：里
　　　　仁，民國86年4月15日初版）〈漢晉詩歌中「思婦文本」的形成及其相關問
　　　　題〉。
〔註2〕洪棄生著，《寄鶴齋詩話》，頁8。

〈豳風・東山〉及〈鄭風・有女同車〉二詩，一以征夫口吻述懷歸之情，一為婚者美其新婦之詞，〔註3〕抒情均直而簡。漢魏古詩〈上山採蘼蕪〉中，人物口吻畢肖，婉轉生情。曹植〈美女篇〉仿自〈離騷〉餐英佩蘭的美人形象，以美女喻託君子，誇寫衣飾之美，以襯託其盛德，詩語繁美。

〈上山採蘼蕪〉是漢代的樂府詩，最早見於徐陵輯《玉臺新咏》卷一。這是一首寫棄婦的詩，詩云：

> 上山採蘼蕪，下山逢故夫。長跪問故夫：新人復何如？新人雖言好，未若故人姝，顏色類相似，手爪不相如。新人從門入，故人從閣去。新人工織縑，故人工織素。織縑日一疋，織素五丈餘。將縑來比素，新人不如故。

詩從故夫的念舊，與棄婦的簡短對話，側寫棄婦是美麗勤勞的女子，誠如泰瑞・伊格頓說：

> 當聖保羅（St Paul）說我們無時無刻不在死去時，他心中所想的，或許有部分在於惟有我們以自我去順應別人的需求時，也就是透過一種小小的死亡，我們才能活得好。在這麼做的時候，我們排練、預演了最終的自我放棄，也就是死亡。於是，這種自我不間斷死去意義下的死亡，反而是美好人生的源頭。如果這聽起來有卑躬屈膝、自我否定的難堪意味，只是因為我們都忘了，如果人人都這麼做，結果就是對等互惠、互相服務的關係形式，而在這樣的脈絡中，每個自我都能獲得滋養。這種對等互惠的關係傳統上向來稱之為愛。〔註4〕

棄婦便是以自我去順應丈夫的需求，卻換不來對等互惠、互相服務的關係形式，反而遭棄，此等男女尊卑地位不平等的愛，作者批判父權社會下，婦女婚姻生活的困境。

就敘事文本中的「聲音」來說，學者蘇珊・蘭瑟的《虛構的權威》提到小說作品中的女性作家聲音：「某一特定聲音的權威……乃衍生於社會屬性及修辭屬性的結合。」聲音的修辭屬性來自於說話者在採用具體文本策略時，所表現出來的技巧。〔註5〕漢代樂府詩描寫婦女形象和個性品味極為生動者，如

〔註3〕屈萬里《詩經詮釋》（台北：聯經出版社，1983），頁147～271。
〔註4〕泰瑞・伊格頓著，方佳俊譯，《生命的意義是爵士樂團》（台北：商周出版社，2009），頁175～176。
〔註5〕理論文字引自羅伯特・斯科爾斯、詹姆斯・費倫、羅伯特・凱洛格著，于雷譯，《敘事的本質》（南京市：南京大學出版社，2015年1月1版），頁321～322。

〈豔歌行〉：

> 翩翩堂前燕，冬藏夏來見。兄弟兩三人，流宕在他縣。故衣誰當補？
> 新衣誰當綻？賴得賢主人，覽取為吾綻。夫婿從門來，斜柯西北眄。
> 語卿且勿眄，水清石自見。石見何纍纍，遠行不如歸。

　　溫洪隆、溫強題解〈豔歌行〉云：「也稱〈豔歌〉，樂府曲名，屬〈瑟調曲〉部類。〈豔歌羅敷行〉、〈豔歌何嘗行〉、〈豔歌雙鴻行〉、〈豔歌福鍾行〉等都是「豔歌」。徐陵編《玉臺新詠》，在序中說：『撰錄豔歌，凡為十卷。』將他所編錄的詩都稱為豔歌。」溫洪隆、溫強研析：

> 這首詩寫兄弟兩三人，飄泊在外，衣服破了，無人縫補，幸虧遇上了
> 一位賢慧的女主人為他們縫補。可是卻被她的丈夫看見了，引起了他
> 的懷疑，他歪著身子注視他們的行為，使他們有口難辯。俗話說：「在
> 家千日好，出門半朝難。」詩正說明了這個道理。詩的表現力很強，
> 如「夫婿從門來，斜柯西北眄」兩句，稱得上惟妙惟肖，恰到好處，
> 他的猜疑、責難、怨恨、甚至憤怒之情都從這一「眄」字中流露出來
> 了。而「語卿且勿眄，水清石自見」，言簡意賅，「水清石自見」一句
> 富有哲理性的辯白，勝過千言萬語。宋代詩人黃庭堅〈和張文潛贈晁
> 無咎〉云：「難以口舌爭，水清石自見。」〈次韻文潛〉云：「水清石見
> 君所知，此是吾家秘密藏。」他反覆用這話勸說朋友，而且把它當成
> 家中的「秘密藏」。明李夢陽〈塘上行〉云：「讒言使交流，水清石自
> 見。」可見這句詩對後世的影響是很深的。〔註6〕

　　文學作品中描寫妻子賢慧，卻招來丈夫嫉妒和猜疑的形象，可舉例日本作家夏目漱石（西元一八六七～一九一六年）的小說《行人》。書中的丈夫一郎懷疑妻子直的貞節，一郎甚至要其胞弟二郎試探嫂嫂，也就是他的妻子直的貞節。二郎是書中所有人均可傾訴心事這種個性的人，是反映所有出場人物真面目的鏡子。二郎對嫂嫂直的描述：

> 自始她就是個不受拘限的自由女人。直到今天，她的行動只不過是
> 不拘泥於任何事的天真表現。在我眼中，有時她似乎把一切擱在心
> 裡，是個不輕易表露自己的所謂穩重人物。從這種意義來看，她遠
> 超一般穩重者的範疇。那鎮定，那品味，那沈默寡言，任何人都會
> 將她評定為過於穩重的人。而她那看似厚顏的膽氣，著實令人驚訝。

〔註6〕溫洪隆、溫強注譯，《新譯樂府詩選》（台北：三民書局，2010），頁180～183。

某一剎那，她恰似忍耐的化身般佇立我面前。而且，忍耐中潛藏不落痛苦痕跡的高貴之處。她以微笑代替蹙眉，以促膝端坐代替伏地痛哭，猶如等待跪坐的腳逐漸腐爛一般。總之，她的忍耐遠超「忍耐」二字本意，而是某種近乎她本身的自然產物。

又藉嫂嫂直的口吻對其小叔二郎說：「男人一旦心生厭倦，就能像你這樣一走了之。女人卻不能。我就像父母親手種植的盆栽，一旦種下，除非有人移植，否則根本無法動彈。除了在原地枯萎，沒有第二條路。」〔註7〕〈艷歌行〉的女主人多了助人的熱情，但自由不拘、天真、認命卻強韌，遠超過忍耐的穩重鎮靜，那淡然端坐的形象似乎是東方國家傳統婦女的品味。當然，夏目漱石對書中的丈夫一郎的高傲敏感和冷淡孤僻不易親近的刻劃，映襯了妻子回報的「厚顏」。

棄生論述南朝宮體詩以描寫女性本身及男女情愛為主，旁及記遊宴、詠節候、寫風景及詠物詩，手法輕艷柔膩，開拓艷情詩的意境。至於「香奩體」，提到唐崔國輔、韓偓喜為兒女言情之作，韓偓遂以香奩名集。明人王次回因專效之，清朝黃莘田繼之，此體遂多。「香奩」原指古代婦女之妝奩。六朝以降的艷詩中，常見「香奩」或「妝奩」一詞。如梁蕭子顯（字景陽，西元四八九～五三七年）詩云：「日出秦樓明，條垂露尚盈。蠶飢心自急，開奩妝不成。」〔註8〕寫織婦開奩化妝。唐沈佺期（字雲卿，約西元六五六～約七一六年）詩云：「百福香奩勝裏人。」〔註9〕香奩體詩之內容及名義，誠如鄭清茂云：「香奩體這個名詞的正式成立，恐怕要在韓偓《香奩集》問世之後。」〔註10〕晚唐韓偓（字致堯，？～九二三年）《香奩集》詩風幽艷，多詠裙裾脂粉及閨閣中事，詩風輕艷。〔註11〕

〔註7〕 夏目漱石著，李永熾導讀，《行人》（台北：萬象圖書，1999年4月），頁301～302、297～298。

〔註8〕 蕭子顯〈陌上桑二首〉其一。徐陵編，《玉臺新詠》（台北：漢京文化，出版日期不詳），頁574。

〔註9〕 沈佺期原著，陶敏、易淑瓊校注，《沈佺期集校注》（北京：中華，2000年11月第一刷），頁166〈人日重宴大明宮恩賜彩縷人勝應制〉。

〔註10〕 鄭清茂〈王次回研究〉。引自王彥泓著，鄭清茂校，《王次回詩集》（台北：聯經，民國73年7月初版），前言，頁65。

〔註11〕 有一說《香奩集》原為和凝所撰，凝後嫁其名為韓偓。此問題之討論可參見徐復觀〈韓偓詩及香奩集論考〉。收於徐復觀著，《中國文學論集》（台北：學生，民國79年3月五版二刷）。

　　從題材言，唐人香奩詩見於二類：一、閨閣詩——寫閨中少婦之怨情，人物包括宮女、征夫在外的少婦、待字閨女等；二、遊仙詩——藉女仙意象隱喻娼妓，描寫狎邪之事，如晚唐曹唐的〈大遊仙詩〉及〈小遊仙詩〉。至於香奩詩的特質，棄生的主張有二：

第一節　美人香草，微詞喻意

　　「香奩體」詩受《楚辭》啟沃，以美人香草喻託深微之情意。棄生因而批評趙執信（字申符，山東益都人，西元一六六二～一七四四年）《談龍錄》有涉於學究處。另一方面，洪棄生強調作詩須有我，因此附和趙執信《談龍錄》對王士禎的批評。《談龍錄》云：

> 司寇昔以少詹事兼翰林侍講學士，奉使祭告南海，著《南海集》，其首章〈留別相送諸子〉云：「蘆溝橋上望，落日風塵昏。萬里自茲始，孤懷誰與論？」又云：「此去珠江水，相思寄斷猿。」不識謫宦遷客更作何語？其次章〈留別相送諸子〉云：「寒宵共杯酒，一笑失窮途。」窮途定何許？非所謂詩中無人耶？余曾被酒於吳門亡友顧小謝（以安）宅漏言及此，客坐適有入都者，謁司寇，遂以告也，斯則致疏之始耳。〔註12〕

　　趙執信以「詩言志」的觀點，批評王士禎上述詩作近於代言，與情事不切，尚稱允當，是否因此而與王士禎致疏，不得而知。果真如此，則又是文人相輕之習。洪棄生也對趙執信批評「蘆溝橋上望」一詩，批評：「為詩中無人，則確。」〔註13〕詩人詠詩若情事不切，何以張揚個性？袁枚強調詩作要有我，也是強調情性發抒的重要。

　　趙執信的《談龍錄》批評王士禎：「阮翁律調，蓋有所受之。而終身不言所自，其以授人，又不肯盡也。」〔註14〕趙執信的《談龍錄》又批評王士禎《唐賢三昧集》選錄的詩作云：

> 李頎〈緩歌行〉，夸炫權富，乖六義之旨。梁鍠〈觀美人臥〉，直是淫詞，君子所必黜者。百詩大以為然。比歲阮翁深不欲流布《三昧

〔註12〕趙執信著，《談龍錄》。收於王夫之等撰，《清詩話》（上海：上海古籍出版社，1999 年 6 月第 1 版第 1 刷），頁 311。

〔註13〕洪棄生著，《寄鶴齋詩話》，頁 92。

〔註14〕趙執信著，《談龍錄》。收於王夫之等撰，《清詩話》，頁 310。

集》，且毀《池北偶談》之刻，其亦久而自知乎？〔註15〕

詩人貴知學，尤貴知道。東坡論少陵詩外尚有事在，是也。劉賓客詩云：「沉舟側畔千帆過，病樹前頭萬木春。」有道之言也。白傅極推之。余嘗舉似阮翁，答曰：「我所不解」。阮翁酷不喜少陵，特不敢顯攻之。每舉楊大年村夫子之目以語客。又薄樂天而深惡羅昭諫。余謂昭諫無論矣，樂天〈秦中吟〉、〈新樂府〉而可薄，是絕小雅也。若少陵有聽之千古矣，余何容置喙！〔註16〕

劉禹錫的〈酬樂天揚州初逢席上見贈〉云：「巴山楚水淒涼地，二十三年棄置身。懷舊空吟聞笛賦，到鄉翻似爛柯人。沉舟側畔千帆過，病樹前頭萬木春。今日聽君歌一曲，暫憑杯酒長精神。」詩中「二十三年」指唐順宗永貞元年（西元八〇五年）劉禹錫被貶為連州刺史，至寶曆二年（西元八二六年）冬應召，到翌年回到京城。「歌一曲」指白居易的〈醉贈劉二十八使君〉。頸聯刻劃生動但乏遠神，王士禎對劉禹錫此詩的批評，洪棄生附和云：

趙氏《談龍錄》有涉於學究者，不可不知。如舉「沉舟側畔千帆過」二句，實惡調，阮翁不答，宜也。至謂李頎〈緩歌行〉，夸炫權勢，阮翁不當選之，尤偏。詩人吟詠，恆多寓言，故漢魏樂府詠到富貴處及美人處輒多鋪張，蓋詩人之設色然也，豈得而廢乎？謂梁鍠〈觀美人臥〉為淫詞，不知梁詩有題作〈美人怨〉者，其詩雖不佳，亦不淫。趙本詩人，何論之腐耶？宋玉〈高唐〉、〈神女〉二賦，真淫詞，趙氏其謂之何？

《談龍錄》又謂阮翁秘惜詩律不示人，殊誣。新城揭出詩法，垂示後世，津逮詩家不少。所舉似皆微乎微，為前人所未及。豈有如趙所云，至謂其極，不喜杜公，又不然。阮翁五古多宗王、孟，若七古則純乎宗仰少陵，稱之不容口。其評杜有所抹者，亦皆為學者起見，無不切中杜病，如此方善學古人，不被瞞過。〔註17〕

棄生強調詩人吟詠，恆多寓言，故漢魏樂府詠到富貴處及美人處輒多鋪張，蓋詩人之設色然也，豈得而廢乎？此為通人之論。

白居易〈劉白唱和集解〉譽禹錫〈酬樂天揚州初逢席上見贈〉「沈舟」二

〔註15〕趙執信著，《談龍錄》。收於王夫之等撰，《清詩話》，頁313。
〔註16〕趙執信著，《談龍錄》。收於王夫之等撰，《清詩話》，頁313。
〔註17〕洪棄生著，《寄鶴齋詩話》，頁91。

句「神妙」云云，王士禎因批評白氏於盛唐諸家興象超詣之妙，全未夢見。王士禎批評劉禹錫詩句「沈舟側畔千帆過，病樹前頭萬木春。」缺乏興象超詣之妙。〔註18〕趙執信卻譽為「有道之言」，又批評唐李頎〈緩歌行〉夸炫權勢，乖六義之旨；梁鍠〈觀美人臥〉直是淫詞，君子所必黜者，因批評王士禎《唐賢三昧集》選黜失當。〔註19〕殊不知「漢魏樂府詠到富貴處及美人處輒多鋪張」，李頎〈緩歌行〉「業就功成見明主，擊鐘鼎食坐華堂。二八娥眉梳墮馬，美酒清歌曲房下。」云云。梁鍠〈觀美人臥〉，《全唐詩》題作〈美人春臥（一作臥）〉云：「妾家巫峽陽。羅幌（一作帳）寢蘭堂。曉日臨窗久，春風引夢長。落釵仍挂（一作猶冒）鬢，微汗欲消黃。縱使朦朧覺，魂猶逐楚王。」李頎〈緩歌行〉設色華麗，實興喻之手法，不可視為實境。梁鍠〈觀美人臥〉雖不佳，亦不淫。〔註20〕若將「美人香草」之艷詞視為淫句，則宋玉〈神女〉〈高唐〉二賦真淫麗矣，趙氏又如何解釋？棄生〈有所思效玉臺體十首〉其十云：

> 我讀玉臺詩，芬芳沁我腸。詩人逸興多，香草託徬徨。芍藥思渺渺，
> 蒹葭水蒼蒼。千古作寓言，美人在西方。西方竟何許，求之見荒唐。
> 昨云晤宓女，旋覺夢王嫱。所居必金室，所倚必雕梁。一鬟千萬值，
> 一身百寶妝。我詩亦此意，意與美人長。〔註21〕

以「美人香草」為寓言，夸言富貴及美人之鬟髻、妝奩，為「香奩體」詩之特質。要言之，以「美人香草」為寓言。《詩經》以寓言敘事，有故事情節，影響後世寓言詩。以寓言敘事者，論者林淑貞討論中國寓言詩歌的特色有兩點。一是以諷諭政教為導向，如《詩經》〈鴟鴞〉、〈碩鼠〉，「緣事而發」的樂府詩，以及唐代元稹、白居易的「新樂府」。另一特點是「多託借物象以迂曲致意」。或以禽鳥，例如鳳凰、鴟、雀；或假植物，如松、竹、柏、梅、桃。〔註22〕

在義界釐清上，寓言詩同於敘事詩者在「敘事」。不同者即「寓言詩」重寓意，情節或事件有時較簡易。以西方的（allegory）稱寓言詩，指表層意義之外，還有一層意義的文學藝術作品。相較於以人、事、物為譬而不必有故事的

〔註18〕王士禎著，《池北偶談》（台北：漢京文化，民國73年5月15日初版），頁342，卷14。

〔註19〕趙執信《談龍錄》。收於王夫之等撰，《清詩話》，頁313。

〔註20〕全唐詩編委，《全唐詩》（北京：中華，1996年1月第6刷），頁2114，卷202。

〔註21〕洪棄生著，《寄鶴齋詩集》（南投：台灣省文獻委員會，民國82年5月31日版），頁154。

〔註22〕林淑貞著，《中國寓言詩析論》（臺北市：里仁書局，2007年2月10日初版），頁337～338。

寄託詩作，寓言詩雖然也重言外寄意，但有故事情節。論者又強調寓言詩與賦、比、興的修辭手法不同。〔註23〕

　　寓言詩歌的特色有兩點。一是以諷諭政教為導向。另一特點是「多託借物象以迂曲致意」。「寓言詩」重寓意，情節或事件有時較簡易，相當於敘事詩，而特點在「敘事」。「敘事」而能兼「情韻」，本是杜甫詩之特色，但杜詩也不免敘事太盡的毛病，洪棄生因而批評杜詩善發洩，但相較後世詩人，則含蓄多了：

> 詩至杜公，發洩極矣，然其發洩之中，仍具唱歎不盡之致，故較諸
> 晉魏以上之詩，杜為發洩；較中唐以後之詩，杜尤極含蓄。〔註24〕

　　洪棄生詩學要旨推崇王士禎「神韻說」，主張詩發洩中仍須含蓄，仍具唱歎不盡之致。評詩須細讀文本，平情特識，推崇王士禎論詩尤善分別。王士禎商搉正偽，辨別淄澠，皆為學者起見，其七古則純乎宗仰杜甫，對杜詩雖稱之不容口。其評杜詩〈七哀〉等排律之缺失，亦皆為學者起見，無不切中杜病。趙執信的《談龍錄》自言學本常熟馮班，固與王士禎異轍。

　　紀昀對趙執信和王士禎的批評，以當代詩論繼承並批判前代詩作缺失的態度來立論。《四庫全書總目》和《紀曉嵐文集》云：

> 詩自太倉曆下，以雄渾博麗為主，其失也膚。公安竟陵以清新幽賞
> 為宗，其失為詭。學者兩途並窮，不得不折而入宋，其弊也滯而不
> 靈、直而好盡，語錄史論皆可成篇。於是士禎等重申嚴羽之說，獨
> 主神韻以矯之，蓋亦救弊補偏，各明一義。其後風流相尚，光景流
> 連，趙執信等遂復操二馮舊法起而相爭，所作《談龍錄》排詆是書，
> 不遺餘力。其論雖非無見，然兩說相濟，其理乃全，殊途同歸，未
> 容偏廢。今仍並錄存之，以除門戶之見。〔註25〕

> 漁洋拈「不著一字，盡得風流」之旨，以妙悟醫鈍根；而飴山老人
> 顧執「詩中有人」之說，以抵瑕而蹈隙。左右佩劍，彼此互譏。論
> 者謂合二家，相濟乃適相成，是亦掃門戶之見也。〔註26〕

　　紀昀在〈灤陽消夏錄〉卷三中，還記載一則木魅調停趙執信和王士禎兩家詩說的故事來，除了分析漁洋山人詩的優劣外，也分析兩家詩論產生的背景，而最

〔註23〕林淑貞著，《中國寓言詩析論》，第二章。
〔註24〕洪棄生著，《寄鶴齋詩話》，頁13。
〔註25〕〈唐賢三昧集〉提要，前揭書，頁2662。
〔註26〕紀昀著、孫致中等校點，《紀曉嵐文集》第一冊（河北：河北教育出版社，1991年），頁198。

主要的意見，還是在強調「二家宗派，當調停相濟。合則雙美，離則兩傷」的見解。調停相濟，合則雙美，更須就詩論詩，如洪棄生詩學的標舉，推崇王士禎七古之妙，如〈六朝松石歌〉、〈東丹王射鹿圖〉，高視闊步之中，往往能握定驪珠。〔註27〕五古〈登石景山浮圖〉、〈送湯荊峴侍講〉俱真氣淋漓，逸神煥發。〔註28〕

第二節　艷情逸韻，藻思橫溢

香奩體詩既歌詠裙裾脂粉，聲色自然偏於富艷柔靡，多富於春情。如秦觀〈春日〉七絕「有情芍藥含春淚，無力薔薇臥曉枝。」二句，元遺山〈論詩三十首〉云：「拈出退之山石句，始知渠是女郎詩。」棄生反駁云：「夫春日即景，豈能作『山石犖确行徑微』之語耶？」以為「詩須隨題目所宜」，誠通達之見。〔註29〕其稱許葉鼎之香奩詩云：

> 偶於施悅秋先輩處，見近人所刻《眉心室悔存稿》，悉香奩詞，其中艷情逸韻，錦心繡口，藻思橫溢，直欲突過溫李，不止上掩王次回、黃莘田也。駢詞亦穠麗，初不著其姓字，後來查訪，始知為葉蘭伽（鼎）所作，蓋亦才士也。……〔註30〕

葉鼎詩詠閨閣粉黛，棄生錄葉鼎之香奩詩，有冶春云：

> 「春陰漠漠護窗紗，卍字闌干四面遮。紅雨綠雲庭院閉，夕陽如水夢梨花。」消夏云：「碧桐如心沁斜暉，隔院清香夏玉徽。好是一庭涼雨過，翠痕飛上酒人衣。」「銀塘一碧泛輕橈，水扇雲衣寫寂寥。十里煙波鷗夢冷，藕花香裏月如潮。」又綺懷六首云：「櫻桃花下叩朱門，小別江南恨莫論。無可奈何空握手，不曾真箇已銷魂。」「春風楊柳人千里，秋雨蘼蕪夢一痕。猶憶畫樓西畔月，斷無人處與溫存。」「春雲一點護靈犀，人在芙蓉曲院西。翠箔蝦鬚眉月小，碧紗蟬翼鬢雲低。」「飛龍藥店輸金屋，走馬蘭臺感玉谿。試向蓮涇停畫舸，鴛鴦卅六正雙棲。」「碧天如水夜吹簫，恐有真靈跨鳳邀。秋月一丸神女魄，春雲三褶美人腰。梅花玉笛聲聲慢，蓮瓣金錢步步嬌。漫借琴心通昵語，阿儂腸斷可憐宵。」「東風柳外此停驂，門巷斜陽

〔註27〕洪棄生著，《寄鶴齋詩話》，頁87。
〔註28〕洪棄生著，《寄鶴齋詩話》，頁57、81。
〔註29〕洪棄生著，《寄鶴齋詩話》，頁20。
〔註30〕洪棄生著，《寄鶴齋詩話》，頁59～60。

舊徑語。碧玉華年剛十五，青溪小妹又行三。瓊枝照艷朱顏暈，翠被迷香綺夢酣。別後累郎思刻骨，雪兒嬌態寶兒憨。」「茜紗如夢雨如塵，竄地湘簾鎖綠春。寸管自修香國史，萬花齊現女兒身。新聲乍聽歌歡子，故事還看衍秘辛。分付雲鬟勤捧硯，紅箋小字寫真真。」「種將紅豆是愁苗，欲畫相思只白描。漫把胭脂誇北地，從來金粉艷南朝。春歸眉際初三月，家在江南第六橋。回首可憐秋夢遠，吳娘水閣雨瀟瀟。」〔註31〕

詩中如「畫樓」「曲院」「金屋」「水閣」，以及「翠痕」及「翠箔」「碧紗」二句；「碧玉」「青溪」「瓊枝」「翠被」「紅豆」「茜紗」「湘簾」等都是香奩詩慣用之詞彙，賦物取妍，不外妝奩、嬌花等物，自富於柔靡之艷風。情致婉轉處如「翠痕飛上酒人衣」，「無可奈何空握手，不曾真箇已銷魂。」「漫借琴心通昵語，阿儂腸斷可憐宵。」真有如《花間集》之旖旎。其「分付雲鬟勤捧硯，紅箋小字寫真真」二句，頗似明代王次回〈續夢辭十二首〉其八云：「好在水晶簾子下，為伊端合寫真真。」〔註32〕香奩體詩詞藻看似陳陳相因，然艷情橫溢，要在有逸韻柔情，纏綿真摯，方可動人。棄生譽魏甄后〈塘上行〉云：

> 甄氏塘上行中云：「莫以賢豪故，棄捐素所愛。莫以魚肉賤，棄捐蔥與薤。莫以麻枲賤，棄捐菅與蒯。出亦復苦愁，入亦復苦愁。邊地多悲風，樹木何脩脩。」亦頗得國風遺意。〔註33〕

情感真摯，語言質樸，得《詩經》國風之真味。後世若清代吳梅村詩，棄生稱其「情韻纏綿」，實合初唐四傑之麗藻及白居易「長慶體」敘事之長處而更妙姿韻。如〈畫蘭曲〉七古末段云：「茶香黯淡知吾性，車馬雍容是故情。常時對面憂吾瘦，淺立斜窺訝依舊。好將獨語過黃昏，誰堪幽夢牽羅袖。歸來開篋簡啼痕，腸斷生綃點染真。何似杜陵春禊飲，樂遊原上采蘭人。」〔註34〕寫閨閣畫蘭之妙，幽情亦如蘭香，在敘事中漸次舒放，真如棄生所謂「風神獨絕」。〔註35〕

〔註31〕洪棄生著，《寄鶴齋詩話》，頁 59～60。
〔註32〕明王彥弘著，鄭清茂校，《王次回詩集》（台北：聯經，民國 73 年 7 月初版），《疑雲集》，頁 375，卷 1。
〔註33〕洪棄生著，《寄鶴齋詩話》P.7。
〔註34〕吳偉業著，《吳梅村全集》（上海：上海古籍出版社，1990 年 12 月第一刷），頁 43。
〔註35〕棄生論梅村詩的評語，同洪棄生著，《寄鶴齋詩話》，頁 56、104、125。

第三節　別裁合作，家國情懷

　　筆者陳光瑩著，《洪棄生〈詩〉〈騷〉別裁的遺民詩史研究》（新北市：花木蘭文化出版社，2021 年 3 月）深入論析此乃別裁《詩》《騷》風格，身為遺民，洪棄生的詩史觀點。就洪棄生作品，別裁詞與駢文，豔體與香奩詩的承繼創新而自成風格。如緒論所說的別裁合作，抒發家國情懷。

　　晚清詩風格一為發揚高華，一為奧衍微至。筆者上述著作緒論，從以詩論時的新變論，強調韓愈詩文的典範影響，而早已見於曾國藩強調文中雄奇之道，與其子書信〈諭紀澤〉云：

> 爾問文中雄奇之道。雄奇以行氣為上，造句次之，選字又次之。然未有字不古雅而句能古雅，句不古雅而氣能古雅者；亦未有字不雄奇而句能雄奇，句不雄奇而氣能雄奇者。是文章之雄奇，其精處在行氣，其粗處全在造句選字也。余好古人雄奇之文，以昌黎為第一，揚子雲次之。二公之行氣，本之天授。至於人事之精能，昌黎則造句之工夫居多，子雲則選字之工夫居多。〔註36〕

> 韓公五言詩本難領會，爾且先於怪奇可駭處、詼諧可笑處細心領會。可駭處，如詠落葉，則曰「謂是夜氣滅，望舒實其圓」；詠作文，則曰「蛟龍弄角牙，造次欲手攬」。可笑處，如詠登科，則曰「儔輩妒且熱，喘如竹筒吹」；詠苦寒，則曰「羲和送日出，恇怯頻窺覘」。爾從此等處用心，可以長才力，亦可添風趣。〔註37〕

　　家書論其子紀澤，讀韓公五言詩可細心體會怪奇可駭處、詼諧可笑處。韓愈論文重文氣，揚雄是漢賦作家：韓愈造句之工夫居多，揚雄則選字之工夫居多。曾國藩強調讀書可以變化氣質，與其子書信〈諭紀澤紀鴻〉云：

> ……日日留心，專從厚重二字上用工。否則字質太薄，即體質亦因之更輕矣。人之氣質，由於天生，本難改變，惟讀書則可變化氣質。古之精相法者，並言讀書可以變換骨相。欲求變之法，總須先立堅卓之志。……爾於厚重二字，須立志變改。古稱金丹換骨，余謂立志即丹也。〔註38〕

〔註36〕曾國藩著，《曾國藩家書第二輯》（臺北：黎明文化，1986 年 12 月），頁 833～834。

〔註37〕曾國藩著，《曾國藩家書第二輯》，頁 1142～1143。

〔註38〕曾國藩著，《曾國藩家書第二輯》，頁 1114～1115。

強調惟讀書則可變化氣質，立志即金丹換骨，〈諭紀澤〉云：

> 爾稟氣太清。清則易柔。惟志趣高堅，則可變柔為剛；清則易刻，惟襟懷閑遠，則可化刻為厚。余字汝曰劼剛，恐其稍涉柔弱也。教汝讀書須具大量，看陸詩以導閑適之抱，恐其稍涉刻薄也。爾天性淡於榮利，再從此二事用功，則終身受不盡矣。〔註39〕

曾國藩望其子變柔為剛，化刻為厚。志趣高堅，詩文立意脫俗，方能雄奇，〈諭紀澤〉云：

> 余生平於古人四言，最好韓公之作，如「祭子厚文」「祭張署文」「進學解」「送窮文」諸四言，固皆光如皎日，響如春霆。即其他凡墓志之銘詞及集中如「淮西碑」「元和聖德」各四言詩，亦皆於奇崛之中迸出聲光。其要不外意義層出、筆仗雄拔而已。自韓公而外，則班孟堅「漢書‧敘傳」一篇，亦四言中之最攜雅者。爾將此數篇熟讀成誦，則於四言之道自有悟境。鏡和詩雅潔清潤，實為吾鄉罕見之才，但亦少奇矯之致。凡詩文欲求雄奇矯變，總須用意有超群離俗之想，乃能脫去恆蹊。爾前信讀『馬汧督誄』，謂其沈鬱似「史記」，極是極是。余往年亦篤好斯篇。爾若於斯篇及「蕪城賦」「哀江南賦」「九辨」「祭張署文」等篇吟玩不已，則聲情自茂，文思汩汩矣。〔註40〕

四言之道，《詩經》之後，韓愈應用文類的四言詩，不但得其體要，亦皆於奇崛之中迸出聲光。

展現生命本真，恬淡沖融的詩趣，曾國藩（初名子城，譜名傳豫，字伯涵，號滌生，湖南長沙府湘鄉人，西元一八一一～一八七二年）云：

> 以詩言之，必先有豁達光明之識，而後有恬淡沖融之趣。如李白、韓退之、杜牧之則豁達處多，陶淵明、孟浩然、白香山則沖淡處多。杜、蘇二公無美不備，而杜之五律最沖淡，蘇之七古最豁達。……吾好讀《莊子》，以其豁達足益人胸襟也。去年所講「生而美者，若知之，若不知之；若聞之，若不聞之」一段，為豁達。推之即「舜禹之有天下而不與」，亦同此襟懷也。
>
> 凡詩文趣味約有二種：一曰詼詭之趣，一曰閑適之趣。詼詭之趣，

〔註39〕曾國藩著，《曾國藩家書第二輯》，頁 1805。
〔註40〕曾國藩著，《曾國藩家書第二輯》，頁 1219～1220。

惟莊、柳之文，蘇、黃之詩。韓公詩文，皆極詼詭。此外實不多見。
閑適之趣，文惟柳子厚遊記近之，詩則韋、孟、白傅均極閑適。而
余所好者，尤在陶之五古、杜之五律、陸之七絕，以為人生具此高
淡襟懷，雖南面王不以易其樂也。〔註41〕

五言詩，若能學習到陶潛、謝朓一種沖淡之味和諧之音，亦天下之
至樂，人間之奇福也。爾既無志於科名祿位，但能多讀古書，時時
吟詩作字，以陶寫性情，則一生受用不盡。第宜束身圭璧，法王羲
之、陶淵明之襟韻蕭灑則可，法嵇、阮之放蕩名教則不可耳。〔註42〕

《莊子‧則陽》和《論語‧陽貨》中對外貌美醜、名位公器的豁達見解，
讀之足益人胸襟，使人襟懷淡然。從心理學言，「接納」不是指適應個人或社
會不良的行為，生活中的種種問題或個人行為的正當與否，仍須以思維、情緒
去感受經驗，理解在社會化和文明方面的價值觀。以回應的能力表達責任，知
道責任所在，為自己開放或創造機會以不同的方式做事。這必須仰賴一穩定的
「知覺我」，才能從舊經驗中產生新的背景脈絡，使得創傷生存者可從中觀看
世界與自我。從家庭治療師維琴尼亞‧薩提爾（Virginia Satir）的溝通理論，
不以「討好」、「指責」的溝通姿態，而是尊重自己、他人與情境三者，以開
放、聆聽、分享、平和，以高自我價值所表現的言行一致。印證《論語‧子
路》：「子曰：『君子易事而難說也：說之不以道，難說也』。」的求道立誠的態
度。道家以虛靜之心靈直觀物物之自在相，影響後世的文藝創作理論，例如陸
機〈文賦〉「課虛無以責有，扣寂寞而知音。」指創作推敲時，以文字直扣物
象的本然。論者席勒所謂從原始自然生命的控制下解脫而擁有形式；並從感
性走向理性、從感覺走向意識、從個體走向普遍、從有限走向無限之際。

道家的「無」和佛家的「空」，以虛靜心觀照理，以彰顯萬物個別之特性
及作用。此見於《莊子‧養生主》「庖丁解牛」，學者顏崑陽云：即以牛之自然
之性觀牛，故能透視對象的內在本質，也就是下文「依乎天理」之「天理」，
「因其固然」之「固然」。〔註43〕曾國藩說詩文趣味除了閑適之趣。又有詼詭
之趣，惟莊、柳之文，蘇、黃之詩。詩文中的詼詭之趣，例證可見於棄生《中
西戰紀》寫清末中法戰爭時，張佩綸等人臨陣失措：「張佩綸、何如璋在船廠

〔註41〕曾國藩著，《新譯曾文正公家書》，頁 183、312。
〔註42〕曾國藩著，《曾國藩家書第二輯》，頁 1147。
〔註43〕顏崑陽著，《莊子藝術精神析論》（台北：華正書局，1985 年初版），頁 277。

聞礮聲，而無人色。方將登望，一礮至，悸而仆，各呼左右曳之走；一路泥濘，墮冠脫履。何璟在署中誦佛經，張兆棟匿不見人。」譴責張佩綸等人壞事奔逃，怨而謔，亦如莊周之文。

從駢文駢四儷六，排比麗詞，音韻和諧，繁用典故等特色。從文字的聲色與意義的關係來說，舉例唐代駱賓王的駢文〈討武曌檄〉「海陵紅粟」，「江浦黃旗」的麗詞。不言米多腐爛而言「紅粟」，不言義旗而言「黃旗」，誠如法國羅蘭‧巴爾特的觀點，對於文字的聲色經營，為意圖性的意義平添了一種魅力。卻是表意減少，美感增加。〔註44〕

就洪棄生豔體與香奩詩作品，詞與駢文屬於別裁，卻與其詩作是「互文性」的寫作，如克里斯多娃的觀點：

> 互文能使創作者「寄生」於在他之前的所有文本以及這些文本所包含的歷史、文化、哲學等精神內涵和意義，並透過疊映、重複、倒置或對照這些文本，使其成為集眾多文本內涵、語境、語意為一體的意義的「輻射源」。〔註45〕

疊映、重複、倒置或對照文本，使其成為集眾多文本內涵、語境、語意為一體的意義的「輻射源」，有助於了解豔體與香奩詩寫作特色，一如駢文〈香奩集自敘〉云：

> 余以沉渺之思，忽為幽冶之行。春蘭不語，秋桂自馨；沅澧之芳未歇，洧溱之芍多情。蓋盛年不再，耗壯心於金粉場中；青眼無人，寄豪懷於溫柔鄉裡。故遊春花氣，非元微之曉寺之鐘；嬉水綠陰，豈杜牧之揚州之夢乎！
>
> 夫阮肇神仙，詎有意於天台桃樹；廣平事業，亦何心乎東里梅花！而既彳亍愁城，踟躕春國；荒唐筆墨，將誣十二之巫山：宛轉情詞，且託萬重之蓬水。故宋豔、屈騷，都成倩盼；李嬋（一作李娟，見《香山集》。）、張態，並助纏綿。鄭交甫之解珮江干，陳思王之留枕津上。驚鴻翩度，想像洛神；巧慧機絲，描摹怨女：骨此志也。而況鵑啼洛下，鹿走吳中；金鈴有警，玉鏡無聲。秣陵之楊柳紛如，武溪之桃花撩亂。收廣武之軍，虞姬短氣；割鴻溝而罷，呂媮灰心！海上麻姑，

〔註44〕羅蘭‧巴爾特著，《寫作的零度》（北京：中國人民大學出版社，2008年），〈夏多布里昂、朗瑟的生平〉，頁105。
〔註45〕羅婷著，《克里斯多娃》（台北市：生智文化，2002年8月初版一刷），頁127。

忽悼蓬壺之淺；池頭王母，頓驚弱水之枯！情天久漏，恨海誰填！腸
一日而九廻，劫一瞬以千秋。嗟乎！英雄遲暮，老信陵於醇酒婦人；
世路奇窮，臥阮籍於壚頭姹女，伊可歎也，亦可懷矣！時則烽火樓臺，
玻璃半碎；煙塵世界，羅綺無歸。花下降天魔之舞，柳邊藏窈女之腰。
虎邱鶴市，時有狐鳴；螢苑雷塘，惟聞蛋語。變衣裝於回紇，道有牛
鬼蛇神；假役屬於吐蕃，人多棘猴蘭虎。入目之蓬蒿可剗，滿胸之壘
魂奚消！惟有漁父桃源，差堪避世：淮王桂樹，或可留人云爾。

然而聲色之中，仙人解蛻，形骸以外，釋氏逃禪。故老僧入定，畫
四壁之西廂；道士指迷，示一場之南夢。漆園有悟，化蝴蝶乎莊生；
蜀國無情，叫杜鵑於望帝。雖江山已換，覺鷓鴣之局翻；而海島依
稀，尚鴛鴦之湖在爾。乃歡情若水，綺夢如塵。含睇宜笑，倚翠欲
顰；羌南洲之女，方北地之佳人。藉微波以通款，指明日而旦申。
閬苑名姬，遽致鑴名之琰；瑤峯玉女，為傳洗頭之盆。井公一博，
金母千春。渺矣兩間之蠻觸，宜乎三界之氤氳。故緱嶺鶴軒，視塵
世若鼠肝螳臂；羅浮鳳馭，置人間於蝸角蚩輪。於是有嫣紅之藻，
於是有慘綠之詞。唱和既多，篇什遂積，傷浮世之已非，幸美人之
未沬！憎山鬼而愛江娥，楚湘纍因而作賦；操水仙以望海若，方子
春藉以移情。好我者謂之騷，惡我者謂之誕！豈知香籢一集，早不
諱於冬郎；玉臺一編，久爭傳夫孝穆、況中年哀樂，有待竹肉之陶；
亙古淪胥，能無莒蘭之慕乎！

嗟乎！遇卓女於成都，正相如埋頭之日；顧左君於閭巷，亦孟公憤
世之時。知此者，可與讀此詩矣。〔註46〕

首段「春蘭」以下四句，一如其乙未年（西元一八九五年）所作〈臺灣
哀詞〉書寫臺灣被清廷割讓給日本的悲哀：「桃花雖好，無避秦之路；蘭芷云
芳，失望楚之心。」〔註47〕似〈離騷〉：「索藑茅以筵篿兮，命靈氛為余占之。
曰：『兩美其必合兮，孰信脩而慕之？思九州之博大兮，豈唯是其有女？』曰：
『勉遠逝而無狐疑兮，孰求美而釋女？何所獨無芳草兮，爾何懷乎故宇？世
幽昧以眩曜兮，孰云察余之善惡？民好惡其不同兮，惟此黨人其獨異；戶服
艾以盈要兮，謂幽蘭其不可佩。覽察草木其猶未得兮，豈珵美之能當？蘇糞

〔註46〕洪棄生著，《寄鶴齋駢文集》，頁27～28。
〔註47〕洪棄生著，《寄鶴齋駢文集》，頁119。

壤以充幃兮，謂申椒其不芳。』」

棄生所處之危殆，一如〈離騷〉幽蘭其不可佩、申椒其不芳的昏亂局勢。傅錫壬認為〈離騷〉是屈原作於頃襄王三年（西元前二九六年）再放江南之後，「吾將從彭咸之所居」與〈悲回風〉「託彭咸之所居」等語，已有死志的強調。〔註48〕棄生卻是貞隱守志，不得不忍受日人苛政。不得已用沉湎之思，忽為幽冶之行。引古人元稹、杜牧自喻。

第二段「夫阮肇神仙，詎有意於天台桃樹。」典故本自明鈔本《太平廣記》六一所引《搜神記》〈劉晨阮肇入天台〉云：

> 劉晨、阮肇入天台取穀皮，遠不得返。經十三日，飢。遙望山上有桃樹，子實熟，遂躋險援葛至其下，噉數枚，飢止體充。欲下山，以杯取水。見蕪菁葉流下，其鮮新。復有一杯流下，有胡麻焉。乃相謂曰：「此近人家矣。」遂渡山，出一大溪。溪邊有二女子，色甚美。見二人持杯，便笑曰：「劉、阮二郎捉向杯來。」劉、阮驚。二女遂欣然如舊相識曰：「來何晚耶？」因邀還家。
> 南、東二壁各有絳羅帳，帳角懸鈴，上有金銀交錯。各有數侍婢使令。其饌有胡麻飯、山羊脯、牛肉，甚美。食畢，行酒。俄有群女持桃子，笑曰：「賀汝婿來。」酒酣作樂。夜後各就一帳宿，婉態殊絕。至十日，求還，苦留半年。氣候草木是春時，百鳥啼鳴，更懷鄉，歸思甚苦。女遂相送，指示歸路。既還，鄉邑零落，已十世矣。〔註49〕

此故事記述劉晨、阮肇入天台遇二仙女逗留半年，家已十世的這一民間傳說。據黃鈞注譯，劉晨阮肇是傳說中人物，相傳為東漢永平年間浙江剡縣人。天台山在今浙江天台北，為仙霞嶺山脈的東支。穀皮即穀樹之皮，可用以製巾。穀樹，即楮樹。胡麻即芝麻，又名「巨勝」、「油麻」。相傳張騫通西域時得其種攜歸，故名。十世即子孫已經十代。又依據南朝宋劉義慶《幽明錄》及《紹興府志》均作「子孫已過七世矣」。

此故事是短暫的回歸，也就是誤入。也就是誤入再回歸人間。回歸人間再修道。站在道教的立場，仙界不經意中開了一個孔，劉晨、阮肇入天台遇二仙女，是凡俗之人進入仙聖領域接受試煉，也就是遊仙文學的「上昇」主題。所

〔註48〕傅錫壬註譯，《新譯楚辭讀本》（台北市：三民出版社，1995），頁51～52。
〔註49〕干寶著，黃鈞注譯，《新譯搜神記》（台北市：三民書局，2009年），頁529～530。

謂「上昇」是由此界到彼界。丁令威的故事則是永恆的回歸，最原初、豐盈世界的回歸。劉晨、阮肇故事有服食的情節，淵源本自屈原〈離騷〉。〈離騷〉中屈原成年之「變服」，又服食菊花。棄生〈生壙詩歌第八即以為跋并靳謝老〉云：「及今未泣洹水玉，勸君且進商山芝。」也是本自此服食養生的傳統。

　　此外，屈原作品裏表達回歸的願望，因為憂成為探求回歸的動機。影響漢代士不遇賦至遊仙詩，這些作品中，士人感受到時間的無常和踢天蹐地的困厄，因而有超越「此界」進入「他界」的觀念。

　　唐人詩中每用劉、阮誤入天臺典故，「代諸妓將所歡暱稱為仙郎。」〔註50〕「桃源」則用陶淵明〈桃花源記〉的故事架構，隱喻仙界。如元稹〈夢遊春七十韻〉云：「昔君夢遊春，夢遊何所遇？夢入深洞中，果遂平生趣。清泠淺漫溪，畫舫蘭篙渡。過盡萬株桃，盤旋竹林路。」即運用此意象。〔註51〕劉晨阮肇遇神女事，結合陶淵明〈桃花源記〉的寓意，在後世例如元代文人書寫「桃花源」或運用「天臺」典故，便添加了男女風情，敷演一充滿情愛追尋的樂園。元曲中習見之「桃源洞」、「天臺」等詞，都有情色的隱喻。〔註52〕求之當代，則洪棄生的友人林資銓（字仲衡，號壺隱，霧峰林家林朝棟次子。西元一八七七～一九四〇年）〈天臺〉云：

　　　　灼灼桃花洞口開，美人仙境是天臺。阮劉豔福難消受，一到人間不
　　　　再來。〔註53〕

桃花洞口、阮劉豔福的情色隱喻，又見棄生於清光緒十八年壬辰（西元一八九二年）所作〈劉阮同入天台山遇神女賦（以「別有天地非人間」為韻）〉亦云：「是為劉阮之徒，言獲神仙之偶。方其求藥山中，攜筇洞口，杳杳桃花，依依揚柳。」「桃樹仍然，不見嬌娥之面。」「問訊漁郎，源失清溪之渡。」〈劉阮同入天台山遇神女賦（以「別有天地非人間」為韻，壬辰十二月初七夜作。）〉云：

　　　　……冰雪為媒，氤氳作使，命鸞鶴以通情，藉鳳凰而寄意，玉椀瓊
　　　　漿，胡麻香餌，客如流水送來，人是天風吹至，小姑山上，獨處無
　　　　郎，織女機邊，合歡有字。君無慕乎塵寰，儂未忘乎姻事，與子綢

〔註50〕李豐楙著，〈仙、妓與洞窟──唐五代曲子詞與遊仙文學〉，《憂與遊：六朝隋唐遊仙詩論集》（台北：學生書局，1996），頁387。
〔註51〕元稹撰，《元稹集》（台北：漢京文化，1983），頁635。
〔註52〕鄭文惠著，《文學與圖像的文化美學──想像共同體的樂園論述》（台北：里仁書局，2005），頁258。
〔註53〕林資銓著，《仲衡詩集》（台北：龍文出版社，1992），頁11。

繆，勿予嫌避，兩間風月，相逢皆結習之人，半壁雲山，即此是團
圓之地。

劉晨於焉適志，阮肇因而忘機，雲霞作帳，蘭蕙成幃，疑舞衣之月
女，訝鼓瑟之江妃。百鳥千花，猶是天家春色，十洲三島，依然人
世斜暉。笑仙鄉即婿鄉，固云時難再得，恐故我非今我，豈其樂不
思歸。人居色界之天，有情有韻，夢入蓬山之裡，疑是疑非。

歲月青春，心事紅塵，雖諧佳偶，未了俗因，梅福乘鸞，暫證丹房之
訣，令威控鶴，欲回華表之身。俱牽園客之絲，花憐笑語，齊別眉娘
之盖，柳替愁顰。昔日迷途，偏宜爾室，今朝覓路，遽問前津，銀漢
紅牆，回頭是登仙之會，啼花怨鳥，握手為下山之人。……〔註54〕

此段狎邪歡遊而託以典故麗詞，對照因難產而亡婦女的駢文〈陳麗人哀
詞〉首段「鳳凰胎殉，風淒碧梧之枝（麗人為殉產而亡）。」〔註55〕化用杜甫
詩句「碧梧棲老鳳凰枝。」以《玉臺》豔體寫婦女生產的苦難，其節孝貞詞的
風格亦相似，以典雅的駢文來寫作當代婦女問題，體裁選擇的歷時性與共時性
特點，用法國羅蘭‧巴爾特的觀點，此「寫作的零度」是風格化的寫作方式。
從另一個角度，傳統婦女婚姻觀的封建性格，也表現為此寫作方式，也就是以
「遵古通變」的寫作精神，強調傳統文化的價值。

一如其乙未年（西元一八九五年）所作〈臺灣哀詞〉，臺灣割讓給日本的
悲哀，身為遺民的家國情懷，既是棄生詩文的要旨，也與豔體與香奩詩，詞與
駢文，以「互文性」的寫作，鎔鑄成風格。例如棄生〈臺灣哀詞〉「珠崖瓊海
之捐，笑漢廷之議拙！」〔註56〕及其詩〈圓明園失寶歎〉：「何況珠崖海外天。」
〔註57〕以珠崖海外天代指台灣。此外，從時事來考察，論者梁華璜提到，早在
全權大臣李鴻章為馬關條約和談尚在北京請訓時，福建臺灣巡撫（簡稱臺撫）
唐景崧於光緒二十一年二月六日戌刻給張之洞的電報中，已憂慮台灣的地位，
特以西漢元帝割棄珠崖事做為前車之鑑，上奏清廷務須慎重處理臺灣問題，可
見臺撫唐景崧的未雨綢繆。珠崖事典故出自西漢武帝置珠崖郡於海南島，然因
土民屢次叛亂，西漢元帝列元三年（西元前四十六年）時，廢除該郡並置於版

〔註54〕洪棄生著，《寄鶴齋駢文集》，頁139～140。
〔註55〕洪棄生著，《寄鶴齋駢文集》，頁117。
〔註56〕洪棄生著，《寄鶴齋駢文集》，頁117。
〔註57〕洪棄生著，《寄鶴齋詩集》（南投：臺灣省文獻委員會，1993），頁319。

圖之外，後世以此為割棄土地之惡例而引為前鑑。可見棄生用典真切妥貼。
〔註58〕當時關心臺灣局勢的詩人，例如易順鼎〈寓臺感懷〉一詩云：「……誰
忘被髮纓冠義，各念茹毛踐土身。痛哭珠崖原漢地，大呼倉葛本王人。」王甲
榮〈台灣感事二首〉其一云：「……郭令請行盟黨項，賈山議決棄珠崖。」也
都用珠崖事為典故。〔註59〕論者梁嘉彬提到：

> 總之，自日本與西洋各國接觸後，一意模仿其帝國主義，認為物競
> 天擇，適者生存，乃天然之理，只顧本國利益權利及領土之擴張，
> 而不惜以鄰國為壑矣。李鴻章在馬關議和談判中，猶千方百計，欲
> 以「亞細亞洲我中東兩國最為鄰近，且係同文，詎可尋仇？」「我與
> 貴大臣（指伊藤博文）交好已久」，「中日係兄弟之邦」，「戰非仁人
> 所有，況今日器械銳利，殺戮更眾」等說，搖動伊藤、陸奧侵略野
> 心。其甚者自譬中國猶如孩童，無怪伊藤、陸奧暗中譏其識短而狡
> 獪，於事無補。〔註60〕

　　伊藤、陸奧是強悍、冷酷的政治人物，這種頑強的政治人物，面對戰敗國
的談判，完全看清廷有多少實力，又很清楚自己有多少實力，絕不會感情用
事。很顯然的，不可能以協商解決，李鴻章簽了馬關條約後，只能改走其他方
向，企圖由列強介入干涉。

　　至於甲午戰爭失敗後，李鴻章說：「戰非仁人所有，況今日器械銳利，殺
戮更眾」的思想，本自《孟子‧離婁上》孟子曰：「求也，為季氏宰，無能改
於其德，而賦粟倍他日。孔子曰：『求，非吾徒也！小子鳴鼓而攻之可也。』
由此觀之，君不行仁政而富之，皆棄於孔子者也；況於為之強戰？爭地以戰，
殺人盈野；爭城以戰，殺人盈城：此所謂率土地而食人肉，罪不容於死。故善
戰者服上刑；連諸侯者次之；辟草萊，任土地者次之。」趙歧注此章：「言聚
斂富君，棄於孔子；冉求行之，固聞鳴鼓。以戰殺人，土食人肉；罪不容死，
以為大戮；重人命之至也。」孟子稱「春秋無義戰。」諸侯力戰乃不義之舉，

〔註58〕梁華璜著，〈光緒乙未台灣的交割與保台〉《中國近代現代史論集第十一編中
　　　　日甲午戰爭》（台北：商務印書館，1986年1月初版），頁554、606，註52、
　　　　註53。阿英《甲午中日戰爭文學集》所錄，引用陳惕庵〈漢元帝棄珠崖論〉
　　　　一文。張之洞著，《張文襄公全集》，卷143，電牘22，唐撫來電。
〔註59〕業師龔顯宗著，《台灣文學研究》，頁133、138。
〔註60〕梁嘉彬著，〈李鴻章與中日甲午戰爭〉《中國近代現代史論集第十一編中日甲
　　　　午戰爭》（台北：商務印書館，1986年1月初版），頁390。

雖天子征伐，猶善於彼，卻不免殺人不辜，其反戰而重人命之思想可知。棄生如〈口號代酬日儒白井氏韻六首〉其四首云：「同室干戈起，紛紜在亞洲。」運用成語，直言清、日兩國同處亞洲，不該同室互操干戈。呼應頸聯首句「唇齒忘鄰誼」，真切妥貼。〈口號代酬日儒白井氏韻六首〉其一首四句云：「苦戰山河血，長留劫火悲。千兵橫擄掠，萬戶嘆流移。」即慨歎戰爭殘酷，有儒者悲天憫人之胸懷。

「收廣武之軍，虞姬短氣；割鴻溝而罷，呂姁灰心！」以項羽劉邦的楚漢之爭典故。宋代女詞人李清照〈夏日絕句〉云：「生當作人傑，死亦為鬼雄。至今思項羽，不肯過江東。」〔註61〕季明華認為，在南宋詩人的詠史詩作中，有許多作品皆熱烈地表露了對英雄人物的傾慕之情。大抵說來，詩人所歌詠的理想典型有四個方面，其中項羽形象屬於以死保節之豪傑。據《史記・項羽本紀》記載，項羽垓下兵敗後，逃至烏江邊，烏江亭長欲助項羽渡江，項羽笑曰：「天之亡我，我何渡為！且籍為江東子弟八千人渡江而西，今無一人還，縱江東父兄憐而王我，我何面目見之？縱彼不言，籍獨不愧於心乎！」爾後乃拔劍自刎而死。

詩人汪元量所撰的《湖山類稿》卷四，有〈烏江〉一詩云：「平生英烈世無雙，漢騎飛來肯受降。早與虞姬帳下死，不教戰血到烏江。」論者季明華認為此詩「也熱烈地贊揚項羽寧死不屈的英雄氣節」，「這首謝絕渡江逃命、拔劍慷慨自刎的項羽，對於理想人格的追求，高於個體生命存在的英雄本色，贏得了詩人『英烈無雙』的讚譽。」季明華認為李清照和汪元量的詩皆捨棄了「以成敗論英雄」的觀點，「而以人性中可貴及不易達成之處，對項羽的以死保節的英雄行徑，給予了高度的肯定。見賢思齊，補償了現實不能的遺憾。」〔註62〕論者楊海明討論宋代詞人李清照關心國事，發為詩語，如諷刺當時士大夫怯懦的詩句「南渡衣冠欠王導，北來消息少劉琨。」「南遊尚覺吳江冷，北狩應悲易水安。」認為堪令此輩臉紅。而〈烏江〉五絕一詩，論者楊海明云：「若教苟安於江南的宋高宗君臣讀後，真不知該有何種感想。」〔註63〕洪棄生駢賦〈項王垓下聞楚聲賦〉云：「何豪傑大都失意，痛哭人其能已。」「不渡烏江，事隨流水。難忘紅粉，

〔註61〕徐北文主編，《李清照全集評注》（濟南市：濟南出版社，2005），詩集部份，頁169，詩題又另名為〈烏江〉。

〔註62〕季明華著，《南宋詠史詩研究》（臺北市：文津，1997），頁164～165。

〔註63〕楊海明著，〈詩、酒、茶、梅、菊及其他——談李清照詞中的「雅士」氣息〉。楊海明著，《唐宋詞主題探索》（高雄市：麗文化公司，1995年10月初版一刷），頁181。

愁付醉鄉。」〔註64〕為自己沉溺於紅粉和醉鄉，添一分憂心家國之情愁。

「道士指迷，示一場之南夢。漆園有悟，化蝴蝶乎莊生。」道家對於心性的定義和修養方法乃離絕知識，以求取真知的態度。學者顏崑陽云：

> 莊子的認識系統中，有一最基本的原理，就是由離絕知識，而自現真知。〈人間世〉所謂「心齋」、〈大宗師〉所謂「坐忘」，……乃獨取老子「為道日損」的認識方式，並且要「損之又損，以至無為。」莊子〈養生主〉「吾生也有涯」一段，明顯地反對正面追求知識。〈大宗師〉云：「墮枝體，黜聰明，離形去知，同於大通。」一切感官知覺的經驗，都不足以得到真知。〈知北遊〉云：「無思無慮始知道」，對真理的通透，甚至連理性的思考都要遣除。然而，道家之離絕知識，並非認識的終極，而只是認識的必要歷程或手段，其極境仍然還是在於真知。因此，離絕乃所以合生，虛空乃所以納成，否定知識乃所以肯定真知。〔註65〕

學者王邦雄詮釋《莊子》中莊周夢蝶，印證青原惟信的修行三關，從周是周，蝶是蝶，乃「覺」的「迹」；莊周夢蝶的物我為一乃「夢」的「冥」；最後「周與蝶，則必有分矣。」乃體現「大覺」的「迹而冥」。〔註66〕以此評論，則文字雖如「鏡花水月」，卻是能窺萬物實相，呈現作者獨到深刻的見解。就個別主體所擁有美的心境，「從原始自然生命的控制下解脫而擁有形式；並從感性走向理性、從感覺走向意識、從個體走向普遍、從有限走向無限之際，讓感性與理性同時起作用、互相揚棄彼此的限定，而成為真正自由的人。」此德國哲學家席勒關於美感教育的觀點，可相印證。〔註67〕

從原始自然生命的控制下解脫而擁有形式，文學中的詩歌形式，來自節奏與意象經營。以意象經營論「莊周夢蝶」，阿根廷作家波赫士（Jorge Luis Borges, 1899～1986）云：以蝴蝶有種優雅、稍縱即逝的特質，用來暗示人生真的是一場夢，此意象為最佳比喻。〔註68〕此寓言並從感性走向理性、從感覺

〔註64〕洪棄生著，《寄鶴齋聯文集》，頁126。
〔註65〕顏崑陽著，《莊子藝術精神析論》（臺北：華正書局，1985年初版），頁181。
〔註66〕劉千美等合著，《哲學概論》（臺北：五南圖書出版公司，2002），頁410。
〔註67〕王邦雄著，《莊子內七篇‧外秋水‧雜天下的現代解讀》（台北：遠流出版公司，2013），頁146。
〔註68〕波赫士（Jorge Luis Borges）著，陳重仁譯，《波赫士談詩論藝》（臺北市：時報文化，2001），頁40～41。

走向意識、從個體走向普遍、從有限走向無限。此「物我兩忘」的「化」，學者顏崑陽說是：「主體精神在無分別計較、絕對自由的境界中，當下直覺我即一切物，一切物即我，而不知何者為物，何者為我。」此與觀魚之樂得主客合一，皆「物化」而對象已泯除無跡。就審美言，乃以虛靜之心靈直觀物物之自在相。〔註69〕此又印證席勒所說，讓感性與理性同時起作用、互相揚棄彼此的限定，而成為真正自由的人。

「蜀國無情，叫杜鵑於望帝。雖江山已換，覺鸚鵡之局翻。」杜宇的典故，為遺民詩歌常見意象，用以哀故國國君，例如明末清初的黃宗羲（字太沖，號南雷，一號梨洲，浙江餘姚人。生於明萬曆三十八年（西元一六一〇年），卒於清康熙三十四年（一六九五年），得年八十六）有《南雷詩歷》四卷，卷一第三首〈三月十九日聞杜鵑〉：

> 江村漠漠竹枝雨，杜鵑上下聲音苦。此鳥年年向寒食，何獨今聞摧肺腑。昔人云是古帝魂，再拜不敢忘舊主。前年三月十九日，山岳崩頹哀下土。雜花生樹鶯又飛，逆首猶然遣膏斧。燕山模糊吹蒿藜，江表熙怡臥鐘鼓。太王畜意及聖昌，奧窔通誠各追數。金馬封事石渠書，怨毒猶然在門戶。靜聽嗚咽若有謂，懦夫不難安竇藪。何不疾呼自廟堂，徒令涕泣沾艸莽。〔註70〕

業師龔顯宗認為此詩乃寓託之作，指「三月十九日甲申國變，明思宗自縊於煤山，作者運用古代蜀王望帝精魂化為杜鵑的典故，弔念崇禎帝，故云：「今聞摧肺腑」、「再拜不敢忘舊主」，寄寓故國之思。最後兩句「何不疾呼自廟堂，徒令涕泣沾艸莽」，令人聳然感嘆！〔註71〕棄生則以杜鵑望帝典故暗寓臺灣淪為日人殖民地的哀傷。鴛鴦湖歡情若水，綺夢如塵。「含睇宜笑」數句，以曹植〈洛神賦〉等典故用歡情寫悲哀。此筆法見《詩經》「昔我往矣，楊柳依依，今我來思，雨雪霏霏。」王夫之析論此詩：「以樂景寫哀，以哀景寫樂，倍增其哀樂。」

「雖江山已換，覺鸚鵡之局翻。」呼應棄生〈臺灣哀詞〉「鸜鵒殆辱於魯國」，典故出自《左傳·昭公二十五年》：「有鸜鵒來巢。師己曰：『異哉！吾聞文武之世，童謠有之曰：『鸜之鵒之，公出辱之。鸜鵒之羽，公在外野。往饋

〔註69〕顏崑陽著，《莊子藝術精神析論》，頁270～271。
〔註70〕所引黃宗羲詩，皆見黃宗羲著，《南雷詩歷》（臺北市：中華書局，1971年11月臺二版）。
〔註71〕龔顯宗著，《臺灣文學與中國童謠》（臺北：萬卷樓，2014年2月），頁108。

之馬，鶒鴿跦跦。公在乾侯，徵褰與襦。鶒鴿之巢，遠哉遙遙。稠父喪勞，宋
父以驕。鶒鴿鶒鴿，往歌來哭。』童謠有是。今鶒鴿來巢，其將及乎？」指辱
國而國君亦奔逃受辱。

「好我者謂之騷，惡我者謂之誕！豈知香籢一集，早不諱於冬郎；玉臺一
編，久爭傳夫孝穆、況中年哀樂，有待竹肉之陶；亙古淪胥，能無芷蘭之慕
乎！」描寫中年哀樂，以《玉臺》、《香奩》之豔情香奩來描寫哀傷，則所謂芷
蘭之慕如香草美人，如楚騷有詩人家國情懷寓於意象象徵。亦見詼詭奇誕是
表，裡層實有憂騷。

另一方面，棄生早期的詞作偏好花間豔情。就《花間詞》的內容特色，
《花間詞》是最早的一本文人詩客寫的詞集。在歌筵酒席之間交給美麗的歌
女去演唱的歌詞。繆鉞、葉嘉瑩論述《花間詞》的內容特色。後蜀趙崇祚所編
的詞選《花間集》，作者十八人。其中，兩人是中土晚唐的溫庭筠、韋莊，其
他十六人是五代時期的人。溫庭筠的詞作選了六十六首，為集中作者數量之
冠，因有花間鼻祖之稱。敦煌資料出現後，《花間集》依時代論，不是文學史
上第一本詞選。早於此集者，已有《雲謠集》等。但就質與量而言，《花間集》
仍有不可取代的地位。《花間詞》是最早的一本文人詩客寫的詞集，在歌筵酒
席之間交給美麗的歌女去演唱的歌詞。歐陽炯序云：「遞葉葉之花箋，文抽麗
錦，舉纖纖之玉指，拍按香檀。」

繆鉞、葉嘉瑩在論述「詞的特質」，「詞與詩在形式、風格上的差異」，要
旨如下：

一、詞之所以微妙，是我們本來沒有要寫自己理想志意的用心，只是給美
麗的歌女，寫一些漂亮的愛情詞句。可是不知不覺的就把他最深隱的本質流露
出來。葉嘉瑩認為《花間集》以敘寫美女和愛情為主，在道德傳統與詩歌「言
志」和「載道」說影響下，一向被士大夫鄙薄和輕視。卻因為純以遊戲筆墨做
艷歌小詞，有足供吟味的深微意蘊和情致。〔註72〕

二、王國維《人間詞話》說：「詞之為體，要眇宜修，能言詩之所不能言，
而不能盡言詩之所能言。詩之境闊，詞之言長。」葉嘉瑩闡述「要眇」即「好」
貌；「修」即修飾，是女性的纖細幽微，帶有精巧的修飾性的美。葉嘉瑩從西
方女性主義文論的觀點，認為《花間集》中當筵侑酒的歌兒酒女形象，並無家

〔註72〕葉嘉瑩著，《詞學新詮》（臺北市：桂冠出版社，2000年2月初版第一刷），頁
　　　113。

庭倫理中任何身分可以歸屬，只是男子尋歡取樂的對象。因此，寫作重點集中在「美」與「愛」，此二者最富於普遍象喻性的品質，卻又出於作者本無其心的託喻。又因為詞的「女性形象」，語言偏於「女性語言」，而男性以女性口吻來寫相思怨情，詞中有理想化的色彩，無意間流露「賢人君子幽約怨悱，不能自言之情。」形成詞曲折幽微，象喻豐富之潛能。〔註73〕

　　三、葉嘉瑩從朱麗亞・克莉斯特娃（Julia Kristevan）的觀點，將符號（sign）作用分為兩類。一類是符示的（semiotic），另一類是象徵的（symbolic）。象徵的（symbolic）情況，符表之符記單元（signifying unit），與所指之符義對象（signified object）間的關係，乃是被限制的作用關係（restrictive function relation）。符示的（semiotic）情況，符表之符記單元，與所指之符義對象間的關係，並沒有任何限制。符表與符義的關係，有不斷在運作中生發（productivity）的特質，而詩詞文本成了此生發特質運作的空間。《花間集》的男性作者以女性口吻來寫相思怨情，從朱麗亞・克莉斯特娃的觀點，因「雙性人格」的感情心態而有符示的情況，因此符表與符義間，有不斷在運作中生發的特質。葉嘉瑩舉溫庭筠〈南歌子〉和韋莊〈春日遊〉兩闋詞為例，其詞情不僅在滿足男性的愛情飢渴，更具含女性無盡的懷思和執著。〔註74〕

　　依此要旨，葉嘉瑩闡述詞在形式、風格上的特色。從詩詞與音樂關係言，詩人隨意寫作之詩歌，既不必如長短句詞之依聲填字，而亦可以由工伎合以管弦付之吟唱。此種方便配合之情況，蓋正為唐代聲詩之所以盛行之一種重要因素。至於長短句詞，則是隋唐以來，為配合當時流行之樂曲而填寫之歌辭。〔註75〕論者稱《花間集》編定前，「自隋唐間宴樂之開始流行，社會上原以出現過兩種配合這種樂曲而創作的歌詞。」一類是「市井傳唱的俗調。」如敦煌石窟保存的曲子辭。另一類是「當時文士對這種新文體的嘗試之作。」如劉禹錫、白居易〈憶江南〉、〈長相思〉。〔註76〕

　　葉嘉瑩闡述北宋詞的發展，柳永的詞擅長寫歌女形象，被人譏為俚俗褻瀆。然而柳永的長調慢詞敘寫，在寫景與描寫相思怨別時，蘊含秋士易感和美人遲暮之悲。蘇軾的詞「一洗綺羅香澤之態」，形成「詩化」之詞，以自抒襟

〔註73〕葉嘉瑩著，《詞學新詮》，頁125～143。
〔註74〕葉嘉瑩著，《詞學新詮》，頁146～158。
〔註75〕繆鉞、葉嘉瑩合著，《靈谿詞說》（台北：國文天地雜誌社，1987年第一版）。
〔註76〕葉嘉瑩著，《詞學新詮》，頁109。

抱與情致，又兼具詞的多重意蘊的美感特質，如〈念奴嬌〉（大江東去）等。至於豪放派詞人如張元幹〈賀新郎〉（夢繞神州路）、陸游〈漢宮春〉（羽箭雕弓）、張孝祥〈六州歌頭〉（長淮望斷）諸詞，富於詩的直接感發的力量，不失為佳作。豪放派詞大家辛棄疾的作品則兼有前述詞作之雙美。蘇軾詞的「雙重性格」即儒家用世之志意與道家超曠之襟懷。辛棄疾的「雙重性格」即英雄奮發之氣與外在挫折壓抑形成的雙重激蕩。〔註77〕至於婉約派詞大家周邦彥以「思力」來安排「勾勒」，以增加「姿態」之變化，及意味之「濃厚」，葉嘉瑩稱其為「賦化」之詞，影響南宋吳文英等詞家。〔註78〕

　　宋代女詞人李清照在《詞論》一文中提出詞「別是一家」之說，強調了詞與詩的分野，強調詞配合詞牌所對應的曲調演唱的重要性，並在《詞論》一文中通過對先前各家的評價中，系統的闡述了優秀詞作的標準。李清照在《詞論》中雖然對詞在音律、形式上的種種特點作出了較為系統歸納和總結。葉嘉瑩認為李清照提出詞「別是一家」之說，使其詞偏於「芳馨」者為多，擅長寫夫妻間的愛情，生動真切，雖被人評為毫無顧藉，但純用女性語言敘寫女性情思，風格纖柔婉約。李清照出身官宦世家，自小接受充滿傳統男性思想意識的典籍影響，使其詞亦有偏於「神駿」者，具有進取意識。〔註79〕

　　相較詩作題材與風格的新變，棄生詞作未成家數。若以「詩化」之詞，以自抒襟抱與情致，又兼具詞的多重意蘊的美感特質，如〈雙調江城子〉（秋懷）作於光緒三十年（西元一九○四年），詞作云：

> 西風如箭月如鉤，倚山樓，望江樓。海斷虹橋，波浪拍空浮。望到中原天色，遠天盡觸暮煙愁。荒村野樹亂鴉投，水成漚，夢成漚，
>
> 鏡裡年華，霜雪半縈頭。今後關河星露冷，人馬外，判鴻溝。

　　詞情家國情懷於海天暌隔中亦見遼曠，鏡中意象更見婉曲。純用女性語言敘寫女性情思，風格纖柔婉約者，多見於乙未年（西元一八九五年）之前所作〈蘇幕遮〉（閨情二首）等，與其豔體與香奩詩，可謂別裁合作。

〔註77〕葉嘉瑩著，《詞學新詮》，頁 160～172。
〔註78〕葉嘉瑩著，《詞學新詮》，頁 179。
〔註79〕葉嘉瑩著，《詞學新詮》，頁 174～177。

第二章　公詠節婦，私愛豔情

　　洪棄生傳記文質樸精確、形象生動，其見聞往往可作鄉里風俗重要史料，尤其是記述鄉里婦女行誼者，其如〈公弔蔡茂才母許氏文〉作於光緒十五年己丑（西元一八八九年）舊曆陽月（十月）初六夜云：

> 嗚乎！自世俗衰人心薄，僧道盛而事死之禮廢，親歿之夕，舉音樂作道場，俗謂之隨身庫。既歿之後，每七日一舉樂作道場，俗謂之赦，赦者，謂赦死者之罪，出地獄以上天堂，誣甚也。其貧者力不能焉，則勉以就之，富者力足以行，則多為之，若四十九日，若百日，道場愈繁，而哀痛之誠愈殺，雖士大夫亦不能矯其弊，積習使然矣。孺人臨終時，謂二子曰：屬纊之夕，從俗可，餘則免旃。嗚乎！孺人其見理之明耶！其示二子以事終之道耶！〔註1〕

　　自宋代《太上感應篇》、《功過格》等書出現，民間宗教以「三教合一」的思想，其修行觀念與方式，誠如陳昭利所說，其中之一即以「數量單位計算道德行為，決定昇天堂或墮地獄的功過格觀念。」〔註2〕《太上感應篇》其信仰來自道教《太平經》系統。《太平經》以「承負」說欠債還債的觀念，即前人流災，後世子孫須替先人「還冤債」。〔註3〕《太上感應篇》強調神明法眼，天理昭昭，以主宰人間吉凶禍福。明代以後，袁了凡的「陰騭錄」，以及三教合一後，三世因果報應思想影響日常倫理生活，以功過格他律功利的方式，誘導

〔註1〕 洪棄生著，《寄鶴齋古文集》，頁201。
〔註2〕 陳昭利著，〈九陽關思想初探〉，收於龔鵬程主編，《海峽兩岸道教文化學術研討會論文》（下）（台北：台灣學生書局，1996年），頁255。
〔註3〕 胡適紀念館編，《論學談詩二十年：胡適楊聯陞往來書札》（台北：聯經出版社，1998年），頁129。

庶民積善去惡,自求福報。﹝註4﹞因而台灣舊慣習俗,死者入斂,棺材放銀紙、庫錢。出殯時沿路撒紙錢,以「大鼓吹」演奏喪禮進行曲。出殯之前「做旬」時燒銀紙祭拜,喪家請來僧道謝神和「薦亡」。作法完燒金銀箔,稱為「燒庫銀」或「燒庫錢」,使死者在陰間有錢享用。有錢人出殯行列,有極豪華之能事者。﹝註5﹞以下論此類詩的旨趣。

第一節　就題發揮,紬繹古詩

棄生此類詩作,見於乙未年(西元一八九五年)以前之《謔蹻集》者,有〈長相思〉〈西洲曲〉〈江南曲〉等擬古詩作。〈雜春詩十首〉、〈無題三十首〉等詩。乙未年以後詩則收於《壯悔餘集》。

棄生早期的香奩詩多半為擬古之作。擬古的前題「本為『就題發揮,紬繹古詩』的一種受限制的寫作方式。」﹝註6﹞寫作的動機和目的,或以「擬古是一種主要的學習寫作的方法,正如同習字由臨帖入手。」﹝註7﹞或是「各家的寫作技巧成熟之後,嘗試與人一較長短的傾向更為濃厚。」﹝註8﹞棄生擬古詩作,亦在與古人一較長短,求詩文知己於父母官,欲求應舉能名列前茅。例如其甲午年(西元一八九四年)應試太守孫傳衍觀風,試作〈擬王摩詰送劉司直赴安西(應試作)〉五律,自認首四句比原作過之。卻不見激賞,心不快甚。﹝註9﹞因此,其擬古詩寫作動機,主要在加強其「試帖詩」的寫作功力。例如光緒十一年(西元一八八五年),其五言排律之試帖詩〈春陰(得雞字)〉,同題七律一首則見於《謔蹻集》,當為平日習課偶作。﹝註10﹞試帖詩之出題,必有出處,然包羅甚廣。試帖詩用五言八韻,清乾隆二十二年於鄉、會試增考此體一首。試帖詩依題作詞,用韻限指定字之官韻韻部,詩內不許重字,且首句

﹝註4﹞ 鄭志明著,《中國善書與宗教》(台北:台灣學生書局,1988 年),頁 41~97。
﹝註5﹞ 鈴木清一郎著,馮作民譯,《臺灣舊慣習俗信仰》(台北:眾文圖書公司,1989 年),頁 308、310~322、336、353。
﹝註6﹞ 林文月著,《中古文學論叢》(台北:大安,民國 78 年 6 月初版)〈陸機的擬古詩〉,頁 154。
﹝註7﹞ 林文月著,《中古文學論叢》,頁 154,引王瑤著,《中古文人生活》語。
﹝註8﹞ 林文月著,《中古文學論叢》,頁 156,林文月語。
﹝註9﹞ 洪棄生著,《寄鶴齋詩話》,頁 88。
﹝註10﹞ 五律見洪棄生著,《洪棄生先生遺書》(三)(台北:成文,民國 59 年 4 月一版),頁 13。七律見洪棄生著,《寄鶴齋詩集》,頁 93。

不押韻。其言必莊雅，體兼賦頌而少比興，欲求生色，全賴對仗用典，倘不得宜，即生瑕疵。試帖詩必須於首、次二聯中點出題目，而後有如八股文的結構：三聯如對比、四五聯如中比、六七聯如後比，再以結聯作收，而結聯往往用頌揚語。「經、史、子、集語俱有，而以唐、宋人詩句為多。」〔註11〕棄生七律〈春草〉之頷、頸二聯云：「青青遠色環螺黛，漠漠輕陰趁馬蹄。簾捲小樓春雨細，人歸南浦夕陽低。」〔註12〕應是以宋代詞人秦觀〈浣溪沙〉「漠漠輕寒上小樓」句為詩題，並櫽括詞句入詩，寫作方式同於試帖詩。

　　至於模擬漢魏樂府民歌的動機，除了自煉詩格外，亦借古人酒杯以一抒塊壘。如〈古意八首〉，頗似《玉臺新詠集》之風調：

> 階下尋躑忿，房前種合歡。無言猶有韻，思君九畹蘭。（其一）馥郁鴛鴦枕，蕤澤鳳凰釵。春風在何處，吹拂入儂懷。（其二）草發名並蒂，花開號斷腸。看來俱情種，含笑復含香。（其三）儂如箔中蠶，郎如繭中絲。兩情在一身，纏綿不自知。（其四）玲瓏纏臂釧，綽約繞指環。情真不可斷，環釧兩無端。（其五）獨向暗中立，妝臺深復深。迴身對明鏡，照面見儂心。（其六）寂寂吹燈坐，燈光黯復明。欲藏形與影，露出珮環聲。（其七）纖手玉房前，獨弄絲與絃。中懷無限緒，傳得到誰邊。（其八）〔註13〕

　　其一以「香草」起興，語言古雅。其二之「鴛鴦」「鳳凰」二詞，以禽鳥摯而有別喻夫妻恩義。「春風」句似李白〈春思〉「春風不相識，何事入羅帷？」其三之「並蒂」「斷腸」「情種」用物寫情。其四、其五之「絲」「環」音同「思」「還」。南朝宋吳邁遠詩云：「形迫杼煎絲」，梁吳均詩云：「秋月掩刀環」，〔註14〕棄生筆意同此。其六一詩婉轉含情，寫思婦情態，媲美李白〈長干行〉「低頭向暗壁，千喚不一回。」其七「欲藏形與影」之意象，本自南齊許瑤〈閨婦答鄰人〉「昔如影與形」一句。〔註15〕末句以「絲」、「絃」比喻「情懷」及「思

〔註11〕謝志賜撰，《道咸同時期淡水廳文人及其詩文研究：以鄭用錫、陳維英、林占梅為對象》（台北：臺灣師大國研所碩士論文，民國84年），頁69。

〔註12〕洪棄生著，《寄鶴齋詩集》，頁93

〔註13〕洪棄生著，《寄鶴齋詩集》，頁80。

〔註14〕吳邁遠〈古意贈今人〉，吳均〈和蕭洗馬子顯古意六首〉其六，見陳徐陵編，清吳兆宜原注，《玉臺新詠箋注》（台北：漢京文化，出版日期不詳），頁190、269。

〔註15〕吳邁遠〈古意贈今人〉，吳均〈和蕭洗馬子顯古意六首〉其六，見陳徐陵編，清吳兆宜原注，《玉臺新詠箋注》，頁527。

緒」，宛轉而妙。〈長相思〉古辭多抒思婦閨情，棄生擬之云：

> 秋扇望再熱，斷絲望再結。玲瓏水晶環，宛轉珊瑚玦。……〔註16〕

以「秋扇」宛喻女子見捐。用雙關語「絲」「思」、「環」「還」、「玦」「絕」，本樂府民歌習用手法。「秋扇」二句用排比句法，亦古辭常見者，如〈江南曲〉「魚戲蓮葉東，魚戲蓮葉西，魚戲蓮葉南，魚戲蓮葉北。」之重複疊沓，質樸自然。棄生〈江南曲〉以相似句式「美人胡不遇」「美人在何方」「美人居何里」「美人來不來」「美人來何遲」「美人來何暮」，語氣尋問而期待，亦頗動人。〔註17〕其〈豔歌行〉云：

> ……薰以沈水檀，雜以秋江蕙。沐以婆婆香，佩以雲母桂。腰纏簇
> 蝶裙，首戴盤龍髻。顧盼珠玲瓏，娉婷玉搖曳。身居華樓巔，謦咳
> 不及地。窈窕懷君子，不顧金吾婿。鴛鴦思比翼，芙蓉思並蒂。託
> 處在深閨，含情復含睇。〔註18〕

自「薰以」以下八句，寫美人之薰香、佩飾，以及顧盼行止，筆法似漢樂府〈日出東南隅（又名豔歌羅敷行）〉。

乙未年（西元一八九五年）以後之〈長歌行〉〈短歌行〉〈怨歌行〉〈豔歌行〉等詩，意象、句式俱似〈離騷〉。〈豔歌行〉「將以飫之無靈巫，我所思兮在遠途。」〔註19〕惓惓有帝鄉之思。〈怨歌行〉情思浩浩云：「所思不見心翱翔，獨撫瑤瑟彈絲簧。何以從之海洋洋，萬里黿鼉來作梁。」〔註20〕隱然思念一衣帶水的祖國。〈短歌行〉末云：「有懷欲陳豈得終，雷聲天半鳴隆隆。誰知下界萬里隔，天門一線無路通。」〔註21〕臺灣割日，臺民之衷懷何訴？不禁有「天門萬里」之慨歎。〈長歌行〉末云：「若有人兮蘭洲渚，羌愁余兮蔣菰蒲。出門橫劍何所去？前翳麒麟後鳳馭。披髮聊作大荒行，波流渺渺沇江處。」〔註22〕披髮大荒，晞髮濯足以自潔，詩風似屈原，而「出門橫劍」之俠姿，頗似李白〈行路難〉「拔劍四顧心茫然」之意趣。

棄生〈橫江詞二首〉本李白舊題，情致則尤為婉轉云：

〔註16〕洪棄生著，《寄鶴齋詩話》，頁2。
〔註17〕洪棄生著，《寄鶴齋詩話》，頁2。
〔註18〕洪棄生著，《寄鶴齋詩話》，頁7。
〔註19〕洪棄生著，《寄鶴齋詩話》，頁198。
〔註20〕洪棄生著，《寄鶴齋詩話》，頁198。
〔註21〕洪棄生著，《寄鶴齋詩話》，頁197。
〔註22〕洪棄生著，《寄鶴齋詩話》，頁197。

遠望橫江上，波濤湧碧空。欲郎無急去，翻愛石尤風。（其一）燕子
磯中水，中流一鏡深。莫愁何處是，湖底見儂心。（其二）〔註23〕

　　其一末二句頗似李白〈橫江詞六首〉其五云：「郎今欲渡緣何事？如此風
波不可行。」細膩的小兒女情思，又非太白原詩可及。其二言水鏡可鑑儂心，
情致可人。

　　〈採蓮曲〉七言佳作，以唐人最夥。如李白〈採蓮曲〉云：「若耶溪旁採
蓮女，笑隔荷花共人語。日照新妝水底明，風飄香袂空中舉。岸上誰家遊冶郎，
三三五五映垂楊。紫騮嘶入落花去，見此踟躕空斷腸。」詩幽艷明麗。〔註24〕
又如鮑溶〈採蓮曲二首〉其一云：「弄舟碣來南塘水，荷葉映身摘蓮子。暑衣
清淨鴛鴦喜，作浪舞花驚不起。殷勤護惜纖纖指，水菱初熟多新刺。」詩末刻
劃入微，景中含情。〔註25〕棄生〈採蓮曲四首〉云：

東湖放櫂不知歸，素手攀花露滿衣。郎自采蓮儂打槳，大家驚起鷺
鶿飛。

雨後荷花十里肥，藕絲作帶繫腰圍。湖心莫道風波惡，猶有鴛鴦自
在飛。

兩家齊打木蘭舟，為采芙蓉不自由。郎在塘東妾塘北，花深不見莫
迴頭。

玉臂金釵照水新，輕紅風颭綺羅身。不知堤上誰家子，不看蓮花但
看人。〔註26〕

　　其二「鴛鴦」之意象頗似鮑溶詩。「湖心莫道風波惡」似李白〈橫江詞〉。
其四設色明麗，亦近李白。其一「郎自采蓮儂打槳」二句，以及其三「郎在塘
東妾塘北」二句，皆質樸似民歌。其一末句因鷺鶿映彩而生動活潑。其三末句
寫蓮花深處，別有愛意暗生，極為宛轉。〈楊柳枝四首〉云：

盼望天涯與水涯，春風盡日捲楊花。柔條細縷飛飛處，白板青帘賣
酒家。

早覺春風不度處，何苦柔條日日垂。長在玉關無限恨，卻將羌笛盡
情吹。

〔註23〕洪棄生著，《寄鶴齋詩集》，頁 74。
〔註24〕瞿蛻園等校注，《李白集校注》（台北：里仁，民國 70 年），頁 314。
〔註25〕宋郭茂倩編撰，《樂府詩集》（台北：里仁，民國 70 年 3 月 24 日版），頁
　　　　735。
〔註26〕洪棄生著，《寄鶴齋詩集》，頁 119。

煙鎖長眉掃不開，折腰今已薄章臺。陶公是否風流主，乞作門前舊
日栽。

含恨含愁舞不停，年年攀折夕陽亭。風流若謝三生債，天上河邊一
小星（柳星）〔註27〕。

其一寫楊花飄零，末言「賣酒家」，似憐紅顏淪落風塵。其二言閨婦邊關
之思，風調似王之渙〈出塞〉「羌笛何須怨楊柳」句。其三自憐流落，欲返初
服。其四以楊柳含恨愁舞，情味又似白居易〈楊柳枝〉。棄生〈春柳〉末云：
「飄零莫道無才思，趁得東風上碧霄。」〔註28〕無限陽春風光，溢於言外。乙
未年（西元一八九五年）以後之〈同賦秋柳四首限蒸韻〉其四云：

殘照株株又幾層，眉痕萬點暮山凝。梧桐已老蘆花白，空帶離愁掃
漢陵。〔註29〕

帝鄉陵廟日遠，掃不盡去國懷鄉之離愁。

〈代催妝吟四首〉代人作催妝詩，此唐人成婚之夕習詠之題。棄生詩豔情
橫溢，如其一末云：「玉盞連傾交吻酒，鏡臺斜對合歡床。四圍窺覷人如海，
粉面含羞避燭光。」寫新娘羞閉含春，極動人。又善用疊詞，使音節諧美，如
其二頸聯云：「孔雀雙雙移繡枕，鴛鴦對對宿羅衾。」〔註30〕強調婦德、婦功
者，如其四云：

珠翠盈頭欲步徐，新紅一朵似芙蕖。未遑廚下調羹飯，先出堂前拜
起居。瑱珥丁當隨影動，裙衫輾轉向風舒。從今莫道眠花好，有女
鳴雞喚讀書。〔註31〕

「丁當」「輾轉」為雙聲詞，音韻諧和。新娘洗手調羹前，先至堂前拜舅
姑，並課夫讀書，均言其宜室宜家之德行。

第二節　詩詠節婦，記言敘事

清代婦人守節，則可蒙獲官方旌表。如光緒十六年（西元一八九○年），
鹿港有烈女洪氏，名嬌嫍。已許字同里郭榮水，未于歸而夫死，洪氏因傷痛而

〔註27〕洪棄生著，《寄鶴齋詩集》，頁92。
〔註28〕洪棄生著，《寄鶴齋詩集》，頁93。
〔註29〕洪棄生著，《寄鶴齋詩集》，頁233。
〔註30〕洪棄生著，《寄鶴齋詩集》，頁127。
〔註31〕洪棄生著，《寄鶴齋詩集》，頁128。

卒。棄生為作〈洪烈女傳〉及〈徵洪烈女殉夫詩啟〉，以表彰節烈。其〈洪烈
女詠〉云：

> 六月青天飛雪白，桃花李花無顏色。中有杜鵑未結枝，一聲化作蜀
> 山碧。蜀山碧，望夫石。石磷磷，烈女跡。烈女名嬌媣，奇氣出瀛
> 東。身居鶯閣裏，家住鹿溪中。少小聞歌曲，懷古吟英風。十五猶
> 未嫁，二十繫絲紅。阿爺買奩具，阿母裁衣裳。羅襦結珠翠，繡帳
> 隱香囊。助兒嫁時色，為兒生容光。弟妹嬌且穉，日日戲新妝。每
> 從阿姊面，頻喚郭家郎。郎君年十九，讀書近株守。舉步到門前，
> 未曾出閣前。稟姿雖尋常，賦性乃敦厚。方擬作縞巾，為君奉箕帚。
> 庚寅六月月晦時，誰知與君為盈虧。聞君一病尚依稀，逝水流光瞬
> 息移。北風一夜盡情吹，吹折梧桐鳳凰枝。鳳凰枝折何處棲，鳳凰
> 枝折鳳凰啼。鳩媒一旦傳消息，阿母不許聞深閨。那道深閨已解意，
> 哀哀遍灑湘江淚。阿母問兒何其悲，兒答阿母無他志。見母猶裁嫁
> 時衣，剪刀金尺聲聲利。勸母停剪刀，兒腸寸寸碎。破鏡已上天，
> 遺奩空在地。哭泣時漣洏，斷絕日三四。阿母奉壺漿，阿爺買餅餌。
> 強兒兒不食，兩腮垂涕泗。一息僅如絲，紛紜求醫至。醫曰無病徵，
> 良由心血致。沉痛五內崩，吞聲百哀刺。阿母聞斯言，視兒已命棄。
> 頭戴訂盟簪，耳著訂盟珥。指環及鬢釵，恩重姑嫜賜。乃知有預謀，
> 從容能就義。就義人所安，從容古所難。海天蕭蕭六月寒，天上地
> 下又人間。天上地下一人耳，一人可挽狂波瀾。蒼蒼鹿溪松，皎皎
> 鹿溪水。日暮清風吹，流波澹不起。長空夜夜懸明月，照得波心長
> 見底。涓埃滴瀝歸西海，烈女心情有如此。〔註32〕

首用戲曲元雜劇〈竇娥冤〉六月雪之典故，寫其貞烈。以杜鵑啼血言其殉
夫，以「望夫石」喻其未嫁時已仰望良人不已。「烈女」以下寫其待字閨中，
及許字後忙於張羅嫁妝。善敘人物口吻，質樸風格似漢魏古詩。「庚寅」以下
敘事，「北風」句以景喻情，隱喻其亡夫如鳳凰枝折。句式多複沓，如「鳳凰
枝折」二句，又與上句「吹折梧桐鳳凰枝」為頂真。母問女答，不忘裁嫁衣，
卻聲聲利刃傷心。「勸母」以下言情悲切，比喻質樸而語調流利，此皆得力於
樂府民歌之啟沃。「頭戴」數句言洪氏死前猶戴訂婚信物，作嫁時妝，筆法似
樂府〈日出東南隅〉描寫羅敷「耳中明月珠」一段。「乃知」以下頌其節烈，

〔註32〕洪棄生著，《寄鶴齋詩集》，頁50。

如明月明、深海深。又有烈婦施氏，名滿娘，諸生林錦裳之妻也。「夫惰讀書，好狹斜遊，每勸之。懼姑舅知，每夫夜歸，必陰俟於門：蓋數年如一日也。……（夫）既逝，……婦念己身在日，無補於家，終為舅姑累，即令其子與其姑宿，宿既稔，復謀以其女與人。會其女病殤，烈婦曰：『吾志可伸矣』！沐浴更衣，於其夜吞藥畢命，時二十有八歲，光緒九年癸未也。」〔註33〕時俗雖可招夫以謀家庭經濟之改善，然其時婦女重名節，恥再醮，終烈死以寬家累，何其可憐，故棄生云：「而烈婦不得遂其烏哺之懷，是又撫斯民者所當措意也！」〔註34〕其〈林烈婦行〉云：

> ……夫婿方蕩遊，燈前苦陳說。上堂拜舅姑，喜婦明且哲。出門汲甕提，入門茉苢襠。勸郎攻史書，勿為紛華悅。郎出朝看花，郎歸夜踏月。倚門待郎來，低聲拓門闑。問郎何所往，春風易消歇。問郎何所思，銅鏡易華髮。郎意云如何，得毋妾言詀。喚郎猶未醒，誰知成永訣。一病遽懨懨，中腸已驚怛。郎魂何處招，妾憂何時報。上天願同行，入地願同穴。……〔註35〕

用類疊句式，如「郎出」、「郎歸」、「問郎何所往」、「問郎何所思」等。宛轉諷諭，以「春風易消歇」、「銅鏡易華髮」，規勸其夫當勤於本業。「郎魂」以下，敘其苟活持家之苦辛。當時婦女似乎無去夫之道，論者卓意雯云：

> 婦女似乎無去夫之道，頂多雙方同意和離，絕無『休夫』之舉。婦女即使在夫家受盡蹧蹋，嘗盡苦楚，也只能隱忍慨歎，而沒有獨立的離婚權利。〔註36〕

林氏對其夫狎斜行為，只能苦心調護，「倚門待郎來，低聲拓門闑。」孤苦誰憐？棄生〈友人與婦睽有賣滔攜妾而行之意賦此諷之〉云：

> ……羞極反為怒，情極反為妒。將妒作情看，願君永不惡。願如鴛與鶯，莫如參與商。小星明不久，妾心明月光。〔註37〕

丈夫羞惱而妄為，妻子只能軟語修好，並以堅貞自矢。地位既卑，處境堪憐。妻從一而終，因夫死而隨殉者，又見〈弔李雅歆妾陳璧殉節〉云：

> ……一朝君命終，一夕妾志決。生與君同衾，死與君同穴。名璧字

〔註33〕洪棄生著，《寄鶴齋古文集》〈林烈婦施氏傳〉，頁193。
〔註34〕洪棄生著，《寄鶴齋古文集》〈林烈婦施氏傳〉，頁193。
〔註35〕洪棄生著，《寄鶴齋詩集》，頁12。
〔註36〕卓意雯著，〈清代臺灣婦女的生活──婚姻關係〉，頁54。
〔註37〕洪棄生著，《寄鶴齋詩集》，頁3。

完瑜，峨峨立石碣。昔作楊柳枝，今為松柏節。楊柳盛年華，松柏
凌冬雪。關盼燕子樓，遜此嚴霜烈。〔註38〕

　　陳璧乃棄生友李雅歆妾，本為風塵女子，李氏為脫籍而納為專寵，故詩
云：「昔為楊柳枝」，以為關盼盼守志不嫁之貞節猶遜其嚴烈。〈聞客述施孝廉
仁思雙妾殉節事有感〉云：「蓬頭婢子淚潸潸，吞阿芙蓉棄人寰。誰道邯鄲
妾，學步不辭艱。囑子堂上婦，迴死君懷間。」〔註39〕此等烈婦於夫死後選擇
從殉，或從容或慷慨，可見禮教入人之深。然亦有「空床難獨守」的逃妓，其
〈金樓子〉（為亡友逃妓作也，妓名金樓）云：

　　……不道情波一旦枯，捲出珠簾到辱井。綠珠不作墜樓身，關盼竟
　　為下樓人。楊花飄泊知何處，零落依舊在埃塵。殘香賸粉何足惜，
　　可歎當時意相得。煙花若得住空樓，南部笙歌無顏色（柳枝事刻本
　　多作韓翃，然章臺柳一詩載在韓翃集中，其為翃事無疑。）〔註40〕

棄生責此從良妓未能守節或殉夫，竟重操舊業，可謂楊花水性。

　　乙未年（西元一八九五年），台灣割日，台民不甘淪為日人統治之次等國
民，慷慨抗日，而臺灣婦女抗日的忠孝節烈，據洪棄生記載西元一八九六年的
草屯抗日的婦女朱氏云：

　　草鞋墩商戶李烏毛先被兵屠，妻朱氏大慟，及是則散財募眾攻大墩，
　　得倭馘者獎二百金。是日三馘，立予四百二十金。丁巳（二十三日）
　　黎明，眾至大墩，攻台中縣治。朱氏親至大墩，給糧食水飲。〔註41〕

　　王曉波評論台灣婦女忠孝節烈自願加入戰鬥行列，據《台戰演義》錄張夫
人託孤書云：

　　愚妹秀容瀝血上書美容姊妝次：敬懇者：愚妹命生不（逢）辰，痛
　　先夫之殉難，悲慘何可勝言，本欲捨卻殘軀，從先夫於地下；細思
　　夫仇未報。嗣續縈懷，死亦尚遺無窮之恨。況張、孫二姓世代簪纓，
　　將門之後，焉有棄仇而不報不理？且先夫為國為民而歷節，愚妹又
　　安敢棄義而忘仇？雖不敢效邵姬之風，惟有竭愚識而盡苦志。刻已
　　素服從軍，招集先夫舊部，並招新勇數營，誓除倭寇，以雪夫仇。

〔註38〕洪棄生著，《寄鶴齋詩集》，頁 266。
〔註39〕洪棄生著，《寄鶴齋詩集》，頁 174。
〔註40〕洪棄生著，《寄鶴齋詩集》，頁 55。
〔註41〕洪棄生著，《瀛海偕亡記、中東戰記、中西戰記、時勢三字編》（南投：台灣省
　　　　文獻委員會，1993），頁 29。

唯是兵凶戰危，事機難卜。古云：「百行以孝為先。」其最莫如存
嗣，以繼大宗。今命老僕楊明六、乳媼周張氏挈帶兩豚兒來蘇。到
日望賢姊念骨肉之情，同胞之義，妥為看顧，使先夫宗嗣有存，不
獨愚妹感德難忘，即孫氏存歿均皆感佩。愚妹此行，若能遂志，掃
盡倭氛，夫仇報復，則子孝重逢，或當有日。倘然力不從心，惟有
付之一死，以繼先夫之志。於本月十八日已身臨行伍，與眾誓師，
勞苦相加，百端交迫。語云：「成敗由天。」凡事只管盡其人力。泣
血臨書，敬言不盡，閏月二十日稿。〔註42〕

王曉波評論：「在台民抗日戰爭中，像朱氏、張夫人者還大有其人，所以，
在日軍的戰地報告中屢屢在清理戰場中發現戰死的武裝婦女。另台中有女將
詹阿荟偕兄率部與日軍相抗二月，至一九〇三年被捕就義。我台灣婦女忠孝
節烈，驚天地、泣鬼神，又哪裡是那些『軟弱』『沮喪』的日軍『日本精神』
所能及。」〔註43〕

洪棄生表彰婦女節列的詩文，筆法多「擬言代言，記言敘事。」論者錢鍾
書評論《左傳》中密談與獨白之私語，如介之推與母偕逃前之問答、鉏麑自殺
前之慨嘆，以及渾良夫夢中之謖，皆是「生無傍證，死無對證」之代言。皆是
《左傳》的歷史想像。此以「擬言」、「代言」，以「記言為敘事」。論者張高評
闡述此設身處地，揣情度變的歷史想像。從情節、人物、觀點和意義，由敘事
文學不可或缺的要素，申明史傳、小說、戲曲等敘事文學共通之處。戲曲的
「代言」是塑造人物個性，推展情節，轉換視點，更是曲折表達作者意義的方
式與技法。以擬言、代言為生動感人之對話，一曰刻劃性格，表現情懷。例如
〈燭之武退秦師〉中，燭之武與鄭文公的對話，委婉抒發不受重用的抱怨。一
是藉對話逆提、激射史事。〈燭之武退秦師〉逆溯秦、晉舊怨，疏離兩國結盟
之誼，深明史事引以為鑑。一是展示場景。〈燭之武退秦師〉燭之武批評晉國
「朝濟而夕設版焉」，揭示晉惠公背信忘義之無常反覆，如此迅速，都靠展示
場景的演說技巧。一是交待枝節，統攝瑣微。〈燭之武退秦師〉說利只一層，
說害卻用三層。對話交待枝節瑣微，卻能統攝要點，以害懼之。〔註44〕如何畢

〔註42〕王曉波撰，〈碧血丹青永照汗青：駁《臺灣論》對抗日義勇軍的誣蔑〉（聯合報：
聯合副刊，2001年3月18日星期日）。
〔註43〕王曉波撰，〈碧血丹青永照汗青：駁《臺灣論》對抗日義勇軍的誣蔑〉。
〔註44〕張高評著，《張高評解析經史二：左傳之文學價值》（台北市：五南圖書出版
社，2019年10月初版一刷），頁265。

肖人物的口吻，虛造境地，實合於設身處地，揣情度變的歷史想像。《左傳‧
魯成公十六年》記晉、楚鄢陵之戰：

> 楚子登巢車以望晉軍，子重使太宰伯州犁侍於王後。王曰：「騁而
> 左右，何也？」曰：「召軍吏也。」「皆聚於中軍矣。」曰：「合謀
> 也。」「張幕矣。」曰：「虔卜於先君也。」「撤幕矣。」曰：「將發
> 命也。」「甚囂且塵上矣。」曰：「將塞井夷竈而為行也。」「皆乘
> 矣。左右執兵而下矣。」曰：「聽誓也。」「戰乎？」曰：「未可知
> 也。」「乘而左右皆下矣。」曰：「戰禱也。」伯州犁以公卒告王，
> 苗賁皇在晉侯之側，亦以王卒告。皆曰：「國士在，且厚，不可當
> 也。」

此役透過伯州犁「解讀」晉軍陣勢。伯州犁在此前一年，即魯成公十五年
（公元前五七六年）逃來楚國，楚任之為大宰。以之為敘述人，其口吻表示對
晉軍深入了解。敘事觀點由楚王「望」再寫伯州犁，敘事視點從「外聚焦式」
改為「內聚焦式」。論者錢鍾書評論：「不直書甲之運為，而假乙眼中舌端出之
（indirect presentation），純乎小說筆法矣。」論者張高評闡述此為「內聚焦式」
的觀點，因使閱讀焦點集中，其切實的解碼和詮釋，表現說話者伯州犁的「國
士」形象和睿智。此乃「以記言為敘事」最精采神奇者。

方苞〈左忠毅公逸事〉「以記言為敘事」最精采神奇者，如左公使史可法
拜見其夫人，左公對其夫人說：「吾諸兒碌碌，他日繼吾志事者，為此生耳。」
以師者傳道自居，將國家大事和平生志業託付史可法，可見器重之深。而左公
獄中責以大義，肺肝如鐵石，看似驚駭的轉折，已鋪墊日後史可法公忠為國的
事蹟。

洪棄生光緒十六年庚寅（西元一八九〇年）舊曆八月廿夜所作〈林烈婦施
氏傳〉云：

> 烈婦施氏，名滿娘，諸生林錦裳之妻也。生於小家，早知孝順。……
> 夫忽遘沈疴，婦晝夜侍湯藥不倦。既逝，婦慟絕者數，舅姑慰諭百
> 端，乃隱忍。然其家纂貧，舅姑意欲使適人；鄰嫗諷之，婦瞠目視
> 曰：「是何言也！將以我為何人，而置吾夫於何地耶！雖小家不願，
> 況吾家故士族者耶」嫗愧不敢言，而婦志已決矣。家中粒食維艱，
> 婦念己身在日，無補於家，終為舅姑累，即令其子與其姑宿，宿既
> 稔，復謀以其女與人。會其病殤，烈婦曰：「吾志可伸矣」！沐浴更

衣，於其夜吞藥畢命，時二十有八歲，光緒九年癸未也。婦死，子
幼，以養於姑，不復戀母，人始嘆烈婦之慮深耳。〔註45〕

　　烈婦為了維護家門繼嗣，不得不苟活以深慮。此為「內聚焦式」的觀點，
表現說話者林烈婦施氏的「烈婦」形象和睿智，「以記言為敘事」。林烈婦施氏
與鄰人的對話，刻劃人物性格，表現情懷。〈洪烈女詠〉云：「阿母問兒何其悲，
兒答阿母無他志。見母猶裁嫁時衣，剪刀金尺聲聲利。勸母停剪刀，兒腸寸寸
碎。」亦用此筆法。

第三節　行旅他鄉，思念妻室

　　棄生詩述及原配者，皆在乙未年前（西元一八九五年以前），應舉或行旅
他鄉時。如〈客處見月有懷〉云：「鹿溪東南樓，烏啼人夜起。借問月來時，
可照高樓裏？經秋露泠泠，曾否怨遊子？」〔註46〕見月明而遙想閨婦，設想閨
婦之思，所謂「我思君處君思我」，寫兩心相繫，婉轉含情。〈秋夜有懷寄內〉
云：「臨歧淚眼對紅花，惜別愁緒牽青柳。一段騷懷似阿郎，每無人處輒神傷。」
〔註47〕狀人愁緒，由別後黯然神傷，見相思情長。末云：「閨中獨蓋鴛鴦被，
客裏長著鶺鴒裘。寄語深閨休望遠，萱堂好勸加餐飯。征鴻朝發夕到家，天涯
莫道歸來晚。」摹景入情，夫妻情義畢見。惟棄生行走客鄉，風塵困頓，思鄉
每有「閨中無限鶯花淚，別後常多蝴蝶魂。」〔註48〕枝上啼鶯驚閨夢，縱化夢
蝶亦惘然。又云：「客中瘦骨支離甚，始憶深閨慰貼人。」〔註49〕客途病骨支
離，怎能耐思念？〈秋試行役感詠十五首〉其七云：

荊妻房外立，望我闌干頭。相見問勞苦，翻諱己心愁。自君之出門，
不敢登高樓。樓頭紅日照，樓外白雲浮。見雲不見人，風信海中漚。
鯉魚常渺渺，鴻雁自悠悠。景物夙已換，自夏以徂秋。桂輪圓復仄，
橘柚綠已稠。道上漸經霜，言念季子裘。相見雖云歡，明日將遠遊。
嫁君在少年，離別何如流。為卿話旅況，卿當添煩憂。〔註50〕

〔註45〕洪棄生著，《寄鶴齋古文集》，頁193。
〔註46〕洪棄生著，《寄鶴齋詩集》，頁19。
〔註47〕洪棄生著，《寄鶴齋古文集》，頁54。
〔註48〕洪棄生著，《寄鶴齋古文集》，頁122〈客中感思〉。
〔註49〕洪棄生著，《寄鶴齋古文集》，頁119〈客館體困有感〉。
〔註50〕洪棄生著，《寄鶴齋古文集》，頁27。

多少離愁別緒，欲語還休。不敢登樓望遠，寫景卻浩浩渺渺，意象別有張力。妙以虛字摹寫思婦口吻，寓情於景，端在「自」、「夙已」、「以」、「復」、「漸」、「何如」等字。末二句翻轉由己身言情，倍覺含蓄。

第四節　巧設仙詞，以寫春情

傳統臺灣文人詩會有「盛饌午宴，雛妓侑酒」之舊慣，例如一九三二年六月二十六日上午，櫟社詩人張麗俊在豐原「豐國樓」參加「沙鷗聯吟會」所舉辦的詩會即依例為此。該年宜蘭盧纘祥在《詩報》第 27 號為文呼籲廢除詩會召妓陪酒之習慣。〔註 51〕以仙詞仙語寫一己之春情，在唐人遊仙詩中屢見不鮮。此因唐代詩人每以仙家喻妓院；〔註 52〕稱女性為「仙」「真」等，多用作指妖豔婦人，或風流放誕之女道士之代稱，或以之目倡伎。〔註 53〕棄生嘗放浪狹邪，其〈贈小妓花仙六首〉，頷聯兩句第一、二字皆嵌「花」「仙」名，詩中妓女名「花仙」，顯然沿自舊俗。其一頷聯「花開世界輕風月，仙謫情天累雨雲。」〔註 54〕點出此六首寫神女狎邪生涯。末二句：「方家舉止溫柔氣，腸斷江南只為君。」乃因愛慕小妓花仙而有所贈。紅粉旖旋無限，有意無情之間，動人心旌。如其二末四句云：「蘭若漬薰春轉斂，萱能長珮恨都忘。情如止水身如玉，只許相思不許狂。」欲拒還迎，斂放含情，即頷聯「花神有意」、「仙女無心」之意。其三云：

> 無情有恨惜佳期，夜靜春深睡起遲。花欲窺人防雨妒，仙將舞掌被風持。流蘇易解同心結，寸藕難牽並蒂絲。最是疑團猜莫破，低鬟淺笑不言時。

首寫「花仙」慵懶春態，頷聯言其貌美體輕，言妄參美人春情，祇換得低鬟淺笑。無言而備覺有情。其四末云：「女郎有意空貽芍，男子無情莫種蘭。香氣薰人經夜在，幾迴銷瘦圍帶寬。」情似香薰襲人，惹人情愁。其五末云：

〔註51〕張麗俊著，《水竹居主人日記》（九）（台北：中央研究院近代史研究所，2000）頁 94～97。見黃美娥著，《重層現代性鏡象：日治時代台灣傳統文人的文化視域與文學想像》（台北：麥田出版社，2004），頁 154～156。

〔註52〕關於這類的研究，可參見李豐楙〈唐人遊仙詩的傳承與創新〉等文，收於《憂與遊：六朝隋唐遊仙詩論集》（台北：學生，民國 85 年初版）。

〔註53〕引自陳寅恪著，〈讀鶯鶯傳〉。此引自《西廂記董王合刊本》（台北：里仁，民國 70 年 12 月 25 日版），頁 17。

〔註54〕洪棄生著，《寄鶴齋詩集》，頁 94。

「低倚玉肩香氣壓，斜分綠鬢黛雲拖。閒來共把樗蒲賭，贏得卿卿一笑渦。」
寫紅粉綠鬢堆中，狎客呼盧買笑。

〈惜別四首〉極為纏綿，當亦是贈妓之作，故其三末云：「柔情恰比游絲
軟，惹草沾花不斷牽。」〔註55〕只因柔情蜜意，無端牽惹花草。其四云：

> 但解相思不解愁，牽衣把袂出前樓。眉痕兩點憐卿媚，一路回頭望
> 月鉤。

不知嫵媚惹人愁，但知牽袂挽郎留，宜惹人憐愛。其〈無題三十首〉亦多
設仙詞，旖旎風格與李商隱〈無題〉詩相近，意象亦相類，如其十九云：

> 一度相思爾許深，綺筵莫聽鳳凰琴。情消月下玻璃影，魂斷風前玉
> 珮音。甄后可無留枕處，楊妃空有寄釵心。也知春到人難到，猶向
> 巫山遍處尋。〔註56〕

「甄后」句似李商隱〈無題〉「颯颯東風細雨來」一詩「宓妃留枕魏王才」
句。人如孤鸞影隻，自然怕聽鳳凰琴曲。月下倩影、風前珮音，曾惹人相思，
而如今只剩春心爾許。縱使欲寄信物以傳情，也終究徒然，故云「空有寄釵
心」。雖說春到而佳人芳蹤尚杳，詭託遊仙，猶向巫山夢裏遍尋，如其九云：
「仙緣詭託蔣三妹，神女訛傳杜十姨。」藉遊仙寫狎斜之事者，如其十四云：

> 青鸞飛去又飛還，閬花蓬壺見月彎。無事珮依金扣砌，有情錐解玉
> 連環。人來弱水三千里，夢落巫峰十二山。認得仙家顏色在，不留
> 脂粉笑嚬間。〔註57〕

青鸞、閬苑、蓬壺、巫峰等詞彙，描寫「仙家顏色」。閨深寂寥，偏言「無
事」。細寫珮扣精美，令人想見兩情緊扣，而情難捨故以錐解玉環。「砌」「契」
同音，「環」「還」音同雙關，暗指心相契而時往還，以啟頸聯巫峰春夢之思，
末聯擬如仙家，見其非俗粉塵物。其十二云：

> 紅有嫣然綠有妍，花間合作大羅仙。張娟李態渾無賴，燕瘦環肥最
> 可憐。遊戲金風金粉地，逍遙玉雪玉壺天。一泓洛水人難到，況望
> 銀河碧落邊。〔註58〕

「大羅仙」為道教詞彙，應棲於大羅天。頷、頸二聯寫女子情態和風月宴

〔註55〕洪棄生著，《寄鶴齋詩集》，頁95。
〔註56〕洪棄生著，《寄鶴齋詩集》，頁108。
〔註57〕洪棄生著，《寄鶴齋詩集》，頁108。
〔註58〕洪棄生著，《寄鶴齋詩集》，頁108。

遊，設色鮮明。末聯樂極而感蕭瑟，乃有宓妃難求，牛女難諧之悵恨。刻劃女子神態者，如其十六云：

> 不繫羅襦繫繡襦，春風誰與唱吳趨。海東結恨千絲網，天上量愁一斛珠。蜀地海棠長欲睡，揚州瓊樹獨成株。怨他夜半團團月，照殺王花萬影扶。

「海東」二句涉想入天上仙界，所謂「千絲（思）網」，難脫愁惘，又似斛珠難捨，頸聯「海棠欲睡」「瓊花獨株」，形容美人著錦拖繡，閨房獨臥。末言團月獨照，萬花欲扶，何等嬌慵。其六云：

> 莫誤劉家又阮家，桃源洞口幾開花。難完隱謎紅綃鏡，誰破多情碧玉瓜。奴把崑崙經小劫，郎依牛斗泛高槎。世間離恨深於海，閱盡風波鬢欲華。〔註59〕

唐人詩中每用劉、阮誤入天臺典故，「代諸妓將所歡暱稱為仙郎。」〔註60〕「桃源」則用陶淵明〈桃花源記〉的故事架構，隱喻仙界。如前引元稹〈夢遊春七十韻〉云：「昔君夢遊春，夢遊何所遇？夢入深洞中，果遂平生趣。清泠淺漫溪，畫舫蘭篙渡。過盡萬株桃，盤旋竹林路。」即運用此意象。棄生則用唐傳奇中崑崙奴以及牛郎、織女故事，來寄託幽怨不偶的男女離恨。其八又云：

> 流霞入頰竟成丹，耐可千翻百轉看。玉女有泉分冷煖，珠孃無日不暄寒。灘臨苦峽名惶恐，水出情河號喜歡。安得麻姑同解脫，大家齊上蔡經壇。〔註61〕

「流霞」、「玉女」、「珠孃」，以及前引其十二「金風」、「金粉」、「玉雪」、「玉壺」等意象，本自晚唐曹唐〈小遊仙詩〉，「其光澤予人燦爛奪目之感，用以象徵仙界的堂皇、高貴以及高不可攀、遙不可及。」〔註62〕棄生由「仙鄉宴遊」，悟到情慾的歡娛，往往與苦累、惶恐等經驗相表裏。末用麻姑降蔡經宅，自言三見滄桑之典故，乃棄生飽經世故後，欲求解脫情累之苦。

此外，以仙郎自居，稱妓女為女仙，以王母隱指妓女假母、瑤臺玉府代指妓院，其隱喻之意象皆承襲晚唐及五代文人之習套者，〔註63〕如「緱嶺吹簫控

〔註59〕洪棄生著，《寄鶴齋詩集》，頁107。
〔註60〕李豐楙，〈仙、妓與洞窟——唐五代曲子詞與遊仙文學〉，頁387。
〔註61〕李豐楙，〈仙、妓與洞窟——唐五代曲子詞與遊仙文學〉，頁387。
〔註62〕李豐楙，〈曹唐〈小遊仙詩〉的神仙世界初探〉，頁225。
〔註63〕李豐楙文，頁402。

鶴群，九天使者下氤氳。」〔註64〕用王子晉於緱山乘白鶴登仙之典故。「鳳島神仙招萼綠，鮫宮風雨降湘靈。瑤臺玉府相逢後，三日衣裙不斷馨。」〔註65〕用《真誥》萼綠華降羊權典故，以及《楚辭》湘靈、《山海經》《穆天子》等書中瑤池王母之形象。一方面藉此隱晦其詞，一方面表達奇幻難遇的「春夢」「春情」。七古的「仙遊」春詞，如〈憶步春行〉云：

> 杏花梢頭明月紅，粉牆一角星玲瓏。綺院畫廊人不見，珮環聲在東樓東。循欄細步拖迴屧，迎眸瞥面逢羞靨。九華燈火七寶妝，六曲屏風五雲氍。共說當時油壁車，青鳥殷勤閬苑書。今日並頭花不羨，此夜同心玉不如。芙蓉城裏芙蓉闕，密緒深愁藏不發。我憐金縷曲中春，汝訴玉孃湖上月。疇昔煩纏不斷絲，瞑燕愁鶯誰得知。一日腸迴千樣結，十年懶畫八行眉。自是佳人悲薄命，丈園久鎖文君病。瘦骨春銷楊柳肢，淚痕夜落菱花鏡。簡裏相思說與君，月色三分減二分。續命拌無五色線，留仙竟有九霞裙。一夜帳中花解語，吹簫隊裏乘鳳侶。見面何知意似膠，聞名早已心相許。寸霄相違似九秋，高寒未慣廣寒遊。王母池頭催博進，素娥宮內記添籌。桃花即是天台路，眷屬神仙劉阮顧。搗白藥分兔杵霜，支機石對鵲橋渡。我來為續三生緣，玉女峰前玉井蓮。郎路已過無恨海，兒家願住有情天。日日春風掃愁去，金樓十二藏春處。璹瑂奩邊蝶夢醒，綺香寮底鶯啼曙。〔註66〕

首句以「杏花梢頭」暗示此女子娼妓身分。〔註67〕棄生〈阻友人納妓〉云：「杏花生就風流質，關鎖園中亦出牆。」寫園中春色，燈火樓臺、明星綺院，人未到而先聞聲。其人循欄細步拖屧，迎眸含羞。復言室內陳設，以襯兩情親暱。「五雲氍」、「青鳥」、「閬苑」等，均唐代遊仙詩慣見之詞彙。繾綣如「並頭花」、「同心玉」，「我憐」「汝訴」二句為昵昵情語。「芙蓉」句言其密緒深愁，「煩絲」、「瞑燕」、「腸迴」、「千結」、「畫眉」，或用雙關語、或擬物、或用典，善用「一」、「千」、「十」、「八」等數字，給人夸飾華麗之感，和「九華燈」、「七寶妝」、「六曲屏風」、「五雲氍」等描寫技法相同。因愁而病，而憔悴傷春，相思難耐，用「鎖」、「銷」、「落」、「說」、「減」等動詞來刻劃其情懷幽

〔註64〕洪棄生著，〈無題三十首〉其十二首。
〔註65〕洪棄生著，《寄鶴齋詩集》，頁107〈無題三十首〉其十一末四句。
〔註66〕洪棄生著，《寄鶴齋詩集》，頁410。
〔註67〕洪棄生著，《寄鶴齋詩集》，頁92。

閉索落。「月色」數句亦巧用「三」、「二」、「五」、「九」等數字。「吹簫」句典
用《列仙傳》蕭史攜弄玉飛昇事，「高寒」句用姮娥典。「王母」句寫仙人博奕，
以仙宴喻歡期短促，「桃花」句隱指妓院，「劉阮」喻恩客。「搗臼」、「支機」
用姮娥、織女典，喻宿緣彷彿前定。加以「無恨海」、「有情天」以及王母轄十
二樓等仙境之描寫，夸飾狎斜之歡娛。「蝶夢」栩栩，破曉為鶯啼驚醒，真是
風流一夢。

　　《壯悔餘集》中的香奩詩，如〈記夢十二首〉、〈續前二十首〉、〈續前十六
首〉、〈續前十二首〉等，應是贈側室陳珵之作，有以仙詞來稱代者。〈記夢十
二首〉其一頷聯云：「待卿暮雨巫天下，送汝秋波洛水潯。」巫山神女、洛水
宓妃，以擬思慕之人。情愛如春夢恨短，故以「記夢」為題。體裁為七律，所
用仙詞之典故同於〈無題三十首〉者，如〈續前二十首〉其七首四句云：「爪
仙曾降蔡經家，王遠相忘道路遐。洛浦有懷留玉枕，天台無夢飯胡麻。」〔註
68〕亦用王遠宴麻姑於蔡經宅的典故，以及洛神、劉阮等仙典。只是此處之女
仙非指妓女，而是代稱可人之女子。用牛女典故抒相隔卻相望之怨情者，如
〈續前二十首〉其六云：

　　一夕風波阻愛河，卿愁怎比我愁多。恨深自是相思苦，待久那堪獨
　　影過。幾度歡情歸寂寞，兩家恩好總磋磨。從今共守心如石，青島
　　傳書莫再訛。〔註69〕

　　相思獨苦，歡情寂寞，「青鳥」代指信使，藉以寄呈心期。詩用〈漢武內傳〉
〈外傳〉典故者，如〈續前二十首〉其十三云：「偷桃曼倩終非計，擲橘神姑總
可人。」〔註70〕自比東方朔偷桃以隱喻偷情，故首二句云：「佳期欲訂動經旬，
只畏多言無路親。」其十五又云：「不填恨海非神女，偷下情天亦謫仙。」頗以
此風流自賞。又以仙詞形容紅顏，如〈續前十二首〉其十一云：「金荃愛握麻仙
爪，璧雪憐看姑射膚。」〔註71〕其十二云：「歡娛睡佛無留相，會合飛仙不著蹤。」
〔註72〕形容女子雪膚、纖手及坐臥舉止，俱如神仙出塵而不俗。其十云：

　　俗事刪除便欲仙，形相色授一嫣然。錦丈鳩約緘如昨，珠字魚書袖
　　隔年。面軟說郎長覥腆，心多泥我幾纏綿。梳頭窗下身慵起，啼破

〔註68〕洪棄生著，《寄鶴齋詩集》，頁400。
〔註69〕洪棄生著，《寄鶴齋詩集》，頁400。
〔註70〕洪棄生著，《寄鶴齋詩集》，頁401。
〔註71〕洪棄生著，《寄鶴齋詩集》，頁405。
〔註72〕洪棄生著，《寄鶴齋詩集》，頁405。

畫眉未曉天。

夫妻情感能不受俗事的干擾，只見色授嫣然之默契，以及書信傳情之馨詠。面軟商量、泥人纏綿，風趣無限。閨房之樂，固有過於畫眉者。但能刪俗事而如神仙，畢竟不易。棄生側室陳珵的〈有感〉因歎：「醬醋鹽茶日幾回，釵斜鬢墮故衫灰。自從出閣于歸後，無復閑情詠絮來。」〔註73〕

此外，清末臺灣娶妻納妾風俗，男子置妾，多如同金錢買賣。棄生坦承：「偶然戀明靚」，〔註74〕曾欲置姝而不果，〈置姝不果四首〉其一云：

> 瞥於窗裏見流鶯，謀抱衾裯一問聲。母指小星須鳳諾（其母意欲俟
> 女意），人來涼露有虺鳴。不高玉價緣心許，未受梭投偶目成。誰料
> 耳環和臂釧，書空虛擬到卿卿。〔註75〕

偶然目成，便心許鍾情，直欲聘納為小星。然終不果，端在「心有餘而財力不足」，其二云：「心羨信陵醇酒飲，手慳吳市美人錢。」不免心生慳吝。其三云：

> 銷磨一夢不成圓，宋子騎牆覺兩端。買笑無由金作屋，吹毛偏索玉微
> 瘢（嫌其面帶痘痕數點而止）。躊躇側室為多累（女家以女為望），
> 孤負深閨種合歡（閨人為呼媒）。到底風懷輸柳七，莊持終是帶儒
> 酸。〔註76〕

清代臺人娶妻，要求對象須容貌端莊、纏足、女家血統的純淨而無惡疾。議婚則論財重聘金。將女兒賣人為妾，只求男方之聘金即身價銀。金額高低與女子的年齡、美醜有關。〔註77〕棄生嫌女子微瘢，容貌有缺點；女方則希冀聘禮豐厚，可見當時蓄妾卑下之風氣。棄生躊躇於室家聲之升墜，又因性情莊持，拘執於禮教，終寢初議。

時俗議婚重聘，喜女子纏足，漳、泉等閩南人尤其重視，棄生〈悼亡女〉便云：

> ……汝母愛兒心，為汝施簪珥。束腳及梳頭，調鉛兼剪翠。靜坐寡
> 言語，頗有大家懿。每聞媒妁來，靦然輒引避。今年將及笄，奩具

〔註73〕洪棄生著，《寄鶴齋詩集》，頁412。

〔註74〕洪棄生著，《八州詩草》，頁67。

〔註75〕洪棄生著，《寄鶴齋詩集》，頁240。

〔註76〕洪棄生著，《寄鶴齋詩集》，頁241。

〔註77〕卓意雯著，〈清代臺灣婦女的生活——婚姻關係〉（《台灣風物》41卷4期），
頁20、22、48。

方思備。……〔註78〕

女子至及笄之年，父母須張羅嫁妝；小時便教以禮儀，強迫纏足。此因清代的婦女教育，主要是「三從四德」。學習如何相夫教子、操持家務；培養溫順、貞潔、端莊、勤儉等美德，如棄生〈閨詞八首題障〉其二云：「骨格清如梅有韻，性情溫比玉無瑕。閨房恰好留佳話，綺語莊談兩不譁。」〔註79〕其七云：

> 南陔朝夕採蘭芬，莞爾能穿大布裙。敢把榮華歆謝傅，好將清苦學
> 桓君。思明女誡停鍼問，看讀離騷舉燭焚。行近案頭披卷軸，篇篇
> 知道是郎文。〔註80〕

清苦克勤、不慕虛華，恪守女誡、相夫伴讀，當時以為閨閣佳話。因云：「低頭深下姑嫜拜，有客堂中看絳仙。」〔註81〕「調羹廚下纖纖手，刺繡房前縷縷絲。」〔註82〕侍奉姑嫜、刺繡纂組為婦人的功課。〈茶肆女〉云：

> ……古王敦風化，家家學采桑。采桑不采茶，女兒長在家。采茶不
> 采桑，寂寞女兒箱。女勞不思淫，天上猶七襄。誰為課鹵圖，山榭
> 栽滿牆。舍末而求本，衣被在一方。〔註83〕

棄生見茶肆女「一群如圍花，雙隊成飛蝶。」采茶後「輕重與郎量，往來拖繡屧。」便歎云：「一身雖云麗，徒為他人妝。」以為閨女拋頭露面，如何防閑守範？本古人勸婦蠶織的觀念，〔註84〕刺繡閨中，女勞不思淫。引織女及《詩經‧豳風‧七月》典故，以為巧藝女紅為女子所當務。

日治時代，因日人將吸食鴉片、辮髮、纏足等視之為臺灣社會三大陋習。甫自西元一八九九年末，「台北大稻埕中醫師黃玉階糾合紳商同志四十人，籌組台北天然足會，並向臺北縣當局提出立案申請，從此揭開組織化放足運動的序幕。」〔註85〕女子不但放足，還接受新式教育，地位、眼光大為提高。而棄生〈厲行斷髮散足事感詠〉卻云：「時無美鬢人人鬝，家有金蓮步步難。癸女

〔註78〕卓意雯著，〈清代臺灣婦女的生活——婚姻關係〉（《台灣風物》41卷4期），
　　　　頁264。
〔註79〕洪棄生著，《寄鶴齋詩集》，頁116。
〔註80〕洪棄生著，《寄鶴齋詩集》，頁117。
〔註81〕洪棄生著，《寄鶴齋詩集》，頁118〈豔詩六首為新婚者乞題障〉其五。
〔註82〕洪棄生著，《寄鶴齋詩集》，頁118〈豔詩六首為新婚者乞題障〉其六。
〔註83〕洪棄生著，《寄鶴齋詩集》，頁24。
〔註84〕如《詩經‧大雅‧瞻卬》所云：「婦無公事，休其蠶織。」
〔註85〕吳文星著，《日據時期社會領導階層之研究》（台北：正中，民國81年3月臺
　　　　初版），頁256。

丁男顛倒甚，此間奚事不心酸。」〔註86〕不免流於保守頑固。

日人又禁私娼，設公娼，以求防疫及改善衛生，棄生〈公娼行〉批評云：

> 華人以娼為敗風，東人以娼作奉公。王家徵稅夜夜同，公娼廳事明
> 燈紅。插花盈頭髮一蓬，花布裹身舞氍氈。貼腰作褲繫腰後，人各
> 一端搖玲瓏。比日交頸記點鐘，無遮無礙雌與雄。從此煙花添故事，
> 不須羞澀如吳儂。〔註87〕

清代臺灣有私娼而無公娼，日人明設，有鼓勵之嫌。如西元一九二五年一月，王敏川便在《臺灣民報》第 3 卷第 3 期發表〈對於廢娼問題的管見〉，批評日人由內地載很多妓女到臺灣，以法律保護，成為公娼，使社會風氣為之頹喪消沈。〔註88〕棄生批評公娼為繳稅奉公，夜夜明燈紅。「獻身報國」，令人啼笑皆非。「插花」以下描寫日妓和服裝扮，以鐘點計費；無遮無礙，毫不羞澀。語帶戲謔嘲諷，彷彿羞恥褪盡，人只剩下一縷悲涼，感慨實深。

第五節　清脆抒懷，遂造香豔

棄生此類風格的詩作，有寫狎邪之歡者，其音節脆響、藻思橫溢。贈其側室陳珵之詩作，情懷則可人、深摯。

〈雜春詩十首〉為遊春買春之冶辭，頗見棄生多情風懷，如其七云：

> 花容如睡氣如雲，小立多時勝麝熏。葉下陰低黏絮帽，枝頭露重濕
> 湘裙。暗藏金谷春三昧，明住揚州月二分。憐我獨居無伴侶，每聞
> 香味便思君。〔註89〕

首寫紅粉佳人之睡臥亭立，吐麝雲香。頷聯言情似飄絮，無端惹人；又似夜露，濕了花裙。頸聯濃含春情，前章述此詩第六句似清代閩地詩人張際亮〈王郎曲〉之麗情。又如其一云：

> 恰當花下即銷魂，是否情根有宿根。深淺桃萉皆孕子，高低桐樹又
> 生孫。朝朝鸚鵡頻開閣，日日杜鵑不掩門。一半愁懷何處放，且將
> 心事付芳尊。〔註90〕

〔註86〕洪棄生著，《寄鶴齋詩集》，頁388。
〔註87〕洪棄生著，《寄鶴齋詩集》，頁173。
〔註88〕《當代》第 138 期（台北：民國 88 年 2 月 1 日出版），頁81。
〔註89〕洪棄生著，《寄鶴齋詩集》，頁98。
〔註90〕洪棄生著，《寄鶴齋詩集》，頁97。

　　當花即銷魂，情根自是宿緣所牽。無奈著意尋春而芳情已逝，故有「桃葩孕子」「桐樹生孫」之感慨。鸚鵡善解人言，杜鵑句喻一往情深，惹我青春愁懷，不知紅粉何在？只得藉酒澆愁。年少風流，如「一種懶慵疏放性，東風管領也銷磨。」〔註91〕疏於功名利祿之奔競，勤向花間逐春。「朝朝競逐風煙事，鬥草歸來拾落釵。」〔註92〕「榆錢貰酒因澆醉，羯鼓催花為喚開。時有鶯兒相問訊，明朝芳事不須猜。」〔註93〕及時行樂，耽溺花間，棄生自謂「多情」、「多慾」、「多愁」，觀之信然。其七云：

> 花可尋禪鶴可參，輕攜小扇傍湘籃。酒煙在袖清無俗，香氣薰人醉
> 不語。蝴蝶夢中疑夢後，鷓鴣江北又江南。放懷已悟三生事，莫把
> 春愁一杖擔。〔註94〕

　　尋花覓鶴、攜扇提籃，形容女子情態。頷聯言溺於酒煙及美人窩。末四句一樂一苦、一放一擔，終解不開愁腸。「桃花渡口木蘭橈」「問訊江南到板橋。」〔註95〕「入市擬將春色買，攜錢誤向賣瓜侯。」〔註96〕雖買春不遇，春懷不減。

　　〈無題三十首〉感歎「歡情苦短」，終付惘然，如其一云：「一年心事一宵中，歡裏姻緣夢裏空。」〔註97〕以下又云：

> 天到傾時猶缺北，海當盡處不朝東。小姑山下彭郎水，幼婦碑前少
> 女風。萬里蓬萊千里路，靈犀半點未曾通。

　　千里追尋，只尋到乖隔及缺憾，情何以堪！其二慨歎溺於歡情，坐使志業成空，因云：「綢繆情思瓊漿誤，荏苒年華錦瑟忙。日日黃粱成好夢，空床何處是瀟湘。」孤寂襲人，如其三云：「今朝畫閣香猶冷，昨夜燻籠玉不溫。誰與澆愁誰與醉，安排綺席自開尊。」揮杯弔孤影之際，復以修潔自持，因有騷人之恨，如其四云：「離騷有恨何曾盡，日日空栽九畹蘭。」〔註98〕其五徘徊思往，頷聯有「入抱有煙非紫玉，登臺何樹是羅敷。」之悵惘。祇因當日多情多慾，故頸聯云：「春為媒孽心應妒，雪作精神影亦癯。」因春情媒孽而生妒，

〔註91〕洪棄生著，〈雜春詩十首〉其二。
〔註92〕洪棄生著，〈雜春詩十首〉其三。
〔註93〕洪棄生著，〈雜春詩十首〉其四末云。
〔註94〕洪棄生著，〈雜春詩十首〉其七。
〔註95〕洪棄生著，〈雜春詩十首〉其九。
〔註96〕洪棄生著，〈雜春詩十首〉其十。
〔註97〕洪棄生著，〈雜春詩十首〉其十，頁106。
〔註98〕洪棄生著，〈雜春詩十首〉其十，頁107。

人卻雪潔影癯而惹人憐。末云：「贈君彤管莫踟躕」，知此三十首亦贈妓之作。徘徊歡場，情絲欲斷難斷，如其二十云：

> 輾轉心情決絕詞，年年春色負佳期。王孫不遇迷芳草，公子未逢繫縷絲。南浦有人傷意處，東風無力斷腸時。天涯幾度為伊望，容易駒光一隙遲。〔註99〕

空負春色與佳期，因有不遇之歎及相思之盼。待東風無力，傷於逝春，不免悵望天涯而不知所之。寫情旖旎似小詞者，如其十七云：

> 乍寒乍暖乍陰天，簾外無人空鎖煙。雲散雪消催薄暮，花慵柳躲送殘年。香添爐裏灰俱燼，酒杯滿時月不圓。百折思量何處去？小樓繚繞近秋千。

天氣陰晴不定，正是初春時節。「花慵」句有華年易逝之歎，而爐添香燼，重燃心灰。「酒杯」句見人間難得圓滿，小樓秋千影徘徊，多少悵惘。孤冷難遣之情懷，又因游疑心緒而加添。如其十八云：

> 搗碎檀香和墨研，懨懨人在綺窗前。隔簾有鳥驚春起，對酒無花抱月眠。多少情懷多少夢，自家排遣自家憐。游移宛轉心難決，半作楊絲半作綿。〔註100〕

鳥隔簾而驚夢醒，空對酒月卻無花可抱。孤冷自憐，心思復游移宛轉，零落無歸。棄生二度尋春，不禁有「人面桃花」之歎。「嬌鶯恰恰空啼伴，瘦燕飛飛已抱雛。今日臙脂坡上路，風光能比往時無？」〔註101〕「菊部笙歌新北里，桃夭門巷舊東家。再來不見當時面，莫更尋春過若耶。」〔註102〕所思慕之女子如弱柳淪落風塵，故其二十七云：

> 東風何處不纏綿，樹樹垂楊樹樹煙。青瑣才人能繡佛，紅樓少女解求仙。看花引路雲生馭，入夢迷春雨攪眠。盼斷婆娑園外月，弱塵飛絮奈何天。

春花雨夢的神女生涯難斷，落的如飛絮飄零。繡佛求仙，只怕來世才能度脫。「自有白鸚經慣念，羌無青鳥信頻通。」〔註103〕知其所思者禮佛頗虔，卻無由互通音信，悵恨何如！狎斜應只是棄生偶然之舉，〈偶到四首〉其四云：

〔註99〕洪棄生著，〈雜春詩十首〉其十，頁109。
〔註100〕洪棄生著，《寄鶴齋詩集》，頁108。
〔註101〕洪棄生著，〈無題三十首〉其二十二。
〔註102〕洪棄生著，〈無題三十首〉其二十二，頁109，〈無題三十首〉二十三末云。
〔註103〕洪棄生著，〈無題三十首〉其三十。

茗眼煙絲一座橫，房櫳嬌語老流鶯。開門笑指雲飛散，月轉星稀過二更。〔註104〕

肉體耽溺於茶茗、鴉片煙、妓女，以尋求快慰，可謂頹放。

《壯悔餘集》收棄生及其側室陳珵之香奩詩。陳珵喜作詩，能論文，惜有才無命，身世可憐。未歸棄生前，兩人即多馨詠詩作。紅顏香箋，每攻愧才人浪情。如棄生〈記夢十二首〉末首云：

先時未見各傾誠，兩地纏綿一樣情。自是跡疏心較密，不妨意重貌從輕。詩書臭味如膠漆，花月歡懷勝血盟。從此深閨添一友，論文婉變到雞聲。〔註105〕

兩人因作詩論文而深結婉變膠漆之情。頷聯見其相知相惜，可傳佳話。然而棄生不免才人浪情，陳氏詩則多攻媿之苦語，如〈感懷二首〉其一云：

新愁舊恨總離離，歎息家庭懶護持。五角六張為我命，千辛萬苦是誰知？階前草長低眉處，鏡面塵生掩袂時。回首深閨絲繡日，此身如在鳳凰池。〔註106〕

此當陳珵新寡所作，「鏡面」句有「誰適為容」之傷悲。命薄運乖，家室難齊，不免懷念深閨繡絲的待嫁華年。得棄生愛憐，每於「燈下訴將心裏事，此生命薄運長乖。」〔註107〕又欣賞棄生才華，所謂「自訴多情為愛才，欲將身託鳳凰臺。」願託身棄生，卻又「可憐無限嬌慵態，歡喜場中畏忌猜。」〔註108〕心畏忌猜，不免矜持，兩人因條合條分，如〈記夢十二首〉其八、其九云：

記曾閨閣待笄年，隔牖冰絲悵斷牽。紅葉昔愁隨逝水，錦衾今喜續前緣。春風遙度相思路，明月重圓不夜天。惟有一團餘恨在，恐教人作散花仙。

到底緣慳與願違，萍蹤條合即分飛。艱難玉步隨風至，踦躅瓊腰浥露歸。鄰舍鷗猜新慮遠，空梁燕語舊懷非。斷魂最是三更後，月冷霜淒入繡闈。〔註109〕

其八首句呼應陳珵〈感懷二首〉其一末二句。頷聯一昔一今，喜續前緣，

〔註104〕洪棄生著，〈無題三十首〉其三十，頁229。
〔註105〕洪棄生著，《寄鶴齋詩集》，頁399。
〔註106〕洪棄生著，《寄鶴齋詩集》，頁412。
〔註107〕洪棄生著，〈記夢十二首〉其三，頁398。
〔註108〕洪棄生著，〈記夢十二首〉其四。
〔註109〕洪棄生著，〈記夢十二首〉其四，頁399。

昔之悲秋可化為今日之思春。春風遙度，不知相思路遠。破鏡今再新圓，宜乎良宵未眠。末二句憂其如天女散花，不留蹤跡。其九歎緣慳而願違，倏合又分飛。頷聯言兩人相見艱難而別更難，不禁牽愁帶淚。頸聯畏鄰人之言，因生遠慮；而昔日如雙燕之軟語呢喃，如今情懷都非。末因心憐閨中人淒清孤冷。棄生之體貼知心，又如〈記夢十二首〉其十云：「知音惟我原心跡，白璧微瑕未忍非。」其七云：「只為情人情事繫，最關情處怕人知。」不計較陳珵身世，兩人相契相重。〈記夢十二首〉其十一云：「攻媿如卿亦信難，能教元稹為心酸。」〔註110〕典用元稹〈鶯鶯傳〉〈會真詩〉意，此因陳珵亦如鶯鶯，為可人而堅貞之女子。又云：「女貞自此依松柏，看汝棲身一樹安。」乃納為側室，使有所棲歸。其六云：

> 願祝連枝結再生，情懷如海愧卿卿。新歡一夜期千載，舊事重提到五更。悄說閨愁心緒惡，偶聞人語夢魂驚。吹燈為伴蓮花步，歸扣柴門不出聲。〔註111〕

佳人情懷如海，世世願結連理，不免令棄生自攻浪情而生愧。「新歡」句，可見兩情繾綣，「經宵不見九秋遲，細與檀郎訂後期。繡帳有風心似箭，鏡臺無月夢如絲。」〔註112〕可見相思之苦，「相思不獨卿如醉，冥想自嘲我亦癡。」〔註113〕癡顛狂想，只因情醉。其七云：「悔予心褊情如割，累女思深鬢欲華。聞道期來人已病，幾回腸斷幾嗟呀。」〔註114〕竟害了相思病。「相思無路親紅袖，長願將身化錦韈。」〔註115〕修辭法似陶淵明〈閑情賦〉「願在絲而為履，附素足以周旋。」情極濃烈。

〈記夢十二首〉其六頸聯以下「悄說閨愁心緒惡，偶聞人語夢魂驚。吹燈為伴蓮花步，歸扣柴門不出聲。」即王實甫《西廂記》所謂「尤雲殢雨心」「竊玉偷香膽」「倚翠偎紅話」。〔註116〕欲「竊玉偷香」，又畏於人言，〈續前二十首〉其十便云：

> 怪卿終是愛卿卿，卿信鍾情不負情。破例候人來路險，忍驚犯夜守

〔註110〕洪棄生著，〈記夢十二首〉其四，頁399。

〔註111〕洪棄生著，〈記夢十二首〉其四，頁398。

〔註112〕洪棄生著，〈記夢十二首〉其七。

〔註113〕洪棄生著，《寄鶴齋詩集》，頁399〈續前二十首〉其二。

〔註114〕洪棄生著，《寄鶴齋詩集》，〈續前二十首〉其七。

〔註115〕洪棄生著，《寄鶴齋詩集》，頁402〈續前十六首〉其一。

〔註116〕董解元著，《西廂記董王合刊本》（台北：里仁，民國70年12月25日版），王著第三本第三折，頁121。

天明。好留顏色為重會，慎保病軀作再行。寄訊殷勤亦何益，何如攜手一低聲。〔註117〕

為踐愛約，不惜深夜探覘，只因寄訊殷勤，猶不及攜手低聲，一訴情愫。頸聯囑其珍重，情深款款。「苦為旁人撓好會，怎禁獨坐憶歡情。此時此意伊誰覺，惟有同心入夢縈。」〔註118〕怕人覺知，只得擁孤寒入夢。此因「沾沾都只礙身名，恰為人言掩己情。」「到底風流輸卓女，欲同司馬過橋行。」〔註119〕畢竟人言可畏，怕惹家室勃谿，〈續前十六首〉其十一云：

解紛剖結為卿卿，好向柔鄉畢此生。暗遣姆婆瞞趙姊，曲調妯娌息孃兵。鸕鶿典去聊通信，鸚鵡防來不出聲。魂斷隔宵人過處，供盤茗盞尚縱橫。〔註120〕

家事紛結，又怕眾口鑠金，只得暗遣姆婆傳甘言，還得瞞東騙西，曲調妯娌紛爭。為了家計，典當衣裘，又怕人知，棄生周旋於妻孥和側室的情縫中，好不辛苦。〈續前十二首〉其二又云：「封姨為暴阻歡期，又值鄰妹入幕時。欲出恐招瓜履忌，將飛誰把玉裙持。」〔註121〕其時棄生或因置妹不果，故一言一行惹人忌猜，溺於男女情慾，不免招苦難言。然而一邊是郎多情，如「化雨化煙心不碎，為仙為佛火猶燒。」〔註122〕情火難滅，信佛求仙亦枉然；另一邊妹有意，如「深意如苞抽苤鬱，有懷似柳致纏綿。」〔註123〕偏偏兩地阻隔，相思益加難耐，所謂「人因見罕思長切，語到情真貌不歡。」往往長夜密談，掏心罄腑，早已「相愛日深同骨肉。」〔註124〕

除了上述的「倚紅偎翠」之情語，描寫女子體態及男女歡愛的「尤雲殢雨」意象，如「穿衫愛覓雞頭肉，掠鬢教修燕尾梳。」〔註125〕而「為惜阿郎瘦玉軀，忍將床笫狎歡娛。」〔註126〕〈續前十六首〉其十三云：

攜來藥醖與郎斟，燈下看詩一再吟。愛語密憐風露弱，莊談堅阻雨

〔註117〕洪棄生著，《寄鶴齋詩集》，頁400。
〔註118〕洪棄生著，《寄鶴齋詩集》，頁399〈續前二十首〉其一。
〔註119〕洪棄生著，《寄鶴齋詩集》，〈續前十六首〉其五，頁403。
〔註120〕洪棄生著，《寄鶴齋詩集》，〈續前十六首〉其五，頁403。
〔註121〕洪棄生著，《寄鶴齋詩集》，〈續前十六首〉其五，頁399。
〔註122〕洪棄生著，《寄鶴齋詩集》，頁403〈續前十六首〉其八。
〔註123〕洪棄生著，《寄鶴齋詩集》，頁401。
〔註124〕洪棄生著，《寄鶴齋詩集》，〈續前十六首〉其三，頁402。
〔註125〕洪棄生著，《寄鶴齋詩集》，頁400〈續前二十首〉其三。
〔註126〕洪棄生著，《寄鶴齋詩集》，〈續前二十首〉其四。

雲侵。誰知和悅如花意，竟見端嚴似鐵心。憶得隔宵衾枕事，時濃
時淡總情深。〔註127〕

　　對枕席歡情，知惜身而自制，但與棄生吟詩談情，陳珵感性中不失理性，
淡澹處有深情。

　　〈續前十二首〉寫閨閣中人數為日寇所驚，其二首云：「綺年歲月恐蹉跎，
偏此紅塵小劫何？」即〈香奩集自敘〉云：「時則烽火樓臺，玻璃半碎；煙塵
世界，羅綺無歸。」〔註128〕故其一云：

摒擋門戶累人深，孤負溫柔一片心。激浪翻瀾舟忽漏，櫛風沐雨突
難黔。愁城每見天魔舞，香國也逢大敵侵。可歎璇閨無管鑰，鼠牙
雀角日相尋。〔註129〕

　　「愁城」二句，即「花下降天魔之舞」，意指日軍之侵擾。〔註130〕「激浪」
二句及末二句，似言家室之爭訟及生計之艱難。「櫛風」句意即其二「一自孃
軍爭入室，債臺高築避人多。」意，因感家室如漏舟翻於激浪中。日人之淫
暴，〈看花感賦四首〉詩序因云：「臺地自滄桑後，漢上游女之出，大有尨前感
悅之虞，故深閨相戒以避暴，偶見其行，感而賦之。」其三末四句便云：「芳
草美人榛莽裡，桃花明月劫灰前。天寒翠袖憐修竹，其奈豺狼在道邊。」無邊
風月及芳草，怎堪豺狼之蹂躪。閨中佳人之下場，竟是：

麋鹿登臺虎上邱，姑蘇蘿芋可勝愁。自從吒利橫京國，何限珠孃墜
谷樓。洛下鵑聲花下血，秦中月色鏡中頭。無端錦瑟瓊琚地，一嘯
嗔人出楚猴。〔註131〕

　　首句將地名「虎邱」寫成「虎上邱」，想見如西施般的佳人必難倖免於難。
日軍橫暴，使富室之寵妾被禍在先。「洛下」二句寫紅顏薄命，香奩琴瑟之夢，
活生生斷送於沐猴而冠之禽獸。時局險惡，故其六云：

欲把花旛作護持，可知眾泑漂山無。猵兒黑白翻棋局，鸚鵡蒼黃啄
粒珠。冰雪聰明嗟汝誤，風波急劫喚誰扶？從茲識得人心險，象齒
些些便覘觀。〔註132〕

〔註127〕洪棄生著，《寄鶴齋詩集》，頁404。
〔註128〕洪棄生著，《寄鶴齋駢文集》，頁27。
〔註129〕洪棄生著，《寄鶴齋詩集》，頁404。
〔註130〕洪棄生著，《寄鶴齋駢文集》，頁27〈香奩集自敘〉。
〔註131〕洪棄生著，《寄鶴齋詩集》，頁237〈看花感賦四首〉其四。
〔註132〕洪棄生著，《寄鶴齋詩集》，頁405。

「猳兒」二句言世局翻覆，令人蒼黃驚怖，終倖免劫難。亂世人心多險，「象齒」句深有戒懼之心。然陳珵識高行果，〈續前十二首〉其七便云：

> 一夕亂絲斷剪刀，龐娥識較魯男高。人情薄薄如蟬翼，家事紛紛尚蝟毛。木屑竹頭新活計，米珠薪桂舊親操。我來裾比迴風急，為補經綸亦細毫。

一、二句讚其性情，頷聯感歎人情澆薄、家事叢脞，辛苦可想。襯映陳氏善於持家，躬操中饋。娓娓細寫，自然入妙。末慨己周旋於妻妾間，居停匆匆，充滿對側室的感謝和虧欠。

〈無題〉詩寫豔情者，善以外景來透露心情，宛轉而情益濃烈。然不少香奩習見的詞彙，稍嫌陳腐。〈記夢十二首〉等儘管描寫「尤雲殢雨心」、「偷香竊玉膽」及「倚翠偎紅話」，然因陳珵之聰慧有德、知書達禮，頗能攻媿棄生浪情，使其情能放能斂，知善知止。誠如棄生云：「漸蜜心懷同啖蔗，回甘風味勝餐英。」幸運避過日軍的侵擾，有劫去福來的回甘風味。

第三章　神韻格調，專運機神

　　洪棄生詩學要旨，論詩推崇「神韻」和「格調」說，作詩專運「機神」。作詩專運「機神」，認為詩境之高低在下筆時之天機，論《楚辭》〈九章〉〈九歌〉云：「然文字之高下，則係下筆時之天機，不係乎風雅。」〔註1〕強調天機獨到。論詩則推崇「神韻」和「格調」說。

第一節　神韻格調，兼取其長

　　棄生兼取格調派和性靈派的詩論，推崇王士禎論詩，稱「漁洋論詩入微，為古今第一高妙。」王士禎的詩論，收於《帶經堂詩話》。乾隆間海鹽張宗柟取其說部詩話十三種，以及文集詩選中凡例之論詩者，分為六十四類，依次排纂，間附識所引原書出處，輯成《帶經堂詩話》。清末李慈銘推崇王士禎的詩論云：「國朝詩家，漁洋最得正眼法藏，商榷正偽，辨別淄澠，往往徹蜜味之中邊，析芥子之毫髮。至乎論古或欠讀書，而語必平情，解多特識，雖取嚴生之悟，迥殊歐九之疏，大雅不群，庶幾無愧。」〔註2〕

　　阮亭為清初詩壇領袖。順治十三年丙申（西元一六五六年），阮亭二十三歲，自題其《丙申詩》序，自言學習《詩經》，「輒思析其正變，通其比興，思其悲愉哀樂之旨，以求得夫一唱三嘆之遺音。」又說最嗜韓嬰之書，「為其象

〔註1〕洪棄生著，《寄鶴齋詩話》（南投：台灣省文獻委員會，1993年5月31日），頁6。

〔註2〕李慈銘著，由雲龍輯，上海書店重編，《越縵堂讀書記》，（上海：上海書店出版社，2000年7月），頁1218，同治甲子（1864）十月十七日日記。頁1218，同治甲子（1864）十月十三日日記。

外環中，安十六首淡然而合，有當於詩人觸類引申之義。」〔註3〕並揭舉「典」，如畫家畫瀟湘洞庭，不必蹙山結水，意在平遠，故舉「遠」，次曰「諧音律」，次曰「麗以則」。王士禛作詩反對字規句摹，認為「一人之身歌哭異致，而士君子生千百世之後，指乎千百世之前，代之升降不同，遇之感興又異，乃必欲取古人偶然之言，規摹而倣像之，何不智也？」所謂「夫哀樂發乎其情，而愉拂系乎其遇，此不可強而同，亦不可學而能也。」各任天機，以遣世情，詩之哀樂發乎情而繫乎際遇，方有千古不磨的真詩。〔註4〕

　　順治十八年（西元一六六一年），阮亭二十八歲，任揚州推官，遊吳地虎丘、太湖等名勝，有《入吳詩》。顧宸（字修遠）序王士禛《入吳詩》一卷，記述王士禛獨愛王維、孟浩然詩。王士禛兄王士祿則追憶年少時與弟共和王維詩句，王維、孟浩然詩淡遠，因王士禛獨愛而標舉。王士禛當時文士唐允甲序其詩，推溯明代濟南詩才，推重明後七子中的王世貞、李攀龍開風氣，領袖文壇。李攀龍詩音節鴻亮，興會高華，唐允甲認為王士禛以此矯明末詩壇之弊，求之音節興會之間，以為唐詩初盛遺風。使清初當時文風，復見後七子以來濟南壇坫之盛。〔註5〕此年，阮亭選唐代五七言律絕若干卷，名《神韻集》。受錢謙益賞識，許以「與君代興」。〔註6〕

　　康熙元年（西元一六六二年），阮亭二十九歲，任揚州推官。盛符升刻王士禛《漁洋山人詩集》十七卷峻，為阮亭刻專集之始。蔣超的序提到「今日海內詞伯，推吳祭酒、宋廉使、施學憲」，吳偉業（字駿公，號梅村，太倉州（今江蘇省蘇州市太倉市），西元一六〇九～一六七二年）、宋犖（字牧仲，號漫堂，又號西陂，別署綿津山人、滄浪寓公、西陂放鴨翁等。河南商丘人，西元一六三四～一七一四年）、施閏章（字尚白，號愚山，又號蠖齋，安徽宣城人，西元一六一八～一六八三年），得王士禛卓然四之，而前三者亦推重王士禛詩作。施閏章的序說自己官比部，與「燕台七子」中的丁澎（字飛濤，號藥園，浙江仁和縣（今屬杭州市）人，西元一六二二～一六九六年

〔註3〕清王士禛撰，《丙申詩》《國立中央圖書館善本序跋集錄・集部・別集（五），明～清、民國暨朝鮮、安南、日本》（台北市：國立中央圖書館，民國83年4月出版），王士禛著作。
〔註4〕蔣寅著，《王漁洋事迹徵略》（北京市：人民文學出版社，2001年10月第1刷），頁24。清王士禛撰，《丙申詩》《國立中央圖書館善本序跋集錄・集部・別集（五），明～清、民國暨朝鮮、安南、日本》，王士禛著作。
〔註5〕蔣寅著，《王漁洋事迹徵略》，頁59～61。
〔註6〕蔣寅著，《王漁洋事迹徵略》，頁73～74。

前），宋琬（字玉叔，號荔裳，山東萊陽人，西元一六一四～一六七四年，與施閏章稱南施北宋），嚴沆（字子餐，號顥亭。浙江餘杭縣（今杭州市餘杭區）人，西元一六一七～一六七八年）諸君論文，輒心嚮王士禛詩，比之如李白，詩雋拔深永，若不來自人間。施閏章比之如李白，主要是推崇其詩有仙氣。〔註7〕

王士禛成名既早，詩作質精量多。何西墄為王士禛詩集為序，有詩云：「五十六年詩萬首，騷壇盟主屬新城。漁洋蠶尾山如昔，怪爾從前未著名。（原注：公詩始于順治丙申，終于康熙辛卯）。」阮亭卒於康熙五十年辛卯（西元一七一一年），享年七十八。此年詩句云：「得第重逢辛卯歲，刪詩斷自丙申年。」從順治十三年丙申（西元一六五六年），阮亭二十三歲的《丙申詩》始，終身詩逾萬首。〔註8〕

王士禛論詩主張「神韻」說，其《帶經堂詩話》說「格謂品格，韻謂風神。」〔註9〕試分析《詩經・衛風・碩人》「巧笑倩兮，美目盼兮。」清孫聯奎《詩品臆說》云：「衛風之詠碩人也，曰手如柔荑云云，猶是以物比物，未見其神；至曰巧笑倩兮，美目盼兮，則傳神寫照，正在阿堵。直把個絕世美人活活請出來，在書本上浭漾，千載而下，猶如親見其笑貌。」此猶畫龍點睛也。姚際恆《詩經通論》云：「千古頌美人者，無出其右，是為絕唱。」但洪棄生舉《楚辭・九歌・少司命》：「滿堂兮美人，忽獨與予兮目成。」數句，以為「悱惻芬芳，足供後人漱香無盡，熟讀此種，不啻置身蘭芷叢中。」〔註10〕相較《詩經・衛風・碩人》，此詩誇飾中饒富情趣，靈動更勝一籌。

「神韻」說。劉若愚《中國文學理論》解釋王士禛的「神韻」說，引用《帶經堂詩話》說：

> 黃山谷題摹燕郭尚父圖說：「凡書畫當觀其韻。往時李伯時為余作李廣奪胡兒馬……余因此深悟畫格，此與文章同一關紐，但難得人人神會耳。」

韻味是因得其神而來。論者吳宏一論王士禛因主張神韻，在明七子標舉的格調之外，加上興象風神；在反擬古者袁宏道、錢謙益崇尚的宋詩之外，加上

〔註7〕蔣寅著，《王漁洋事迹徵略》，頁84。
〔註8〕蔣寅著，《王漁洋事迹徵略》，頁554。
〔註9〕王士禛著，《帶經堂詩話》，頁844。
〔註10〕洪棄生著，《寄鶴齋詩話》，頁5。

清遠平淡之旨。所以，漁洋特別標舉王維、孟浩然、韋應物、徐禎卿、高叔嗣
等人的閒遠古澹之作。〔註 11〕

洪棄生推崇漁洋詩「收雄勁邁往之氣於清虛縹緲之中。」〔註 12〕稱許王士
禎（漁洋）「仙才」。〔註 13〕又引用司空圖《詩品‧含蓄》:「不著一字，盡得風
流。」認為王維、孟浩然與王士禎得之，別各成家。〔註 14〕又稱許王士禎詩
「含蓄不露，紆餘不盡」。〔註 15〕有「超然興象」，「愛好」。〔註 16〕稱許王士禎
詩在「超」。「超心煉冶，斂氣入神，舉止甚輕，骨格甚重。」〔註 17〕「輕雲纖
阿，若有若無。瑤臺青瑣，掩映春柯。嬋娟美女，不勝綺羅。」〔註 18〕不著聲
色，不落言筌。〔註 19〕評論中肯。

棄生推舉李白、杜甫，以為惟二人詩兼有雄渾，以矯王士禎神韻之空寂。
〔註 20〕又以李白、杜甫、蘇軾三人為大家。〔註 21〕此和沈德潛推舉杜甫、韓愈
之雄健，以矯正王士禎神韻說之弊不同。〔註 22〕

棄生亦有自我真見，不妄隨聲附和。如謂王維力量，尚遠在岑參之下，
何望李白，批評漁洋阿私之偏見。〔註 23〕因此，棄生《詩話》謂王士禎（漁
洋）選《唐賢三昧》，首王維、孟浩然而次高適、岑參，真是偏嗜。又謂學王、
孟詩多虛響。認為王士禎（漁洋）學李、杜、高、岑處，後人多不及知，故
王士禎（漁洋）之真力量隱矣。〔註 24〕此因棄生以「氣骨」說矯王士禎詩論
之弊。

「氣骨」說重在剛柔兼具，雄秀兼美。棄生認為李白、杜甫詩方有此風
格。〔註 25〕又批評王士禎選唐詩首王維、孟浩然而次高適、岑參之偏嗜，因高

〔註 11〕吳宏一著，《清代文學批評論集》（臺北：聯經，1998 年 6 月 15 日），頁 176。
〔註 12〕洪棄生著，《寄鶴齋詩話》，頁 120。
〔註 13〕洪棄生著，《寄鶴齋詩話》，頁 113。
〔註 14〕洪棄生著，《寄鶴齋詩話》，頁 15。
〔註 15〕洪棄生著，《寄鶴齋詩話》，頁 34。
〔註 16〕洪棄生著，《寄鶴齋詩話》，頁 126。
〔註 17〕洪棄生著，《寄鶴齋詩話》，頁 56。
〔註 18〕洪棄生著，《寄鶴齋詩話》，頁 35。
〔註 19〕洪棄生著，《寄鶴齋詩話》，頁 37。
〔註 20〕洪棄生著，《寄鶴齋詩話》，頁 15。
〔註 21〕洪棄生著，《寄鶴齋詩話》，頁 19。
〔註 22〕吳宏一著，《清代文學批評論集》（臺北：聯經，1998 年 6 月 15 日），頁 210。
〔註 23〕洪棄生著，《寄鶴齋詩話》，頁 68。
〔註 24〕洪棄生著，《寄鶴齋詩話》，頁 57。
〔註 25〕洪棄生著，《寄鶴齋詩話》，頁 117。

適、岑參二人詩作質實而兼靈妙，而王士禎詩作偏秀，棄生所謂：「漁洋以秀。」〔註26〕詩風近於王維、孟浩然。〔註27〕棄生批評王士禎：

> 王漁洋於達夫五古，以筏譏之。……豈知王、孟沖淡家數，安能抗達夫雄厚哉？〔註28〕

高適五古雄厚，王士禎選唐詩偏嗜王維、孟浩然，未能識異量之美。棄生強調作詩須兼採眾家之長，更需仰讚李白、杜甫之成就，主張云：「作詩取氣於李，取骨於杜。」〔註29〕然而，棄生又以漁洋之神韻說，針砭清初浙派重學重實之弊端。因此批評朱彝尊欲勝王士禎以真以博，便覺有盡處露處，是其不及阮亭處。〔註30〕朱彝尊是清初浙派文人之領袖，論者吳宏一論清初浙派論詩最重學。因重學，必定會主宋詩。〔註31〕《四庫全書總目》批評王士禎：

> 蓋明詩摹擬之弊，極於太倉、曆城；纖佻之弊，極於公安、竟陵。物窮則變，故國初多以宋詩為宗。宋詩又弊，士禎乃持嚴羽餘論，倡神韻之說以救之。故其推為極軌者，惟王、孟、韋、柳諸家。然詩三百篇，尼山所定，其論詩一則謂歸於溫柔敦厚，一則謂可以興觀群怨，原非以品題泉石、摹繪煙霞。洎乎畸士逸人，各標幽賞，乃別為山水清音。實詩之一體，不足以盡詩之全也。宋人惟不解溫柔敦厚之義，故意言並盡，流而為鈍根。士禎又不究興觀群怨之原，故光景流連變而為虛響。各明一義，遂各倚一偏，論甘忌辛，是丹非素，其斯之謂歟！〔註32〕

朱彝尊因重學，必定主宋詩。宋詩質實，如《四庫全書總目》的批評，意言並盡，流而為鈍根。王士禎標幽賞，別為山水清音，又不究興觀群怨之原，故光景流連變而為虛響。因此，趙執信的《談龍錄》引吳喬批評王士禎：「阮翁素狹，修齡（筆者案：吳喬）亦目之為清秀李于鱗。」〔註33〕王士禎

〔註26〕洪棄生著，《寄鶴齋詩話》，頁36。
〔註27〕洪棄生著，《寄鶴齋詩話》，頁111。
〔註28〕洪棄生著，《寄鶴齋詩話》，頁79。
〔註29〕洪棄生著，《寄鶴齋詩話》，頁119。
〔註30〕洪棄生著，《寄鶴齋詩話》，頁35。
〔註31〕吳宏一著，《清代詩學初探》（臺北：臺灣學生，1985年），頁245。
〔註32〕〈御選唐宋詩醇〉提要，永瑢著，《四庫全書總目》下冊（北京：中華書局，1997），卷190，頁2660。
〔註33〕趙執信著，《談龍錄》。收於王夫之等撰，《清詩話》（上海：上海古籍出版社，1999年6月第1版第1刷），頁312。

詩固以清秀著稱。

棄生本前人詩論批評翁覃溪詩窠臼氣甚深,其《小石帆詩話》太學究矣。但棄生卻深加肯定翁氏《石洲詩話》卷四所謂「宋詩妙境在實處」的觀點,翁氏強謂「宋人之學全在研理日精,觀書日富,因而論事日密。」棄生亦云:「宋詩多體切事情,力量真實,為明以來學古諸家所不及。」與翁氏同調。〔註34〕

袁枚對王士禛的詩學詩作評論中肯,要旨端在王氏詩作性情不真,然能取法歷代詩家之長,自成家數:

> 阮亭主修飾,不主性情,觀其到一處必有詩,詩中必用典,可以想見其喜怒哀樂之不真矣。……阮亭之色,亦並非天仙化人,使人心驚者也。不過一良家女,五官端正,吐屬清雅,又能加宮中之膏沫,熏海外之名香,傾動一時,原不為過。其修詞琢句,大概捃摭于大歷十子,宋、元名家,取彼碎金,成我風格。恰不沾沾于盛唐,蹈七子習氣,在本朝自當算一家數。奈歸愚、子遜奉若斗山,嶼沙、心餘棄若芻狗,余以為皆過也。〔註35〕

洪棄生附和袁枚的批評「一代正宗才力薄。」對王士禛的評價「庶幾公論」,但推崇王士禛的詩作「古潔自守」「斂之又斂」云:〔註36〕

> 讀漁洋詩如食玉燕窩,品雖貴而味苦不腴。……燕窩借他物之味以為味,自家之味常不足。〔註37〕

王士禛論詩重神韻,能取法乎上,詩品自高,但自家味不足。黃培芳便批評云:

> 阮亭正宗,固不待論,其失往往在套而不在薄耳。〔註38〕

棄生說「格之高莫如王漁洋」,〔註39〕持論中肯云:

> 黃香石謂漁洋詩,病在套而不在薄。然漁洋之雅套,亦非若後賢之膚套、時人之濫套也。〔註40〕

棄生針砭詩思膚淺和訛濫,認為王士禛親風近雅的態度可法。推崇王士

〔註34〕洪棄生著,《寄鶴齋詩話》,頁107。
〔註35〕袁枚著,《隨園詩話》,卷3,頁81。
〔註36〕洪棄生著,《寄鶴齋詩話》,頁85。
〔註37〕洪棄生著,《寄鶴齋詩話》,卷3,頁57。
〔註38〕黃培芳著,《香石詩話》(續修四庫全書‧集部‧類,第1706冊,上海:上海古籍出版社,2002),卷2,頁133。
〔註39〕洪棄生著,《寄鶴齋詩話》,頁87。
〔註40〕洪棄生著,《寄鶴齋詩話》,卷4,頁87。

禛詩作洗伐之功既深，含咀之味又永，氣度雍容，格局純正。認為袁枚論王士
禛，不過如良家女五官端正，然而漁洋尊摩詰，成就實不減摩詰。漁洋可謂天
分七分，人力亦七分耳。〔註41〕

　　此外，棄生對王士禛、趙執信詩論之爭的意見，不失為後見之明。趙執信
對王士禛詩學的批評見趙執信《談龍錄》，詩話第一則云：

　　錢塘洪昉思（昇），久於新城之門矣。與余友，一日，並在司寇宅論
　　詩。昉思嫉時俗之無章也，曰：「詩如龍然，首尾爪角鱗鬣，一不具，
　　非龍也。」司寇哂之曰：「詩如神龍，見其首不見其尾，或雲中露一
　　爪一鱗而已，安得全體？是雕塑繪畫者耳。」余曰：「神龍者屈伸變
　　化，固無定體，恍惚望見者，第指一鱗一爪，而龍之首尾完好，固
　　宛然在也；若拘於所見，以為龍具在是，雕繪者反有辭矣。」昉思
　　乃服。此事頗傳於時，司寇以告後生而遺余語，聞者遂以洪語斥余，
　　而仍侈司寇往說以相難，惜哉！今出余指，彼將知龍。〔註42〕

　　此處王士禛、趙執信詩論之異同，在王士禛強調「雲中露一爪一鱗」的虛
靈，不同於趙執信「龍之首尾完好」的質實。寫作須質實與虛靈相映成采，王
士禛、趙執信各有識見。棄生批評王士禛：

　　尊摩詰而黜香山，忘異體之工者矣。談龍，惟取一鱗一爪，故於白
　　公之全露真龍不取。〔註43〕

　　漁洋不識白居易「龍之首尾完好」的質實，所謂全露真龍，即前論棄生批
評王士禛學王、孟詩多虛響。認為漁洋學李、杜、高、岑處，後人多不及知，
故漁洋之真力量隱矣。棄生論詩重「氣骨」，近於寫境，矯正王士禛詩論之專
重造境。棄生詩作更具體示範，批判而創新。

　　洪棄生兼取格調派和性靈派的詩論，推崇沈德潛和蔣士銓。洪棄生〈夜雨
讀國朝人詩〉推崇沈德潛和蔣士銓云：「晚近號多才，狐禪參龍象。紛紛靡適
從，吾取沈（歸愚）與蔣（心餘）。」〔註44〕

　　論者認為格調派和性靈派的差異，試闡述屈原的怨，正是其親親、忠的表
現形式，不同於班固等官方意識形態者所謂為君隱惡。就君臣大義的質問，正

〔註41〕洪棄生著，《寄鶴齋詩話》，頁38。
〔註42〕趙執信著，《談龍錄》。收於王夫之等撰，《清詩話》（上海：上海古籍出版
　　　　社，1999年6月第1版第1刷），頁310。
〔註43〕洪棄生著，《寄鶴齋詩話》，頁91。
〔註44〕洪棄生著，《寄鶴齋詩集》，頁277。

是該寫或不該寫，此表達方法的差異，格調派和性靈派的分別。〔註45〕

　　沈德潛（字確士，江蘇長洲（今蘇州市）人，西元一六七三～一七六九年），四十歲時，取韓愈〈秋懷〉詩「歸愚識坦途，汲古得修綆。」更字歸愚。少受師法於葉燮（字星期，號己畦，浙江嘉興人，晚年定居吳江橫山，世稱「橫山先生」，著有《原詩》四卷等，西元一六二七～一七○三年），葉燮「論詩主變，以杜甫、韓愈、蘇軾為宗，調和唐宋詩之爭。主張以在我之才、膽、識、力，反映在物之理、事、情。」葉燮曾將己詩及弟子詩作成王士禛指正，王士禛除了稱讚葉燮詩，對沈德潛詩評價尤高。〔註46〕

　　沈德潛論詩尚格調，崇盛唐，以和平敦厚為宗，蔚為流派，稱一代山斗，乾隆時官至內閣學士兼禮部侍郎。此外，從葉燮學詩之王鳴盛（字鳳喈，號禮堂，又號西莊，晚號西沚，江蘇嘉定（今屬上海嘉定）人，西元一七二二～一七九七年）、王昶（字德甫，一字琴德，號蘭泉，晚號述庵，江蘇青浦（今屬上海）人，西元一七二五～一八○七年）、錢大昕（字及之，一字曉徵，號辛楣，又號竹汀，江蘇嘉定（今屬上海嘉定）人，西元一七二八～一八○四年）、曹仁虎（本性杭，幼孤，依母氏姓曹，字來殷，一作來應，號習庵，又號萊嬰，江蘇嘉定（今屬上海嘉定）人，西元一七三一～一七八七年）、黃文蓮（字庭芳，號星槎，江蘇嘉定（今屬上海嘉定）人，生卒年不詳）、趙文哲（字損之，升之，號璞函，璞庵，江蘇上海人，西元一七二五～一七七三年）、吳泰來（字企晉，號竹嶼，江蘇長洲（今蘇州）人，西元一七二二～一七八八年）七人，沈德潛目為吳中七子。

　　王鳴盛從葉燮學詩，亦為沈德潛高足，謂詩以李商隱為最，自為詩則博雅安詳，斂才就範。於明、清詩則服膺前後七子，以及清初王士禛、朱彝尊。王昶詩宗杜甫、韓愈、蘇軾、陸游，晚年主講婁東、敷方書院，及詁經精舍講席。少從惠棟遊，潛心經術，講求聲音訓詁之學，家畜藏書，著有《湖海詩傳》四十六卷。錢大昕為沈德潛高足，少工詩文，詩近白居易、劉禹錫，文法歐陽修、曾鞏、歸有光。趙文哲於乾隆三十八年，殉難於木果木之役。吳泰來詩學王士禛，王昶謂吳中自沈德潛外，無能抗手。築遂初園於木瀆，藏書數萬卷，多宋元善本，寢饋其中，凡十餘年。沈德潛為吳中七子的《七子詩選》撰序，強調詩之為道，攬其大端，始則審宗旨，繼則標風格，終則辨神韻。宗旨者，原乎

────────────

〔註45〕王夢鷗著，《文學概論》（臺北：藝文印書館，1989年8月三版），頁240～242。
〔註46〕沈德潛著，潘務正、李言編輯點校，《沈德潛詩文集》（北京：人民文學出版社，2011年），前言，頁3。

性情；風格者，本乎氣骨；神韻者，流於才思之餘，虛與委蛇，而莫尋其跡者也。須秉心和平，砥礪志節，抱拔俗之才，而又亭經藉史，培其根本。其性情，其氣骨，其才思，三者具備，而歸於自然。〔註47〕

　　沈德潛遵循儒家「溫柔敦厚」的詩教，同時注重格調，力求「怨而不怒」，「和平淵雅」。《說詩晬語》卷上說：「有第一等襟抱、第一等學識，斯有第一等真詩。」重視襟抱、學識。本「溫柔敦厚」的詩教，推許《詩經・凱風》「末慰母心」為極則。〔註48〕此本孟子以意逆志，知人論事的說解，強調格調之高。溫柔敦厚的詩教，主張「主文譎諫」，指出問題癥結，又使君王聞之而無所怪罪。託物比類，借物引懷的比興，相較賦的質直敷陳，《說詩晬語》卷上云：「諷刺之詞，直詰易盡，婉道無窮。」比興更念蓄而婉諷。但直詰質直的《詩經》變風篇什，以及屈原作品，沈德潛評價也很高，《說詩晬語》卷上評〈離騷〉：「其顯忠斥佞，愛君憂國，足以持人道之窮。」「尊之為經，烏得為過？」用比興手法以譎諫，《說詩晬語》卷上論《詩經・碩人》「莊姜賢而不答，由公之惑於嬖妾也。」分析〈碩人〉：「備形族類之貴，容貌之美，禮儀之盛，國俗之富，而無一語及莊公，使人言外思之。」沈德潛詩論融合王士禎神韻，以及明代前後七子的格調論，例如推崇杜甫律詩「宏才卓識，盛氣大力。」「橫縱出沒中，復含醞藉微遠之致。」〔註49〕棄生論詩，推崇沈德潛：

> 國初之專為唐音而有宋法者，王漁洋是也。專為宋音而有唐範者，查初白是也。後來之專為唐音可繼漁洋者，則沈歸愚；專為宋音可繼初白者，則蔣心餘。若趙雲菘之譽初白不去口，袁簡齋之毀歸愚不值錢，皆無當於其人。雲菘之好初白，為己同之也。簡齋之厭歸愚，為己異之也。不知雲菘之詩，不堪為初白執役；簡齋之詩，亦奚足當歸愚抨擊。〔註50〕

〔註47〕沈德潛著，潘務正、李言編輯點校，《沈德潛詩文集》，前言，頁1～23，正文，頁1360。錢仲聯主編，《中國文學家大辭典清代卷》（北京：中華書局，1996年10月第一版），頁39、47、724、570、705、647、312、376。蔣士銓著，《忠雅堂集校箋》（上海：上海古籍出版社，1993），卷4，頁434。葉昌熾著，《藏書紀事詩》，頁412。

〔註48〕沈德潛著，潘務正、李言編輯點校，《沈德潛詩文集》（四），頁1910、1914。前言，頁11。

〔註49〕沈德潛著，潘務正、李言編輯點校，《沈德潛詩文集》（四），頁1908～1920。頁1945。引言，頁12～13。

〔註50〕洪棄生著，《寄鶴齋詩話》，頁115。

　　沈德潛論詩追本溯源，以選本擷芳採芝，以便後學鑽仰，編成的選本有雍正三年刻成《古詩源》、康熙五十四年的《唐詩別裁集》、雍正十三年成書的《明詩別裁集》、乾隆二十六年刻成的《清詩別裁集》和雍正九年成書的論詩專著《說詩晬語》等。以沈德潛和周準所編的《明詩別裁集》為例，收錄了三百多位作者各種體裁的詩歌共一千零十餘首，釐為十二卷，按作者編挑。周準，宇欽萊，號迂村，長洲人，諸生。《明詩別裁集》以其它明詩選本為借鑑，本著尊唐、復古的原則編纂而成。其選詩標準是「始端宗旨，繼審規格，終流神韻」，沈德潛對不同詩派能辨析源流，指陳得失，推崇明前後七子，鄙視公安、竟陵。〔註51〕沈德潛推崇前後七子，袁枚曾微詞以諷。袁枚又不滿沈德潛《清詩別裁集》選詩，獨遺王彥泓香奩艷體詩。袁枚不滿沈德潛選詩獨遺王彥泓香奩艷體詩云：

> 本朝王次回《疑雨集》，香奩絕調，惜其只成此一家數耳。沈歸愚尚書選國朝詩，擯而不錄，何所見之狹也！嘗作書難之云：「〈關雎〉為國風之首，即言男女之情。孔子刪詩，亦存鄭、衛，公何獨不選次回詩？」〔註52〕

　　此格調說與性靈說之不同，格調說強調何者該說，有傷教化的風情香奩詩作則不選。緒論引用袁枚〈答沈大宗伯論詩書〉批評沈德潛的詩學。袁枚主張詩有工拙，而無今古。袁枚說法，當變而變，其相傳者心也，以新變代雄的文學觀批評沈德潛：

> 且先生亦知唐人之自變其詩，與宋人無與乎？初、盛一變，中、晚再變，至皮、陸二家，已浸淫乎宋氏矣。風會所趨，聰明所極，有不期其然而然者。故枚嘗謂變堯、舜者，湯、武也，然學堯、舜者莫善於湯、武，莫不善於燕噲。變唐詩者，宋、元也，然學唐詩者莫善於宋、元，莫不善於明七子。何也？當變而變，其相傳者心也；當變而不變，其拘守者跡也。鸚鵡能言，而不能得其所以言，夫非以跡乎哉？
> 大抵古之人先讀書而後作詩，後之人先立門戶而後作詩。唐、宋分界之說，宋、元無有，明初亦無有，成、弘後始有之。其時議禮講

〔註51〕沈德潛、周準編，《明詩別裁集》（西安：中華書局，1981年第2次印刷），出版說明。
〔註52〕袁枚著，《隨園詩話》，卷1，頁15。

學，皆立門戶以為名高。七子狃於此習，遂皮傅盛唐，搤擥自矜，
殊為寡識。然而牧齋之排之，則又已甚。何也？七子未嘗無佳詩，
即公安、竟陵亦然。使掩姓氏，偶舉其詞，未必牧齋不嘉與。又或
使七子湮沈無名，則牧齋必搜訪而存之無疑也。惟其有意於摩壘奪
幟，乃不暇平心公論，此亦門戶之見。先生不喜樊榭詩而選則存之，
所見過牧齋遠矣。

至所云詩貴溫柔，不可說盡，又必關係人倫日用。此數語有褒衣大
袑氣象，僕口不敢非先生，而心不敢是先生。何也？孔子之言，《戴
經》不足據也，惟《論語》為足據。子曰「可以興」、「可以群」，此
指含蓄者言之，如《柏舟》、《中谷》是也；曰「可以觀」、「可以怨」，
此指說盡者言之，如「艷妻煽方處」、「投畀豺虎」之類是也；曰「邇
之事父，遠之事君」，此詩之有關係者也；曰「多識於鳥獸草木之
名」，此詩之無關係者也。僕讀詩常折衷於孔子，故持論不得不小異
於先生，計必不以為僭。〔註53〕

沈德潛倡導格調說，提倡詩歌要溫柔敦厚，要關係社會人生，風格要含
蓄不露等。棄生論詩宗旨與之相近，認為袁枚之詩，亦奚足當沈德潛抨擊，
不免左袒沈而黜袁。袁枚雖批評沈德潛的詩學，然而對沈德潛詩作佳什，讚
譽有加：

牛、女七月七夕相會，雖始見於《風俗通》。至曹植〈九詠〉注，始
明言牽牛為夫，織女為婦。自此以後，遂皆以為口實矣。近時沈文
愨德潛〈七夕感事〉一篇，極自然，亦極大方，其一聯云：「只有生
離無死別，果然天上勝人間。」蓋沈時悼亡期近故也。近時七夕詩，
遂無有過此者。即沈全集中詩，亦無過此二語者。〔註54〕

沈德潛詩悼念亡妻：「只有生離無死別，果然天上勝人間。」袁枚讚譽極
自然，亦極大方，可謂知音。此外，棄生推崇蔣士銓（字心餘，一字苕生，號
清容，晚號定甫，江西鉛山人，西元一七二五～一七八五年）。蔣士銓與袁枚、
趙翼當時合稱「江左三大家」。

蔣士銓〈讀昌黎集三首〉其二云：「窮達關污隆，于道未云晦。」〔註55〕

〔註53〕李靈年、李澤平譯注，《袁枚詩文》（台北市：錦繡，1993），頁257～261。
〔註54〕洪亮吉著，《北江詩話》，（北京：人民文學出版社，1998年），頁76。
〔註55〕蔣士銓著，《忠雅堂集校箋》（上海：上海古籍出版社，1993），卷6，頁535。

言韓愈一生無論窮達，莫不關係政治污隆，此乃志士仁人求道濟世的抱負。蔣氏〈十八夜露坐東穀原〉云：「詩好近耽黃魯直」。〔註56〕此詩作於乾隆二十一年（西元一七五六年），時三十二歲，可知蔣氏壯歲後愛讀黃庭堅詩。又〈寄答王鳳喈同年（鳴盛）四首〉其一云：「受銘擇石偕康古，鼎足駕湖振後塵。」其二云：「高名江左踞詞場，七子中吾識二王。久謂鳳喈才足霸，新知琴德骨俱香。」其三云：「試看紛紛談李杜，不知誰可見蘇黃。」與詩友王鳴盛、王昶、汪孟鋗（康古）、錢載（字坤一，號籜石，浙江秀水（含嘉興）人，西元一七〇九～一七九三年）、王又曾（字受銘，號穀原，浙江秀水（含嘉興）人，西元一七〇六～一七六二年）等人詩筒往來，時蔣氏居南昌，詩成於乾隆二十年（西元一七五五年）。前一年蔣氏在京，結識王鳴盛、錢載，二人提倡宋詩，蔣氏受其薰染。棄生論詩，稱蔣士銓專為宋音可繼清初查慎行。

乾隆四十三年（西元一七七八年），蔣氏再次入京。翌年，黃景仁從蔣氏入都門詩社，蔣氏〈題施生（晉）詩本並束黃生（景仁）二首〉其二云：「才大士多嗟不遇，情深人每善言愁。」〔註57〕黃景仁詩才過人卻累試不第，詩情深摯而工於言愁。

蔣氏作詩，強調性情之正，即所謂「忠孝義烈之心，溫柔敦厚之旨。」〔註58〕其詩如〈梅花嶺謁史忠正祠墓〉、〈會稽孝女金玉堂詩〉等，表彰明末史可法孤忠殉國，以及當時女子自殞以延母壽。〔註59〕後者今視之，流於愚孝。然而蔣氏表彰節烈，下筆詳實鎮重，如〈江西新昌典史諸公死事詩〉云：「啖以冠帶佈以刀，妻子悲啼一何有。賊曰：『降不降？』公曰：『殺便殺！』箠梃交下血肉飛，凜乎臣節不可拔。」〔註60〕口吻肖似，凜然如生。蔣氏論詩重性情之真云：

> 文章本性情，不在面目同。李杜韓歐蘇，異曲原同工。君子各有真，
> 流露字句中。氣質出天稟，旨趣根心胸。誦書見其人，如對諸老翁。
> 後賢傍門戶，摹仿優孟容。本非偉達士，真氣豈能充。……〔註61〕

〔註56〕蔣士銓著，《忠雅堂集校箋》，卷5，頁499。
〔註57〕蔣士銓著，《忠雅堂集校箋》，卷24，頁1658。
〔註58〕蔣士銓著，《忠雅堂集校箋》，頁2013〈鍾叔梧秀才詩序〉。
〔註59〕蔣士銓著，《忠雅堂集校箋》，卷24，頁1559。卷18，頁1229。
〔註60〕蔣士銓著，《忠雅堂集校箋》，卷18，頁1228。
〔註61〕蔣士銓著，《忠雅堂集校箋》，卷13〈文字〉，頁986。

　　詩本之性情，表現氣質，抒發旨趣，如見其人，所貴在真。他批評依傍唐、宋門戶者云：

　　　　唐宋皆偉人，各成一代詩。變出不得已，運會實迫之。格調苟沿襲，
　　　　焉用雷同詞？宋人生唐後，開闢真難為。一代只數人，餘子故多疵。
　　　　敦厚旨則同，忠孝無改移。元明不能變，非僅氣力衰。能事有止境，
　　　　極詣難角奇。奈何愚賤子，唐宋分藩籬。哆口崇唐音，羊質冒虎皮。
　　　　習為廓落語，死氣蒸伏屍。撐架陳氣象，桎梏立威儀。可憐餒敗物，
　　　　欲代郊廟犧。使為蘇黃僕，終日當鞭笞。七子推王李，不免貽笑嗤。
　　　　況設土木形，浪擬神仙姿。李杜若生晚，亦自易規矩。寄言善學者，
　　　　唐宋皆吾師。〔註62〕

　　針砭元明兩代詩人氣衰力微，不能善學唐音宋意，以新變代雄。明代七子推尊盛唐，作詩習作廓落語，徒張氣象而無真詣，如土木形骸。「敦厚旨則同」二語，拈出「溫柔敦厚」的詩教，揭櫫忠孝的立身準則。

　　蔣氏每以此標準評騭歷詩人，如評王士禎詩云：「蘭麝繞珠翠，美人在金屋。若使侍姬姜，未免修眉黛。唐賢臨晉書，真意苦不足。」批評王氏作詩善於修飾而真意不足。棄生云：「心餘論新城為唐臨晉帖，真意不足，雖酷語，尚近情。至梅伯屢目之為優，太狂矣，豈欲詆前人以取名耶？嘻！」〔註63〕棄生批評中肯，一正視聽。

　　蔣氏又批評吳雯云：「崑崙桃花魚，二語于以傳。輆管視全豹，亦是尋常斑。漁洋贊蓮洋，宏獎何其寬。」批評吳雯詩雖有佳作，但全體觀之，平平無奇。又批評查慎行詩「三十二應相，欲學觀自在。惜非貴重人，枉現優施態。仰首蓮臺佛，始自悔狡獪。」以查氏詩多白描，質實動人，卻未能變化空靈。對於朱彝尊則推崇云：「早修皮陸詞，晚入昌黎派。得失能自知，深造為晚蓋。五律師杜陵，老成亦堪愛。」又稱賞商盤云：「古雅含光輝，彝鼎陳廟堂。摩挲發遐想，玉質而金相。文質其彬彬，越人斯有章。」〔註64〕朱氏學唐而能深造自得，有老成典型。商氏詩作古雅，文質彬彬。洪棄生云：

　　　　心餘有句云：「飢驅氣藉詩書壯，游倦心惟骨肉親。」真不磨語。

〔註62〕蔣士銓著，《忠雅堂集校箋》，卷13〈文字〉，頁986。
〔註63〕洪棄生著，《寄鶴齋詩話》，卷4，頁85。
〔註64〕蔣士銓著，《忠雅堂集校箋》，卷26〈論詩雜詠三十首〉其十三、其二十、其二十一、其二十二、其二十三，頁1735～1736。

心餘雜詠三十首，多戛戛獨造，會心有得之言，中有云：「群山倚暮色，秋氣從中來。感觸不自知，但覺多悲哀。所思渺何許，意念往復回。微月照古塚，精魂散蒿萊。每當延佇中，窮達心盡灰。何術解繁憂，醉共劉伶埋。」一氣纏綿，往復有味，可以嗣響古詩。

又「蟪蛄昧春秋，蜉蝣送曉暮。鶗旦苦夜長，焉知棲者惡。獨坐思悄悄，庭柯墜清露。」亦古奧，亦新警，直是東坡學漢魏語。〔註65〕

棄生引蔣氏〈送汪禹續同年歸鉛山五首〉其三「饑驅氣藉詩書長（洪氏「長」作「壯」），游倦心惟骨肉親。」〔註66〕此詩作於乾隆十九年（西元一七五四年）會試榜後，士銓與汪汝淮同落第。窮途思歸，以詩書磨礪志氣，可見襟抱。

洪棄生稱蔣士銓學宋詩而自成一家。蔣士銓學唐宋詩者，例如蔣氏五古學杜甫者如〈得饒二霽南元旦生子書用少陵赴奉先縣詠懷韻作五百字寄之〉，學韓愈者如七古〈答豐城徐蠡山用昌黎永貞行韻〉等。〔註67〕

蔣氏善學唐、宋詩而能自出手眼者，如〈京師樂府詞十六首〉，如〈象聲〉云：「……呼客圍坐錢入囊，各各側耳頭低昂。帷中隱隱發虛籟，正如萍末風起纏悠颺。須臾音響遞變滅，人物鳥獸一一來相將。兒女喁喁曖衾枕，主客刺刺喧壺觴。鄉鄰詬詈雜雞狗，市肆嘲謔兼馳驤。方言競作各問答，眾口嘈呫無礙防。語入妙時卻停止，事當急處偏迴翔。眾心未厭錢亂撒，殘局請終勢更張。雷轟砲擊陸渾火，萬人驚喊舉國皆奔狂。此時聽者股栗欲伏地，不知帷中一人搖唇鼓掌吐吞擊拍閒耶忙？……」〔註68〕描摹聲音，生動不遜於韓愈〈聽穎師彈琴〉，卻又自成一格。

蔣氏〈京師樂府詞十六首〉以詩寫京師繁華，象聲等伎藝可參見宋人孟元老《東京夢華錄》的記載。《東京夢華錄》「六月六日崔府君生日二十四日神保觀神生日」一節提到神明生日，多有獻送。「自早呈拽百戲，如上竿、趯弄、跳索、相撲、鼓板、小唱、鬥雞、說諢話、雜扮、商謎、合笙、喬筋骨、喬相撲、浪子、雜劇、叫果子、學像生、倬刀、裝鬼、砑鼓、牌棒、道術之類，色色有之。」百戲中如說唱藝術、雜劇、雜扮等等，團體及種類遠超過前代。「叫果子」指宋代一種模仿市場各種叫賣之聲的說唱藝術。起源於北宋仁宗嘉祐

〔註65〕洪棄生著，《寄鶴齋詩話》，卷3，頁59。
〔註66〕蔣士銓著，《忠雅堂集校箋》，卷4，頁372。
〔註67〕蔣士銓著，《忠雅堂集校箋》，卷3，頁338。卷2，頁246。
〔註68〕蔣士銓著，《忠雅堂集校箋》，卷8，頁705。

年間叫賣紫蘇丸及樂工杜人經十叫子，見宋高承《事物紀原》卷九及灌圃耐得翁《都城紀勝》。〔註69〕

　　觀蔣詩〈喜晤秣陵李晴洲（朗）作二首〉其一云：「桃李春風一日知」。其二云：「江湖夜雨因相憶」，〔註70〕乃檃栝黃庭堅〈寄黃幾復〉「春風桃李一杯酒，江湖夜雨十年燈。」二句入詩。蔣氏〈黃鶴谿（燦造）舍人以相馬圖索題但有馮某一記未見圖也書此以報〉詩議論中肯，〔註71〕頗似黃庭堅〈次韻子瞻子由觀韓幹馬因論伯時畫天馬〉等詩。棄生引其〈雜詠二十九首〉其十一、其二十二，乃蔣氏二十九歲壯年所作，科舉不順遂而生「秋懷」，窮達之念不知如何排遣，姑且樂在詩酒以卒歲，即蔣氏自謂「烈士悲秋是壯心」者。〔註72〕

　　洪棄生詩作題材與蔣氏相同者，如棄生〈虞美人詠花二十韻十六首〉七言排律，而蔣氏〈題王梓園畫冊四十八首〉其八詠虞美人花云：「麗春誰與認虞兮，不信聞歌舞袖齊。若道芳魂真未死，楚宮應化子規啼。」〔註73〕哀艷絕人。要而言之，洪棄生兼取格調派和性靈派的詩論，推崇蔣士銓詩性情醞釀，氣格深醇，非袁枚、趙翼二公信筆揮灑，油腔雜出所可比也。

第二節　詩尤超詣，機神情韻

　　就文學理論言，文學作品重在作者的想像虛構，學者蔡源煌提及「虛構與敘事」云：

> 此外，過去的學者將文學歸類為想像的文學（imaginative literature），目的在強調它是想像杜撰之物，以便與其他的文獻（literatures）——例如新聞文學、報告（導）文學等，加以區別，……而「虛構」一詞，若換上尼采（Nietzsche）的套語，即是指個人的詮釋而言。……李查茲（I.A. Richards）說文學語言所作的陳述是一種「準陳述」（pseudo-statement）……它模仿日常語言的效用與力量，其目的只

〔註69〕 孟元老原著，嚴文儒注譯，侯迺慧校閱，《新譯東京夢華錄》（臺北市：三民書局，2001），頁249～250。頁147～151，註十七。
〔註70〕 蔣士銓著，《忠雅堂集校箋》，卷8，頁691。
〔註71〕 蔣士銓著，《忠雅堂集校箋》，卷8，頁705。
〔註72〕 蔣士銓著，《忠雅堂集校箋》，卷3，頁324～325。頁310〈九月十日偶然作十首〉其四。
〔註73〕 蔣士銓著，《忠雅堂集校箋》，卷2，頁182。

是在於組織或改變讀者的態度。這便是所謂情感化語言的意義——
它訴諸於人的情感。〔註74〕

因借想像，虛構與敘事，文學作品訴諸於人的情感；文學作品所以動人，端賴作家的想像力暗合神理。

一、心通造化，詩尤超詣

清末到日治時期，棄生云：「詩人之心，通乎造化。」因此，從作家與宇宙的關係論詩人之心，通乎造化，而能夠「文成法立」。學者簡政珍論述詩和現實，以為現實的題材是詩人的試金石，詩人以文字賦予外在世界某種秩序。詩心雖然超越現實，但真正的成熟不是漫無節制的奇想，而是投入自我和外在世界的辯證。王國維《人間詞話》所說能入能出，所以能寫能觀，方有生氣高致，可相印證。能否以文字賦予外在世界某種秩序，端賴詩人的詩藝高低，因此詩人艾略特說，詩不是表現感情的強度，而是藝術處理的強度。因此，「詩最沈重有力的聲音是詩中的沉默。詩是沉默中的迴響。」〔註75〕詩人扣寂寞以求音，發抒人性的幽微深刻與情感的本質，詩因此不只是感情的發洩而是心智的操持與文字的融裁。

所以棄生云：「詩人之心，通乎造化。」他以此評論唐詩風格，舉孟郊的詩為例，說明唐詩不屑屑於瑣碎之景，寫景往往闊大。由此論唐人詩歌成就之新變代雄。從作家與宇宙的關係論「文成法立」：

> 詩人之心，通乎造化。唐以前，東西之人俱未知寰瀛大勢，乃孟東
> 野即有句云：「上天下天水，出地入地舟。」此不啻親與今之泰西人
> 乘船繞地球一週也。思想之玄妙而真切，可與鄒衍之「海外九州」
> 同傳。〔註76〕

詩引自唐代詩人孟郊〈峽哀十首〉其二，描寫三峽之地勢，並不是描寫地圓航船所見。但詩人的想像力暗合神理，每每「玄妙而真切」，所謂「超以象外，得其寰中」。誠如學者 Adalaide Kirby Morris 討論美國詩人華萊士・史蒂文斯（Wallace Stevens，西元一八七九～一九五五年）文學觀，視想像力為「超越事物可能性的心靈動力」「企圖創造合理一如上帝造化的意念」想像力所以

〔註74〕蔡源煌著，《從浪漫主義到後現代主義》（台北：雅典出版社，1998年3月修訂8版），頁183～184。
〔註75〕簡政珍著，〈詩和現實〉（《聯合報副刊》1987年4月10日）。
〔註76〕洪棄生著，《寄鶴齋詩話》（南投：台灣省文獻委員會，1993），頁95～96。

可貴，在「因自身的轉化之理而轉化」闡揚「想像力不是自我中心者的自我投射，而是種能力以構思一本萬殊的宇宙。」「詩是詩人創作天性所為。」〔註77〕作家因其閱歷學養，觀察想像，發現並闡明人情世界、宇宙萬物脈動而隱藏的真理，其作品賦予看似平凡無奇事物以新奇豐富之感受與意境。

詩人的想像力暗合神理，玄妙而真切，「超以象外，得其寰中」，則須技進於道。此見於《莊子・養生主》「庖丁解牛」，學者顏崑陽云：

> 庖丁所謂「始臣之解牛之時，所見無非牛者」，即是以情識造作之我
> 以觀牛，故只見對象之皮相。所謂「三年之後，未嘗見全牛」，即以
> 牛之自然之性觀牛，故能透視對象的內在本質，也就是下文「依乎
> 天理」之「天理」，「因其固然」之「固然」。從藝術義上說，所謂「天
> 理」，「固然」，即是自由無限之真境。這種「以物觀物」的美學觀點，
> 乃成就了藝術上的「無我之境」。〔註78〕

棄生創作論承襲前人悟道與漸修並重，又以作詩「到家」方能傳後的論點，遠承自「庖丁解牛」技進於道的觀點，因此前引批評黃培芳《香石詩話》與張維屏《聽松廬詩話》，強調「文成法立，詩尤超詣。」作詩之要，首在性情與才學。蔡小石在《拜石山房詞序》裡形容詞的三層境界極妙：

> 夫意以曲而善托，調以杳而彌深。始讀之則萬萼春深，百花天露，
> 積雪縞地，餘霞綺天，一境也。再讀之則煙濤洶洞，霜飆飛搖，駿
> 馬下坡，泳鱗出水，又一境也。卒讀之而皎皎明月，仙仙白雲，鴻
> 雁高翔，墜葉如雨，不知其何以沖然而淡，翛然而遠也。

江順貽評之曰：「始境，情勝也。又境，氣勝也。終境，格勝也。」宗白華引伸其意，認為「情」是心靈對於印象底直接反映，「氣」是「生氣遠出」的生命，「格」是映射著人格的高尚格調。〔註79〕棄生所謂「氣格」的「格」指的即是「生氣遠出」的生命，而且映射著人格的高尚格調。

引用高行健論以文字捕捉感受，「是否準確而新鮮，則同敘述者個人的

〔註77〕 Adalaide Kirby Morris《Wallace Stevens：Imagination and Faith》（New Jersey：Princeton University Presss, 1974），頁 101、106、108、109、113。

〔註78〕 顏崑陽著，《莊子藝術精神析論》（台北：華正書局，1985 年初版），頁 277。

〔註79〕 待查，轉引自宗白華〈中國藝術意境之誕生〉一文，收錄於朱孟實等著，《中國古代美學藝術論》（臺北：木鐸出版社，1985）。此處論述參考劉燕芝撰，〈談詩歌中的意境與境界——兼論《人間詞話》中的境界說〉（王忠林教授指導，文學理論專題的研究報告，1997 年）。

觀點與敘述的方式聯繫在一起。」將個人的情意、觀點，訴諸某種文學體裁，端賴作家創造力之發揮。韓愈〈答劉正夫書〉云：「能自樹立，不因循者是也。」立一「異」字為學文真訣，韓愈強調為文宜師古聖賢人，然「師其意，不師其辭。」文「無難易，惟其是爾。」「歸到君子之於文，不異於是所云，不異正是求異。」以敘述者個人的觀點與敘述的方式，發揮創造力，求文辭準確而新鮮。

以作詩言，誠如洪棄生認為「文成法立，詩尤超詣。」為求「悟入」，凡講究技法過於瑣屑者，反使人縛於法而不能自求於心，轉流為膚淺。即袁枚說作詩「宜空諸一切，而後能以神氣孤行。」〔註80〕袁枚以「性靈」論詩，並以實際創作踐履：

> 孔子論詩，但云：「興觀群怨」，又云：「溫柔敦厚」足矣。孟子論詩，但云：「以意逆志」，又云：「言旨而旨遠」足矣。不料今之詩流，有三病焉：其一、填書塞典，滿紙死氣，自矜淹博。其一、全無蘊藉，矢口而道，自夸真率。近又有講聲調而圈平點仄以為譜者，戒蜂腰、鶴膝、疊韻、雙聲以為嚴者，栩栩然矜獨得之秘。不知少陵所謂「老去漸於詩律細」，其何以謂之律？何以謂之細？少陵不言。元微之云：「欲得人人服，須教面面全。」其作何全法，微之亦不言。蓋詩境甚寬，詩情甚活，總在乎好學深思，心知其意，以不失孔、孟論詩之旨而已。必欲繁其例、狹其徑，苛其條規，桎梏其性靈，使無生人之樂，不已慎乎！唐齊己有《風騷旨格》，宋吳潛有《詩眼》，皆非大家真知詩者。〔註81〕

「詩境甚寬，詩情甚活，總在乎好學深思，心知其意，以不失孔、孟論詩之旨而已。」即洪棄生「詩人之心，通乎造化。」而能夠「文成法立」。故詩無正詮。

袁枚強調的空諸一切，指創作時的「超越性」。試以余光中論「超越性」云：

> 這就引上偉大的另一標準了，那便是「超越性」。超越性應該是大詩人的一個必要條件。……一個大詩人，從摹倣到成熟，從成熟到蛻

〔註80〕袁枚原著，張健精選，《隨園詩話精選》（台北：文史哲，1986 年 4 月一版），頁 69。
〔註81〕袁枚著，《隨園詩話》，補遺卷 3，頁 626。

變到風格的幾經推陳出新，像杜甫，像莎士比亞和葉慈那樣，必須
不斷超越，超越古人，超越時人，超越自己，事實上，每一篇傑作
都一次超越，否則修改與重寫便沒有意義。〔註82〕

余光中論「每一篇傑作都一次超越，否則修改與重寫便沒有意義。」即袁
枚說作詩「宜空諸一切，而後能以神氣孤行。」也是洪棄生認為的「文成法
立，詩尤超詣。」從意境由意象組合融裁而成的渾然和諧的詩境，詩歌意境是
超以象外的第二自然。超妙的意境雖然是由意象而來，但卻超乎意象。此點如
司空圖的〈與極浦書〉云：

戴容州云：「詩家之景，如藍田日暖，良玉生煙，可望而不可置於眉
睫之前也。」象外之象，景外之景，豈容易可談哉？〔註83〕

此處的「詩家之景」，正是指詩歌的意境而言。藍田日暖，良玉生煙，便
是司空圖所說的「象外之象，景外之景」的虛靈之境。由意象經營融裁而成的
意境，存在於想像中，一個可以感受到、體會到，卻難以具體敘述出來的詩
境，也正是嚴羽所形容的「如空中之音，相中之色，水中之月，境中之象。言
有盡而意無窮。」〔註84〕論者稱文學的純粹性在直接以其意境給讀者在別處得
不到的感受上的滿足，象外之象，景外之景，言外之意，重視聯想而放棄語言
和意象。重視語言和意象所含蓄的感情價值，超越了意象的批評觀念，到達純
粹的審美價值觀念。〔註85〕

試以溫庭筠〈商山早行〉五律云：「晨起動征鐸，客行悲故鄉。雞聲茅店
月，人迹板橋霜。槲葉落山路，枳花明驛牆。因思杜陵夢，鳧雁滿回塘。」溫
詩聯句多用名詞，意象具足，只在提掇出緊關物色字樣，視覺形象生動。使人
感受到詩中旅人道路辛苦，羈愁旅思的內心情懷。

然而，古典詩鑱刻造化的手法，相較於西方的現代詩，論者葉維廉認為中
國詩捕捉現實「真質」的方法，乃在「融會一組『自身具足』的意象（self-
contained images）來達成一個總效果。」又說所謂「自身具足」的意象指「一
個能單獨背負近乎一首詩的戲劇動向的意象。」他以唐代詩人孟浩然的詩〈宿
建德江〉為例。以一個插曲或片斷的「真性」與「原形」捕捉和記錄於詩，詩

〔註82〕余光中著，《望鄉的牧神》（臺北：九歌出版社，2008年5月），頁78～79。
〔註83〕司空圖原作，陳國球導讀，《二十四詩品》（臺北：金楓出版社），頁124。
〔註84〕嚴羽著，郭紹虞校釋，《滄浪詩話校釋》（臺北：里仁書局，1987）頁26。
〔註85〕王夢鷗著，《文學概論》（臺北：藝文印書館，1989年8月三版），頁235～
242。

中的「自然」是一個純然的「存在」，而非「指述」的或「賦名」的存在。中國詩常將動詞、前置詞、介系詞等省略，「壓縮的方法」（借用艾略特的說法）使句與句因缺乏「連接媒介」而構成似是而非的「無關聯性」，立刻造成一種「氣氛」，極有委婉、多層暗示，甚至微妙親切的美，以及神奇的含蘊。〔註86〕

前引洪棄生舉例唐代詩人孟郊〈峽哀十首〉其二，強調作家之心，通乎造化，更以彩筆筆補造化；擷英取華，用人生的片斷當作吉光片羽，小中窺大，見微知著。因此，欣賞文學或是寫作，能由短篇入手，或含英咀華，或精煉成文，方見學養才華，洪棄生云：

> 今人作詩，稍具才調，便夸多鬥靡，輒欲以長篇百韻，凌駕古人，不知古人擅場初不係此。古人好作長篇，惟杜子美、白樂天為勝。然精粹之作，率在短章。今人無古人氣力，強拓篇幅，宜令人見之，憊憊欲睡也。元微之以排比大篇，為李杜優劣，不免有識砥砆之誚。袁簡齋氣蓋一世，見人長篇，輒示規戒，今人當知所守矣。前代高季迪、國朝王漁洋，循循規矩，以養勝人，未嘗騁才，後之騁才者誰能及之。〔註87〕

棄生批評當時的人作詩，稍具才調，便夸多鬥靡。而早在清代中葉之前，袁枚云：「裴晉公笑韓昌黎恃其逸足，往往奔放。近日才人，頗多此病。惟王太守夢樓能揉之使遒，煉之使警，篇外尚有餘音。」〔註88〕稱許王文治詩遒警有餘音，針砭恃才而詩篇奔放者。

文成法立，詩尤超詣，強調好的文學作品有超越時空的永恆價值。古典詩詞追求用語精鍊簡潔，言有盡而意無窮的特色，以精警超然的文句涵蘊深遠的意境與境界。如沈確士評杜甫〈佳人〉結句「天寒翠袖薄，日暮倚修竹」云：「結處只用寫景，不更著議論，而清潔貞正意，自隱然言外，詩格最超。」〔註89〕又葉燮評杜甫「晨鐘雲外濕」一句為「隔雲見鐘，聲中聞濕，妙悟天開，從至理實事中領悟，乃得此境界。」〔註90〕妙悟天開，從至理實事中領悟，經營意象，以高度概括與提煉的筆法，避免恃才而詩篇奔放，詩能遒警有餘音。

〔註86〕葉維廉著，《荒原‧艾略特詩的藝術》（臺北市：臺大出版中心，2018 年 5 月），頁 128～130。

〔註87〕洪棄生著，《寄鶴齋詩話》，頁 45。

〔註88〕袁枚著，《袁枚全集》（參），頁 212。

〔註89〕杜甫著，楊倫編輯，《杜詩鏡銓》（臺灣：華正書局，1989），頁 231。

〔註90〕徐復觀著，《中國文學論集續篇》（臺灣：學生書局，1984），頁 83。

　　以兩首同寫〈孤雁〉的詩作一比較，一為唐代崔塗〈孤雁〉：「幾行歸塞盡，念爾獨何之？暮雨相呼失，寒塘欲下遲。渚雲低暗度，關月冷相隨。未必逢矰繳，孤飛自可疑。」〔註91〕一為唐代杜甫〈孤雁〉：「孤雁不飲啄，飛鳴聲念群。誰憐一片影，相失萬重雲。望盡似猶見，哀多如更聞。野鴉無意緒，鳴噪自紛紛。」〔註92〕范元實《詩眼》云：「嘗愛崔塗孤雁詩，云『幾行歸塞盡』者八句。豫章先生使余讀老杜『孤雁不飲啄』者，然後知崔塗之無奇。」崔塗刻劃孤雁，用暮雨、寒塘、渚雲、關月來烘托。杜甫的孤雁，不光寫孤雁，還把「自己的心境與離亂飄泊中失群的人的痛苦悲悽寫進去了」，使詩的概括性更廣更深。〔註93〕

　　將人類活動賦形與自然，由自然而人文，筆補造化，端賴詩人的彩筆。詩人余光中稱藉由「同情的摹仿」（sympathetic imitation）的手法，使兩件原不相涉的東西發生關係。此創造性想像的鍛鍊，有賴詩人，「憑了這種同情的想像力，詩人才能突破物我之異，進入生命之同。」〔註94〕史蒂文斯也說：「詩是詩人創作天性所為」又說詩歌語言的「類比效果」，在「超越塵世的境界中，生命因此而更有生活價值」〔註95〕凡此皆視詩文為明道之工具，藉由同情類比等觀念手法，窺索自然造化之大道或是人文之理。元代散曲家馬致遠〈天淨沙：秋思〉一曲，以枯藤、老樹、昏鴉等意象羅列、去除動詞，使意象交映互涉而風格瘦硬宛然秋思，與前引溫庭筠〈商山早行〉五律相較，更見匠心。

　　王士禛《自撰年譜》記順治十四年丁酉（西元一六五七年）八月，遊歷下，集諸名士於明湖，舉秋柳詩社。」作詩〈秋柳四首〉，詩序云：「昔江南王子，感落葉以興悲；金城司馬，攀長條而隕涕。僕本恨人，性多感慨。寄情楊柳，同小雅之僕夫；致託悲秋，望湘臯之遠者。偶成四什，以示同人，為我和之。丁酉秋日北渚亭書。」〈秋柳四首〉云：

　　　　秋來何處最銷魂，殘照西風白下門。他日差池春燕影，衹今憔悴晚

〔註91〕俞守真編註，《唐詩三百首詳析》（臺灣：復文圖書出版社，1983），頁204。
〔註92〕杜甫著，楊倫編輯，《杜詩鏡銓》，頁829。
〔註93〕范元實《詩眼》引自周振甫著，《詩詞例話》（臺北：長安出版社，1987），頁52，引郭知達九家集注杜詩引趙彥材說。此處論述參考劉燕芝撰，〈談詩歌中的意境與境界——兼論《人間詞話》中的境界說〉（王忠林教授指導，文學理論專題的研究報告，1997年）。
〔註94〕余光中著，〈藝術創作與間接經驗〉，《從徐霞客到梵谷》（台北：九歌出版社，1994），頁305～306。
〔註95〕余光中著，〈藝術創作與間接經驗〉，《從徐霞客到梵谷》，頁108。

烟痕。愁生陌上黃驄曲，夢遠江南烏夜村。莫聽臨風三弄笛，玉關
哀怨總難論。

娟娟涼露欲為霜，萬縷千條拂玉塘。浦裡清荷中婦鏡，江干黃竹女
兒箱。空憐板渚隋堤水，不見瑯琊大道王（原注：借用樂府語，桓
宣武曾為瑯琊）。若過洛陽風景地，含情重問永豐坊。

東風作絮糝春衣，太息蕭條景物非。扶荔宮中花事盡，靈和殿裡昔
人稀。相逢南雁皆愁侶，好語西烏莫夜飛。往日風流問枚叔，梁園
回首素心違。

桃根桃葉鎮相憐，眺盡平蕪欲化煙。秋色向人猶旖旎，春閨曾與致
纏綿。新愁帝子悲今日，舊事公孫憶往年。記否青門珠絡鼓，松枝
相映夕陽邊。〔註96〕

王士禎悲秋感懷，卻極富江南自古吳歌與桃葉曲之風流。樂府清荷女兒等
詞彙，化用《詩經・燕燕》等離別傷情典故，和雅動人。洪棄生稱許光緒十五
年，提舉他為秀才拔冠的羅大佑（字穀臣，江西德化（今九江）人，西元一八
四七年～一八八九年，生於道光二十七年，卒於光緒十五年己丑。）〔註97〕的
和韻古人詩作云：

江西德化羅穀臣，諱大佑；同治進士，洊擢臺南郡守。枝己丑蒙拔冠
郡試；晉謁而沒。觀察唐某刻其《粟園詩鈔》，古詩自選體迄唐宋，均
得門徑；今詩，則大有元白風流。追憶詞用漁洋秋柳韻四首云：「飄
泊東風黯醉魂，才人新怨賦長門。花移別館鶯無力，泥落空梁燕有痕。
芳草已迷楊柳渡，扁舟何處芋蘿村。梨花庭院深如海，淒絕蕭郎莫更
論。」「芙蕖散亂不禁霜，菱葉荷花空滿塘。舊譜怕翻金縷曲，贈衣猶
壓綵羅箱。癡心私誓酬妃子，稱意行雲負楚王。重過海棠花下路，深
情還問碧雞坊。」「落絮游絲惹舞衣，回頭萬恨事全非。琴彈怨調琴
聲澀，鶯喚殘春花影稀。千點黃金和淚鑄，幾年碧海變塵飛。人間多
少閒牛女，銀漢迢迢一例違。」「銅駝清淚共君憐，綺歲風懷漸化煙。
犀角有靈心的的，繭絲無絮意縣縣。口脂香戀如花夢，髀肉神傷似水年。
哀樂紛紜須懺悔，閒愁拋付白鷗邊。」感念昔遊云：「莫向南皮問舊

〔註96〕王士禎著，李毓芙、牟通、李茂肅整理，《漁洋精華錄集釋》（上海：上海古籍
出版社，1999 年 12 月第 1 刷），頁 67～72。
〔註97〕程玉凰著，《洪棄生及其作品考述》（台北縣：國史館，1997 年），頁 91。

遊，浮沉聚散幾沙鷗。一年小劫笙歌歇，二月荒城鼓吹愁。春雨又催
江上櫂，夕陽無恙水邊樓。黃鶯紫燕歸何處，付與揚塵變海漚。」所
作甚多，皆神清韻遠，不減古人。《栗園詩鈔》不多載，此不能多錄
也。絕句如春情云：「柳條漾碧草氈氈，蝶妥鶯捎花氣酣。斜倚熏籠
溫睡鴨，綺窗無語夢江南。」片詞隻字，皆清脆絕人，又有「燕市難
逢屠狗歌，一鞭風雪莽關河。健兒吹角氍廬夕，詩在明駝背上多。」
亦雄氣迫人。憶枝在場中，循手納卷之作，俗所謂「卷後詩」者，均
蒙非常逾分之評；至以「仙氣」相目，不禁赧然。在場中，曾一場枝
己作列第一，促刀作列第二；暗中摸索，不啻鍼芥相投矣。頓經禍亂，
追述昇平韻事，不覺愴神！〔註98〕

羅大佑「才人新怨賦長門。」暗喻埋沒之感，卻能拔擢棄生於科場屢試不
第之後，可見其別具隻眼。「犀角有靈心的」，風調似唐代李商隱。「莫向南皮
問舊遊，浮沉聚散幾沙鷗。」則大有元白風流。神清韻遠，不減王士禛。雄氣
迫人的塞外詩又兼沉麗，可稱佳句。

二、機神情韻，清新鮮活

洪棄生發揮聖人因文以明道之說。又強調清代早期王士禛的「神韻」說。
如劉若愚所說，有對現實的直覺領悟，直覺的藝術表現，以及個人風格。棄生
因以「神到」、「入神」、「與會」、「到家」等語評古代詩作與詩人。

筆者曾分析王士禛的「神韻」說，重點在以「風神」解釋「韻」。〔註99〕
王士禛又好引唐司空圖「味在酸鹹之外」的「味外味」之說，來解釋「神韻」。
〔註100〕學者張靜尹因云「神韻」「是指詩歌流溢於文字之外的無窮意蘊，猶如
人物形體之外無形的精神風度。」〔註101〕作詩若能「超以象外」，「得其環
中」，神韻一出，則骨肉宛然。然欲求神韻，須由「骨氣」入手。〔註102〕前引
論者稱文學的純粹性在直接以其意境給讀者在別處得不到的感受上的滿足，

〔註98〕洪棄生著，《寄鶴齋詩話》（南投：臺灣省文獻委員會，1993 年），頁 73。
〔註99〕王士禛著，《師友詩傳續錄》，《清詩話》（上海：上海古籍出版社，1999），頁
154。
〔註100〕王士禛著，《池北偶談》（台北：漢京文化公司，1984）卷 18，頁 433。
〔註101〕張靜尹著，《清代詩學神韻說的論詩旨趣》（高雄：高雄師範大學國文學系博
士論文，2002 年元月），頁 71。
〔註102〕陳光瑩著，《洪棄生的旅遊詩歌——《八州詩草》研究》（新北市：花木蘭文
化出版社，2015），頁 292～294。

重視語言和意象所含蓄的感情價值，到達純粹的審美價值觀念。

論者龔鵬程闡釋王士禎的「神韻」說，「詩是事物之『神』和詩人之『韻』的具體表現。杜夫潤說為藝術是這世界上之意義的顯示與自我的實現。」〔註103〕引用葛立方《韻語陽秋》卷十四「非謂畫牛作馬也，但以氣韻為主耳。」論者龔鵬程認為首拈韻以通論詩文書畫的，是宋代黃庭堅。駁正錢鍾書《管錐編》認為首拈「韻」以通論書畫詩文者是北宋范溫《潛溪詩眼》。舉證《紫薇詩話》稱范溫「從山谷學詩」，書名《詩眼》，更由黃庭堅來。黃庭堅稱詩家須具此眼目方可入道云云，便又見於范溫《潛溪詩眼》說：

> 自三代秦漢，非聲不言韻。捨聲言韻，自晉人始。唐人言韻，惟論
> 書畫者頗及之。至近代先達，始推尊之以為極至。

龔鵬程認為這先達就是指黃庭堅。又辯正與南朝畫論裡說到的「氣韻生動」不同，引范溫說：「古人謂氣韻生動，若吳生筆勢飛動，可謂韻乎？余曰：『夫生動者，是得其神。曰神則盡之，不必謂之韻也』。別人又或以陸探微簡逸的畫法為韻，他也不以為然：『如陸探微數筆作撥犺，可以韻乎？余曰：夫數筆作撥犺，是簡而窮其理，曰理則盡之，亦不必謂之韻也』。」可見范溫的說法非由畫論來。〔註104〕

龔鵬程引黃庭堅〈書家弟幼安作草後〉自稱：「老夫之書，本無法也。」與東坡一樣，稱賞蕭散簡遠、妙在筆墨之外的作品。又引何汶《竹莊詩話》卷十四載：「黃魯直尤喜沈傳師岳麓寺詩碑，嘗為之說曰：沈傳師學畫皆遒勁，真楷筆勢可學，唯道林岳麓詩殊不相類，似有神助。其間架縱奪偏正肥瘦長短各有體。忽若龍起滄溟，鳳翔青漢；又如花開秀谷，松偃幽岑。……千變萬態，冥發天機，與其詩之氣焰，往往驚敵。」龔鵬程認為黃庭堅欣賞的詩與書都是法度不那麼謹嚴，但具有天機、風流氣骨，令人別有感受筆墨之外的東西為韻。並以此衡鑒諸藝。如黃庭堅〈題絳本法帖〉云：「魏晉間人論事，皆語少而意密。……論人物要是韻勝，為尤難得。蓄書者，能以韻觀之，當得彷彿。」「語少意密」講韻之所以為韻。韻是含蓄的、意餘言外的，故語簡而意遠。黃庭堅〈跋周子發帖〉云：「若使胸中有書數千卷，不隨世碌碌，則書不病韻，自勝李西臺、林和靖矣。蓋美而病韻者王著、勁而病韻者周越，皆渠儂胸次之罪，非學者不盡功也。」龔鵬程闡述要從本源、心氣修養、讀書、厚植胸襟、變化

〔註103〕龔鵬程著，《詩史本色與妙悟》（臺北市：臺灣學生，1986年），頁232。
〔註104〕龔鵬程著，《中國文學十五講》（臺北市：臺灣學生，2013年8月），頁123。

氣質等處入手。〔註105〕龔鵬程說：

> 然則其說究竟從何而來？韻，據他（范溫）說，乃是「備眾善而自
> 韜晦，行於簡易之中，而有深遠無窮之味」，但此處他並未舉例。接
> 著說：「其次，一長有餘，亦足以為韻：故巧麗者發之於平澹，奇偉
> 有餘者行之於簡易，如此之類是也」。這裡便舉了《論語》、《六經》、
> 《左傳》、《史》、《漢》為例。再者，就說到山谷書法了：「至於山谷
> 書，氣骨法度皆有可議，惟偏得蘭亭之韻」云云。如此這般，范溫
> 論韻與山谷書法的關係還不明白嗎？何需再去六朝找畫論當祖宗？
> 其實整個《潛溪詩眼》都是以詩和書法併論來說意說韻，如：「是以
> 古今詩人，唯淵明最高，所謂出於有餘者如此。至於書之韻，二王
> 獨尊。……夫惟曲盡法度，而妙在法度之外，其韻自遠」之類均是。
> 詩文與書法併論，或以書道喻詩，且特重其韻，事實上亦不只范溫
> 一人如此。詩的神韻一派，即由此導出。其餘以書喻詩者，不可勝
> 數，乃後世論書之通套。〔註106〕

龔鵬程進而闡述宋代的「活法」，活法在法度體系建立了之後，破這個法，
此宋人詩學的特點！是以南宋的「學詩詩」：

> 寫一首詩來討論怎麼學詩、詩到底可學還是不可學、又如何從學到
> 無學。學是有法有規則，如果學而無法可教，像禪宗講的，無一法
> 可得、無法可傳，那就是無法。從法到無法，到破法，這是書法史
> 跟文學史完全密合的一個方向。〔註107〕

龔鵬程闡述作品要有韻從本源、心氣修養、讀書、厚植胸襟、變化氣質等
處入手。王士禛《帶經堂詩話》論學問和性情的關係說「學問深始能見性情」
〔註108〕。但作品是否能曲盡法度，妙在法度之外，而其韻自遠，正如洪棄生
所謂詩境之高低在下筆時之天機，論《楚辭》〈九章〉〈九歌〉云：「然文字之
高下，則係下筆時之天機，不係乎風雅。」強調天機獨到，如黃庭堅〈戲詠子
舟畫兩竹兩鸛鵒〉：「子舟之筆利如錐，千變萬化皆天機。」〔註109〕棄生〈聽

〔註105〕龔鵬程著，《中國文學十五講》（臺北市：臺灣學生，2013年8月），頁122。
〔註106〕龔鵬程著，《中國文學十五講》，頁124。
〔註107〕龔鵬程著，《中國文學十五講》，頁120。
〔註108〕王士禛著，《帶經堂詩話》，頁822。
〔註109〕黃庭堅著，任淵、史容、史季溫注，《黃庭堅詩集注》（北京：中華書局，2003），
　　　　頁458。

林三君紹堂留聲器夜深即事〉一詩首云:「夜聽留聲笛,如聞山鳥樂。」中云:
「內集讀黃詩,靜中出深窅。」〔註110〕他與其友林紹堂等人聽留聲器,又讀
趙宋詩人黃庭堅的詩,時值深夜,心靜深窅的體會,近於阮籍〈樂論〉「音聲
不譁,漠然未兆。」的境界。

　　強調天機獨到,可以曾國藩(初名子城,譜名傳豫,字伯涵,號滌生,湖
南長沙府湘鄉人,西元一八一一～一八七二年)的機神之說印證。寫作專運機
神之說見於曾國藩。學者錢仲聯推崇曾國藩之說云:

> 王漁洋論詩標神韻,張廣雅易以神味。余謂皆不如曾求闕機神之說
> 也。曾《日記》云:「余昔年鈔古文,分氣勢、識度、情韻、趣味為
> 四屬。擬再鈔古近體詩,亦分為四屬,而別增一機神之屬。機者無
> 心遇之,偶然觸之。姚惜抱謂文王、周公繫《易》象辭爻辭,其所
> 象亦偶觸於其機。假令易一日而為之,其機之所觸少變,則其辭之
> 取象亦少異矣。余嘗歎為知言。神者人功與天機相湊泊,如卜筮之
> 有繇辭,如《左傳》諸史之有童謠,如佛書之有偈語,其義在可解
> 不可解之間。古人有所託風,如阮嗣宗之類。或故作佛語以亂其辭。
> 唐人如太白之豪,少陵之雄,龍標之逸,昌黎之奇,及元、白、張、
> 王之樂府,亦往往有神到機到之語。即宋世名家之詩,亦皆人巧極
> 而天功錯,徑路絕而風雲通。蓋必可與言機,可與言神,而後極詩
> 之能事」云云。此論可謂發前人所未發。〔註111〕

　　曾國藩為文作詩有得於漢賦之氣體,體雖古奧而訓詁精當。〔註112〕此乃
如棄生評論《長生殿》則似乾、嘉以來文字,專以博洽貫穿見長。至於曾國藩
為文作詩專運機神之說,機者無心遇之,偶然觸之。其《李義山詩集》云:「渺
綿出聲響,奧緩生光瑩。太息涪翁去,無人會此情。」推崇宋代黃庭堅的詩
「奧瑩出嫵媚,冥搜貫萬象,往往天機備。」山谷為鑱刻造化手,詩從渺綿奧
緩的寂寞深幽處,煥發文采,看似質樸,卻如玉石自琢瑰麗。而作詩專運機神,
無心遇之,偶然觸之,卻有自然之情韻,此類詩作最受推崇。也就是靈感與活
潑的天性無心冥合,情韻自然而且渾入渾出,具見作者慧心妙手、本色性靈。
光緒二十年甲午(西元一八九四年),棄生〈借長生殿小簡〉云:

〔註110〕洪棄生著,《寄鶴齋詩話》,頁 156。
〔註111〕曾國藩著,王澧華校點,《曾國藩詩文集》(上海:上海古籍出版社,2005 年
　　　　8 月),頁 467～468,錢仲聯語。
〔註112〕曾國藩著,王澧華校點,《曾國藩詩文集》,頁 506 李鴻章語。

《西廂》如隆、萬人制藝，專運機神；一切典故，都用不著。其高
遠深韻，一如北宋柳永、秦觀詞。相較之下，清代詩人吳錫麒（穀
人）詩，種種雅富，只坐抒懷少，不如黃莘田詩，專以清脆抒懷，
香艷遂造。〔註113〕

棄生推崇《西廂記》專運機神，可印證李贄「化工」說的論點。詩人專以
清脆抒懷，一切典故，都用不著。因此，要專運機神而寫出高遠深韻的詩作，
得力於「寫生欲出」的妙筆。洪棄生稱許《楚辭‧九歌‧山鬼》真「寫生欲
出」。清人黃鈞宰（字宰平，號天河，清江蘇淮陰人，西元一八二六？～？）
《金壺浪墨》嘗云：「畫無論山水、人物、花卉，皆可謂之寫生，但得生氣盎
然，即造物能事，不過如此，何況人工？」〔註114〕乃推至文章云：

《左》、《史》為千古文章之祖，生氣足耳。規矩所同也，神明氣味
所獨也。眼耳鼻舌，千人一律，而神氣各殊。善文者摹繪聲情，終
古如見，即作者精神亦見，故曰：「造化在乎。」

《楚辭》與《左》、《史》各有神明氣味所獨者，得力於寫生之筆，以及比
興手法曲達情意，善譬興喻。前論提到詩語當求奇與麗，即洪棄生重視「生
香」、「活色」：

愛香當以生香為妙，麝臍雞舌俱為下品；玩色當以活色為趣，剪綵
錯繡不免塵俗。故論香色，以花為貴，知此者可與讀中晚之詩。論
花之香宜取奇香，梅為最、蘭次之、桂又次之。論花之色宜取秀色，
菊為最、蓮次之、牡丹為下。知此者可與讀六朝之詩。或謂出水狤
狤，籬菊不如池蓮；含霜挺挺，盆蓮不如瓶菊。〔註115〕

「生香為妙」，「活色為趣」，以其生動鮮活，所以可貴。「奇香」及「秀色」
二者尤貴，以其不比於俗近。籬菊盆蓮因其各有姿韻、各擅勝場。鮮活生動就
像史蒂文斯（Wallace Stevens）在其《格言集》（Adage）說：「想像力渴待受到
縱容。」「賦予生命清新鮮活的感受是詩合理的目標。」〔註116〕

作詩重視專運機神，此即棄生稱許李白〈古風五十九首〉五古云：「李太

〔註113〕洪棄生著，《寄鶴齋詩話》，頁315。

〔註114〕黃鈞宰著，《金壺七墨》（《續修四庫全書》第1183冊。上海，上海古籍出版
社，1999年版），頁91。

〔註115〕洪棄生著，《寄鶴齋詩話》，頁67。

〔註116〕轉引自海若‧亞當斯（Hazard Adams）著，傅士珍譯《西方文學理論四講》
（台北：洪範書店，2000），頁117。

白天才汗漫不可方物，獨古風斂才就範，一往情深，遂臻絕頂。」作詩獨抒性靈，一往情深，遂臻絕頂。詩作「氣機靈動」則生氣勃勃，也就是靈感泉湧，揮灑如有神助，棄生形容如「初寫黃庭，恰到好處。」但須意境高，方稱合作。

棄生所稱許的專運機神，富有情韻之作，就詩作來舉例，如杜甫〈羌村三首〉，李子德評云：「敘事之工不必言，尤妙在筆力高古，愈質愈雅，司馬子長之後身也。」所謂高古，指此詩婉轉周至，真摯自然。以畫品喻之，如北宋人黃休復所說的「逸品」，高於神、妙、能三品。黃休復云：「逸格。畫之逸格，最難其儔。拙規矩於方圓，鄙精妍於彩繪。得之自然，莫可楷模，出於意表，故目之為逸格爾。」不拘常法，得之自然；以無規矩，亦合法度。所謂：「逾古法而倡個性，出淵源而極風采。」「縱任無方」、「泯規矩於方圓」。充分表現個性天機，又合於創作規律，此「逸格」所以高出眾格，特別有價值。愛爾蘭詩人葉慈（西元一八六五～一九三九年）云：「藝術不過現實一種靈象。藝術家從人間共同的夢中醒來。」〔註117〕

洪棄生兼論作者與作品人格風格，兼重天分與學力。一方面推崇王士禎的神韻詩說以及論詩重風雅，另一方面肯定袁枚「性靈」詩觀，卻批評其語言俚俗。一方面論詩重語言之典雅，一方面論戲曲重本色性靈，不嫌語言之俚俗。可以看出他對不同文學體裁採取的語言標準不在典雅或俚俗，最終以佳境真意兼具，有意境、有性情為上。其實是就書面留下的作品立論，朱光潛所謂此「寫的語言」。論點如王國維前引文〈古雅之在美學上之位置〉云：

> 古代文學雖至拙劣，自吾人讀之無不古雅者，若自古人之眼觀之，殆不然矣。故古雅之判斷，後天的也，經驗的也，故亦特別的也，偶然的也。此由古雅代表出第一形式之道與近世大異，故吾人睹其遺跡，不覺有遺世之感隨之，然在當時，則不能若優美及宏壯，則故無此時間上之限制也。

優美及宏壯的風格分判，是清初詩人王士禎「神韻說」的要旨，近於所謂「優游不迫」與「沉著痛快」。洪棄生主張詩語當典雅，不可以方言、俗語入詩，強調「古雅」之詩觀，批評宋人詩好調入方言及俗語，最為風雅之累。以此針砭清末詩壇「俗言」「白話」詩語叢出之現象。對於維新派詩人梁啟超主張以「新名詞」入詩，棄生直斥如「魔魅現形」，乃本宋人「以故為新」「以俗

〔註117〕葉慈（W. B. Yeats）著，《葉慈詩選》（臺北市：洪範書局，1997 年 2 月初版一刷），頁 91。

為雅」之文論，提出詩語當「推陳出新」，不必追隨潮流，濫用新名詞。其古雅詩觀又與清初王士禎論詩重「雅」之說同調。以為作詩當含英咀華，取法前賢。其「推陳出新」與「古雅」的詩語觀看似矛盾，實仍強調「學古」方能「創新」。誠如前述，「以俗為雅」的最終指向乃在於「清新」，可謂的論。洪棄生此類詩作多半因抒情婉摯而能「化俗為雅」。方法之一是化靜為動，切近賦物的技巧。他以風格化靜為動，切近賦物者近於宋詩。〔註 118〕從「機神情韻，清新鮮活。」來論文學的實用性，強調文學體類中，詩是由譬喻性質產生的屬性（identity）的倫理，以此挑戰一切定型及對定型的信仰，以其無以名狀的獨特質性。以最具戲劇性的片刻，以文學虛擬而無任何外在實用目的的姿勢，質疑並擾亂許多明晰簡單的訓誡；以文學本質在激發心智能力的活動，來定義其看似無實用性的大用。〔註 119〕

〔註 118〕洪棄生著，《寄鶴齋詩話》，頁 52。

〔註 119〕海若・亞當斯著、傅士珍譯，《西方文學理論四講》（臺北市：洪範書局，2000年 6 月初版一刷），頁 167～187。

第四章　變風變雅，憂世憂身

　　此章論晚清因文明道的志士之詩，其詩作情懷有如棄生所說的「變風變雅」，而憂世憂身。

　　文學決定理論的要旨是「以時論詩」，觀察到文學與時代風氣和社會變遷相互作用與影響，洪棄生著有〈讀變雅說〉以提倡此論點。決定理論見於《詩經》〈大序〉的變風、變雅說。棄生強調儒家詩教的「詩言志」，以及「變風」發乎情，止乎禮義。「以時論詩」，從時世變則詩風不得不變的觀點，評論晚清詩針砭時事，兵事記實；因夷制夷，用夏變夷，力倡實踐實學，表彰節義，抉發漢學真精神，以經世濟民。

第一節　詩史宗杜甫，因性以練才

　　乙未年（西元一八九五年）臺灣割日後，洪棄生的諷諭詩每每描寫臺灣受到日人殖民的痛楚，內容包括日治初期臺人抗日的英勇事蹟等等。筆者的著作分析諷諭詩的起源，早在詩三百篇的創作時代已開其端，現實社會可以說是諷諭詩取材的重要來源。再者，孔子以實用觀點說詩，春秋列國大夫間的聘問賦詩言志，使詩的諷諭功能更為顯著。漢儒以「美刺諷諭」說詩，和風雅頌賦比興六義相比附，詩的主要存在意義似乎只有「美刺諷諭」了。又引〈詩大序〉云：「風，風也，教也；風以動之，教以化之。故正得失、動天地、感鬼神，莫近於詩。……國史明乎得失之跡，傷人倫之廢，哀刑政之苛，吟詠情性以風其上。」由「美刺諷諭」的觀點闡述了風雅頌的意義，更說明了「風詩」根植於現實社會，以委婉譎諫使「言之者無罪，聞之者足以戒」。此外，《毛詩》獨

標興體，鄭玄以政教善惡的觀點解釋「六義」。《周禮・春官・大師》鄭注所云「美刺諷諭」的《詩》說，容可討論，但其詩論實已奠定諷諭詩的理論基礎。鄭注所云「賦之言鋪」，直鋪陳得失；「比興」則取類喻勸，較為曲隱，故後人討論頗多。王逸《楚辭章句》以比興寄託為楚辭的主要技巧，所謂「善鳥香草以配忠貞，惡禽臭物以比讒佞」。劉勰《文心雕龍・比興》也說：「楚襄信讒，而三閭忠烈，依詩製騷，諷兼比興。」比興諷諭之傳統自以楚騷為大成，由來已久。洎乎盛唐，詩歌大盛。杜甫感時憂國的諷諭詩作，後人推為「詩史」。杜甫「詩史」，指其詩善陳時事，寓含悲歡、忠憤及褒貶，故後人重之。龔鵬程云：「詩史，乃是以敘事的藝術手法，記錄事件，而又能透顯歷史的意義與批判的一種尊稱。」杜甫「詩史」敘事詠懷、諷刺批判兼具，乃「詩」而為「史」者，此精神為中唐元白所承繼。棄生實上承風雅及漢儒詩論，近師杜甫「詩史」，中唐元白新樂府。至於錢謙益引杜甫自稱：「文章千古事，得失寸心知。」的自矜和自許，正可印證陸機〈文賦〉言創作是「課虛無以為有」，推敲字句實乃「扣寂寞而知音」，誠精到之論。

洪氏詩文風格清真古雅，即《文心雕龍・通變》云：「矯訛翻淺，還宗經誥；斯斟酌乎質文之際，而櫽栝乎雅俗之際，可與言通變。」〔註1〕宗經通變，作品「清真」而「古雅」，方能「文」「質」彬彬。語言「推陳出新」，立意化俗為雅。端在「憑情以會通，負氣以適變。」平日篤志博學，下筆之際，神思陶鈞，志氣情理，得心應手，自有不得不變，會通一貫之合作。〔註2〕

因此，學習古人，棄生強調要能「因性練才，取法乎上。」作詩是否能從「入格」到「變格」，考驗作者的天分與學力。棄生稱陸游以後的詩人，論「力之深」莫如明代詩人李夢陽（字獻吉，號空同子，慶陽（今屬甘肅）人，西元一四七二～一五二九年）。推崇其七古「吸老杜神髓，極工起勢。」如〈胡馬來再贈陳子〉等詩起首。〔註3〕也因其〈林良畫兩角鷹歌〉「獨出機軸，別開生面，以相如賦筆，運陸宣公奏疏，理足氣足，典重高華，直覺前無古人，後無來者，又豈杜公所能限之哉。」〔註4〕李夢陽以詩為奏疏，本自杜甫〈塞蘆子〉五古一詩，分析寧武北方五城形勢之要，亦宛如一篇奏疏。棄生論作詩當取「力」於韓愈、李夢陽，都著眼二人詩風有典重高華，原本經史，取法雅、頌，

〔註1〕劉勰原著，周振甫注，《文心雕龍注釋》，頁570。
〔註2〕劉勰原著，周振甫注，《文心雕龍注釋・神思》，頁515～516。
〔註3〕洪棄生著，《寄鶴齋詩話》，頁87。
〔註4〕洪棄生著，《寄鶴齋詩話》，頁42。

內容關係家國大事，宛如奏疏等，於詩如變體，於時世卻不失人臣大體者，可謂變格求新。

棄生強調創作者要因性練才，並且能取法乎上：

> 詩人致功，往往有自溺所好，用違其才者，如吳梅村健筆凌雲，其七古倘壹意李杜，當無負其才學，偏耽於元白一流，致損其格；黃莘田秀氣如絲，其七古倘取徑元白，當不窘其舉止，偏貌夫韓黃二體，致澀其氣，梅村之用「長慶體」以才華盛，猶相近也，莘田之於昌黎、山谷，迥不相近矣。雖使莘田效元白，亦遠不及梅村之博大，究亦勝其效韓黃也。〔註5〕

「自溺所好」者，從另一方面講是「因性練才」，容易有所成就。其實吳偉業（字駿公，號梅村，別署鹿樵生，灌隱主人，江南太倉（今江蘇太倉）人，西元一六〇九～一六七二年）極推崇李白、杜甫，其〈與宋尚木論詩書〉云：「夫詩之尊李、杜，文之尚韓、歐，此猶山之有泰、華，水之有江、河，無不仰止而取益焉，所不待言者也。」可見梅村亦能「取法乎上」，其長篇古詩不似李、杜之處，正可見其獨創與特色。前人評其長篇古詩云：「梅村長篇學長慶，隸事太繁，風格稍減，惟參以少陵之骨則得之。」梅村身當鼎革之際，詩詠多關乎家國大事，如其〈永和宮詞〉、〈圓圓曲〉等詩。為避免觸犯時諱，因文字賈禍，不得不隸事繁典，以求隱晦其詩旨。只是若創作時「自溺所好」而忽略了取法風格殊異者之長處，成就不免受限。

棄生又以黃任為例，黃任（字莘田，號十硯老人，福建永福人，西元一六八三～一七六八年）為康熙四十一年壬午（西元一七〇二年）舉人，屢上春官不第，後得官粵之四會知縣，終因遭讒罷官。著有《香草齋詩集》六卷、《秋江詩集》六卷，《四庫全書總目》錄《秋江詩集》，引杭世駿《榕城詩話》而評論云：「所為緣情綺靡，殆於近之。而低徊宛轉，亦或闌入小詞。大致古體不如今體，大篇又不如小詩。故《榕城詩話》獨稱其七絕，蓋才分各有所長云。」洪棄生附和《四庫全書總目》云：

> 永福黃莘田著《秋江集》，其集中清思秀致，如獨繭抽絲，朱繩出響，誠可玩味。然近體在溫、李之間。若古體尚覺寒澀，不成家數，而後來榕城採風，騷壇敘譜，必於黃先生競屈一指。可為身後之極樂矣。惟其集中之詩，氣象雖隘，而出風入雅，色澤可鑑，香豔宜人，

〔註5〕洪棄生著，《寄鶴齋詩話》，頁104。

無一俚俗淺率之處，亦乾嘉中所不能多得耳。

榕城採風必數黃任，因其詩詠閩地勝蹟者頗多，如〈林大蒼巖以琅琊王碑刻見貽因同周二瑞峰謝二古梅琅琊王廟觀碑歸賦長句酬蒼巖並示瑞峰古梅〉，詠唐末據閩地封琅琊王（西元八九九）的王審知，詩頌王審知政教之功：「誕敷聲教訖閩土，蚶田蜒戶生鬱蒸。」詠福建建寧建陽縣〈建溪舟行〉七絕末二句云：「鷓鴣一聲千苦竹，繫著米家書畫船。」具見本地風光，又畢現性情懷抱。李漁叔《魚千里齋隨筆》謂黃任詩流布臺灣，「迄今三臺詞苑，幾無不知有《香草箋》者。」筆者曾析賞棄生與其妾陳珵的香奩豔體詩，頗受黃任詩影響。

黃任詩長於抒情，然而古詩氣象頗隘，無韓愈之槃槃大篇如〈石鼓歌〉者；論仕途閱歷，黃任詩也缺少宋代黃庭堅詩風的深密奇峭。黃庭堅〈次韻奉送公定〉以詩針砭時政，自云：「語穽發欺笑，詩鋒犯嘲譏。」詩中敢言寓婉諷的機智與世故，尤其為黃任所不及。「莘田之於昌黎、山谷，迥不相近矣。」洪棄生的批評中肯。作家或視前賢為典範，有模仿進而超越的野心，往往不如選與自己性情相近的作家，仰鑽學習，取法乎上，成就來得容易。

第二節　針砭時政，詩徵信史

清末國勢凌夷，屢遭西方列強侵略威逼，中國淪為外人的刀俎魚肉，只能訂立喪權辱國的不平等條約，禍端起自鴉片戰爭。中國文人因而針砭時政，更書寫兵事記實，這也是洪棄生憂世憂生的詩作主題之一。

鴉片戰爭自一八四○年六月，英國軍艦封鎖廣州珠江口，到一八四二年八月二十九日，清政府戰敗，被迫簽訂《南京條約》宣告結束，歷時兩年多，又稱「第一次中英戰爭」或「通商戰爭」。〔註6〕棄生評論晚清詩人的詩作，自鴉片戰爭以後的主題書寫，分述詩人和其作品如下。

一、福建文人張際亮

張際亮（字亨甫，號松寥山人，華胥大夫，福建建寧人，西元一七九九～一八四三年）為福建著名的詩人，詩作極為棄生所讚賞。道光癸未（西元一八二三年），張際亮（亨甫）二十五歲，自省性情云：「性既疏簡，復褊急尚氣，

〔註6〕崔志海等著，《當代中國晚清政治史研究：1849～2019》（北京：中國社會科學出版社，2019 年 12 月），頁 6。

每與物忤，人以是篤過之。」「而予兼慕古所謂豪傑磊落者所為，於謹嚴之意，蔑焉無有也。故十年之間，其身積之過蓋多，而皆不能改也。」因書之齋壁以自省。其性情疏簡尚氣，嘗問學於陳壽祺，陳為閩中儒者，講學於福州鼇峯書院，張際亮〈讀易・慎疑序（代）〉云：「自宋南渡後，閩學稱於天下，至今有『海濱鄒魯』之目焉。」〔註7〕可見一時之學風傳承。

　　亨甫年二十五，聞姚瑩（字石甫，安徽桐城人，姚鼐侄孫，西元一七八五～一八五三年）至福州，以詩謁姚，姚讚曰：「何、李之流亞也！子才可及空同，若去其粗豪，則大復矣。」遂訂交。然兩年後（西元一八二五年），亨甫赴京，應朝考，報罷。竟因赴曾燠宴，亨甫薄曾之言論，後又投書責曾「徒以財利奔走寒士，門下復不知自愛，廉恥喪盡，負天下望。」云云，忤曾而負狂名。曾燠（字庶蕃，號賓谷，江西南城人，西元一七六〇～一八三一年）著有《賞雨茅屋詩》、《駢體文》等，時官兩淮鹽運使。）〔註8〕因亨甫忤之而相薄，亨甫因此而負狂名。亨甫〈揚州別石甫司馬〉云：

> 岱宗不為高，滄海不為深。姚侯期我千秋心，感激發歎非黃金。黃金何可無？買山負土侯助諸。潛鱗豈無燒尾日，舉領或報雙明珠。寄書不到大江北，歲寒握手重太息。十年故舊半凋零，幸有餘生共眠食。趙廉頗、漢伏波，老猶躍馬思橫戈。行將四十恐見惡，肯以文字誤蹉跎。登高悵望平山堂，瓊花凋盡迷樓霜。石頭流水金焦月，猶是英雄古戰場。眼中飛鳥低山陽，釣臺突兀淮陰亡。男兒不際風雲會，便可垂竿老故鄉。何為不貴復不賤，金門射策勞奔忙。詩書自謂報天子，縱督八州徒貴仕。蕭規曹隨古已然，讀律術成嗟老矣。可知七尺為誰死？衣錦晝行耀鄉里。不然斯游可以已，朔方冰雪從此始。敝裘一笑仰向天，元明故闕煙沙裏。去何所慕歸何恃？貧到難言聊復爾。欲將坏土障黃河，偶愛廟食垂青史。以此忍垢復含羞，乞食行吟向薊州。東南萬里青山色，送我孤帆淮浦頭。風高木脫葉滿地，中有滄茫四海愁。相逢急索廣陵酒，痛飲何妨三日留，吁嗟乎，賈長沙、陳同甫，少年自託人妄許，邇來復愛申屠蟠。身同傭

〔註7〕張際亮著，王飆校點，《思伯子堂詩文集》（下）（上海：上海古籍出版社，2007），頁1315。

〔註8〕張際亮著，王飆校點，《思伯子堂詩文集》（下），頁1494、1496〈張際亮年譜簡編〉。

人屋因樹。可惜躬耕半畝無，作達強語從龍虎。惟侯慷慨惜我生，謬以狷介來狂名，低頭恥作曳裾客，舉足如提出塞兵。同時知者黃（樹齋鴻臚）與鄭（雲麓都轉），死去離多空復情。正須坐聽江城雁，別後惟聞河水聲。〔註9〕

「賈長沙、陳同甫，少年自託人妄許。」「惟侯慷慨惜我生，謬以狷介來狂名。」意氣為詩，洪棄生稱許此詩「極豪宕」，又云：「神氣似太白，格調似遺山，可以自樹一幟矣。」又云：

桐城姚瑩，字石甫，為姬傳先生之從孫。學問淵雅，綽有家風。令閩時，極推挹建寧張亨甫之才，後為臺灣巡道，以焚燬英夷兵船被誣，與總兵達洪阿同逮。亨甫跋涉相從至京，如夏雲峰之隨盧雅雨出塞。故京師諸名流若湯海秋、梅伯言，多相引重。後石甫無罪出獄，亨甫遂歿京師長春寺。石甫偕諸名人為棺斂致祭焉。〔註10〕

道光二十年（西元一八四〇年），中英鴉片戰爭時，英軍陷定海，知縣姚懷祥投水殉難，寧波民眾抗英。亨甫於次年作〈傳聞〉七律，詠定海一役，以及兩江總督伊里布乞和及被革職等事。如〈傳聞（原注：浙）四首〉其二首云：「輕敵徒矜戰鬥才，孤城倉卒亦堪哀。」其三頸聯云：「憤深原軫歸三帥，狡極勾吳索百勞。」〈傳聞（原注：閩）三首〉其二云：「獨有平生劉越石（原注：謂姚廉訪），聞雞醉舞我何堪。」則詠台灣兵備道姚瑩禦英事。〈傳聞（原注：廣）八首〉其三頷聯云：「豈意孤軍還撤援，竟言狡敵自飛來。」批評琦善媚敵求和。其五首云：「魏絳和戎豈息兵，君看唐漢最分明。」對奕山赴粵求和，不表贊同。〔註11〕

姚瑩於西元一八一九年擔任臺灣縣知縣，於西元一八二一到一八三一年間任噶瑪蘭通判，於西元一八三八年到一八四三年任臺灣道，他的〈臺灣山後未可開墾議〉，指出東部開墾有四難，其中之一就是到該地任官者必須「年力強壯，堪耐煙瘴。」而姚瑩可能也患了瘧疾。〔註12〕

〔註9〕張際亮著，王颿校點，《思伯子堂詩集》（續修四庫全書・集部・別集類，第1527冊），頁42。

〔註10〕洪棄生著，《寄鶴齋詩話》，頁123～124。

〔註11〕張際亮著，王颿校點，《思伯子堂詩文集》，頁1138～1140。

〔註12〕劉翠溶、劉士永著，〈臺灣歷史上的疾病與死亡〉。《臺灣史研究第四卷第二期》（臺北市：中央研究院臺灣史研究所籌備處，民國86年12月），頁89～132。姚瑩著，《中復堂選集》（文叢第83種，1867年重刊），頁49。

　　道光二十三年（西元一八四三年），張際亮聞姚瑩在臺灣抗英獲勝，竟遭誣陷，被革職逮問，憤甚，隨道姚瑩過淮上。姚入獄，張際亮扶病為奔走。姚被釋不久而張際亮卒於京。〔註13〕

　　棄生說：「亨甫跋涉相從至京，如夏雲峰之隨盧雅雨出塞。故京師諸名流若湯海秋、梅伯言，多相引重。」梅曾亮（字伯言，江蘇南京人，西元一七八六～一八五六年）〈和張亨甫〉七律頷聯云：「別來江海飽軍聲，詩膽輪囷壓鮫鰐。」〔註14〕稱讚張際亮詩針砭時政，膽大敢言。湯鵬（字海秋，湖南益陽人，西元一八〇一～一八四四年）在姚瑩無罪出獄後，觴客為姚瑩賀，始識梅曾亮。〔註15〕

　　夏雲峰之隨盧雅雨出塞一事，盧見曾（字抱孫，號雅雨山人，山東德洲人，西元一六九〇～一七六八年），康熙六十年（西元一七二一年）進士，曾官至兩淮鹽運使。歷官六安州知州、亳州知州等官。精於吏事，又好接文士。如袁枚與鄭板橋初相見，即在盧氏席間。〔註16〕盧任轉運使時，貧士有才學如胡天游（字稚威，一字雲持，浙江山陰（今紹興）人，西元一六九六～一七五八年）落魄揚州，往謁，盧亦接之。〔註17〕其官六安時，課試拔諸生夏之璜（字湘人，安徽六安人）為第一。盧官鹽運使，被劾坐羨餘不足，乾隆四年（西元一七三九年）謫塞外。夏感激盧氏先前之獎掖提拔，毅然隨行，在塞外三年，乾隆七年（西元一七四二年）始歸，有《塞外橐中集》。〔註18〕

　　亨甫身處戰亂之世，目睹西方列強的欺陵，以及中國國勢陵夷，詩作多感時憂國，成於行旅道路艱難之際。其友人江開〈感舊詩·張亨甫孝廉〉五古首云：「海內論詩歌，幾人才與抗？一生輕道途，萬物起悲壯。」〔註19〕蓋亨甫蒿目時艱，雖有才而不得展，流離轉徙，依為幕客，其行旅遊覽詩目擊世變，哀傷民瘼，每慷慨悲涼，如〈東陽縣〉五古，借「客從寧波來，為言堪痛哭。」〔註20〕痛陳英軍侵掠姦淫之暴行，悲憤直切，不讓杜甫〈三吏〉、〈三別〉獨美於前。其〈松寥山人詩集自序〉編其詩自嘉慶乙亥年十七始，迄於道光甲申，

〔註13〕張際亮著，王颿校點，《思伯子堂詩文集》，頁 1525。
〔註14〕梅曾亮著，《柏梘山房詩文集》（上海：上海古籍出版社，2005），頁 576。
〔註15〕梅曾亮著，《柏梘山房詩文集》〈湯海秋墓誌銘〉，頁 314。
〔註16〕袁枚著，《袁枚全集》（參），頁 305。
〔註17〕袁枚著，《袁枚全集》（參），頁 93。
〔註18〕錢仲聯主編，《清詩紀事》（貳）（南京：鳳凰出版社，2004），頁 1137。
〔註19〕張際亮著，王颿校點，《思伯子堂詩文集》，頁 1467。
〔註20〕張際亮著，王颿校點，《思伯子堂詩文集》，頁 1187。

凡六百首。〔註21〕戊子又梓其詩三百首於京師。年約三十五、三十六時，又梓其道路間所作百餘首。〔註22〕棄生稱許亨甫有高才而詩高格。八閩詩家，論亨甫之美才，要為古今有數人物。〔註23〕亨甫對詩的審美要求云：

> 凡為詩，須知神骨、才情、氣韻。夫無神則骨輕，無骨則神漓；無才則情滯，無情則才浮；無氣則韻薄，無韻則氣粗也。詩之至者，曰「入神」，其骨重，則神愈永也；曰「雄才」，其情深，則才始完也；曰「真氣」，其韻高，則氣乃固也。六者俱備，此盛唐大家之詩也。骨、才、氣有餘，而神、情、韻不足，此宋大家之詩也。此其大概也。要不本於積理養氣，歸於自得者。〔註24〕

亨甫為詩，重神骨、才情、氣韻。相較洪棄生重視的神韻、骨氣、意味。棄生的意味說又強調要「取意於蘇軾」、「取味於陶潛」和「取味」於明末清初的詩人吳偉業，詩論周到深廣勝過亨甫。棄生稱許南宋詩人陸游七古氣直起直落，較蘇軾、黃庭堅特麗。王士禎也稱許陸游詩「勃勃有生氣」、「真朴處多」。〔註25〕蘇軾評論陶淵明詩質而實綺，王士禎則引用劉孔和的評論，與其強擬剿取，學古而淪為偽古，「不如求真至，辛澹皆可味！」〔註26〕

亨甫為詩，悲憤直切，不讓杜甫，自許為志士之詩。〈答姚石甫明府書〉云：

> 終日以民生國計號於人，曰：「吾其為杜詩也」，則不觀杜於朋友、
>
> 兄弟、夫婦、兒女、鄰里極細碎事，言之無不懇摯乎？〔註27〕

強調「志士之詩」，即不以辭章自囿，欲因文明通治道，以求用世。論詩語誠摯動人處，在自然流露，於人倫之事雖極瑣屑，卻性情畢見，因以杜詩為例。棄生嘗譽張際亮〈王郎曲〉以初唐之麗情，運盛唐之豪氣。棄生〈雜春詩十首〉為遊春買春之冶辭，頗見棄生多情風懷，此詩其七第六句云：「明住揚

〔註21〕張際亮著，王飈校點，《思伯子堂詩文集》（下）（上海：上海古籍出版社，2007），頁 1311。

〔註22〕張際亮著，王飈校點，《思伯子堂詩文集》（下）（上海：上海古籍出版社，2007），頁 1312～1313〈南來錄自序〉。

〔註23〕洪棄生著，《寄鶴齋詩話》，頁 67、124。

〔註24〕張際亮著，王飈校點，《思伯子堂詩文集》（下）（上海：上海古籍出版社，2007），頁 1338～1339。

〔註25〕王士禎著，張宗柟纂集，戴鴻森校點，《帶經堂詩話》（北京：人民文學出版社，1998），頁 43。

〔註26〕王士禎著，張宗柟纂集，戴鴻森校點，《帶經堂詩話》，頁 74。

〔註27〕張際亮著，王飈校點，《思伯子堂詩文集》（下）（上海：上海古籍出版社，2007），頁 1337～1338。

州月二分。」極似〈王郎曲〉「天下三分月，二分在揚州。一分乃在王郎之眉頭，彎彎抱月含春愁。」〔註28〕

　　錢鍾書引用亨甫〈答朱秦州書〉、〈與徐廉峰太史書〉，認為亨甫論詩主張同於宋人嚴羽，以詩人須具「別才別趣」又兼「讀書窮理」。二者濟美，以針砭袁枚、趙翼之侻滑，與翁方綱之以考訂為詩。〔註29〕其說中肯。亨甫〈答潘彥輔書〉仰讚金代詩人元好問，明代高啟。而自我期許：

> 雖然，凡今之人，謂吾詩似黃仲則也。夫仲則之詩，所謂「似太白」，
> 乃舉其形貌亦失之者也，吾所不欲為也。〔註30〕

　　黃仲則詩有似李白處，亨甫以為其乃舉其形貌亦失之者，不齒並列。〈答潘彥輔書〉另一紙云：

> 自昔《風》、《騷》多孤臣危苦之辭，無論已。漢以下詩，可得而區別之者約有三焉：曰「志士之詩」也，「學人之詩」也，「才人之詩」也。模範山水，觴詠花月，刻畫蟲鳥，陶寫絲竹；其辭文而其旨未必深也，其意豪而其心未必廣也，其情往復而其性未必厚也，此所謂「才人之詩」也。其辭未必盡文，而其旨遠於鄙倍；其意未必盡豪，而其心歸於和平；其情未必盡往復，而其性篤於忠愛；其境不越於山水、花月、蟲鳥、絲竹，而讀其詩使人若遇之於物外者，此所謂「學人之詩」也。若夫志士思乾坤之變，知古今之宜，觀萬物之理，備四時之氣；其心未嘗一日忘天下，而其身不能信於用也；其情未嘗一日忏天下，而其遇不能安而處也；其幽憂隱忍，慷慨俯仰，發為詠歌，若自嘲，若自悼，又若自慰，而千百世後讀之者亦若在其身，同其遇，而淒然太息、悵然流涕也。蓋惟其志不欲為詩人，故其詩獨工，而其傳也亦獨盛，如曹子建、阮嗣宗、陶淵明、李太白、杜子美、韓退之、蘇子瞻，其生平亦嘗仕宦，而其不得志於世，固皆然也。此其詩皆志士之類也。
>
> 今即不能為志士所為，固當為學人，次亦為才人。然而今日之所謂詩人者，果何如耶？蓋自乾隆嘉慶以來，類多以詩干貴顯，文輕薄。

〔註28〕洪棄生著，《寄鶴齋詩話》，頁 124。錢仲聯編，《清詩紀事「道光朝卷」》（江蘇：江蘇古籍出版社，1987 年 2 月第一版一刷），頁 9934。
〔註29〕張際亮著，王颺校點，《思伯子堂詩文集》，頁 1482。
〔註30〕張際亮著，《思伯子堂詩文集》（上海：上海古籍出版社，2007），頁 1350。

比之於器，則供人之玩好者也；比之於聲，則蕩人之心魄者也。此
謂失是非，導諂諛，獎貪淫，喪禮義，久之而害於風俗人心。〔註31〕

所謂「學人之詩」其旨遠於鄙倍，其勝過「才人之詩」者，「才人之詩」
其情往復而其性未必厚也。所謂「學人之詩」者，其情未必盡往復，而其性篤
於忠愛。因此詩雖未必能纏綿悱惻，其感情卻平淡而自然。而「志士之詩」
也，其幽憂隱忍，慷慨俯仰，發為詠歌，此本自傳統言志緣情的詩觀而特加推
重，不啻是夫子自道語。其評判標準與棄生相似。棄生論乾隆嘉道以後詩人，
稱譽沈德潛「兼綜古今，風裁獨峻。」批評黃仲則詩詩格雖妙，「然有流於圓
熟入時者矣。」〔註32〕論詩人家數，重學亦重才。張際亮〈思歸吟〉云：

吁嗟乎！既不為洛陽生，流涕激切憂朝廷。又不為昌黎老，懷書慷
慨干當道。高堂有母歸不得，終日背人自歎息。幽州九月已早寒，
貂裘欲敝無顏色。惡風吹沙不見天，城郭慘慘若黑煙。千騾萬馬酸
聲吞，我亦蹢躅於其間。君不見青海外，鐵騎縱橫集旌旆。君不見
黃河涯，金錢耗棄輕泥沙。古來功與名，自視運與數。窮愁七尺軀，
飄零十載誤。誰持門戶任弱妻，誰授句讀憐驕兒。芋魁方可煨，蟹
腹亦已肥。胡為爾不田園思？忍棄骨肉而留茲？昨夢游戲凌天閶，
天狗闔闔向我狂。雷公、鬼母、夜叉、神王，其目閃閃垂星芒。睨
我欲進而彷徨。仙官引我去，去去驂鸞翔，巍峨宮府，白玉為堂。
丹霞滿戶，霓裳一奏，瓊華亂舞，我醉不知墮塵土。但聞木葉紛如
雨，此時南望路阻修，蒼然秋色橫蘆溝。蕭蕭之日欲落，黯黯之雲
不收。可憐飢鷹老雁前奔投，妖狐怪鳥中啁啾。吁嗟乎！淒者笛，
咽者笳；悲者鼓角，哀者琵琶。秋聲迸入愁天涯，遂使登高眺遠渡
於車。一邑一人，孤館孤客。有恨關山放眼青，無情歲月催頭白。
富豈必桑八百株，貴豈必官二千石？微願蹉跎淚霑臆。吁嗟乎！高
堂有母歸不得。〔註33〕

張際亮有賈誼經世之才，以韓愈明道以文的主張，欲求售用世而不可得。
身在京華而窮愁無憑。「昨夢」以下，洪棄生錄進詩話，推想稱許的原因，以天

〔註31〕張際亮著，《思伯子堂詩文集》（上海：上海古籍出版社，2007），頁 1348～
1349。
〔註32〕洪棄生著，《寄鶴齋詩話》，頁 35。
〔註33〕張際亮著，王飆校點，《思伯子堂詩集》（續修四庫全書·集部·別集類第 1526
冊），頁 553。

上光怪駭人之意象，諷刺清朝政治竄敗。〔註34〕張際亮經世之才，於友朋酬唱，留心兵事形勝。〈謝孝知兄弟招飲席間喜晤林大瘦雲因有此作〉七律二首云：

> 橫槊論兵亦壯哉，海天形勝笑談來。波濤日夜雙帆檣，今古風雲一酒杯。指掌分明見金廈，回頭飛渡失澎臺。嗟余短劍方無用，為汝高歌斫地哀。

> 少小曾多國士知，廿年空負九原期。江山夕照誰家笛，關塞秋風此鬢絲。豈有罪言痛河北，不無望賦感天涯。青樽紅燭雙行淚，話到封侯轉自悲。（原注：時六亭先生女婿官孝廉在座。憶戊寅夏秋間，先生無事，嘗與余登鼓山望海，因備語閩形勝。）〔註35〕

詩情意氣相傾，其中林樹梅（字嘯雲，亦曰瘦雲，福建同安金門後浦人。本姓陳，生父陳春圃為金門營百總，將其過繼給林廷福當養子，西元一八〇八～一八五一年）：

> 少負奇氣，不屑制舉之學。廷福為臺灣水師副將及澎湖游擊，每攜其巡洋。因留心世務，始折節讀書，從周凱、高澍然學。道光十六年（西元一八三六年），鳳山令曹謹禮聘之。至則知無不言，謹亦言無不聽。瑯璚故鳳山東南徼外之地，民番雜居，時相殘殺，樹梅冒險往諭，卒定。又助佐興水利，親歷生番境，導其源而規劃之。復議徵臺穀事宜，建埤頭望樓砲台等。逾年，邑大治。謹將上其功，則辭歸省母。三十年，林則徐師粵西，聞樹梅才，延至，詢以防海之策。未幾，則徐卒，樹梅為詩招魂，遂歸隱鄉園，鬱鬱以終，年未五十也。曾遊鼓岡湖，訪得魯王墓，請於當事，清其界，樹碣墓右。著有《嘯雲文抄》十四卷、《詩抄》八卷、《詩餘》二卷、《沿海圖說》、《戰船占測》、《雲影集》、《日記》等若干卷。〔註36〕

道光三十年，林則徐師粵西，聞樹梅才，延至，詢以防海之策。可見林樹梅之才幹抱負。

〔註34〕洪棄生著，《寄鶴齋詩話》，頁124。

〔註35〕張際亮著，王飆校點，《思伯子堂詩文集》（上海：上海古籍出版社，2007年7月），頁857。

〔註36〕林偉洲、張子文、郭啟傳撰文，《臺灣歷史人物小傳：明清時期》（臺北市：國家圖書館，民國90年版），頁119。郭啟傳撰，引自《澎湖廳志》卷七。《金門志》卷十。《臺灣通志》列傳隱逸。《重修臺灣省通志》卷九人物志。陳慶元〈將門子‧古文家‧詩人──鴉片戰爭時期愛國奇人林樹梅〉，《福建師範大學學報》1999：01。

二、江蘇長洲文人王韜

　　王韜（本名利賓，字子九，乳名蘭瀛，江蘇長洲人。後改韜，字仲弢。號紫銓，又號弢園。別號署薔華館主，釣徒，天南遁叟等，江蘇長洲（今蘇州市）人）。生於道光八年十月初四（一八二八年十一月十日），卒於光緒二十三年（一八九七年五月二十四日）。王韜於光緒六年（西元一八八〇年）夏，五月下旬，自稱弢園老民，寫其自傳〈弢園老民自傳〉於天南遯窟。傳云：

> 老民姓王氏，素居蘇州城外長洲之甫里村，即唐陸天隨所隱處也。
> 老民以道光八年十月四日生，初名利賓。十八歲，以第一入縣學，
> 督學使者為秦中張筱坡侍郎，稱老民文有奇氣。旋易名瀚，字懶今。
> 遭難後避粵，乃更名韜，字仲弢，一字子潛，自號天南遁叟，五十
> 後又曰弢園老民。老民世系本出崑山王氏，……自少性情曠逸，不
> 樂仕進，尤不喜帖括，雖勉為之，亦豪放不中繩墨。既孤，家益落，
> 以衣食計，不得已橐筆滬上。時西人久通市我國，文士漸與往還，
> 老民欲窺其象緯、輿圖諸學，遂往適館授書焉，顧荏苒至一十有三
> 年，則非其志也。滬上雖為全吳盡境，而當南北要衝，四方冠蓋往
> 來無虛日，名流碩彥接踵來遊，老民俱與之修士相見禮，投縞贈紵，
> 無不以國士目之，中如姚梅伯、張嘯山、周弢甫、龔孝拱，其交尤
> 密。西館中，時則有海寧李壬叔、寶山蔣劍人、江寧管小異、華亭
> 郭友松並負才名，皆與老民為莫逆交。惟是時事日艱，寇氛益迫，
> 老民蒿目傷心，無可下手，每酒酣耳熱，抵掌雄談，往往聲震四壁，
> 或慷慨激昂，泣數行下，不知者笑為狂，生弗顧也。金陵既陷為賊
> 窟，而滬上亦以閩、粵會匪起，戕官據城，老民思出奇計以復之，
> 卒不能，發憤抑鬱，患咯血疾幾殆。咸豐八年，徐君青中丞開府吳
> 中，與老民固有文字之契，老民以和戎、防海、弭盜三大端進言，
> 前後上書十數通，皆蒙優答。十年，金陵大營潰，賊竄吾吳，常、
> 鎮、蘇、太同時俱陷，東南半壁至此糜爛，四郡村鄉亦蹂躪無完土，
> 老民於是志愈孤，心彌苦。方捧上官檄，督辦諸鄉團練，老民知其
> 貪詐畏怯，萬不可恃，屢上書當事，代畫方略，言過切直，當事外
> 優異而內忌嫉之，顧所言頗見施行，多能見效，其最要者，以西人
> 為領隊官，教授火器，名曰洋鎗隊，後行之益廣，卒以此收復江南。
> 然用其言而仍棄其人，並欲從而中傷之，此老民之所以扼腕太息，

痛哭流涕，長往而不顧者也。維時賊於蘇鄉遍設偽官，立董事，皆土著人，暴斂橫徵，偽卡林立。老民固素識諸董事，密相結納，說以反正，言曾帥善用兵，祗以方剿上游，未遑兼顧，今安慶已復，援軍旦夕必至，不可不自為計。因激以忠義，勉以功名，令諸董事入賊中說頭目，結內應，皆有成說，其黠者亦從而徘徊觀望。老民密縱反間，使賊黨互相猜貳，自翦羽翼，諸內應者多急欲見功，勢頗可乘。而當事者遽以通賊疑老民，禍且不測，聞者氣沮。老民急還滬上，猶思面為折辨，顧久之，事卒不解，不得已航海至粵，旅居香海。自此杜門削跡，壹意治經，著有《毛詩集釋》，專主毛氏，後見陳碩甫《毛氏傳》、胡墨莊《毛詩後箋》，遂廢不作。同治二三年間，李宮保方次第克復吳中郡縣，老民代粵人某上書宮保，陳善後事宜，並言諏遠情，師長技自致富強之術，頗蒙采納。六年冬，西儒理君雅各，招往泰西，佐譯經籍，遂得遍遊域外諸國，覽其山川之詭異，察其民俗之醇漓，識其國勢之盛衰，稔其兵力之強弱。道經法都，得瞻其宮室之壯麗，士女之便娟，廛市之駢闐，財物之殷阜。與英之倫敦竝峙稱雄，同為歐洲巨擘焉。既至英土，居蘇格蘭之西境，其地近北極，少燠而多寒，春夏之交，微夜有光，而山水清淑，巖壑秀美，遊屐所至，殊足娛情適志。九年二月還粵。此三年中，老民以孤身往還數萬里，嘗登舵樓以眺望。決目極天，蕩胸無際，波濤消其壯志，風雨破其奇懷，未嘗不感愴身世，悲憫天人，擊碎唾壺，淚涔涔墮也。……辛未秋，普、法戰事起，七閱月而後定，老民綜其前後事實，作普法戰紀。是書雖僅載二國之事，而他國之合縱締交，情偽變幻，無不畢具，於是談泰西掌故者，可以此為鑑。……老民妻楊氏夢蘅，名保艾，字臺芳，娶僅四年沒於滬。續娶林氏名琳，字懷蘅，一字泠泠。經歷患難中與老民同甘苦。老民無子，……老民於詩文無所師承，喜即為之下筆，輒不能自休，生平未嘗屬藁，恒揮毫對客，滂沛千言，忌者或訾其出之太易。……所著有《春秋左氏傳集釋》六十卷、《春秋朔閏考》三卷、《春秋日食辨正》一卷、《皇清經解札記》二十四卷、《瀛壖雜志》六卷、《普法戰紀》十四卷、《四溟補乘》三十六卷、《法志》八卷、《俄志》八卷、《美志》八卷、《西事》凡十六卷、《甕牖餘談》十二卷、《火器說

略》三卷、《乘桴漫記》一卷、《扶桑游記》三卷、《海陬冶游錄》七卷、《花國劇談》二卷、《老饕贅語》十六卷、《遯窟讕言》十二卷、《弢園文錄》八卷、《蘅華館詩錄》八卷、《弢園尺牘》十二卷、都二十有二種。生而作傳，非古也。老民蓋懼沒世無聞，特自敘梗概如此。〔註37〕

　　據胡適考證，他十八歲入縣學時之名當是王畹，字蘭君，取屈原〈離騷〉「余既滋蘭九畹」之義。上太平天國書即用畹為名，以示鄭重。後因此事出亂子，才改名。〔註38〕學者王爾敏曾為文論述王韜生活的一面—風流至性。王韜為近代報業先河，他於道光二十五年（西元一八四五年）以新陽縣籍在崑山考中生員。登科顯名之後，隨即改名王瀚，字蘭卿（又字蘭君），亦稱嫻今。此名一直應用至咸豐十一年乃至同治元年，而其再易名王韜，乃是同治元年八月以後逃亡至香港，則終其一生，俱用王韜字子潛，或紫銓之名，或亦字仲韜。

　　王爾敏提到王氏生平狎妓，跌宕自憙，放浪形骸，徵逐酒色，揮霍無度。風流之性，自其十九歲（道光二十六年（西元一八四六年））至年老不衰。其有關仕女筆載，兩性著述，以早年所作為可重可貴，具時代參考性，如《花國劇談》及《海陬冶游錄》，《花國劇談》完成於咸豐二年（西元一八五二年）。《海陬冶遊錄》正錄三卷完成於咸豐十年（西元一八六〇年）。寫旅滬之顛沛境遇，浪跡心情，遊戲人生，可考鏡口岸士風以至文藝遞嬗之濫觴。又寫照上海開埠後的下民生活，彌足珍視。

　　王氏曾以黃畹之名上書太平軍，後清軍克復上海，得其書，欲捕而未成。王氏反賴英人麥華陀安排下遁避香港，於同治元年（西元一八六二年）閏八月十八日（十月十一日）抵達香港，自此易名王韜，傭書於教士理雅各（James Legge，西元一八一五～一八九七年），佐其繙譯中國經典十三經。到港第二年即完成《毛詩集釋》三十卷。自同治元年（西元一八六二年）離滬至香港旅居，到光緒十年（西元一八八四年）再回滬定居，旅港達二十三年之久。其譯書及創辦《循環日報》皆在此時期。據其自傳，同治六年（西元一八六七年）冬，王韜有訪英之行，並在英進行繙譯中國經典。此行不但大開眼界，又受西人尊崇，儼然視為東方學者。學者王爾敏稱王氏在蘇格蘭周遊北國，在理雅

〔註37〕王韜著，《蘅華館詩錄》（續修四庫全書集部·別集類，上海：上海古籍出版社，2002年），卷1，頁426～429。
〔註38〕胡適著，李敖編，《胡適選集（三）》（臺北縣：李敖出版社，2002），頁72。

各、慕維廉故鄉親朋好友之家備受禮遇，一住兩年，直至同治九年（西元一八七〇年）初再返倫敦，二月還粵。其游歐初居倫敦半載，又遊蘇格蘭之西境，法都巴黎等處。所至見西方仕女，親切大方，坦朗開放。後雖有過從甚密之女友，然發乎情，止乎禮義。回港後創辦變法言論，推許英國「以禮義為教，而不專恃甲兵，以仁信為基，而不先尚詐力，以教化德澤為本，而不徒講富強。」又云：「歐洲諸邦皆能如是，固足以持久而不敝也。」

　　王韜又於光緒五年三月初九日至七月十四日（西元一八七九年年三月三十一日～八月三十一日）計五個月東遊日本。此因日本學者嚮慕其文名，稱其《普法戰紀》行文雄奇。王氏《扶桑遊記》自云：「光明磊落，慷慨激昂，視資財如土苴，以朋友為性命。生平無忤於人，無求於世。嗜酒好色，乃所以率性而行，流露天真也。」王韜返滬之後號其居為滬北淞隱廬，自署名淞北逸民。王韜自傳稱於光緒六年（西元一八八〇年）癸酉，香海諸同人醵貲設印局，刓行日報，延其總司厥事，老民著述乃得次第排印。可知其總理報業始於此年。晚年階段，王爾敏謂其有《淞隱漫錄》十二卷，又有《淞濱瑣話》十二卷，記男女交遊故事，或述婦女閨房瑣事。其書於《申報》、《點石齋書報》發售。王氏在學術上的貢獻，如著作《春秋朔閏日至考》、《春秋朔閏表》、《春秋日食辨正》等，其古曆學的研究獲專家推崇。〔註39〕王韜性好狎邪冶遊，至老不衰。易順鼎（字實甫，亦作碩甫、實父、石甫。中年後號哭盦，湖南龍陽（今漢壽）人，西元一八五八～一九二〇年）與王韜時有詩唱和。光緒二十年甲午（西元一八九四年）舊曆九月〈上海感懷今昔示申報館諸人六首〉其四云：

　　天南遯叟（原註：王紫詮）近如何？齒豁頭童十載過。我似丁威反
　　華表，君如子訓撫銅駝。居然魯國靈光殿，到處堯夫安樂窩。聞道
　　風懷仍未減，日揩老眼對梨渦。〔註40〕

「安樂窩」指上海，易順鼎〈滬上書感六十韻〉排律首云：「鑄鐵真為錯，銷金亦比鍋。樓居仙鬼半，巷遇妓伶多。」〔註41〕寫清末華人洋鬼麕集，紙醉金迷的上海。實甫時年三十七歲，此年春夏，服孝哭母，回思前半生，撰〈哭

〔註39〕王爾敏撰，〈王韜生活的一面——風流至性〉，《中央研究院近代史研究所集刊第 24 期上冊》（台北：中央研究院近代史研究所，1995 年 6 月），頁 225～262。
〔註40〕易順鼎著，王颿點校，《琴志樓詩集》（上海：上海古籍出版社，2004），頁 574。
〔註41〕易順鼎著，王颿點校，《琴志樓詩集》，頁 24。

庵傳〉，自號曰哭庵。七月一日（西元一八九四年八月一日），中日雙方正式宣戰，甲午戰起，哭庵奉父命墨絰從戎。先撰〈陳治倭要義疏〉，「擬赴京伏闕上書，指斥李鴻章處置中日高麗之爭戰有三誤，請嚴旨責罰，……故要在先罰後賞，而先行於李鴻章。」九月抵上海，晤王韜、錢昕伯等申報館諸人，而有上述詩作。〔註42〕

　　論者余英時推崇王韜和英國傳教士理雅各（James Legge）合作的《中國經書》（Chinese Classics）英譯。王韜從西元一八六二年到一八七三年和理雅各合作了十一年之久，理雅各的譯注——特別是《詩經》和《左傳》兩大卷的英譯——得力於王韜的研究和協助甚大。同治元年（一八六二年），王韜因私通太平天國罪名被清廷逮捕，後因理雅各等人的救援得脫，兩人同赴香港，開始學術合作。余英時據此一歷史，說明香港在中國學術研究方面所發生的重要功能。一是香港為中西學術文化的溝通提供了最理想的地點。王韜在香港接受了西方算學和天文學的新知識，有利於他研究春秋時代的曆法和日蝕。第二是政治迫害而求庇護的學人，香港成為學術研究的避風港。第三是香港在日常生活一直與時俱新，正是其文化潛力所在。王韜後來遠遊英國和歐洲，在牛津大學講演，引陸象山的話，說東海、西海各有聖人，其心同其理同，主張孔子「仁道」是人類精神所能達到的最高境界。論者余英時認為此是香港的產物，一如孫中山雖是革命家，卻依然尊重中國的主流文化。〔註43〕

　　洪棄生詩話選錄《蘅華館詩錄》詩加以評析，稱其古體寥寥，近體如瀟灑出塵。例如〈徐仲寶秀才〉：

　　　　繞里梨花三百樹，閉門中有草堂幽。業承名父終傳世，詩到才人例感秋。八月波濤飛白下，一簾煙雨夢蘇州。鑪香領略功名小，搖落江鄉爾許愁。〔註44〕

棄生選錄頸聯詩句。〈至寓齋作〉云：

　　　　秋來芳草遍閒庭，一桁疏簾六扇屏。牆缺正當殘樹碧，屋低不礙遠山青。疏花入夜窗無影，涼月著人醒未醒。剪燭更闌渾欲寐，那堪舊事話零星。〔註45〕

〔註42〕易順鼎著，王颷點校，《琴志樓詩集》，頁 1562。
〔註43〕余英時著，《歷史人物與文化危機》（台北：東大，1995 年），頁 140～145。
〔註44〕王韜著，《蘅華館詩錄》（續修四庫全書集部・別集類，上海：上海古籍出版社，2002 年），卷 1，頁 441。
〔註45〕王韜著，《蘅華館詩錄》，卷 1，頁 443。

　　棄生選錄頷聯詩句。〔註46〕意境從馬致遠〔雙調〕（夜行船）秋思套曲中云：「屋角偏宜綠樹遮，青山正補牆頭缺，更那堪竹籬茅舍。」脫胎而出。〈楊丈埜舲自蜀歸賦呈〉云：

　　　　萬行雲樹萬煙鬟，鵾鳩聲中君正還。五六年愁多似葉，八千里夢亂
　　　　于山。途窮悔作諸侯客，境厄能凋壯士顏。珍重尊前始團聚，夜深
　　　　剪燭話迴環。〔註47〕

　　棄生選錄頷聯詩句。〈鹿城應試夜泊城外〉云：

　　　　秋風秋雨過危橋，水上寒燈獨客橈。舊事渾如春去鴈，新愁多似暮
　　　　來潮。舟人不語眠蓬底，殘月無聲墮柳梢。自是名心猶未淡，明年
　　　　相約看金焦。〔註48〕

　　棄生選錄全詩。〈春日茗香寮雜詩〉云：

　　　　紅護窗櫺綠護扉，薄陰庭院落花飛。長卿善病風懷減，小杜工愁鬢
　　　　髮稀。銀燭燒殘聽夜雨，金釵典盡到春衣。酴醾淺白酴醾碧，一樣
　　　　春光總覺非。〔註49〕

　　棄生選錄全詩。王韜〈冬夕〉七絕：「蕭蕭牆外竹聲乾，霜重樓高夢亦寒。人在西風正惆悵，又吹落葉上闌干。」〔註50〕棄生選錄全詩。王韜寫詩贈妻的〈問夢蕙病二首〉云：

　　　　無端薄病便添愁，骯髒情懷不自由。簾外有聲頻側耳，窗前小坐自
　　　　梳頭。即看鬢影蕭疏甚，還耐秋風料峭否？勸汝裝綿須及早，新寒
　　　　昨夜襲妝樓。
　　　　已是秋中復病中，起還無力臥偏慵。怕臨鏡檻眉痕淡，教下簾鈎樹
　　　　影濃。薄被初熏時有夢，長宵微倦忽聞鐘。請看羅袖寒如此，懊惱
　　　　年來帶更鬆。〔註51〕

　　棄生選錄全詩，稱許「詩格秀麗，誠可誦也」。棄生選錄〈春日滬上感事〉云：

　　　　海上潮聲日夜流，浮雲廢壘古今愁。重洋門戶關全局，萬頃風濤接

〔註46〕洪棄生著，《寄鶴齋詩話》，頁69～70。
〔註47〕王韜著，《蘅華館詩錄》，卷1，頁449。
〔註48〕王韜著，《蘅華館詩錄》，卷1，頁449。
〔註49〕王韜著，《蘅華館詩錄》，卷1，頁448。
〔註50〕王韜著，《蘅華館詩錄》，卷1，頁445。
〔註51〕王韜著，《蘅華館詩錄》，卷1，頁447～448。

上游。浩蕩東南開互市，轉輸西北供徵求。朝廷自為蒼生計，竟出和戎第一籌。

蒼茫水國弭春寒，鯨鯢消餘宴海瀾。閭里共欣兵氣靜，江山始歎霸才難。殷憂漆室何時已，慟哭伊川此見端。遠近帆檣賈胡集，一城斗大枕奔湍。

烽火當年話劫灰，金銀氣溢便為災。中朝魏絳紆謨畫，窮海樓蘭積忌猜。但出羈縻原下策，能肩憂患始真才。于今籌國詎容誤，爛額焦頭總可哀。

海疆患氣未全舒，此後豈能防守疏。應有重臣膺管鑰，早來絕域會舟車。土風誰補蠻夷志，波畢今登貨殖書。千萬漏巵何日塞，空談國計急邊儲。〔註52〕

面對西方列強入侵，清廷和戰失宜，「中朝魏絳紆謨畫」，談說之術有「懼之以勢」者，以利害深切曉明，使對方因恐懼而言聽計從。此由分析勢有所不可，如〈襄公四年〉魏絳論和戎。張高評分析：「前幅極言伐戎之害，後幅即言和戎之利，一反一正，五利五害，恰作首尾。」〔註53〕「能肩憂患始真才」，中國缺乏人才，「土風誰補蠻夷志，波畢今登貨殖書。」既不通曉外邦政情文化，又不知禁鴉片而只知重商競利以圖強。「浩蕩東南開互市，轉輸西北供徵求。」被迫開港通商，邊境又屢遭鄰國侵奪領土，西北強俄虎視眈眈，「竟出和戎第一籌」，真可謂「爛額焦頭總可哀」。

王韜於道光二十九年己酉（西元一八四九年）夏四月下旬，時年二十二歲，自號蘅華館主，於甫里行素園之南牕，自序其詩集云：

余不能詩，而詩亦不盡與古合。正惟不與古合，而我之性情乃足以自見。余足不出里巷、目不覩邱墳。所與交接者，又絕少當世通人名士。方弇鄙自愧，何敢言詩？不惟不敢，更何足以知詩？然竊見今之所為詩人矣，搏撦以為富，刻畫以為工，宗唐祧宋以為高，摹杜範韓以為能，而於己之性情，無有也。是則雖多奚為？慨自雅頌降為古風古風，淪為律體，時代既殊，人才亦變。自漢魏六朝，迄乎唐宋元明，以詩名者，殆不下數千家。後之學者，難乎繼矣。詩

〔註52〕王韜著，《蘅華館詩錄》，卷1，頁448。
〔註53〕張高評著，《張高評解析經史二：左傳之文學價值》（台北市：五南圖書出版社，2019年10月初版一刷），頁274。

至今日，殆可不作。然自有所為我之詩者，足以寫懷抱，言閱歷，平生鬚眉，顯顯如在。同此風雲月露，草木山川，而有一己之神明入乎其中，則自異矣。原不必別創一格，號稱初祖，然後翹然殊於眾也。余自少讀詩，自古作者，以逮本朝諸大家，皆欲討流泝源，窮其旨趣。久之，益知作詩之難。及長，雖有所作，未敢持以問世。惟顧滌盦明經師、楊醒逋茂才稍稍見之，以為可存。竊嘗謂所貴乎詩者，與苟同，寧立異，必自淺之深，由龐而精。歷觀古人作。亦有不盡佳。要其研精殫力，積數年十年而後成，自有一家面目在。夫豈徒以繡章飾句為事哉？性情之用真，而學問亦寓乎其中，然後始可與言詩矣。余今年二十有二歲，積詩凡數百首，要不盡可存，但願質諸天下後世之能詩者，以共相印證可也，〔註54〕

正惟不與古合，而我之性情乃足以自見。自淺之深，由龐而精。歷觀古人作，要其研精殫力，積數年十年而後成，自有一家面目在。寫懷抱，言閱歷，寫詩需有我在。洪棄生引其詩云：

長洲王韜，字仲弢，號遁叟。初名畹，字紫銓，久主上海報館，議論磊落不凡，為近人中翹楚。傳聞其在諸生時，懷才急炫，曾以策上當事不應，及金陵寇亂，吳地淪陷，亦以策干洪、楊，故事後官府指捕甚急，乃遁跡外洋以免，洎而當途有愛才者，力為申雪，因以無事，得以援例捐官。或謂其在陷圍時，曾得洪氏科第，或謂少年獻策時，語觸當事之忌，枉遭通寇之誣，故弢園詩中有「亂世文章多賈禍，窮途性命尚憂時。」之語，當以後說為確，……今人足涉歐美，目炫新異，多有解衣入裸國之思，況夫脫網遠颺，借彼族為逋逃藪者，更不免與之水乳交融。獨仲弢矯矯不群，不為所染，居恆談及中外時艱，輒覺裂眥透爪，……〔註55〕

洪棄生尤愛其詩〈春日滬上感事〉，談及中外時艱，有透關之見。

三、晚清文人姚燮、汪瑔

姚燮（字梅伯，號野橋，一作野樵，晚號復莊，別署大梅山人、大某、上湖生、二石生、復道人等，浙江鎮海人。西元一八〇五～一八六四年）。姚燮

〔註54〕王韜著，《蘅華館詩錄》（續修四庫全書集部‧別集類，上海：上海古籍出版社，2002年），頁426。
〔註55〕洪棄生著，《寄鶴齋詩話》，頁70。

友王韜《瀛壖雜志》稱譽姚燮「工畫梅」、「人物花卉無不奇特」。姚燮親睹清末西方列強以船堅砲利欺凌中國，語多譏諷激憤。洪棄生引其詩云：

> 復莊有弔李向陽殉節詩云：「昔誰為定海死，死定海者全典史。今誰死鎮海城，死鎮海城者李縣丞。」蓋哀其微官而能殉職也。其實死定海者有王錫朋、鄭國鴻、葛雲飛三總兵，縣令舒恭壽亦服毒瀕死。死鎮海者有總督裕謙，總兵謝朝恩亦陣亡。

> 復莊有哀三總兵詩云：「六日仍絕援，孤軍壯亦餒。始知移鎮時，已遭閫主紿。」實則總督裕謙方駐兵鎮海，誓守不去。惟定海孤懸海外，無戰艦可援，非不之救也。且裕公力白林則徐之功，密劾琦善之罪，迨土地一失，遂投泮池而死，洵公忠為國之人，視牛鑑輩霄壤矣。論者以其忠有餘而才不足惜之。〔註56〕

清宣宗道光二十一年（西元一八四一年）辛丑，英軍犯定海，三總兵鄭國鴻、葛雲飛、王錫朋殉國。兩江總督裕謙（字魯山，又字衣谷，號舒亭，蒙古族，西元一七九三～一八四一年）在禁菸問題上，與林則徐同樣力主嚴禁，道光二十年（西元一八四〇年）五月，英國發動第一次鴉片戰爭。二十一年正月初五（一八四一年一月二十七日），道光任奕山為靖逆將軍，前去廣州督戰。但伊里布雖有收復定海之心，無收復定海之力，畏葸不前遭道光怒斥，改任裕謙為欽差大臣。七月，英國再次擴大戰爭，璞鼎查帶領軍隊攻陷廈門，八月十二日（九月二十六日）攻向定海。鄭國鴻、王錫朋、葛雲飛三總兵帶領四千多名守兵與市民，同英軍激戰。三總兵與守軍全部陣亡，定海被攻下。八月二十六日（十月十日），英軍登招寶山，余步雲不戰而退。英軍同時分兵攻金雞嶺，謝朝恩中砲而亡。不久鎮海陷落，裕謙戰敗後自沉後終殉節。鄭國鴻（字雪堂，鳳凰縣沱江鎮人，西元一七七七～一八四一年十月一日），王錫朋（字樵慵，西元一七八六～一八四一年十月一日），葛雲飛（字鵬起，一字雨田，號淩臺，浙江省紹興府（今屬杭州市蕭山區）人，西元一七八九～一八四一年十月一日），謝朝恩（四川華陽（今屬成都市）人，？～一八四一年十月一日）。英軍攻佔定海在八月十七（十月一日）。《清史稿》在葛雲飛等將領傳記之後論道：「海疆戰事起，既絀於兵械，又昧於敵情，又牽掣於和戰之無定，畏葸者敗，忠勇者亦敗。專閫之臣，忘身殉國，義不返踵，

亦各求其心之所安耳。嗚呼，烈已！」〔註57〕此役姚燮有〈哀江南〉等詩詠之，洪棄生引其詩云：

> 復莊作〈哀江南〉句云：「最憐段潁亡軍禍，早伏歌舒出鎮時。蘊水燈紅傳餉急，桂橋夜黑落星遲。」自注：「謂陳忠愍公」，然歌舒當是指總督牛鑑。蓋牛鑑極怯懦昏庸，聞陳公化成寶山戰利，出而觀戰，逢砲子墮而跳走，遂牽動陳軍以敗。又不走守鎮江，直走入江寧省城，致鎮江曹部一空而陷，東南大震，全局不支，朝廷因再出於和，皆其誤也。故詩末云：「昨逢繡帽三絃曲（原詩作客），新樂蒲桃寄憤思。」蒲桃者，逋逃也，淞人製此曲以嘲牛帥而弔忠愍者。〔註58〕

道光二十二年（西元一八四二年）六月初，英艦陷吳淞、寶山、溯江入鎮江，八月四日直逼南京，兩江總督牛鑑乞和，二十九日簽定南京條約，為此後百年不平等條約之首辱。吳淞之敗，江南提督陳化成殉國。此役先是牛鑑聞勝趨出，逢砲墮而跳走，遂牽動陳軍以敗。〔註59〕姚燮詩以後漢桓帝時破羌名將段潁比擬之。段潁附中常侍王甫，受其牽累，飲鴆死於獄中，可謂晚節不保，〔註60〕與陳化成之節烈相去甚遠。若歌舒翰降於安祿山，諷刺牛鑑怯懦乞和於英人，則尚稱貼切。洪棄生云：

> 復莊作〈從軍〉詩云：「朝博夕挾娼，懷袖黃金嬴。」蓋紀實也，可知當時之兵氣矣。又云：「分營互犄角，聲勢何其雄。攖山但堅守，不潰即大功。奈何舉動輕，忍視流血紅。」當為將軍奕經輕率開戰而作。其時宿邊舉人臧紆青獻策，分伏鄉勇為內應，分伏兵於上虞、寧波、鎮海三域，惟用散戰，不動大隊，使之出沒難防，而後以大兵斃之。奕經方奏請允行，而旋又急於貪功，亟攻寧波，遂至敗走，詩故云然。又〈感事〉云：「肅肅宣聖宮，譁然置歌席。」予謂置歌席未大穢，今

〔註57〕 王錫朋事蹟，見梅曾亮著，《柏梘山房文集》〈王剛節公家傳〉，（上海：上海古籍出版社，2005 年 12 月第 1 版），卷 9。

〔註58〕 洪棄生著，《寄鶴齋詩話》，頁 142。

〔註59〕 黃鈞宰著，《金壺浪墨》，〈吳淞之變〉，（續修四庫全書・集部・別集類第 1183 冊，上海：上海古籍出版社，1999 年版），卷 3。詩見姚燮，《復莊詩問》，〈哀江詩五疊秋興韻八章〉其四，（上海：上海古籍出版社，1988 年 5 月第一刷），卷 75。

〔註60〕 范曄著，《後漢書》，〈段潁〉本傳，（台北：鼎文書局，1977 年 9 月初版），卷 65。

則臺地聖宮有為敵人穴作廁場，蓋作黑囚獄者，日裸體其中，日屠割
絞殺凌遲臺人於其傍，彼刑天無目，無足怪也。〔註61〕

道光二十二年（西元一八四二年）三月十日，奕經寧波敗役，咎在事先屢
遺諜，為敵所獲，漏師期，敵早有備。英兵又勾結清軍部勇，勢且生變，不及
待期，清將先二日分襲，不攜槍砲，遂敗。〔註62〕奕經本無戰志，之前久駐蘇
州，濫支軍餉，惟知縱樂。〔註63〕竟以肅穆的夫子廟為歌席場。「肅肅宣聖
宮，譁然置歌席。」指斥犀利，亦可覘時補史。

日人治臺初期，占用孔廟，例如明治三十年（西元一八九七年）八月一
日，日人伊能嘉矩參觀彰化孔廟，得知自明治二十九年（西元一八九六年）被
陸軍佔用，舊觀已失。但大成殿仍供奉著孔子牌位，圍牆內可見道光二十年
（西元一八四〇年）所撰的〈重修彰化縣學碑記〉，以及光緒六年（西元一八
八〇年）所撰的〈重修邑學碑記〉。〔註64〕臺人被日人屠割絞殺凌遲於聖臺，
豈天地不仁，坐視屠夫暴虐酷殺，令人髮指！

姚燮〈客有述三總兵定海殉難事哀之以詩〉云：「作詩聊備風，徵信敢言
史。且代〈傳芭篇〉，〈大招〉向盤峙。（原注：盤峙，定海山名，即盤嶼。）」
〔註65〕詩轉移風氣，觀風俗厚薄如《詩經》風詩。而表彰總兵定海殉難事，以
徵信史。

姚燮〈讀王弇州詩題後〉：「新城後出矜為秘」「枯索生機難語畫，空靈變
態不如優。」〔註66〕批評王士禎詩善於模擬，不脫明七子風格，不如優人。卻
推崇黃仲則〈觀潮行〉：「武進黃生造生句，能拔枚生幟孤樹。兩篇跳出萬口
傳，一事無成百年去。」〔註67〕姚燮詩的佳句，棄生舉例云：

梅伯有句云：「物不恆見見輒驚，遂以龍虎為神靈。」眼前語拈出則

〔註61〕洪棄生著，《寄鶴齋詩話》，頁142。引自姚燮〈前從軍詩五章〉其五、〈後從
　　　　軍詩五章〉其五、〈感事三章〉其一。見姚燮著，《復莊詩問》，卷24。

〔註62〕國史館清史稿校註編纂小組清史稿校註審查委員會，《清史稿校註》〈奕經〉本
　　　　傳，（台北：台灣商務印書館，1999），卷380。

〔註63〕黃鈞宰著，《金壺浪墨》（續修四庫全書・集部・別集類第1183冊，上海：上
　　　　海古籍出版社，1999年版），卷3。

〔註64〕伊能嘉矩著，楊南郡譯註，《臺灣踏查日記》（臺北市：遠流出版社，1996年
　　　　版），頁157。

〔註65〕姚燮著，《復莊詩問》（上海：上海古出版社，1988年5月第一刷），頁825。

〔註66〕姚燮著，《復莊詩問》，頁155。

〔註67〕姚燮著，《復莊詩問》，頁221。

出奇，古人所無也。又句云：「以心向明月，層雲上掩何蒼蒼。且須騎虎覓靈藥，西窮星海東扶桑。」此則故作奇傑語也。又云：「千燈高過城，知為江上檣。江闊雁路空，供我孤心翔。心雖無羽毛，瞬息能及鄉。俯見東海城，徹夜群生忙。」此又善作刻鷙語也。〔註68〕

姚燮詩語之奇傑刻鷙固動人，然能拈出「眼前語」以出奇，「奇」中寓「平」理，斯為至矣。

詩述三總兵定海殉難事者，又如汪瑔（字芙生，一字玉泉，一字越人，號無聞子，祖籍浙江山陰（今紹興），出生於廣東番禺，西元一八二八年～一八九一年），汪瑔早年擔任佐郡縣、曲江縣幕僚，當時法軍圍困曲江，其曾獻計焚燒敵舟，全城得保。光緒初年，擔任劉坤一幕僚，辦理涉外事務，著有《隨山館集》等。其與沈世良、葉衍蘭並稱「粵東三家」。有子汪兆銓，侄汪兆鏞、汪兆銘（汪精衛）。汪瑔著作有《隨山館猥稿》、《番禺汪穀庵先生集五本》，後者有咸豐辛酉春朱鑒成序。〔註69〕陳寶箴撰述汪瑔的墓誌銘〈清故敕封文林文郎國子監汪君墓誌銘〉云：

越之難，邊海騷震。曾忠襄公獨就君陰籌戰故斥守，備扞無形，服君偉才，歎為國寶。然君貞簡絕俗，澹於榮仕，俯仰委蛇，嘯詠終老，海濱之儒，羈旅之士。至論清德，淳行長於謨筴，達於事變，旋斡冥漠之中，而不尸其名。浮湛污濁之俗而不涬其志。蓋未有先君者矣。晚歲養疴，耽情墳史，名賢鉅公禮聘踵至，終不復出。素勤纂述，著書滿家。雋辭奧旨，究理天人，儒學宗焉。凡有隨山館集十八卷。無聞子一卷。松煙小錄六卷。旅談五卷。尺牘二卷。春秋六十有四，以光緒十七年二月丁酉卒。配張孺人。男子子兆銓，乙酉科鄉試舉人，官海陽縣學教諭。女子子二人，次嫁朱啟連，端介有文行，傳君之學者也。〔註70〕

汪瑔曾居曾國荃幕下。定海之役，邊海騷震。汪瑔陰籌戰故斥守，備扞無

〔註68〕洪棄生著，《寄鶴齋詩話》，頁76。引自姚燮著，《復莊詩問》（上海，上海古籍出版社，1988年5月第一刷），頁273〈醉後書城南酒肆壁三章〉其一，頁265〈短歌寄屬三葉十八七章〉，及頁244〈歲暮旅懷五章〉其三。
〔註69〕汪瑔著，《隨山館猥稿》（上海：上海古籍出版社，2010年12月第一版）。汪瑔著，《番禺汪穀庵先生集五本》（黃濬捐贈行政院圖書室，1934年9月）。
〔註70〕汪瑔著，《隨山館猥稿》（上海：上海古籍出版社，2010年12月第一版）。汪瑔著，《番禺汪穀庵先生集五本》（黃濬捐贈行政院圖書室，1934年9月）。

形，可見有經濟才。清宣宗道光二十七年（西元一八四七年）丁未作〈葛將軍妾歌並序〉云：

> 客有言葛將軍妾者，故越人，不詳其姓氏。道光辛丑葛公為定海總兵。英吉利犯定海，力戰六晝夜，援師不至歿於陣。妾遽集婢僕及賸卒得數百人，奪公屍歸，葬於山陰，蓋奇女子也。震澤趙艮甫（函）作十哀詩紀公死。事甚詳而不及其妾，余作此詩補之。公名雲飛，亦越人。
>
> 舟山潮與東溟接，戰血模糊留雉堞。廢壘猶傳諸葛營，行人爭說張巡妾。共道名姝越國生，苧蘿村畔早知名。自從嫁得浮雲壻，到處相隨卻月營。青油幕底紅鐙下，緩帶輕裘人雋雅。月明細柳喜論兵，日暖長楸看走馬。一朝開府海門東，歌舞聲傳畫角中。不問孤軍懸渤澥，但思長劍倚崆峒。新聲休唱丁都護，金合牙旗資內助。虎幄方吹少女風，鯨波忽起蚩尤霧。一軍如雪陣雲高，獨鏖凶門入怒濤。誰使孝侯空按劍，可憐光弼竟抽刀。淒涼東嶽宮前路（原注：公殉節處），消息傳來淚如汪，三千鐵甲盡蒼黃。十二金釵齊縞素，繡旗素鉞雪紛紛，報主從來豈顧勛。已誓此身判九死，頓教作氣動三軍。馬蹄溼盡燕脂血，戰苦綠沉槍欲折。歸元先軫面如生，殺賊龐娥心似鐵。一從巾幗戰場行，雌霓翻成貫日明。不負將軍能報國，居然女子也知兵。歸來慟哭軍門柳，心與孤臣同不朽。祇恨凝之海上軍，不如李侃閨中婦。一樣桃花馬上身，蛾眉今古幾傳人。君不見同鄉舊有蕭山沈，異代猶夸石硅秦（原注：龐娥句亦作「討賊張妻心似鉟」。《晉書‧列女傳》論張妻報怨於強寇，謂張茂妻陸氏也）。〔註71〕

比擬葛雲飛如唐代張巡，因堅守城池而殉節。「虎幄」句轉筆，孝侯、光弼比擬葛雲飛如平定安史之亂的郭子儀、李光弼，不以成敗論英雄，稱譽極矣。讚譽其妻英烈當可誇耀青史。棄生所錄汪瑔此詩「心與孤臣同不朽」句以下詩句是：

> ……犀鎧龍泉亦何有？不作孤城李保妻，尚留遺恨韓家婦。還家著取舊時裳，粉黛弓刀盡可傷。風雨曹娥江上住，夜深還夢舊戰場。」

〔註71〕汪瑔著，《隨山館猥稿》（上海：上海古籍出版社，2010 年 12 月第一版），卷 1。

棄生所錄的詩意較和雅。上引詩人表彰烈女詩，彰顯戰亂中女子奇節。棄
生云：

> 此詩音調和雅，可稱合作。詩意以葛公屍係其妾所奪回，而葛公家
> 所藏年譜，則公屍係定海縣民徐保載歸，王定甫作志因之，與此不
> 符，想詩係聞之誤歟？〔註72〕

誠如姚燮詩句，詩應該表彰節烈，以徵信史。此外，張際亮〈王郎曲〉以
初唐之麗情，運盛唐之豪氣。主張志士之詩，推崇杜甫寫兒女至情的人倫佳
篇。王韜寫詩贈妻的〈問夢薝病〉詩格秀麗。王韜性好狎邪冶遊，至老不衰，
其《淞濱瑣話》等書記載妓女為娛客所唱的蘇、常曲調。傳統文人消遣品味與
歌妓書場中的休閒空間，隨著上海小報的蜚短流長，各種規矩和語言只有參與
其中的人才了解，而文人對文字遊戲的明顯喜好，會在那裏找到它的表達方
式。〔註73〕棄生詩贈妻以及贈妓的詩風不同，也可以這種文化氛圍來理解。

〔註72〕洪棄生著，《寄鶴齋詩話》，頁149。
〔註73〕袁燮銘、夏俊霞譯，《上海妓女——19～20世紀中國的賣淫與性》（上海：
　　　　上海古籍出版社，2004年7月第1刷），頁40、51、75。

第五章　奇麗出新，情足理足

　　論晚清在朝大臣諍諫諷諭，或是佯狂避禍的仕途出處之道，以詩詠詭嘲諷，怨讟針砭。詩人的真性情，以反常合道，公理私情或依違不能兼顧，或盡忠以身殉烈，則奇麗出新，情足理足，值得細究。

　　《文心雕龍‧知音》六觀之說，其中觀奇正，張健詮釋兼指題材與風格的奇正，如宗經載道為正，參騷酌緯為奇。〔註1〕日本學者興膳宏討論《文心雕龍‧辨騷》中指出《楚辭》非經書的一端有四：「詭異之辭」、「譎怪之談」、「狷狹之志」、「荒淫之意」。因此，《楚辭》的「奇」指獨創、嶄新，卻也有異常和追求時髦的負面價值。〔註2〕不同於《文心雕龍‧辨騷》，鍾嶸《詩品》中，把「愛奇」當成肯定的讚美之語，指嶄新、獨創、個性。其說畢見於中品評謝朓「然奇章秀句，往往警遒。」下品評虞義「子陽詩奇句清拔，謝朓常嗟誦之。」又評曹植、劉楨詩為上品。評曹植云：「骨氣奇高，詞采華茂。情兼雅怨，體被文質。粲溢今古，卓爾不群。」到底鍾嶸把何種文風評之為「奇」？興膳宏認為必須注意者，如其批評曹植、劉楨時說：

　　　　「骨氣奇高」、「仗氣愛奇」，「奇」字經常伴隨著「氣」一起出現。
　　　　所謂「氣」，指文章的生命力。鍾嶸說為，文學唯有在「氣」的支
　　　　持下才能真正發揮卓越的獨創性。把「氣」作為創作原則的見解，
　　　　早在魏文帝曹丕的〈典論‧論文〉已經出現過了。曹丕提出「文以

〔註1〕王忠林著，《文心雕龍析論》（台北：三民書局，1998），頁589～590。張健著，《中國文學批評》（台北：五南出版社，1984年），頁5。

〔註2〕興膳宏著，蕭燕婉譯注，《中國文學理論》（台北：聯經出版社，2014年12月），頁368。

氣為主」，強調「氣」的重要性。其見解對《文心雕龍》的〈風骨篇〉產生了影響。曹丕在〈與吳質書〉說劉楨的文學，有一股「氣」貫穿：「公幹（劉楨）有逸氣，但未遒耳」。而鍾嶸認為劉楨的評價比建安七子主將王粲還高的原因，就在於劉楨的文學充滿了「氣」。鍾嶸評劉楨：「氣過其文，雕潤恨少」，指出劉楨的詩洋溢著生命力，可惜在表現方面有缺點。相反的，對王粲則批評：「文秀而質羸」，讚賞王粲的文章表現（文），但卻對其內容（質）缺乏魄力，深感遺憾。還有，上品的陸機評：「氣少於公幹，文劣於仲宣（王粲）」，這可以作為鍾嶸認為劉楨長於「氣」，王粲長於「文」的佐證資料。另外，中品評郭泰機等五位詩人：「觀此五子，文雖不多，氣調警拔」，由此不難發現，鍾嶸認為「氣」與「文」乃文學的兩大要素。

學者興膳宏認為鍾嶸比較「文」、「氣」二者，更重視「氣」，故稱劉楨「升堂」，曹植「入室」，二人地位高過餘子。〔註3〕《文心雕龍‧風骨》云：「詩總六義，風冠其首，斯乃化感之本源，志氣之符契也。……則文風生焉。」風是「化感之本源，志氣之符契。」所以「惆悵述情，必始乎風。」某種感情思想有動於中，即須用語文形式將這種感情思想表現於外，而構成作品內容的這感情思想，必有它各各不同的特殊精神與意義，在用文辭來表現它時，文辭便受這特殊精神與意義的限制。筆力決定於文意，是必然的。「情之含風，猶形之包氣。」「意氣駿爽，則文風生焉。」風與氣即「內在的特性」黃侃「札記」曰：「風趣即風氣、或稱風力或稱體氣、或稱風辭、或稱意氣，皆同一義。」風氣即情趣，是內容之精神表現。所以說：「深乎風者，述情必顯。」「意氣駿爽，則文風清焉。」駿則不陋俗，爽則不雜蕪，故「情深而不詭，風清而不雜。」「深於風者，述情必顯」，風清即情深，真摯感人，故「情深而不詭」。

「若豐藻克贍，風骨不飛，則振采失鮮，負聲無力。是以綴慮裁篇，務盈守氣，剛健既實，輝光乃新。」作品以情志為主，有文辭而無文意，也就產生不出文骨。骨指字句內在的特殊精神而重於字與句。故「沈吟舖辭，莫先於骨。」「辭之待骨，如體之樹骸。」骨即筆力，是作品用語文組織所表現的足以傳達其內容的力。「結言端直，則文骨成焉。」結言端直則義正，文辭精練則體約，所謂「練於骨者析辭必精」故「義直而不回，體約而不蕪。」

〔註3〕興膳宏著，《中國文學理論》，頁371～374。

「捶字堅而難移，結響凝而不滯，此風骨之力也。」捉住那內容的特殊精神，更以特殊的筆力表現那種內容及精神，便完成文學作品所能傳達的力。風骨並不是沒有思想本質，沒有生命的面具，它是容貌的活的表現，是由內在靈魂所產生；是內容的外衣，但這外衣的皺摺卻產生於它所掩覆著的肢體的姿態。這姿態的決定者是作者的靈魂。因此，風格是貫穿了內容與形式、鎔鑄內在特性與外形所表現的特殊情趣的力。風格即訴諸風骨之力的「體性」，即作品借語文形式將內容的特殊精神，凝鑄為有力的情趣的外現。此即《文心雕龍‧風骨》：「若能確乎正式，使文明以健，則風清骨峻，篇體光華。」「若瘠義肥辭，繁雜失統，則無骨之徵也；思不環周，〔索莫〕牽課乏氣，則無風之驗也。」「若風骨乏采，則鷙集翰林；采乏風骨，則雉竄文囿，唯藻躍而高翔，固文筆之鳴鳳也。」

《文心雕龍‧風骨》認為「是以怊悵述情，必使乎風；沈吟鋪辭，莫先於骨。」則「述情必顯」的風力，使作品整個展現藝術感染力，而有「風調」之名。「結言端直，則文骨成焉。」則「練於骨者，析辭必精。」則「骨」指文辭本身要簡勁明快，表達內容高尚精深，因而有「骨格」之說。〔註4〕而蔣祖詒認為「風清骨峻」的作品，其風格是典雅的，這又和〈體性篇〉聯繫起來。此即《文心雕龍‧風骨》：「若夫鎔鑄經典之範，翔集子史之術，洞曉情變，曲昭文體，然後能莩甲新意，雕畫奇辭。昭體故意新而不亂，曉變故辭奇而不黷。若骨采未圓，風辭未練，而跨略舊規，馳騖新作，雖獲巧意，危敗亦多。豈空結奇字，紕繆而成經乎。周書云：『辭尚體要，弗惟好異。』蓋防文濫也。」業師王忠林析論，劉勰主張文辭要精要，不在求奇。「情與氣偕，辭共體並。」堅持文章的內容情志要明暢，文辭要勁健，所謂「風清骨峻」是文章最好的風格標準。〔註5〕

《文心雕龍‧風骨》強調「述情必顯」的風力；「骨」指文辭本身要簡勁明快，此針對作品內容文辭的要求。若是作者與作品的關係，則見於對情采的討論。興膳宏討論《文心雕龍‧情采》中推崇劉勰論點：「古之為辭者，為情而造文。」針砭「今之為辭者，為文而造情。」誠如日本學者岡白駒的闡述，此說可矯正六朝過分尊重修辭帶來的弊端；唐宋古文家極端排斥修辭，亦有不少缺點。結合「載道」與「文辭」，才能發揮完全的文章作用。這是劉勰立論

〔註4〕廖可斌著，《復古派與明代文學思潮》，頁206。
〔註5〕王忠林著，《文心雕龍析論》，頁412～421。

卓越處。〔註6〕表現理論誠如劉若愚所言：

從曹丕的「論文」開始，表現理論趨向個人主義。曹認為文學是「氣」的表現，而「氣」被定義為基於作家之氣質的個人才賦。〔註7〕

洪棄生的「骨氣」論則接近劉勰。洪認為作詩不外天分與學力，受制於志與氣，須陶染經典、習作、養氣。〔註8〕他認為詩為「言之尤工者」，詩語當推陳出新。強調取法《詩經》，作詩當求情足理足。

從儒家和道家的文藝思想來論述，論者顏崑陽引用《莊子·秋水》云：「始於玄冥，反於大通。」大通是無相對、無分別的至道。即反德、反其性，認識論上的「本原能識」的還原。中國藝術精神以淳古為雅，因返樸而歸於「適中得宜」，所謂「文質彬彬」，指本質的適度修飾，此儒家以「雅」為正，如王夢鷗云「雅」是「合宜」。莊子〈知北遊〉：「天地有大美而不言。」從主客觀論，論者顏崑陽認為從道的客觀性，「大美」指天地萬物，各任情性，表現渾然整體的美。主體的心靈言，即遣除主觀情識造作，虛寂待物，體驗到自然渾成之美，此不同於儒家重道修養之善過於美。道家莊子純粹藝術之美的最高依據是「道」，須《莊子·刻意》「澹然無極而眾美從之。」須絕功利、慾望，須主體從心靈的修養作起，以體見至道。〔註9〕

洪棄生認為作家創作作品當「推陳出新」，強調創作之趣味在「獨創」。因此，若能有「奇思」與「麗詞」，言外又有平淡不磨之至情至理者，方稱佳作。所謂以人事的「特殊性」表現人物的「典型性」與人性的「普遍性」，本是文學的特色。英國詩人亞歷山大·波普（Alexander Pope，西元一六八八年五月二十一日～一七四四年五月三十日）的《批評論》（An Essay on Criticism）認為卓越的詩篇和出色的詩句必須是；「其內容雖是時人所熟悉的，但文字卻是空前美妙的。（What of was thought, but ne'er so well express'd;）」〔註10〕內容是時人所熟悉，即時人所說的「平」，前引澹然無極而眾美從之。文字卻是空前美妙，即時人所說的「奇」。

〔註6〕興膳宏著，蕭燕婉譯注，《中國文學理論》（台北：聯經出版社，2014 年 12 月），頁 308。

〔註7〕興膳宏著，蕭燕婉譯注，《中國文學理論》，頁 141～142。

〔註8〕洪棄生著，《寄鶴齋詩話》，頁 30、33、38。興膳宏著，蕭燕婉譯注，《中國文學理論》，頁 154。

〔註9〕顏崑陽著，《莊子藝術精神析論》（臺北市：華正，民國 74 年版），頁 228～229。頁 148。頁 152～153。

〔註10〕朱乃長編譯，《英詩十三味》（臺北市：書林出版社，2009 年 9 月），頁 281。

第一節　詩語求奇麗，情足理足

主張「平」中見「奇」「麗」之詩觀者，清末到日治時期，臺灣鹿港文人洪棄生。作詩之趣味在「獨創」。因此，若能有「奇思」與「麗詞」，言外又有平淡不磨之至情至理者，方稱佳作。簡言之，棄生強調「平」，稱許《詩經·陳風·衡門》一詩，又說毛詩情足理足，入理而不俚，入情而不近，真乃所以為經，此即「平」。洪棄生云：

> 語奇而意奇，詩之工者，非詩之上者；語平而意奇，乃詩之上者也。
> 語深而意深，亦不如語淺而意深；意高而格高，亦不如意平而格高。
> 李杜多於奇處見奇，深處見深。若漢魏則多於平處見奇，淺處見深。
> 然李杜之奇，較諸後人，則又無奇；李杜之深，較諸後人，又若未
> 深，此李杜之所以卓絕千古也。〔註11〕

語言「平淺」，意境「平淡」，卻又含蓄高深，所謂「平淡」而「自然高妙」，斯乃漢魏詩之極詣。李杜詩語雖卓絕，相較漢魏詩，猶有未至處，但其成就已遠非後人可及。

棄生「平」中見「奇」「麗」之詩觀，其思想根源又本自〈詩大序〉論詩之特質云：「詩者，志之所之也。在心為志，發言為詩。情動於中，而形於言。言之不足，故嗟嘆之。嗟嘆之不足，故詠歌之。詠歌之不足，不知手之舞之，足之蹈之也。」情動於中，而形於言，稱為詩。嗟嘆詠歌，手舞足蹈，則為樂、舞。詩歌是情志自然之流露，為「吟詠情性」而作，並非只是刻意雕鏤之奇采麗文。楚辭也是在「平」中見「奇」「麗」。宋朱熹在〈楚辭後語目錄·序〉云：

> 蓋屈子者，窮而呼天、疾痛而呼父母之詞也，故今所欲取而使繼之
> 者，必其出於幽憂窮蹙、怨慕淒涼之意，乃為得其餘韻，而宏衍鉅
> 麗之觀、懽愉快適之語，宜不得而與焉。〔註12〕

論者廖棟樑引此段文字，稱許朱熹對《楚辭》作品抒情主體性有明顯確認。幽憂窮蹙、怨慕淒涼之意，本是感情的自然流露。〔註13〕朱熹云：

> 古人文章，大率只是平說而意自長。後人文章，務意多而酸澀。如

〔註11〕洪棄生著，《寄鶴齋詩話》，頁31。

〔註12〕朱熹著〈楚辭後語目錄·序〉，蔣立甫校點，《楚辭集注》。見《朱子全書》（上海：上海古籍出版社；合肥：安徽教育出版社，2002年）第拾玖冊，頁220～221。

〔註13〕廖棟樑著，《倫理·歷史·藝術：古代楚辭學的建構》（台北：里仁書局，2008年9月），頁269。

〈離騷〉，初無奇字，只憑地說將去，自是好。後來如魯直，憑地著
力做，卻自是不好。〔註14〕

　　朱熹批評黃庭堅詩作刻意求奇，卻自是不好。〈離騷〉初無奇字，只憑地
說將去，自是好。因為「平說而意自長」，學者廖棟樑引此段文字，稱許朱熹
重視作品感情的自然流露，不是有意造作。〔註15〕

　　詩重奇麗，本自魏晉詩論。此因魏晉「文體論」肇興，強調文質相待，
辭采與內容並重。洪棄生以神理備至，無意於為詩而極自然，推舉〈古詩十
九首〉：

十九首無意於為詩，故其詩神理備至，後世名大家，有意於為詩，
故神理雖至，而自然處不至。〔註16〕

　　古詩十九首保有民歌自然活潑的節奏，為後代五言詩體製之始源。「陳肆
之用廣矣」，詩中對友朋、夫妻、親人等人倫關係及年壽榮華等現世生活，每
有深入之反省、品味、追求與執著，如「棄捐勿復道，努力加餐飯。」「晝短
苦夜長，何不秉燭遊。」「年命如朝露，人生忽如寄。……不如飲美酒，被服
紈與素。」〈古詩十九首〉真摯而「情足」，切要而「理足」之達觀語，故感人
深，肆用廣。而詩語平淺動人，如明謝榛云：「平平道出，且無用工字面，若
秀才對朋友說家常話，略不作意。」不似齊梁詩「開口俱是官話，官話使力，
家常話省力；官話勉然，家常話自然。」〔註17〕平平道出，似未使力，卻自然
而真摯。棄生深表贊同，謂此說：「可謂巧譬」。〔註18〕〈古詩十九首〉之動
人，不就是古色古香、細膩感人的意象，對生之憂苦得失、愛恨別離的執著
與不甘。用語看似平凡平常卻是樸素而真實的警句，雖是無名氏的作品卻說出
人間所有人的心聲。謝榛認為務新奇則太工，辭不流動，氣乏渾厚。語言應當
平易如家常語。〔註19〕此須將語言化腐為奇。而平易指：一、情和理平、二、
語言奇古，平和為體、三、技巧上渾然自然。影響之大，誠如洪棄生云：

古詩十九首自是國風嫡傳，後世名家大家，祇能就之，以資變化開

〔註14〕朱熹著，《朱子語類（伍）》，卷139。見《朱子全書》（上海：上海古籍出版
　　　　社；合肥：安徽教育出版社，2002年）第拾捌冊，頁4290～4291。

〔註15〕廖棟樑著，《倫理・歷史・藝術：古代楚辭學的建構》，頁269。

〔註16〕洪棄生著，《寄鶴齋詩話》，頁7。

〔註17〕謝榛著，《詩家直說》，頁751。收於謝榛著，《謝榛全集》（山東：齊魯書社，
　　　　2000年2月第一刷）。

〔註18〕洪棄生著，《寄鶴齋詩話》，頁51。

〔註19〕謝榛著，《四溟詩話》（台北市：藝文印書館，民國56年），頁34、39、59。

拓，而神韻則不能有加。〔註20〕

　　古詩十九首嫡傳國風「天真自然」與「情足理足」之趣味，即洪棄生所言之「性情」與「雅度」。詩若無此意境，縱使奇炫動目，亦難以傳後。他以《詩經》既為百代風雅之始源，求其有「雅度」、「性情」之詩篇。「雅度」來自「性情」之涵養，洪棄生云：

> 菅蒯二句，本於逸詩。魚肉二句，出自杼柚，然若以較毛詩之「豈
> 其食魚，必河之魴。豈其娶妻，必齊之姜。」則不及其渾然大雅。
> 毛詩情足理足，入理而不俚，入情而不近，真乃所以為經。〔註21〕

　　《詩經・陳風・衡門》言賢者隱處樂道，有士君子之雅度。他若世俗兒女之語，則多天真。洪氏稱許《詩經・周南・葛覃》「在當時作者不過稱口而出，不知其所以然。在後世解詩者讀之，則不知手之舞之足之蹈之矣。」〔註22〕就是「天真」之意。而漢魏古詩、樂府詩情之真摯、婉轉、纏綿，而風格淡遠，洪棄生云：

> 高渾淡遠，氣靜神遠，為古詩第一要旨；婉轉纏綿，語摯情真，為
> 樂府第一要旨，此二種皆不得著一分色力，稍著色力，便落言荃。
> 惟古詩到至處，如〈十九首〉、〈焦仲卿妻〉、〈木蘭〉從軍諸作，思
> 致綿密，仍是樂府本色，未可區而為二。若樂府用高調，如魏武〈薤
> 露〉〈蒿里〉、曹丕〈短歌行〉等作，驅使才氣，雖為古詩遺響，在樂
> 府便如蘇東坡詞，有教坊雷大使舞之態。〔註23〕

　　「古詩」、「樂府」之風格特色，所謂「本色」，即在「淡遠」而「高渾」，「真摯纏綿」而有「神韻」。也就是「平」中見「奇」、「麗」，有民歌的活潑和溫厚的人情。相較之下，魏武魏文皆不免驅使才氣。「平」指平正之情理。所謂「樂而不淫，哀而不傷。」情理得平，才合乎「溫柔敦厚」之詩教。詩語「平淺」，語語吐露真情，究竟勝過雕鏤傷奇之詭文。

　　洪氏主張詩歌要「奇」中見「平」，「平」指實寫人事卻情文並佳。金聖歎（江蘇長洲，西元一六○八～一六六一年）云：「作詩須說其心中之所誠然者，須說其心中之所同然者。」〔註24〕作者真誠之情，說中千載讀者同然之理，即

〔註20〕洪棄生著，《寄鶴齋詩話》，頁7。
〔註21〕洪棄生著，《寄鶴齋詩話》，頁7。
〔註22〕洪棄生著，《寄鶴齋詩話》，頁1。
〔註23〕洪棄生著，《寄鶴齋詩話》，頁38。
〔註24〕金聖歎著，《金聖歎全集》（江蘇：江蘇古籍出版社，1985），頁47。

洪氏所謂「平」。然辭人好奇，如杜甫自云：「為人性僻耽佳句，語不驚人死不休。」〔註25〕洪棄生道：

> 「語不驚人死不休」，自是杜公一生得力處，拈出示人，然學之亦當有分寸，斷斷不可專心於驚人。夫驚人者當如神仙之驚人，不可如魑魅之驚人；當如美女偉丈夫之驚人，不可如九子母尫羸之驚人。求驚人如李賀，已失本色，如盧全則粗怪，如唐劉叉、宋杜默、明徐渭、近今舒位，非風雅矣。〔註26〕

評李賀（字長吉，唐隴西成紀人，西元七九○～八一六年），盧全（自號玉川子。韓愈嘗譽其〈月蝕詩〉），劉叉（唐元和時代人，韓愈接天下士，嘗往歸之。），杜默（宋歷陽人，字師雄，師事石介。），徐渭（字文長，明浙江山陰人，西元一五二一～一五九三年），舒位（字立人，清順天大興人，西元一七六五～一八一五年）諸人之驚奇語固眩人耳目，苟徒奇而無雅正之理，涉入險怪、粗俗，則非正道，流於「杜撰」矣。其實，李賀、盧全、劉叉、杜默、徐渭、舒位等人的作品雖雅正之理不足而流於怪奇，但可自成一體。尤其是徐渭的文、畫、戲曲等皆自成一家。然辭人好奇，如杜甫〈江上值水如海勢聊短述〉自云：「為人性僻耽佳句，語不驚人死不休。」〔註27〕棄生認為詩不奇、不麗，固不足以為詩。杜甫驚人之佳句，如〈秋興八首〉其七頸聯云：「香稻啄餘鸚鵡粒，碧梧棲老鳳凰枝。」〔註28〕調整慣見之平直語法，使意象翻空出奇，乃一新耳目。

宋代文人陳師道（字履常，一字無己，別號後山居士，彭城（今江蘇徐州）人）雖然推崇杜甫的詩集大成，但論詩見解不同於杜甫，陳師道主張文出於自然，論者稱陳師道主張文不是不可奇，乃是不可刻意求奇。否則，便流於所謂「畫虎不成反類犬」。因此主張「因事出奇」，「兼有注重寫實的風格及意象的經營二義。」〔註29〕陳師道《後山詩話》云：

> 蘇子瞻云：「子美之詩，退之之文，魯公之書，皆集大成者也。」

〔註25〕杜甫原著，楊倫編輯，《杜詩鏡銓》〈江上值水如海勢聊短述〉，卷8，頁345。
〔註26〕洪棄生著，《寄鶴齋詩話》，頁12。
〔註27〕杜甫原著，楊倫編輯，《杜詩鏡銓》（台北：華正，1986年8月版），卷8，頁345。
〔註28〕杜甫原著，楊倫編輯，《杜詩鏡銓》，頁648。
〔註29〕張健著，《宋金四家文學批評研究》（台北：聯經出版事業公司，1982年5月第二次印行），頁76。

學詩當以子美為詩，有規矩故可學。……淵明不為詩，寫其胸中之妙耳。〔註30〕

楊子雲之文，好奇而卒不能奇也，故思苦而詞艱，善為文者，因事以出奇，江河之行，順下而已。至其觸山赴谷，風搏物激，然後盡天下之變。子雲惟好奇，故不能奇也。〔註31〕

論者稱陳師道以江河喻文，可印證蘇軾主張作文當如行雲流水。批評揚雄為文好奇卻不夠自然，更缺少波瀾變化。宋人為文作詩，好使事用典。嚴羽批評宋人為詩：「以文字為詩，以才學為詩，以議論為詩。」〔註32〕陳師道的評語，可見宋人作詩之一斑。又云：

子瞻謂孟浩然之詩，韻高而才短，如造內法酒手而無材料爾。〔註33〕

蘇軾評語，不啻自道好以才學為詩。陳師道又云：

退之以文為詩，子瞻以詩為詞，如教坊雷大使之舞，雖極天下之工，要非本色。〔註34〕

余評李白詩，如張樂于洞庭之野，無首無尾，不主故常，非墨工槧人所可擬議。〔註35〕

韓愈以文為詩，蘇軾以詩為詞，雖非本色，卻另創新格而成家。陳師道欣賞詩平易中取佳勝的意味，一如周紫芝（字少隱，號竹坡居士，宣城（今屬安徽）人，西元一〇八二～一一五五年）《竹坡詩話》云：

有明上人者，作詩甚艱，求捷法於東坡，東坡作兩頌以與之，其一云：「字字覓奇險，節節累枝葉。咬嚼三十年，轉更無交涉。」其一云：「衝口出常言，法度法前軌。人言非妙處，妙處在於是。」乃知作詩到平淡處，要似非力所能。東坡嘗有書與其侄云：「大凡為文，當使氣象崢嶸，五色絢爛，漸老漸熟，乃造平淡。」余以為不但為文，作詩者尤當取法於此。〔註36〕

〔註30〕何文煥輯，《歷代詩話》（台北：漢京文化公司，1983），頁304。

〔註31〕何文煥輯，《歷代詩話》，頁309。

〔註32〕嚴羽著，黃景進撰述，《滄浪詩話》（台北：金楓出版公司，1986），頁34。

〔註33〕何文煥輯，《歷代詩話》，頁308。

〔註34〕何文煥輯，《歷代詩話》，頁309。

〔註35〕何文煥輯，《歷代詩話》，頁312。

〔註36〕周紫芝撰，《竹坡詩話》（景印文淵閣四庫全書第1480冊，臺北市：臺灣商務印書館，1983年），頁674。何文煥輯，《歷代詩話》（四部刊要集部·詩文評類，台北：漢京文化，1983年1月1日初版），頁348。

蘇軾自己也說：「凡人文字，務使平和至足，餘溢為奇怪，蓋出於不得已也。」「恐傷其邁往之氣，當為朋友講磨之語。」〔註37〕洪棄生評論丘逢甲詩〈大甲溪歌〉「能繪切眼前景，殊佳。」與陳師道主張「因事出奇」、「因物出奇」的說法可相印證。

試以方東樹評論山谷詩以「驚創為奇」，實本自桐城派姚範（薑塢）云：

> 涪翁以驚創為奇，其神兀傲，其氣崛奇，玄思瑰句，排斥冥筌，自
> 得意表。玩誦之久，有一切廚饌腥螻而不可食之意。〔註38〕

姚鼐（惜抱）謂山谷「意匠經營」，學者楊淑華認為山谷詩標明「驚創為奇」的創作自覺，指示「求與人遠」的實際作法，確立「自成一家」的創作理想，如此方可謂「平」中見「奇」「麗」。〔註39〕

以蘇聯形構主義者羅曼‧雅克慎等批評家所提出的「文學」定義。視文學作品為種種「語言的設計」，泰瑞‧伊格頓（Terry Eagleton）評述云：

> 「設計」包括聲音、意象、節奏、句法、拍子、韻腳、敘述手法，事
> 實上涵蓋所有形構上的文學因素；而這一切因素的通性，則在它們
> 「異化」（estranging）或「陌生化」（defamiliarizing）的效果。文學
> 語言的特徵，和其他言說（discourse）形式的區別，在於它以各種方
> 式將日常語言「變形」。

此派理論家在蘇聯西元一九一七年布爾什維克革命前幾年崛起，一九二〇年代蓬勃發展，直到受史達林主義壓抑才真正銷聲斂跡。語言「異化」或「陌生化」的結果，使語言因「奇」、「麗」而新鮮明晰，雖疏離了日常語言，「反而使我們更完全、更直接掌握經驗。」〔註40〕然而，文學不僅僅是「辭采」，詩語也不僅僅是「修辭」。「奇」而「不落外道」與「客氣」；「麗」而不流於「浮」、「濫」，則寓有平淡樸直之至理。如棄生所論，若李白、鮑照之作，千百年後讀之，猶有精審不磨之語。欲臻此境，性情、修能缺一不可。詩作欲

〔註37〕蘇軾著，《蘇東坡全集》（台北：世界書局，1996 年 2 月初版七刷），卷 77，
〈與黃魯直二首〉其一。

〔註38〕姚範著，《援鶉堂筆記》（臺北市：廣文書局，1971），卷 40，頁 1545。

〔註39〕楊淑華著，〈創意造語和方東樹論山谷詩——桐城詩論與宋代詩學研究之一〉
《彰師大第五屆中國詩學會議——宋代詩學研討會》，頁 6。黃景進著，〈從宋
人論「意」與「語」看宋詩特色的形成〉《成大中文系第一屆宋代文學研討會
論文集》，頁 72〜79。

〔註40〕引自泰瑞‧伊格頓（Terry Eagleton）原著，吳新發譯，《文學理論導讀》（台北：
書林，1998 年 4 月四刷），頁 15〜17。

臻「詞淺而意深」，須作者性情醇厚。

因此，明末清初錢謙益的主張，即要取法經典。取法經典，重視涵養，而詩歌是一種內在語言，得失寸心自知。洪棄生論詩要旨與錢謙益相近。首重佳境真意，如蘇軾〈偶與客飲孔常父見訪方設席延請忽上馬馳去已而有詩戲用其前韻答之〉云：「楊雄他文不皆奇，獨稱觀餅居井眉。」〔註41〕瓶居井眉，「處高臨深，動常近危。」不如酒囊，「鴟夷滑稽」能「常為國器，記於屬車。」此揚雄〈酒箴〉之諷諫，詼詭近於寓言，被游俠陳遵引為自喻。〔註42〕蘇軾之言，棄生云：「竟先得我心」：「揚雄文字，予獨愛其酒銘，以為佳境真意過〈長楊〉諸賦。」〔註43〕

至於論「怨誹而不亂」，稱許陶潛（西元三六五～四二七年）詩的特色云：「淵明以厚」，緒論引陶淵明〈擬古九首〉其九「種桑長江邊」一詩，揭櫫「詩言志」之要旨。〔註44〕筆者的著作分析洪棄生「取味於陶」的主張，提到「君子言不下帶而道存焉」，淵明以「老農」樂天知命語，寫盡易代之際，知識分子憂國的身世之悲，與樂道無悶之志。學者以此詩作於永初元年前後，因劉裕代晉而肇宋，慨然而作。〔註45〕憂懼世變，然出之以淡蕩語，如〈神釋〉所謂「縱浪大化中，不喜亦不懼。」恐志不能希古而臻於聖賢。又分析其詩中敘事與隱喻的句子渾然難分，自然的像敘述一樁農作歉收，可謂「言近旨遠」。〔註46〕

要而言之，復古派多強調依循古詩文之體製，以肖近古人為正格，以及性靈思想論者多標榜奇新的思想而以雅正為重，以文質相待、文質彬彬為理論重心。

就詩格高低論，試以杜甫〈屏跡三首〉為例，平語中寓平正之理，蘇軾譽為「字字實錄」，「安得禁吾有哉？」〔註47〕蘇軾所引為杜甫詩〈屏跡三首〉其

〔註41〕蘇軾《東坡全集》《景印文淵閣四庫全書・集部・別集類》（台北：商務印書館，1983），卷16。

〔註42〕《漢書・游俠列傳》，頁3713。

〔註43〕洪棄生著，《寄鶴齋詩話》，頁114。

〔註44〕洪棄生著，《寄鶴齋詩話》，頁8、30。

〔註45〕陶潛原著，逯欽立校注，《陶淵明集》（台北：里仁書局，1985），頁114。

〔註46〕陳光瑩著，《洪棄生的旅遊詩歌──〈八州詩草〉研究》（新北市：花木蘭文化出版社，2015），頁306。

〔註47〕蘇軾著，《東坡題跋》〈書子美屏跡詩〉。收於楊家駱主編《宋人題跋》（上）（台北：世界書局，1992），頁70。

二云：「用拙存吾道，幽居近物情。桑麻深雨露，燕雀半生成。村鼓時時急，漁舟箇箇輕。杖藜從白首，心跡喜雙清。」「晚起家何事，無營地轉幽。竹光團野色，舍影漾江流。失學從兒懶，長貧任婦愁。百年渾得醉，一月不梳頭。」詩格的高低，取決於詩語是否真切深刻，是否揭示人生的真諦，不在徒眩奇險於一時，如魑魅難為人間法物。釋惠洪《冷齋夜話》云：「東坡云：『詩以奇趣為宗，反常合道為趣。』」其理實同。〔註48〕雖然，詩不奇、不麗，固不足以為詩。洪棄生云：

> 詩不奇，固不足以為詩，詩見奇，亦不足以為詩。古詩才之奇，莫奇於李太白，試以比之今人，則淡矣。今人言奇，不落外道，即涉客氣，以此愈覺古人不可及。
>
> 詩不麗不足以為詩，詩太麗亦不足以為詩。古詩才之麗，莫麗於鮑明遠，試以比之今人，則樸矣。今人為麗，不濫即浮，非古人之麗也。〔註49〕

引文相連，互文見義，蓋李白、鮑照兼有「奇逸」、「明麗」之詩風。詩有「奇思」而又「合道」，所謂「反常合道」，方不落外道、不涉客氣。詞麗而有性情，方不至於浮、濫。所謂「浮」，指輕浮委靡，乃指理不勝詞之意。陸機《文賦》所謂「理扶質以立幹，文垂條以結繁。」理指內容或情感或理論見解。文指文采麗詞，文詞聲韻和文字聲色的出眾。詩有「性情」而「合道」，即稱為「平」。氏云：「古詩才之奇，莫奇於李太白，試以比之今人，則淡矣。」太白詩平淡雋永處，還賴後代讀者的批評與發現，牽涉一「詩歌接受史」。哈洛·卜倫論經典的成立，「能為一部文學作品贏得正典地位的原創性其指標之一是一種疏異性，此疏異性若非教我們無從完全吸融，便是化為天然既成之貌（a given），使得我們感覺不到其特異之處。」〔註50〕疏異性（strangeness）類似李白詩才之奇，人無從完全吸融。但天然既成之貌，所謂平淡者，則有待發現。謝榛云：「詩有可解、不可解、不必解。」〔註51〕詩未必可解，意象之美與情緒卻可感受。如棄生云：「讀木蘭從軍詩，令人壯氣，

〔註48〕釋惠洪著，《冷齋夜話》《景印文淵閣四庫全書》第863冊，卷5，頁259。

〔註49〕洪棄生著，《寄鶴齋詩話》，頁77。

〔註50〕哈洛·卜倫（Harold Bloom）著、高志仁譯《西方正典》〈序文與序曲〉（The Western Canon：The Books and School of The Ages）（上）（台北：立緒立化，1998），頁7。

〔註51〕謝榛，《四溟詩話》（北京：人民文學出版社，1998），卷1，頁3。

讀蔡琰悲憤詩，不覺輒閉目，余亦不知其所以然。」〔註52〕

　　評詩重雅正之理，例如陳衍引用陳仁先對李商隱〈隋宮〉一詩的析賞云：「仁先（陳仁先）論詩極有獨到處。……又云：『春風舉國裁宮錦，半作障泥半作帆。』何等瑰麗，首句以『不戒嚴』三字起之，嚴重之至，又承以『誰省諫書函』五字，樸實之至，古人之詩如是，否則可入小倉詩話矣。」〔註53〕李商隱詩何等瑰麗，卻又嚴重之至、樸實之至，所謂麗中見平、奇中見平。

　　詩的驚奇如詩人伊麗莎白・碧許（Elizabeth Bishop，西元一九一一～一九七九年）說：「如果詩的本身自律不足，那恐怕是觀照的眼睛和轉化經驗的心智不足。」詩人以此為藝術的自律，才能化腐朽為神奇，以曉暢和簡潔表達深邃的思想。她看重從「觸發詩興的原初（original）經驗充分汲取素材。」「最本質性的經驗，也就是把生命活出來的本身。」因此，「對周圍的世界擁有某種好奇心。」使詩作具有「驚奇。題材和用以表達它的語言都讓你覺得驚奇，因為看到了一些新的東西，一些奇妙的活生生的東西。」〔註54〕

　　張夢機《律髓批杜詮評》引方回評論杜詩〈獨酌〉（步屧一首）的評語，認為「作詩須講究精工淡淨，相輔相成；疏密濃淡，錯落有致。方氏此說甚是。如果句句刻意追求精工，翻易斲傷詩的本質，為詩家所避忌。」詩為情志自然之流露，為「吟詠情性」而作，才能精工淡淨，相輔相成；疏密濃淡，錯落有致。詩作「平易寫實、語淺意深」者，如唐代詩人元稹〈遣悲懷〉三首其二云：

> 昔日戲言身後事，今朝都到眼前來。衣裳已施行看盡，針線猶存未
> 忍開。尚想舊情憐婢僕，也曾因夢送錢財。誠知此恨人人有，貧賤
> 夫妻百事哀。

　　對曾經同貧賤、共患難的夫妻而言，真是事事都悲哀！寫實情真，語淺味深。

　　論詩力主詩句「生新」，以之論黃庭堅詩的造詣，如學者王守國所說，即「詩境生新」、「詩語峭拔」、「詩韻拗澀」、「詩構複合」等美感特徵。〔註55〕

〔註52〕洪棄生著，《寄鶴齋詩話》，頁86。
〔註53〕陳衍著，《石遺室詩話》（臺北市：臺灣商務，1976），卷10。
〔註54〕伊麗莎白・碧許（Elizabeth Bishop）著，曾珍珍譯《寫給雨季的歌》（台北：木馬文化，2004），頁420、424～425。
〔註55〕王守國著，《黃庭堅研究論文集》（江西：江西人民出版社，1986），頁76～86。

因此，有創作天分者，當涵養「雅度」，詩作造詣以「學力」踐履而臻。奇與平、麗與平、與古為新、化生為熟，皆須「雅度」與「學力」。「學力」用於鍛鍊詩句，如項平甫（安世）《悔稿後編》卷四〈謝張直閣功父示南湖編〉：「字逢生處安愈穩，語到平時出轉奇。直與誠齋分坐席，定知傳習是宗師。」「雅度」涵養的關鍵在活法作詩，即周子平《平園續稿》卷一〈次韻楊廷秀寄題渙然書院〉云：「誠齋萬事悟活法，誨人有功如利涉。」不死於句下，力求詩語峭拔而詩境生新。

強調做詩需性情與學力、雅度即清初王士禎論詩宗旨，他主張「學力深始見性情。」〔註56〕袁枚所謂天籟與人巧：

> 蕭子顯自稱：「凡有著作，特寡思功，須其自來，不以力構。」此即陸放翁所謂「文章本天然，妙手偶得之」也。薛道衡登吟榻構思，聞人聲則怒；陳後山作詩，家人為之逐去貓犬，嬰兒都寄別家，此即少陵所謂「語不驚人死不休」也。二者不可偏廢。蓋詩有從天籟來者，有從人巧得者，不可執一而求。

袁枚的主張，學者吳宏一謂發乎天籟，脫口出佳句，乃可遇不可求。一般的作家若想要有成就，還是要多多涵詠性情，充實學識，講求寫作技巧才能辦的到。〔註57〕

第二節　晚清詩人的詼詭嘲諷，怨謔針砭

詼詭即詭辭和詼諧風趣二端。論者張高評〈「左氏浮誇」之文學意義〉論詼諧風趣乃滑稽之一體。舉《左傳・閔公二年》「使鶴」三語，怨而謔，後世滑稽之祖。〔註58〕《左傳・閔公二年》「冬十二月，狄人伐衛。衛懿公好鶴，鶴有乘軒者。將戰，國人受甲者皆曰：『使鶴，鶴實有祿位，余焉能戰？』……及狄人戰於熒澤，衛師敗績，遂滅衛。」〔註59〕

〔註56〕王士禎著，《帶經堂詩話》（北京：人民文學出版社，1998年2月第一刷），卷29，頁822。

〔註57〕袁枚著，《隨園詩話》第4卷。吳宏一著，《清代文學批評論集》（臺北：聯經出版社，1998），頁280。

〔註58〕張高評著，《左傳之文韜》（高雄：麗文文化，1994年10月初版一刷），頁63。

〔註59〕左丘明著，楊伯峻注，《春秋左傳會注》（高雄：復文出版社，1988年元月初版），頁265。

　　棄生詩文此種風格，自稱本自東方朔。東方朔的言談和作品詼詭牢騷，班固《漢書》稱東方朔為滑稽之雄。《昭明文選》東方朔的設論一篇〈答客難〉，〔註60〕《昭明文選》的對問、設論、辭皆淵源《楚辭》。〔註61〕從形式看，對問、設論都是問答之辭，與《楚辭》〈天問〉〈漁父〉諸篇一脈相承。論之為體，劉勰說起自《論語》。〔註62〕此外，《楚辭》收錄東方朔〈七諫〉一篇，全然代屈原啟辭，但藝術成就不高。

　　論者簡宗梧的說法，漢武帝之後，縱橫家由於利祿所在，於是他們不得不屈從現實，棄其所長，投合君王的趣味。因此將以前遊說君王的政論，改為聳動君王的文辭；將侈陳形勢的口論，變為鋪采摛文的賦篇。東方朔是代表人物。棄生題謝道隆生壙詩〈生壙詩歌第八即以為跋并靳謝老〉一詩，友人於詩末評云：「以鮑照俊語，寫曼倩詼諧，勝似晉人清談。」

　　棄生以鮑照俊語，寫曼倩詼諧，例如其應酬謝道隆徵詩的題生壙詩作。他也以東方朔詼詭牢騷的形象，論東坡等人詩風，以此來評論詩人。

　　東方朔（字曼倩，平原厭次人，西元前一五四～西元前九十三年），《漢書》稱他為「滑稽之雄」，為武帝弄臣。〔註63〕傳說朔未死時，謂同舍郎曰：「天下無人能知朔，知朔者，唯大王公耳。」朔卒死，武帝方知此語，召大王公問之，大王公方對以「獨不見歲星十八年，今復見耳。」因以朔為歲星精。〔註64〕則曼倩詼諧，指朔預知生死壽夭，而能詼諧自嘲。

　　筆者《儒醫謝道隆《小東山詩存》研究》（新北市：花木蘭文化出版社，2020年3月）第五章，引用〈漢書・東方朔傳第三十五〉，東方朔為史傳中的滑稽之雄，或為民間廣為士庶所喜愛的丑角，誠如學者李豐楙研究，漢武見西王母傳說系列中，或是《十洲記》中，以及《博物志》點出其謫仙身分，或六朝筆記中的「東方朔傳」，都牽涉仙道傳說。

　　韓愈詩〈讀東方朔雜事〉援引《漢武內傳》東方朔擅弄雷電謫人間事以諷

〔註60〕梁章鉅撰，《文選旁證》（福州市：福建人民出版社，2000年1月第一刷），頁1161。

〔註61〕錢穆著，《中國學術思想史論叢（三）》（臺北：東大圖書，1985年），頁107。

〔註62〕傅剛著，《《昭明文選》研究》（北京：中國社會科學出版社，2000年1月），頁299～301。

〔註63〕班固著，楊家駱主編，《新校本漢書并附編二種・楊胡朱梅云傳第三十七》（台北：鼎文書局，1997），卷67，頁2907～2908。

〔註64〕劉向著，張金嶺注譯，《新譯列仙傳》（台北：三民書局，1997年2月初版），頁137～139。

刺昏君佞臣。〔註65〕後世文人則本自史傳形象，如劉基〈賣柑者言〉以東方朔言雖滑稽卻有諷世之意。臺灣文人葉榮鐘的著作《台灣人物群像》中〈台灣民族詩人——林幼春〉一文，引東方朔或侏儒的言動，用詼諧的方式來表現深刻嚴肅的心情。棄生謂東坡詼諧善喻，如方朔之諧。棄生〈閱鈞天樂小柬〉：「故詼諧語皆刻酷語，刻酷語皆不磨語。」「尤文以嬉笑為怒罵，吾詩不免以怒罵為嬉笑，世有傷心人乎？吾願同之。」〔註66〕評的是尤侗的《鈞天樂》，卻可拿來評論東坡的詩文。

以詼笑之語曲達諫言，《史記‧滑稽列傳》以後，例如《漢書‧東方朔傳第三十五》云：「朔雖詼笑，然時觀察顏色，直言切諫，上常用之。自公卿在位，朔皆敖弄，無所為屈。」〔註67〕東方朔詼笑之間，直言切諫，知觀察顏色，所以諫言為漢帝所納。東方朔依隱玩世，詭時不逢，其為滑稽之雄，後世文人以諧語寓莊言以諷世，蓋本於此。學者楊勇言魏晉清談的語言特色，不得不提及：「清談，原是談嘲，自有其語言，史家謂之「才詞」是也。諧辭讔語，最見嘲調、嫚戲、俳譴之特色；滑稽笑語，宜乎辯捷、能言之人之才騁也。」《史記‧滑稽列傳》，《漢書》有東方朔、枚皋、郭舍人等承其事，《世說》所載人物，即沿此統緒演變而來。劉勰《文心雕龍‧諧讔》篇言之最詳。〔註68〕

後世如韓愈〈進學解〉、〈毛穎傳〉、〈答張籍書〉、〈重答張籍書〉，柳宗元〈捕蛇者說〉、〈讀韓愈〈毛穎傳〉後題〉，以文為戲，乃清談後裔。因此《世說新語》中的清談，除了談玄學及人物評論外，尚有滑稽、詼啁一類。楊勇此見，疏理《文心雕龍》「諧讔」文體源流，及其語言特色，認為本自與清談相同，後世文人以文為戲的特色實有所本。〔註69〕棄生稱東坡抒情筆法以諧謔佐機趣，學者張蜀蕙也稱許作東坡品幽默、明朗、開闊，即承此而來。

黃徹《䂬溪詩話》：「……自東方生以下，……往多滑稽語。大體材力豪邁有餘，而用之不盡，自然如此。」〔註70〕《史記‧滑稽列傳》提到的「話語流利」、

〔註65〕李豐楙著，《六朝隋唐仙道類小說研究》（臺北：臺灣學生，1986），頁98～99。

〔註66〕洪棄生著，《寄鶴齋古文集》，頁279。

〔註67〕班固著，楊家駱主編，《新校本漢書并附編二種》（臺北：鼎文書局，1997年10月9版），卷65，頁2860。

〔註68〕楊勇著，〈論清談之起源、原義、語言特色及其影響〉，《楊勇學術論文集》（北京：中華書局，2006年9月第1版），頁517。

〔註69〕楊勇著，《楊勇學術論文集》，頁480～522。

〔註70〕黃徹著，《䂬溪詩話》，（北京：人民文學出版社，1998年5月第1版），頁168～169。

「巧於智計」、「人莫之害」、「以道之用」。棄生此詩所幽默的機智，近於一種自貶的、自我解嘲式的類型，雖然藉自我解嘲來表現幽默，卻是有知識的人，近於東方朔之流，可見其材力豪邁有餘，而用之不盡。即王國維所說：「詞人之忠實，不獨對人事宜然。即對一草一木，亦須有忠實之意，否則所謂游詞也。……詩人視一切外物，皆游戲之材料也。然其游戲，則以熱心為之。故詼諧與嚴重二性質，亦不可缺一也。」〔註71〕忠實而有正念，遊戲卻不失熱心，方能詼諧與嚴重兼具。朱光潛常說，在大家作品裡，高度的幽默每與高度的嚴肅並行。

　　唐宋八大家的詩文以戲謔為作，著稱者如韓愈〈毛穎傳〉。論者稱譽昌黎文章取譬工巧，學習先秦諸子大量使用比喻、寓言的技法。如〈雜說〉、〈毛穎文〉、〈送窮文〉虛構了「龍」、「千里馬」、「毛穎」、「窮鬼」等物和人。所謂用龍、馬象徵聖君和懷才不遇之士，「毛穎」代表有功被棄之人，「窮鬼」則映有作者自己的影子，貼切而生動，深入而淺出，在詼諧中寓有莊嚴，遊戲裡語含酸楚，頗發人深省。〔註72〕論者考證〈毛穎傳〉約作於元和初年。前半的傳主是兔子，後半的傳主是筆。用崇高宏偉的文體敘述微不足道的瑣事，為昇格仿諷。韓愈以文為戲，為強化戲謔效果，其技巧如「全面擬人化」、「大量的雙關修辭」、「極盡穿鑿附會之能事」。〔註73〕

　　東坡亦善此道，驅使書卷入議論中，穿穴翻簸，無一板用者，特色尤在詼諧善喻，極富情味。有牢騷不平之氣，滑稽玩世之懷。棄生視東坡之善戲謔比如東方朔之詼諧，嬉笑怒罵皆成文章，詼奇中有真趣。〔註74〕又說東坡以人事喻景物，以詼諧佐機趣。〔註75〕曾國藩寫給他兒子紀鴻的家書〈諭紀鴻〉云，凡詩文趣味約有二種：一曰詼詭之趣，一曰閑適之趣。詩文中的詼詭之趣，例證可見於棄生《中西戰紀》寫清末中法戰爭時，張佩綸等人臨陣失措：「張佩綸、何如璋在船廠聞礮聲，而無人色。方將登望，一礮至，悸而仆，各呼左右曳之走；一路泥濘，墮冠脫履。何璟在署中誦佛經，張兆棟匿不見人。」譴責張佩綸等人壞事奔逃，怨而謔，亦如莊周之文。前引《莊子・雜篇・天下》的義理詮釋，依照王邦雄的析論，以「巵言」如童言無忌，率直天真，可以曼衍

〔註71〕王國維作，林玫儀導讀，《人間詞話》（台北：金楓，1991），頁48、84、86。
〔註72〕周啟成、周維德注譯，《新譯昌黎先生文集》，導讀，頁9。頁127。
〔註73〕林晉士撰，〈韓愈〈毛穎傳〉對傳記文的突破與創新〉。收於張高評主編，《文學藝術與創意研發研究論文集》（台北：里仁書局，2011年12月），頁133～165。
〔註74〕洪棄生著，《寄鶴齋詩話》，頁63。
〔註75〕洪棄生著，《寄鶴齋詩話》，頁60。

無盡。「重言」藉古聖先賢之口，可以說出內心想說的話，而不會引來罪責。「寓言」依想像編排故事，可以廣為運用，不受引據是否符合史實的限制。「獨與天地精神往來」是真人人格的朗現，指工夫境界。〔註76〕

至於詭辭，論者張高評〈「左氏浮誇」之文學意義〉論「文有陽予陰奪，正言若反之法，若作畫之取勢然。」〔註77〕洪棄生引用清流派人物之一的寶廷（姓愛新覺羅氏，字竹坡，晚年自號偶齋，別號奇奇子，西元一八四○～一八九○年）。〔註78〕《清史稿校註》卷451，寶廷本傳云：

> 宗室寶廷，字竹坡，隸滿洲鑲藍旗，鄭獻親王濟爾哈朗八世孫。同治七年進士，選庶吉士。授編修。累遷侍讀。光緒改元，疏請選師保以崇聖德，嚴宮寺以杜干預，覈實內務府以節糜費，訓練神機營以備緩急，懿旨嘉納。大考三等，降中允，尋授司業。是時朝廷方銳意求治，詔詢吏治民生用人行政，寶廷力抉其弊，諤諤數百言，至切直。曰：明黜陟，專責任，詳考詢，嚴程限，去欺蒙，慎赦宥。七年，授內閣學士，出典福建鄉試。既蕆事，還朝，以在途納妾自劾罷。築室西山，往居之。是冬，皇太后萬壽祝嘏，賞三品秩。十六年卒。子壽富，庶吉士。庚子拳匪亂，殉難。自有傳。
> 論曰：體芳、寶廷、佩綸與張之洞時稱翰林四諫，有大政事，必具疏論是非，與同時好言事者，又號「清流黨」。〔註79〕

《清史稿校註》以黃體芳（字漱蘭，浙江瑞安人。西元一八三二～一八九九年）、寶廷、張佩綸（字幼樵，父印塘，直隸豐潤人，一字繩庵，號簣齋，又號言如、贊思，直隸豐潤（今屬河北）人。西元一八四八～一九○三年）與張之洞為翰林四諫。論曰：「體芳、寶廷、佩綸與張之洞時稱翰林四諫，有大政事，必具疏論是非，與同時好言事者，又號『清流黨』。」〔註80〕黃體芳《清史稿校註》合傳論黃體芳：

〔註76〕王邦雄著，《莊子內七篇·外秋水·雜天下的現代解讀》（台北市：遠流，2013年5月初版），頁518～525。

〔註77〕張高評著，《左傳之文韜》（高雄：麗文文化，1994年10月初版一刷），頁61。

〔註78〕梁淑安主編，《中國文學大辭典近代卷》（北京：中華書局，1997年2月第1次印刷），頁308。

〔註79〕清史稿校註編纂小組編纂，《清史稿校註》（台北：國史館，1990年），卷451，列傳231，頁10479～10482。

〔註80〕清史稿校註編纂小組編纂，《清史稿校註》（台北：國史館，1990年），卷451，列傳231，頁10483～10489。

黃體芳，字漱蘭，浙江瑞安人。同治二年進士，選庶吉士，授編修。中法事起，連索還琉球、經畫越南議。光緒十一年，劾李鴻章治兵無效，請敕曾紀澤遄歸練師，忤旨，左遷通政使。〔註81〕

　　黃體芳、寶廷、佩綸與張之洞時稱翰林四諫。張佩綸同治十年進士。以編修大考擢侍講，充日講起居注官。時外侮亟，累疏陳經國大政，請敕新疆、東三省、臺灣戒嚴，杜日、俄窺伺。陳寶琛（字伯潛，號弢庵，福建閩縣（今福州）人。西元一八四八～一九三五年）與寶廷、張佩綸、張之洞四人號為清流。寶廷事蹟，洪棄生云：

> 滿洲宗室寶廷，號竹坡，為人跌宕風流，詩亦清警拔俗。在京路時喜事敢言，與張之洞、陳寶琛、張佩綸號四大金剛，迨光緒乙酉法國之役，張佩綸馬江壞事，望風奔走，而陳寶琛在朝主戰，乃奉命會辦江防，亦不免畏葸主和，遂罷黜。寶廷則先於壬午典福建鄉試，歸途買江山船女為妾，受劾落職，京人共傳笑四金剛倒壞其三矣。余謂四君惟張佩綸誠倒壞，若寶琛光氣雖銷，泥身未落。至於寶廷因由此潦落終身，然是風情小譴，無傷大端，視張香濤之尊榮，到底不過榮枯之判耳。余則謂香濤於戊戌政變太后錮帝之事，與李鴻章均不免浮沉取容，大有愧於劉峴莊之侃侃電爭，然則末路孔光，雖不壞猶壞事。聞寶廷欲得江山船女，時有隨從勸之者曰：「大人此去紅頂，不可誤也。」寶廷歎曰：「紅頂不如紅顏好。」後入京有人續之云：「大人豈比美人嬌」，此亦可於陳孟公後添一副故事，故陳宮保哭竹坡有「黎渦不算平生誤，早羨陽狂是鏡機」之句。相傳寶廷詩才敏捷，出游輒題詠。有長子壽富字伯福，次子富壽字仲福，皆頗負才，壽富議論尤洞達，二子或云即江山船妾出，恐非是。與弟妹俱於庚子殉國難自盡，可欽也。竹坡詩，余未見其集，僅見其冷家莊云：「山村四面花，花多人家少。山靜不逢人，滿樹啼春鳥。日落暮雲深，山氣寒於曉。」壽富亦有句云：「落花飛絮送殘春。」〔註82〕

〔註81〕清史稿校註編纂小組編纂，《清史稿校註》（台北：國史館，1990年），卷451，頁10479～10480。

〔註82〕洪棄生著，《寄鶴齋詩話》，頁146。寶廷著，聶世美校點，《偶齋詩草》（上海：上海古籍出版社，2005），頁551。書中所錄，文字與洪氏引文小有差異，如「暮雲」一作「山雲」；「寒於曉」一作「寒如曉」。

棄生評論寶廷因買江山船女為妾，受劾落職，由此潦落終身，然是風情小譴，無傷大端，視張之洞之尊榮，到底不過榮枯之判耳。陳寶琛惋惜寶廷事乃見機佯狂，明哲保身。「紅頂不如紅顏好」、「大人豈比美人嬌」皆是詭辭。

張之洞（字孝達，號香濤，又別號壺公、抱冰督兩廣時創廣雅書院、廣雅書局，又稱廣雅，直隸（今屬河北省）南皮人，西元一八三七～一九○九年）則是清流派的重要人物。《清史稿校註》張之洞本傳云：

> 光緒八年，法越事起，薦唐炯、徐廷旭、張曜材任將帥。光緒十年，代張樹聲為兩廣總督。當時。雲貴總督岑毓英、廣西巡撫潘鼎新皆出督師，尚書彭玉麐治兵廣東。法分兵攻臺灣，據基隆。朝議和戰久不決，之洞主戰，以玉麐夙著威望，虛己聽從之。奏請主事唐景崧募健卒出關，與永福相犄角。廣西軍既敗於越，朝旨免鼎新，以提督蘇元春統其軍。之洞復奏遣提督馮子材、總兵王孝祺等，皆宿將。於是滇、越兩軍合扼鎮南關，殊死戰，遂克諒山。後中法定約談和，以北圻為界。〔註83〕

光緒十年四月，粵督張樹聲告病；朝命山西巡撫張之洞署兩廣總督，命河南巡撫潘鼎新接徐延旭任並辦廣西關外軍務。論徐延旭失機及追論唐炯罪，並革職逮問；責張之洞保薦徐延旭「文武兼資」失當，責陳寶琛、張珮綸力舉唐炯、徐延旭「堪任軍事」，貽誤匪輕。

至於張佩綸怯懦無謀，軍敗遣戍，洪棄生《中西戰紀》詳敘此事，誠倒壞。張佩綸與吳大澂、陳寶琛、寶廷、鄧承修輩號「清流黨」。《清史稿校註》卷451，張佩綸合傳論鄧承修：

> 鄧承修，字鐵香，廣東歸善人。舉咸豐十一年鄉試，入貲為郎，分刑部。轉御史。遭憂歸。光緒初，服闋，起故官。與張佩綸等主持清議，多彈擊，號曰「鐵漢」。

光緒十年，張佩綸以三品卿銜會辦福建海疆事。後因福州船廠償事論戍。〔註84〕若陳寶琛光氣雖銷，泥身未落。

洪棄生引用寶廷〈冷家莊〉一詩，此寶廷作於光緒十三年（西元一八八七年），時年四十七歲，收於《再遊詩草》，該年再遊北京西山、妙峯時所詠。寶廷為官直言敢諫，同治、光緒年間，與鄧承修、劉恩溥、盛昱、陳寶琛、張佩

〔註83〕《清史稿校註》，卷444，列傳224，頁10422～10425。
〔註84〕《清史稿校註》卷451，列傳231，頁10483～10484。

綸等人，被視為清流黨。光緒八年（西元一八八二年），主試福建，經富春江入閩，中途納江山船妓為妾，因自劾狎妓曠職而去官。此即李慈銘（號蓴客）詩：「宗室八旗名士草，江山九姓美人麻」這一重公案。此事清末小說渲染成文者，如曾樸《孽海花》第七回。寶廷亦有詩〈之江行〉記其始末。陳寶琛的弔唁詩〈哭竹坡〉固然羨慕寶廷知幾佯狂，明哲保身，言外卻惋惜其懷才未展。〔註85〕真如前引莊周「以謬悠之說，荒唐之言，無端崖之辭。」而遊於物外。寶廷以詩名家，詩作如〈西山紀遊行〉長二千九百二十一字，「體兼遊記、古賦而用之，志在紀實。」乃視文、詩、賦三者為一，取古文紀實、賦體鋪排之特色，變化詩體，開拓紀遊詩的新境。〔註86〕棄生所引〈冷家莊〉一詩，可知寶廷蕭然塵外，雖迫於晚景，不減尋春雅興。對於賈島的孤冷，棄生云：

> 賈島一孤冷詩派，而李洞鑄金事之於前，孫晟繪像事之於後，詩人
> 之澤遠矣。〔註87〕

棄生《八州遊記》記寫遊中國大陸時，拜訪明末清初著名畫家龔賢（又名豈賢，字半千、半畝，號野遺，又號柴丈人、鐘山野老，江蘇崑山人，流寓金陵（今南京市），西元一六一八～一六八九年）的掃葉樓，詩云：「孤冷偏能耐久留。」寶廷、龔賢亦屬孤冷之流。論者引申陳師道〈王平甫文集後序〉所說「窮達不足論」，定於「論於所傳而已」，「達」做最廣義解，指有名譽、有影響力。而「窮」，論者指「物質的困頓」、「精神上的重負」，後者如完成一作品時患得患失，廢寢忘食之心理，以及深受他人妒忌、漠視、譏謗的煩惱。寶廷受到譏謗罷官後的孤冷，〈冷家莊〉一詩可謂佳例。〔註88〕

第三節　洪棄生旅遊揚州故宮詠詩

揚州，即今江蘇省揚州市。棄生〈揚州故宮行〉云：「古墓梅花嶺，人家芍藥園。驅車直上蜀岡山，山中輦道莓苔斑。迴憶南巡臨幸日，平山萬綠娛宸顏。」芍藥園的典故，又見於趙翼〈揚州雜詠‧金帶圍〉首六句云：「揚州芍

〔註85〕寶廷生平，見《偶齋詩草》附錄二「相關評論資料輯錄」，以及附錄四「年譜」。〈之江行〉見頁561。陳寶琛詩見，《滄趣樓詩文集》（上海：上海古籍出版社，2006），頁8。「不算」二字應作「未算」。

〔註86〕寶廷著，聶世美校點，《偶齋詩草》，頁567～584。

〔註87〕洪棄生著，《寄鶴齋詩話》，頁117。

〔註88〕張健著，《宋金四家文學批評研究》，頁79。

藥天下稀，忽幻四朵金帶圍。幕府讌賓數不足，并邀過客停驂騑。後來四公皆
入相，競傳花瑞先示機。」〔註89〕典用北宋四公入相，而揚州芍藥已先示吉
兆，出自《清波雜志》。金帶圍指紅藥而黃腰的芍藥。宋韓琦為揚州守，金帶
圍一出四枝，琦自當其一，餘則王岐公、王荊公、陳秀公三人當之，後四人皆
入相。王岐公即王曾（益都人，字孝先，仁宗時為相，卒諡文正），陳秀公即
陳執中（南昌人，陳恕子，字昭譽，仁宗時為相，卒諡恭），王荊公即王安石。
此外，宋代王禹偁（字元之，北宋濟州鉅野（今山東省鉅野縣）人，西元九五
四～一〇〇一年）也有〈芍藥詩三首并序〉詠揚州僧舍千本植數。追想古來風
流，棄生〈揚州紀遊〉云：

> 揚州風景名古今，我渡大江隨處尋。二十四橋無可問，虹橋煙月尚
> 沉沉。剪風橫渡大江水，又渡瓜洲四十里。側看文峰寶塔灣，兼行
> 淮浦伊婁市。乘舟直向廣陵城，勝概淮東居上程。蕪蕪城北隋隄草，
> 冷落城中玉觀瓊。隋煬已渺雷塘路，史公尚見梅花墓。小金山傍瘦
> 西湖，湖心寺對湖邊渡。蜀岡蜀井邵伯阡，風流尚在歐蘇先。三分
> 明月二分柳，第一平山第五泉。我行已過竹西遠，我來無復珠簾捲。
> 青樓早絕揚州夢，迷樓不見隋家苑。淮南江北接邗溝，城東一水入
> 真州。夫差阿嬭豪華歇，祇有楊花逐水流。離宮別館居何許，邗江
> 亦失芙蓉渚。螢火已非古昔光，雞聲漫說陳隋語。〔註90〕

詩引用唐代詩人杜牧（字牧之，唐京兆萬年（今陝西西安市）人。生於唐
德宗貞元十九年（西元八〇三年），卒於唐宣宗大中六年（西元八五二年）。是
晚唐著名的詩人，號為「小杜」（以別於杜甫）。）〈寄揚州韓綽判官〉云：「二
十四橋明月夜，玉人何處教吹簫。」詩句，懷想古來風流人物。至於虹橋（紅
橋）煙月，清初王士禎〈紅橋游記〉云：

> 出鎮淮門，循小秦淮折而北，陂岸起伏多態，竹木蓊鬱，清流映帶。
> 人家多因水為園亭樹石，溪塘幽窈而明瑟，頗盡四時之美。挐小艇，
> 循河西北行，林木盡處，有橋宛然，如垂虹下飲於澗，又如麗人靚
> 妝袨服，流照明鏡中，所謂紅橋也。
> 遊人登平山堂，率至法海寺，舍舟而陸徑，必出紅橋下。橋四面皆

〔註89〕趙翼著，李學穎、曹光甫校點，《甌北集》（上海：上海古籍出版社，1997），
頁 26。

〔註90〕此詩又見連橫《臺灣詩薈》第 10 號，1924 年 11 月。

人家荷塘，六七月間，菡萏作花，香聞數里，青簾白舫、絡繹如織，良謂勝遊矣。予數往來北郭，必過紅橋，顧而樂之。

登橋四望，忽復徘徊感嘆。當哀樂之交乘於中，往往不能自喻其故。

王、謝冶城之語，景晏牛山之悲，今之視昔，亦有憾耶！〔註91〕

文中瓜洲古渡，在江蘇邗江縣南大運河入長江處，與鎮江市隔江斜對，向為長江南北水運交通要衝。瓜洲，本為江中沙洲，沙漸長，狀如瓜字，故名。〔註92〕平山堂為歐陽修於慶曆八年（西元一〇四八年）知揚州時所置。法淨寺、法海寺皆此地名剎。詩又引杜牧詩中的揚州勝景風物，著名者如杜牧〈隋堤柳〉云：「夾岸垂楊三百里，祇應圖畫最相宜。自嫌流落西歸疾，不見東風二月時。」隋堤是隋煬帝所開運河，河寬四十步，全長三百餘里。張松輝云：「兩岸為堤，堤上多植楊柳，後人稱之為『隋堤』。大中五年（西元八五一年）秋，杜牧從湖州調往長安。本詩即杜牧赴京途中經過運河時所作。」〔註93〕杜牧〈揚州三首〉云：

煬帝雷塘土，迷藏有舊樓。誰家唱〈水調〉，明月滿揚州。駿馬宜閑出，千金好暗投。喧闐醉少年，半脫紫茸裘。（其一）秋風放螢苑，春草鬥雞臺。金絡擎鵰去，鸞環拾翠來。蜀船紅錦重，越橐水沉堆。處處皆華表，淮王奈卻迴。（其二）街垂千步柳，霞映兩重城。天碧臺閣麗，風涼歌管清。纖腰間長袖，玉珮雜繁纓。柂軸誠為壯，豪華不可名。自是荒淫罪，何妨作帝京。（其三）〔註94〕

大和七年（西元八三三年）四月，三十一歲的杜牧到淮南節度使牛僧孺幕下任職，這組詩即杜牧當時居揚州所作。其一「雷塘」是隋煬帝葬身之地。〈水調〉是歌曲名，煬帝所作。放螢苑是園林名，又叫隋苑，在揚州城北。棄生「蜀岡蜀井邵伯阡」，指東晉宰輔謝安出鎮廣陵之步丘，築壘曰新城，又築埭於城北，後人追思之，名為召伯埭。〔註95〕以下則用隋煬帝典故，吟詠景點多見於杜牧詩，懷古來帝王豪奢一時，不禁嘆繁華易歇。其〈揚州故宮行〉（詩序：宮在城內迤北，時為軍府，東華、西華兩門有兵鵠立。）末云：「古來帝

〔註91〕王熙元、郭預衡主纂，《譯註評析古文觀止續編》（台北：百川書局，1994年3月20日初版），頁1189。

〔註92〕白居易著，陶敏、魯茜注譯，《新譯白居易詩文選》，頁379。

〔註93〕杜牧著，張松輝注譯，《新譯杜牧詩文集》（台北：三民書局，2002），頁212。

〔註94〕杜牧著，張松輝注譯，《新譯杜牧詩文集》，頁162～164。

〔註95〕《晉書・列傳第四十九》，卷79，頁2076。

王威力俱有限，一朝宸跡何足傷。所傷燹火到雷塘，竹西歌吹永愴涼。」即此意。「史公尚見梅花墓」指明末清初，清順治二年（西元一六四五年），史可法守揚州禦清，城陷，死，覓屍不可得。翌年，家人舉袍笏召魂，葬於揚州郭外梅花嶺。〔註96〕

　　清代揚州為一大都市，尤其清中葉之後，此地因鹽商富裕，人文薈萃。乾隆二十八年（西元一六八九年），盧見曾（雅雨山人）兩任鹽運使，誠如學者龔鵬程所說：「（盧見曾）提倡風雅，使鹽商大起園林，邀學者文人優遊吟詠於其間，揚州遂成為江南文化中心。他主持『虹橋修禊』，『日與詩人相酬酢，一時文宴勝於江南。』」其聘請的學者如惠棟等人。揚州學派重博學，著名學者如汪中，其學既博贍，又善屬文。揚州的藝術發達，李斗的《揚州畫舫錄》可見一斑。棄生遊此，見揚州妓美於蘇州、上海等地，歌管可聽，妝亦不至流於妖冶。其〈揚州故宮行〉首云：「揚州自古稱繁華，況復蕪城帝子家。瓜洲已見隋隄柳，城頭更望廣陵花。廣陵花，今零落。處處花飛不見人，但見離宮在城郭。離宮尚威儀，可憐異昔時。」〔註97〕

　　龔鵬程論清代文人狹邪風流，以袁枚等文人的憐花意識論才子文人的心態與詩學，認為憐花品花護花意識，其實就是好色。棄生詩情調近此，只是此地時移事異，加上棄生晚懷蕭瑟，其〈遊華歸後偶得四首〉其四云：「華夏清遊劇半年，老懷負卻好江天。秦淮河上西湖裏，不喚笙歌載酒船。」〔註98〕不過清遊賞景而已。〔註99〕

〔註96〕萬斯同著，《明史》，卷274，史可法傳。
〔註97〕編者按：「昔時」，省文獻會全集本「昔」誤作「早」，今據原稿甲本改正。
〔註98〕編者按：此首又見卷一〈蘇州車驛登眺〉之後，題名「負卻」，作者註：「此首附末。」
〔註99〕洪棄生著，《八州遊記》，頁23。龔鵬程著，《中國文人階層史論》（宜蘭：佛光人文社會學院，2002年），頁250、415。

第六章　兒女性靈，詩家之心

　　洪棄生詩學的「入格之詩」的主張與「到家之詩」的標舉，無非指出「學古」與「創新」二者密不可分；當以學古「入格」為門徑，「創新」到家而成就專詣饒美之功。繼承王士禛重「典」、「雅」及「神韻」之詩觀，輔以桐城派論詩重法度之主張。遠承明代胡應麟由「體格聲調」入手，達致「興象風神」的學習順序。胡氏論五言古詩的寫作云：「不用其格，便非本色；一剽其語，決非名家。」〔註1〕本宋人「先體製而後工拙」說，強調詩歌的「本色」，以求「入格」而「到家」。因此，一方面由「辨體」，分辨文章體製；一方面探源索流、遠紹旁搜而「尊體」，企求會通歷代文體風格異同，以「變格求新」，方能汲古而融鑄自家風格。棄生作詩先求入格，再變化求新；學習古人作品，本自才學性情；無心印合，有神無跡，終臻「風格到家」，所謂「學古神到」。因此，又參酌袁枚「性靈說」，以兒女性靈，為詩家之心。

第一節　入格之詩

　　洪棄生論文作詩以清代桐城派「義法」為宗，從文學體製的「辨體」、「尊體」進而「變格求新」，此為清朝人近法本朝先正的文風。洪棄生早年八股文寫作的基礎訓練，尚法古人，會通體製，論「入格之詩」云：

　　　　鮑覺生述其師吳澹泉云：「詩之有格，猶射有鵠。入格則為詩，不入格之詩，其工者駢文耳，奧者古賦耳，妍者詞耳，快者曲耳，樸直

〔註1〕胡應麟著，《詩藪》內篇卷二，吳文志編，《明詩話全編》（南京：江蘇古籍出版社，1997），頁5459。

者語錄耳，新穎者小說耳，紆曲委備者，公牘與私書耳。」其中確
中乾嘉以來諸才士之弊，學詩者不可不知，乃當時所號詩老如張南
山頗不以為然，宜其詩之多隨手敷衍病也。〔註2〕

　　徐世昌《晚晴簃詩話》引此文，謂鮑桂星（字雙五，號覺生，安徽歙縣人，
西元一七六四～一八二六年）學詩於同里吳定（字殿麟，號澹泉，安徽歙縣
人。西元一七六四～一八〇九），吳定為劉大櫆高足。吳定與姚鼐相友善，論
文嚴於法。〔註3〕鮑氏「篤守師說，有一字一句點竄數十過而未已。」「亦見桐
城義法之嚴，非特散文已也。」〔註4〕桐城學者論詩，固嚴於法，一以雅正為
準，如姚鼐（字姬傳，安徽桐城人，西元一七三一～一八一五年）云：「欲作
古賢辭，先棄凡俗語。……淺易詢灶嫗，險怪趨蚓戶。焉知難易外，橫縱入規
矩。」〔註5〕又云：「我朝王新城，稍辨造漢槎。才力未極閎，要足裁淫哇。豈
意群兒愚，乃敢橫疵瑕。我觀士腹中，一俗乃癥痕。束書都不觀，恣口如鬧
蛙。」〔註6〕申明詩語當典雅而棄凡俗語。作詩當先博覽，以前賢之矩矱為
法，方成格調。凡不合雅正風格之詩作，工者駢文耳，奧者古賦耳，皆不入格。
如元好問〈論詩三十首〉其二十三云：「曲學虛荒小說欺，俳諧怒罵豈詩宜？
今人合笑古人拙，除卻雅言都不知。」郭紹虞云：「此即元好問尚雅之旨。」
詩重雅言，此又一說。〔註7〕

　　姚鼐論詩重雅正之主張本自清初王士禎（字貽上，號阮亭，山東新城人，
西元一六三四～一七一一年），錢謙益題王士禎詩集之序文，提到王氏「典」、
「遠」、「諧」、「則」之詩論。〔註8〕士禎論作詩，不可用俗字、粗字、纖字，
以為「論詩當先觀本色」，作詩宜取法古人以植基。〔註9〕其《花草蒙拾》說：

〔註2〕洪棄生著，《寄鶴齋詩話》，頁33。
〔註3〕清史稿編纂委員會，《清史稿校註》（台北：商務印書館，1999），卷384，頁
　　　9818，〈鮑桂星傳〉。卷272，頁11191〈文苑‧吳定傳〉。
〔註4〕徐世昌著，《晚晴簃詩匯》（北京市：中華書局，1990），卷114，頁4859。
〔註5〕姚鼐著，《惜抱軒詩文集》（上海市：上海古籍出版社，1992），卷4，頁485，
　　　〈與張荷塘論詩〉。
〔註6〕姚鼐著，《惜抱軒詩文集》，卷5，頁507～508，〈碩士約過舍久俟不至余將渡
　　　江留書與之成六十六韻〉。
〔註7〕郭紹虞著，《元好問論詩三十首小箋》（北京市：人民文學出版社，1998），頁
　　　75。
〔註8〕王士禎著，李毓芙等整理《漁洋精華錄集釋》（下）（上海市：上海古籍出版社，
　　　1999），頁1976。
〔註9〕王士禎著，《帶經堂詩話》（北京市：人民文學出版社，1998），頁131。

「或問詩詞、詞曲分界。余曰:『無可奈何花落去,似曾相識燕歸來。』定非香奩詩;『良辰美景奈何天,賞心樂事誰家院』定非草堂詞也。」〔註10〕

　　這些理論,龔鵬程〈論本色〉說:「其實就都是本色說的緒餘,指這種藝術上的成規(conventions)。」〔註11〕宋人言體製、正脈、本色,以為「蘊涵著風格與價值的判斷」、「用以指明某一文體的本質。」龔鵬程云:「江西後來所以會發展出『學詩如學禪』、『悟』之類的講法,就是因為他們站在知性反省的立場,重新思考中唐以來詩風轉變的問題,先肯定比興是詩的本質,然後再以『悟』來融匯中唐,達成理性與感性辯證地超越綜合,經過中唐,而再回盛唐。」〔註12〕而作詩重「本色」「入格而雅正」,即宋黃庭堅強調「先體製而後工拙」之意。黃庭堅〈書王元之竹樓記後〉云:「荊公評文章,常先體製而後文之工拙。蓋嘗觀蘇子瞻〈醉白堂記〉,戲曰:『文詞雖工,然不是醉白堂記,乃是韓白優劣論耳』。」〔註13〕南宋戴復古〈題鄭寧夫玉軒詩卷〉云:「作詩亦如之,要在工夫至。辨玉先辨石,論詩先論格。詩家體固多,文章有正脈。」〔註14〕嚴羽論詩,強調「惟悟乃為當行,乃為本色。」〔註15〕明代徐禎卿《談藝錄》言「詩貴先合度,而後工拙。」〔註16〕均與宋人之思想脈絡相近。「辨體」說又可見姚鼐弟子梅曾亮(字伯言,江蘇上元(今南京)人。西元一七八六～一八五六年)為其師姚鼐尺牘作序,引姚鼐言:

　　姚姬傳先生嘗語學者:「為文不可有注疏、語錄及尺牘氣。蓋尺牘之體,固有別於文矣。〔註17〕

　　因此,一方面由「辨體」,分辨文章體製;一方面探源索流、遠紹旁搜而「尊體」,企求會通歷代文體風格異同,以「變格求新」,方能汲古而融鑄自家

〔註10〕王士禎著,《花草蒙拾》。收於唐圭璋編《詞話叢編》(一)(台北市:新文豐出版社,1988),頁686

〔註11〕龔鵬程著,《詩史本色與妙悟》(台北市:學生書局,1992),頁110。

〔註12〕龔鵬程著,《詩史本色與妙悟》(台北市:學生書局,1992),頁110、115～120。

〔註13〕黃庭堅著,《山谷題跋》。引自楊家駱編,《宋人題跋》(上)(台北市:世界書局,1992),頁199。

〔註14〕戴復古著,《石屏詩集》,《景印文淵閣四庫全書》第1165冊,(台北:商務印書館,1983年),卷1,頁556。

〔註15〕嚴羽著,《滄浪詩話》(台北:金楓出版社,1986年),頁23。

〔註16〕何文煥輯,《歷代詩話》(二)(台北:漢京文化,1983年),頁769。

〔註17〕梅曾亮《柏梘山房詩文集》(上海市:上海古籍出版社,2005),頁379〈姚姬傳先生尺牘序〉。

風格。論其取徑及方法，如棄生云：

> 或問入格之道當如何？余謂此不可以言詞形容也，當自取漢魏晉宋
> 及初唐盛唐諸名家詩習之。習之既久，唐以前各名家精神懸於心目，
> 則自無不入格之作，彼時再瀏覽宋元明及國朝諸家，則萬象在旁，
> 唐以上、唐以下之人皆入我鑪錘，又庶幾其到矣。〔註18〕

平日寢饋於前人詩作，以研法取神；臨文之際復善自錘煉，詩作庶幾可入格而到家。又云：

> 學三百篇，學離騷，皆當寢饋於平時，而下筆時則不容絲毫著意，
> 當以無心自然得之，乃能有合。不然雖賈長沙、班孟堅，不免無味，
> 何況他人？〔註19〕

平日學《詩經》、《離騷》，並取徑漢魏以下詩作，此本自劉勰《文心雕龍·通變》「參古定法」的理論，即「矯訛翻淺，還宗經誥。斯斟酌乎質文之間，而櫽括乎雅俗之際。」〔註20〕至於作詩時不容絲毫著古人意，「當以無心自然得之。」亦本自宋人強調「妙悟」、「技進於道」等詩說。〔註21〕清人袁枚也說：「人閒居時，不可一刻無古人，落筆時不可一刻有古人。平居有古人，而學力方深。落筆無古人，而精神方出。」〔註22〕要在真積力久，鑪錘功深，此即楊萬里〈晚寒題水仙花并湖山三首〉其三云：「鍊句爐槌豈可無，句成未必盡緣渠。老夫不是尋詩句，詩句自來尋老夫。」〔註23〕看似無心自得，實乃用功所致。此即陸游〈文章〉一詩所謂「文章本天成，妙手偶得之。」〔註24〕

洪棄生論詩之深淺關乎學力，義近於此，強調涵養的重要。洪棄生論詩之入格，主張尚法古人，會通體製，所謂「當自取漢魏晉宋及初唐盛唐諸名家詩習之。習之既久，唐以前各名家精神懸於心目，則自無不入格之作。」

〔註18〕洪棄生著，《寄鶴齋詩話》，頁33。
〔註19〕洪棄生著，《寄鶴齋詩話》，頁6。
〔註20〕劉勰著，王更生注譯，《文心雕龍》（台北：文史哲，1988年3月三版），下篇，頁50。
〔註21〕龔鵬程著，《詩史本色與妙悟》，〈論妙悟〉一文。
〔註22〕袁枚原著，張健選，《隨園詩話精選》（台北：文史哲，1986年4月一版），頁90。
〔註23〕北京大學古文獻研究所編，《全宋詩》（北京：北京大學出版社，1991年7月第一刷），第42冊，楊萬里詩，頁26462。
〔註24〕陸游原著，《箋註劍南詩鈔》（高雄：啟聖，1973年10月景印初版），卷1，頁76。

第二節　創新「到家」

因此，能學古以求變化，創新而至「到家」，方有自家面貌。洪棄生論文作詩以清代桐城派「義法」為宗，從文學體製的「辨體」、「尊體」進而「變格求新」。因此，能學古以求變化，創新而至「到家」，方有自家面貌。因云：「入格之詩可以偶然，真到之詩不可偶得。」又云：

> 作詩文，才無論大小，學無論廣狹，總要一到字，到則雖小亦高，
> 不到則雖大亦低。到則可傳，不到則不可傳。到者到家之謂，較入
> 格尤深數層。〔註25〕

「到」即「到家」之意。宋王直方（西元一○六九～一一○九年）引黃庭堅（字魯直，號山谷道人，晚號涪翁，洪州分寧（今江西修水）人，西元一○四五～一一○五年）語云：「文章最忌隨人後」「自成一家始逼真。」又引宋景文語云：「詩人必自成一家，然後傳不朽。若體規畫圓，準矩作方，終為人之臣僕。」呂本中（西元一○八四～一一四五年）亦引黃庭堅語云：「文章切忌隨人後」「隨人作詩終後人」。〔註26〕詩文不隨人後，能自成一家，方能傳後，此即「到家」之意。棄生因云：「入格之詩可以偶然，真到之詩不可偶得。」作詩須先求「入格之詩」，再臻至「到家」。

明代胡應麟《詩藪》本嚴羽「悟」說及李獻吉「法」說，強調「詩雖悟後，仍須深造。自昔瑰奇之士，往往有識窺上乘，業阻半途者。」以為「法」與「悟」二者不可偏廢，強調「法而不悟，如小僧縛律；悟不由法，外道野狐耳。」由「法」而「悟」，作詩因此由「體格聲調」悟及「興象風神」。其學思過程為：

> 作詩大要不過二端，體格聲調、興象風神而已。體格聲調有則可尋，
> 興象風神無方可執。故作者但求體正格高、聲雄調鬯。積習之久，
> 矜持盡化，形跡俱融，興象風神，自爾超邁。譬則鏡花水月，體格
> 聲調，水與鏡也；興象風神，月與花也。必水澄鏡朗，然後花月宛
> 然。詎容昏鑑濁流，求睹二者？故法所當先，而悟不容強也。〔註27〕

這種「法所當先」，以求「悟入」的格調觀，與清代姚鼐云：「所以為文者，曰神理氣味、格律聲色。神理氣味者，文之精也；格律聲色者，文之粗也。

〔註25〕洪棄生著，《寄鶴齋詩話》，頁 33。
〔註26〕王直方著，《王直方詩話》。呂本中，《童蒙詩訓》。見吳文志編，《宋詩話全編》
　　　　（江蘇：江蘇古籍出版社，1998），頁 1167、2899。
〔註27〕胡應麟著，《詩藪》內篇卷二。吳文志編，《明詩話全編》（南京：江蘇古籍出
　　　　版社，1997 年），頁 5520、5456。

然苟捨其粗，則精者亦胡以寓焉？」〔註28〕都是強調先學古，先學古人為文為詩之法，由格律聲色之講求入手，由粗而精，因悟興象風神之超邁入微而深造自得。謝榛云：「悟不可恃，勤不可間。悟以見心，勤以盡力。此學詩之梯航，當循其所由而極其所至也。」〔註29〕因此，一方面由「辨體」，分辨文章體製；一方面探源索流、遠紹旁搜而「尊體」，企求會通歷代詩體風格異同，以「變格求新」，方能汲古而融鑄風格。則貴在轉益多師，取法前人之優點。

　　鍾嶸《詩品》、劉勰《文心雕龍》的觀點，以及嚴羽《滄浪詩話》詩法觀點，啟發明代格調論。學者廖可斌以明代「格調」論的「風調」、「骨格」概念來概括嚴羽《滄浪詩話》「詩之法有五：曰體制，曰格力，曰氣象，曰興趣，曰音節。」的五種詩歌審美特徵。進而認為前兩個「體制」、「格力」相當於李夢陽等人所說的「格」。後三個「氣象」、「興趣」、「音節」，相當於李夢陽等所說的「調」。

　　關於「格調」論，王世貞（字元美，號鳳洲，又號弇州山人，江蘇太倉人，西元一五二六～一五九〇年）云：「才生思，思生調，調生格。思即才之用，調即思之格，格即調之界。」〔註30〕學者廖可斌又引李東陽語：「法度既定，變而為奇，乃有自然之妙。」〔註31〕詩求格調，關乎詩人才思，本之法度，變而為奇，以臻自然高妙。「格調」究竟指什麼？廖可斌云：

> 「調」就是指詩歌作品中的情與理、意與象、詩與樂相結合所構成的具有動態特徵的總體形態，或者說混和流；「格」即是指這種混和流的境界、層次之高下。「格」就是「調」之「格」。它並不能脫離「調」而單獨存在。每一種「調」，都有它自己的或高或卑的「格」。王世貞說：「才生思，思生調，調生格。思即才之用，調即思之境，格即調之界」（《藝苑卮言》卷一），已經涉及到了格與調之間關係的奧秘。〔註32〕

廖可斌所謂「有動態特徵的總體形態」的「調」，定義顯然有「音調」之

〔註28〕姚鼐編纂，王文濡評註，《評註古文辭類纂·序目》（台北：華正，1987 年 8 月初版），頁 31。

〔註29〕謝榛著，《四溟詩話》（北京：人民文學出版社，1998 年），卷 3，頁 90。

〔註30〕王世貞著，周維德集校，《藝苑卮言》卷 5，《全明詩話》（濟南：齊魯書社，2005），頁 1940。《藝苑卮言》卷 1，《全明詩話》，頁 1888。

〔註31〕王世貞著，周維德集校，《藝苑卮言》卷 1，《全明詩話》，頁 1883。

〔註32〕廖可斌著，《復古派與明代文學思潮》（台北，文津出版社，1994），頁 204～205。

意，所以強調詩與樂相結合。先不論詩與樂的關係，廖可斌認為「調」是文學的基本特徵，至於作品品質的高卑，決定於作品「情、氣」本身的「思、意、義」。此即李夢陽〈駁何氏論文書〉云：

> 柔澹者思；含蓄者意也；典厚者義也；高古者格；宛亮者調；沉著、
> 雄麗、清峻、閒雅者，才之類也。而發於辭，辭之暢者，其氣也。中
> 和者，氣之最也；夫然，又華之以色，永之以味，溢之以音，是以
> 古之文者，一揮而眾善具也。然其翕辟頓挫，尺尺而寸寸之，未始
> 無法也，所謂圓規而方矩者也。〔註33〕

李夢陽「高古者格」、「宛亮者調」，則是合論「思、意、義」。而「宛亮者調」，又指作品音節宛亮，著眼在作品的情思和藝術表現如風格、技巧等。李夢陽格調論更主張辭暢而氣中和，即作品從「思、意、義」到格、調，也就是作者才思氣力和作品風格必須相合，一如劉勰《文心雕龍・論說》所云：「心與理合」、「辭共心密」，作品既能包舉眾美，又達到辭暢氣和，端賴經營文字聲色與內容意境的味永高古。

此外，李夢陽所謂「才之類」如「沉著」等，胡應麟《詩藪》歸於「調」，胡氏云：「則飄逸、渾雄、沉深、博大、綺麗、幽閒、新奇、猥瑣，靡弗詣矣。」〔註34〕此處顯然指出八種風格，指作品風格沉雄、飄逸等；又有高下之分，如渾雄勝過猥瑣。

李夢陽擬古以求變化的方法，不外尺尺寸寸模擬經典作品，從「辨體」中取法乎上。其所謂圓規而方矩之法，即洪棄生所謂「斂才就範」的觀點。印證王世貞主張「才情雖不可缺，唯不可馳騖太甚。」的說法：

> 才騁則禦之以格，格定則通之以變，氣揚則沈之使實，節促則澹之
> 使和。〔註35〕

「氣揚」二句，指創作者沉澱情思，創作下筆時著重文字音節與情思表達間「中和氣暢」所形成的張力，既呼應李夢陽「氣之中和」的觀點。

另一方面，誠如業師龔顯宗云：「格調正所以範籠才氣。」〔註36〕又與洪棄生的「斂才就範」，取法經典，涵養才學的創作觀點和理路相同。

〔註33〕李夢陽著，《空同集》，卷62。
〔註34〕胡應麟著，《詩藪》《外編》，卷三。
〔註35〕王世貞著，《弇州山人續稿》〈答胡元端〉，卷206。
〔註36〕龔師顯宗著，《明七子派詩文及其論評之研究》（台北：花木蘭出版社，2007），
　　　　頁180。

　　推究李夢陽「氣之中和」的觀點，實遠承自《中庸》「致中和」，「喜怒哀樂未發，謂之中；發而皆中節，謂之和。」李夢陽強調以詩歌抒情而能合於「氣之中和」，此乃性情之正，其說是受到《說文通訓定聲》：「詩者，持也」，持其心志之說的影響。本自《詩經》大序「詩者，志之所之也，在心為志，發言為詩。」又源自《論語·八佾》：「子曰：『關雎樂而不淫，哀而不傷。』」的教誨。要而言之，格調說的精義，即在本諸才思，歸乎性情；持其心志，抒情諷諭，自成一家。誠如錢鍾書云：「不知格調之別，正本性情；性情雖主故常，亦能變運。」〔註37〕

　　此外，「柔澹者思」又源自《老子》「反者道之動，弱者道之用。」道的生成萬物，就在它回返自身的和諧作用中。「弱」就在道之虛，以生始物之妙，「反」在其和，以成終物之徹。《老子》三十五章：「字之曰道，強為之名曰大。大曰逝，逝曰遠，遠曰反。」老子由此言「反」，亦由是而言「復歸」。「反」和「復歸」其作用在和。所謂「道生一，一生二，二生三，三生萬物。萬物負陰而抱陽，沖氣以為和。」印證李夢陽等人的「中和」與「格調」說，則創作者復歸自身的才性，斂才就格，作品依「法」而求變化，以兼備眾善，合於詩文之大道。則復歸才性，沖和合道，如學者施友忠所謂「二度和諧」，近於青原惟信禪師「見山祇是山，見水祇是水」。

　　然而詩欲入格，勢必守法；詩欲到家，卻要捨法，才能自由完全的表情達意。若二者不可得兼，以何者為要呢？廖可斌認為明代詩論家選擇寧「屈悶其意」，也不「骪骳其法」的立場：

> 如王世貞在《張伯起集序》等文中，就稱讚張鳳翼等人在創作詩古文時，為了無傷於法，「有才而不求盡」。這樣，後七子復古派作家關於意與法關係的理論，就終於向守法的一端傾斜、向保守的方向滑落了。〔註38〕

　　強調先學古以求格高，〔註39〕洪棄生也有類似的保守論調云：「格不頹放，則意可使盡。不然寧使意不盡，不可使格不高。」〔註40〕此意即方回《瀛奎律髓》評曾幾〈上元日大雪〉一詩云：「詩先看格高而意又到語又工為上，意到語工而格不高次之，無格無意又無語下矣。」未嘗不是對中下者及初作詩

〔註37〕錢鍾書著，《談藝錄》（台北：書林出版社，1999年2月二刷），頁5。
〔註38〕廖可斌著，《復古派與明代文學思潮》（台北：文津，1994年初版），頁430。
〔註39〕方回著，《瀛奎律髓》（《景印文淵閣四庫全書》第1366冊。台北：商務，1983年10月初版），卷21，頁278。
〔註40〕洪棄生著，《寄鶴齋詩話》，頁30。

者之忠告。欲求格高，當以個人情意，入古人之格。洪棄生云：

> 余言詩，不主宗派，不立宗旨，惟一意以古時之詞，寫今時之事；
> 以今人之情，入古人之格。唐以前多含蓄，而不能盡事情，則取唐
> 以後之法發揮之。宋以下專發洩而不能涵風韻，則取宋以上之格約
> 束之，求其可古可今而不可俗而已。〔註41〕

「以古時之詞，寫今時之事。」棄生因主張詩語當雅正，不可謅入方言、俗語。「以今人之情，入古人之格。」則貴在轉益多師，取法前人之優點，以求詩作格高而不俗。

棄生作詩先求入格，再變化求新；學習古人作品，本自才學性情；無心印合，有神無跡，終臻「風格到家」，所謂「學古神到」。

作詩求高格而棄俗求雅，對詩歌體製的觀點，實本自明代的格調論。其精義如明代王世懋（西元一五三六～一五八三年）《藝圃擷餘》說：

> 詩必自運，而後可以辨體；詩必成家，而後可以言格。……故予謂
> 今之作者，但須真才實學。本性求情，且莫理論格調。〔註42〕

因性練才，自成一家，所謂「有南威之容，始可論於淑媛。」「操千曲而後曉聲。」閱歷既廣，有才有學，自然能辨體、言格。則作詩之要，首在性情與才學，不必拘縛於格調。棄生謂「到家」之詩，較入格尤深數層，其理在此。但對初學者言，不得不高懸一二大家以為典則，入手時又不可不循梯而升：

> 初學求韓求杜，不如並求學韓學杜者較易會悟，迨學韓而變化韓，
> 學杜而變化杜，則獨到矣。……然求學古於著名之家，不如求諸不
> 著名之家，蓋菁華片玉，尤徵無心印合。

以韓愈、杜甫為取法之典範，所謂「取法乎上」；並求學韓學杜者，即「登高必自卑」之意。「無心印合」指本諸才性，自然流露性情，學古人當學其所以安身立命處，棄生作詩強調學古而神到：

> 學韓之人，如李商隱平淮西碑篇及歐陽永叔菱溪石、葛氏鼎諸作是。
> 學杜之人，如黃山谷畫鷹、畫馬諸篇是，此皆有神無跡，如褚登善
> 之補晉帖，鍾紹京之效衛夫人，為古來著名之筆也。〔註43〕

指李商隱〈韓碑〉及歐陽修〈菱溪石〉、〈葛氏鼎〉。以及黃庭堅〈詠李伯

〔註41〕洪棄生著，《寄鶴齋詩話》，頁30。
〔註42〕王世懋著，《藝圃擷餘》，頁780。
〔註43〕洪棄生著，《寄鶴齋詩話》，頁112。

時摹韓幹三馬次蘇子由韻簡伯時兼寄李德素〉、〈次韻子瞻和子由觀韓幹馬因論伯時畫天馬〉等詩。褚遂良，字登善，唐代書法家。鍾紹京，字可大，亦唐代書法家。李商隱、歐陽修學韓而入室之詩作，以及黃庭堅學杜而入神之佳什，皆有神無跡，如褚登善之補晉帖，雖學古卻有自家之精神，且又便於初學作詩者之悟入。然不如求諸不著名之家，其「閉門造車」，不料「出而合轍」。學詩者能擷其「菁華片玉」，則識見已迥非凡俗；而作詩者無心摹擬，適可印合古賢之佳作，比起刻意摹擬者多了幾分真性情，所以可貴。因此，王世貞（字元美，號鳳洲，又號弇州山人，直隸太倉州（今江蘇太倉）人，西元一五二六～一五九〇年）云：

> 然而情景妙合，風格自上，不為古役，不墮蹊徑者，最也。隨質成分，次也；或名為閨繼，實則盜魁，外堪皮相，中乃膚立，以此言家，久必敗矣。〔註44〕

作詩能自成風格，不為古役，卻又神似古人，印證所見略同，方可言「到家」。其次則隨質成分，隨分成詣，亦可立門戶，有聲實可觀。

作詩想要「學古神到」，方法可由「由熟求生」、「思密切題」、「清煉渾成」以臻「高古」，例如蘇軾〈壽星院寒碧軒〉一詩，棄生云：

> 東坡寒碧軒一詩，高古入妙。詩云：「清風肅肅搖窗扉，窗前修竹一尺圍。紛紛蒼雪落夏簟，冉冉綠霧沾人衣。日高山蟬抱葉響，人靜翠羽穿林飛。道人絕粒對寒碧，為問鶴骨何緣肥。」〔註45〕

壽星院寒碧軒，蘇子瞻守杭日常遊焉。〔註46〕王士禎每讀此詩，「輒如入篔簹之谷，臨瀟湘之浦，而吟嘯於渭川千畝之濱焉。」〔註47〕詩用三個疊詞「肅肅」「紛紛」「冉冉」，以曲寫物態。動詞「落」「沾」「抱」「穿」，使詩境生趣盎然。末二句詼諧入妙，乃東坡本色。宋周必大《二老堂詩話》說：「蘇文忠公詩，初若豪邁天成，其實關鍵甚密。再來杭州〈壽星院寒碧軒〉詩，句句切題而未嘗拘。」他認為前四句「寒」、「碧」各在其中，所謂句句

〔註44〕王世貞著，《藝苑卮言》卷5，吳文志編，《明詩話全編》（南京：江蘇古籍出版社，1997），頁4254。

〔註45〕洪棄生著，《寄鶴齋詩話》，頁114。

〔註46〕田汝成撰，《西湖遊覽志》，（文淵閣四庫全書·史部·地理類·山水之屬，台北：商務印書館，1983年），卷8。

〔註47〕王士禎著，《帶經堂詩話》（北京：人民文學出版社，1999年2月第一刷），卷5，頁130。

切題而未嘗拘；「第五句『日高山蟬抱葉響』頗似無意而杜詩云：『抱葉寒蟬靜』併葉言之，寒亦在中矣。」『人靜翠羽穿林飛』固不待言，末句却說破『道人絕粒對寒碧，為問鶴骨何緣肥。』其妙如此。」此創作方法即「思密切題」、「清煉渾成」。

「清煉渾成」的另一個例子如元代黃鎮成（邵武人，至正間諡貞文處士）〈秋風〉詩：

> 秋風淅淅生庭柯，蕭蕭木落洞庭波。紅樹夕陽蟬噪急，白蘋秋水雁
> 來多。王孫不歸怨芳草，山鬼欲啼牽女蘿。蒹葭蒼蒼白露下，望美
> 人兮將奈何。〔註48〕

此化用《詩經・秦風・蒹葭》和《楚辭・九歌・山鬼》，以男女怨慕情辭，抒發士感秋悲愁，設色鮮麗，疊詞使情韻綿長。

此外，棄生又推崇高啟〈西塢〉詩風格高古，此詩云：「空山啄木聲敲鏗，花落水流縱復橫。松風吹壁鶴翎墮，梅雨過溪魚子生。尚有人家機杼遠，更無塵土衣裳輕。斜陽已沒月未出，樵子歸時吾獨行。」〔註49〕詩情高華古摯。誠如清代袁枚〈續詩品〉〈精思〉所說，作詩要以心運手，不可逞才速藻：

> 疾行善步，兩不能全。暴長之物，其亡忽焉。文不加點，興到語耳！
> 孔明天才，思十反矣。惟思之精，屈曲超邁。人居屋中，我來天外。

乾隆三十八年（時五十八歲）作〈箴作詩者〉一詩云：「倚馬休夸速藻佳，相如終竟厭鄒枚。物須見少方為貴，詩到能遲轉是才。清角聲高非易奏，優曇花好不輕開，須知極樂神仙境，修煉多從苦處來。」〔註50〕

論者吳宏一謂：「他（袁枚）是寧取司馬相如之精思苦吟的，……即使是天才，在他看來寫作時也非精思不可。」作詩要以心運手，從苦處精思修煉。欲臻此境，另一方法可由「由熟求生」，洪棄生云：

> ……子才與杭董浦論拗體，引倪紫珍詩，神思未若寒碧、秋風二詩
> 之高，而瘦勁澄夐、氣色之古，亦不遽減高作。詩云：「江水不如湖
> 水澄，南峰涼暖時堪登。入雲但問采樵客，踏葉偶隨歸寺僧。一掬

〔註48〕 黃鎮成著，《秋聲集》，（文淵閣四庫全書・集部・別集類，台北：商務印書館，
　　　　1983年），卷3。洪棄生著，《寄鶴齋詩話》，114。王士禛著，《居易錄》，（文
　　　　淵閣四庫全書・子部・雜家類，台北：商務印書館，1983年），卷16。
〔註49〕 高啟著，《高啟大全集》，（文淵閣四庫全書・集部・別集類，台北：商務印書
　　　　館，1983年），卷15。洪棄生著，《寄鶴齋詩話》，114。
〔註50〕 袁枚著，《隨園詩話》（台北：漢京，1984年2月25日初版），頁570。

泉因瘦蛟活，滿山桂與青霞蒸。白波渺渺不可渡，空倚萬坡三尺籐。」
子才能嘗此，洵具眼，今人作七律，倘解由熟求生，則不可不知有
此種境界。〔註51〕

　　杭世駿（董浦）（字大宗，號董浦，浙江仁和縣（今杭州市）人，西元一
六九六～一七七三年），浙江仁和人。倪國璉（紫珍）〈客中憶西湖〉一詩見袁
枚《隨園詩話》所引。倪氏詩第三句末三字平仄為「仄平仄」，故第四句第五
字「歸」作平聲，此乃拗體。頸聯二句為三字（一掬泉）、一字（因）、三字
（瘦蛟活）句式，異於七言習見的四、三句式。由音節、句式、用意加以變化，
以避熟求生，乃棄生「推陳出新」之方法，要不出古人「奪胎換骨」、「點鐵成
金」之技法。

第三節　　兒女性靈

　　袁枚（字子才，號簡齋，晚號隨園老人，又號小倉山居士。浙江錢塘人。
西元一七一六～一七九七年）乾隆四年，年二十四進士及第。在京都任翰林庶
吉士。壬戌年，乾隆七年，散館，改任知縣，分發江南，始知溧水（今江蘇溧
陽縣），後改知江浦、沭陽、江寧等縣。朱自清《詩言志辨》稱袁牧為「詩壇
革命家」。錢鍾書《談藝錄》中曾指出，袁牧的詩歌理論「不僅為當時立藥石，
亦足資後世之改錯。」袁枚生於清代考據學鼎盛之世，友朋如惠棟之流的學者，
每以考據之學自矜。而子才〈答惠定宇書〉以為研讀六經「要在明其大義，而
不以瑣屑為功。即如說〈關雎〉，鄙意以為主孔子哀樂之旨足矣。」〔註52〕可
見袁枚平日解詩重其旨趣，不穿鑿教化諷諭之說。袁枚對清初王士禎的詩學詩
作，以及當代沈德潛的詩學，都提出中肯的批評。

　　袁枚所謂「性靈」，主要在氣魄、性情、才力等，每從詩人氣質與學力析
論。對王士禎的詩學詩作評論中肯，要旨端在，一、王氏詩作性情不真，然
能取法歷代詩家之長，自成家數。本書第三章引用袁枚評論王士禎詩「阮亭
主修飾，不主性情，觀其到一處必有詩，詩中必用典，可以想見其喜怒哀樂
之不真矣。」袁枚主張寫詩無定法，詮釋無定準。其古文〈牡丹說〉批評「己
尊而物賤」、「性果而識暗」、「自恃而不謀於人」，沈德潛、蔣士銓的批評不免

〔註51〕洪棄生著，《寄鶴齋詩話》，114。
〔註52〕袁枚著，王英志主編，《袁枚全集》（貳）（江蘇：江蘇古籍出版社，1993），頁
　　　　305。

偏執。袁枚的批評，洪棄生附和云：「讀漁洋詩如食玉燕窩」，王士禎論詩重神韻，能取法乎上，詩品自高，但自家味不足。黃培芳批評王士禎云：「其失往往在套而不在薄耳。」棄生認為黃培芳謂漁洋詩持論中肯，但不足為病：「然漁洋之雅套，亦非若後賢之膚套、時人之濫套也。」針砭詩思膚淺和訛濫，王士禎親風近雅的態度可法。王氏詩寡於性情，雖吐屬清雅，卻乏獨造極詣，袁枚批評云：

> 阮亭先生，自是一代名家。惜譽之者既過其實，而毀之者亦損其身，須知先生才本清雅，氣少排奡，為王、孟、韋、柳則有餘，為李、杜、韓、蘇則不足。余學遺山，論詩一絕云：「清才未合長依傍，雅調如何可詆娸。我奉漁洋如貌執，不相菲薄不相師。」
>
> 本朝古文之有方望溪，猶詩之有阮亭，俱為一代正宗，而才力自薄。近人尊之者，詩文必弱；詆之者，詩文必粗。所謂佞佛者愚、闢佛者迂。然七子如李崆峒，雖無性情，尚有氣魄。阮亭于氣魄、性情俱有所短，此其所以能取悅中人，而不能牢籠上智也。〔註53〕

袁枚針砭，實中王士禎詩作毛病：在於能收不能放，雅潔有餘而獨創不足；性情、氣魄俱有所短，因此能作短篇而不能拓宇七古和五古長篇。作詩雖能取法乎上，然蹊徑殊小。尊之者能免於使才弄氣的粗疏，卻不免落入才薄窠臼的譏諷。洪棄生強為王氏辯稱云：

> 究之漁洋之套，近體亦僅十有其一，古體則十不見一也；五言古猶尚有之，七言古則高視闊步之中，往往能握定驪珠，不覺有所謂套矣。〔註54〕

七古一體，非王士禎所長，因其氣少排奡，平平無波瀾，雖少套語，亦不見奇驚人。詩筆能收斂卻乏奔放之致，誠為王氏缺憾。袁枚不滿方苞古文與王士禎詩，認為才力薄。王詩寡於性情，雖吐屬清雅，卻乏獨造極詣，袁枚批評云：

> 阮亭有《香祖筆記》，故自號香祖。其詩淡潔，而蹊徑殊小。尚茶洋比部稱為盆景詩。
>
> 嚴滄浪借禪喻詩，所謂「羚羊挂角，香象渡河，有神韻可味，無迹象可尋。」此說甚是。然不過詩中一格耳。阮亭奉為至論，馮鈍吟

〔註53〕袁枚著，《隨園詩話》，卷2，頁48。卷4。卷4，頁122。卷7，頁239。卷8，頁273。
〔註54〕洪棄生著，《寄鶴齋詩話》，卷4，頁88。

笑為謬談，皆非知詩者。詩不必首首如是，亦不可不知此種境界。
如作近體短章，不是半吞半吐，超超元箸，斷不能得絃外之音，甘
餘之味。滄浪之言，如何可詆？若作七古長篇、五言百韻，即以禪
喻，自當天魔獻舞，花雨彌空，雖造八萬四千寶塔，不為多也。又
如何能一羊一象，顯渡河、挂角之小神通哉？總在相題行事，能放
能收，方稱作手。〔註55〕

袁枚針砭，實中王士禎詩作毛病：在於能收不能放，雅潔有餘而獨創不
足；性情、氣魄俱有所短，因此能作短篇而不能拓宇七古和五古長篇。作詩雖
能取法乎上，然蹊徑殊小。尊之者能免於使才弄氣的粗疏，卻不免落入才薄窠
臼的譏諷。

袁枚不滿方苞古文與王士禎詩，認為才力薄，寡於性情。詩論之要點在
「性靈說」，要旨分析如下：

一、以性靈言詩，詩詠男女之情為先

袁枚生性風流坦易而通脫，不以禮教標榜；作詩抒男女之情，不刻意嫌
避；作詩更應直抒性靈云：

詩言志，勞人思婦，都可以言，《三百篇》不盡學者作也。後之人雖
有句無篇，當可采錄。……名之為文，故不可俚也；名之為古，故
不可時也。古，人懼焉。以昌黎之學之才，而猶自言其迎而距之之
苦；未有絕學捐書，而可以操觚率爾者。

夫詩寧有定格哉？……善乎楊誠齋之言曰：「格調是空間架，拙人最
易藉口。」周櫟園之言曰：「吾非不能為何、李格調以悅世也。但多
一分格調者，必損一分性情，故不為也。」玩此二公之言益信。

且夫詩者由情生者也。有必不可解之情，而後有必不可朽之詩。情
之最先，莫如男女。古之人，屈平以美女比君，蘇、李以夫妻喻友，
由來尚矣。〔註56〕

作詩當力學於古，不可絕學捐書、操觚率爾。袁枚〈遣興〉云：「愛好由

〔註55〕袁枚著，《隨園詩話》，卷2，頁48。卷4。卷4，頁122。卷7，頁239。卷8，
頁273。

〔註56〕袁枚著，《袁枚全集》（貳）（江蘇：江蘇古籍出版社，1997），頁489，〈趙雲
松《甌北集》序〉。頁317，〈與邵厚庵太守論杜茶村文書〉。頁527，〈答戢園
論詩書〉。

來落筆難，一詩千改始心安。阿婆還是初筓女，頭未梳成不許看。」「但肯尋詩便有詩，靈犀一點是吾師。夕陽芳草尋常物，解用都為絕妙詞。」〔註57〕一詩千改始心安，可見落筆之難。

　　然而袁引「為何、李格調以悅世」，隱然針砭當時標榜格調風雅，視香奩豔體為鄭衛之音，如沈德潛之輩。沈德潛箋注漢、魏以降，唐以前的詩作成《古詩源》。袁枚說：「情之最先，莫如男女。」因主張詩體可豔：

> 本朝王次回《疑雨集》，香奩絕調，惜其只成此一家數耳。沈歸愚尚
> 書選國朝詩，擯而不錄，何所見之狹也！嘗作書難之云：「〈關雎〉
> 為國風之首，即言男女之情。孔子刪詩，亦存鄭、衛，公何獨不選
> 次回詩？」〔註58〕

　　袁枚《隨園詩話》採錄沈氏詩作對聯，多稱賞語。敘二人平生交情，惟論詩偶不合。〔註59〕袁枚不滿沈德潛選詩，獨遺王彥泓香奩艷體詩，恰可見兩人詩論異同，見前章論述。

二、筆性靈，情韻足

　　袁論詩主張筆性靈。袁牧〈品畫〉一詩云：「品畫先神韻，論詩重性情。蛟龍生氣盡，不若鼠橫行。」〔註60〕前引袁牧云：「不然。筆性靈，則寫忠孝節義，俱有生氣；筆性笨，雖詠閨房兒女，亦少風情。」〔註61〕袁論詩主張筆性靈，論詩重性情。袁牧〈答曾南村論詩〉一詩云：「提筆先須問性情，風裁休劃宋、元、明。八音分列宮商韻，一代都存雅頌聲。秋月氣清千處好，化工才大百花生。憐予官退詩偏進，雖不能軍好論兵。」〔註62〕袁枚論詩又主張情韻足：

> 韋正己曰：「歌不曼其聲則少情，舞不長其袖則少態。」此詩之所以
> 貴情韻也。古人東坡、山谷，俱少情韻。今藏園、甌北兩才子詩，
> 鬥險爭新，余望而卻步，惟于「情韻」二字，尚少絃外之音〔註63〕。

　　詩貴情韻足，有絃外之音，司空圖所謂「味外味」，非一味鬥險爭新者可比。

〔註57〕袁牧著，《袁牧詩文》（台北：錦繡，民國82年再版），頁179。
〔註58〕袁枚著，《隨園詩話》，卷1，頁15。
〔註59〕袁枚著，《隨園詩話》，補遺卷7，頁734。
〔註60〕袁牧著，《袁牧詩文》（台北：錦繡，民國82年再版），頁170。
〔註61〕袁牧著，《隨園詩話》，補遺卷2，頁620。
〔註62〕袁牧著，《袁牧詩文》，頁61。
〔註63〕袁枚著，《隨園詩話》，頁754。

三、詩題各有境界，各有宜稱

袁枚論詩主張詩題各有境界，各有宜稱：

> 元遺山譏秦少游云：「有情芍藥含春淚，無力薔薇臥晚枝。拈出昌黎「山石」句，方知渠是女郎詩。」此論大謬。芍藥、薔薇原近女郎，不近山石，二者不可相題並論。詩題各有境界，各有宜稱。〔註64〕

洪棄生本其說，認為「詩隨題目宜」，三百篇強半是女郎詩。批評元好問論秦觀詩的觀點失之偏頗云：

> 「有情芍藥含春淚，無力薔薇臥晚枝。拈出退之山石句，始知渠是女郎詩。」此遺山譏秦少游之詩也。初以為秦詩必多作溫、李、韓冬郎語，不然必是秦作於遊山者。乃閱《淮海集》，則芍藥薔薇一詩，係〈春日〉絕句。夫春日即景，豈能作「山石犖埆行徑微」之語耶？且秦之七古，亦清拔無脂韋氣。五古如「驅車陟高邱，卻望大梁圻。馳道入雙闕，勾陳連太微。」諸作，又豈楊柳曉風之女郎曲哉？詩須隨題目所宜，豈能如遺山蓋施以蒼莽之筆，此等枘鑿不相入之類，不知遺山何以併為一談。〔註65〕

棄生強調析賞詩作風格，當不拘一格，各種風格兼容並蓄，因此批評元好問云：

> 「有情芍藥含春淚，無力薔薇臥晚枝。拈出昌黎『山石』句，方知渠是女郎詩。」遺山持論如此，殊腐。無論魏晉高手，大半是女郎詩，即三百篇亦強半是女郎詩也。遺山以枒枒大骨，得退之之具體，固足備詩之一格，然欲執其一端之見，抹殺他家韶秀之體，殊覺刺謬。〔註66〕

棄生之言本自《詩經》〈國風〉情詩，以及《楚辭》「香草美人」的比興傳統，成為通達之論，其說本自袁枚。袁枚以「孔子刪詩，亦存鄭、衛。」認為豔體亦詩之題材，不宜偏廢。秦觀〈春日五首〉其二云：「一夕輕雷落萬絲，霽光浮瓦碧參差。有情芍藥含春淚，無力薔薇臥曉枝。」元好問〈論詩絕句〉評論云：「拈出退之〈山石〉句，始知渠是女郎詩。」韓愈〈山石〉一詩雄勁硬朗，秦觀詩像女郎詩，風格陰柔。陳衍《宋詩菁華錄》卷二云：「遺

〔註64〕袁枚著，《隨園詩話》，卷5，頁147。
〔註65〕洪棄生著，《寄鶴齋詩話》，頁20。
〔註66〕洪棄生著，《寄鶴齋詩話》，頁88。

山譏『有情』二語為女郎詩。詩者，勞人、思婦公共之言，豈能有〈雅〉〈頌〉而無〈國風〉，絕不許女郎作詩耶？」學者張鳴稱詩歌風格不妨各擅其妙，不必厚此薄彼。〔註67〕袁論詩不拘一格，主張詩題各有境界，各有宜稱。棄生說無論魏晉高手，大半是女郎詩，即三百篇亦強半是女郎詩也。

四、題目佳境，不可刊置別處

袁枚論詩主張題目佳境，不可刊置別處：

> 陸魯望過張承吉丹陽故居言：「祐善題目佳境，言不可刊置別處，此為才子之最也。」余深愛此言。自古文章所以流傳自今者，皆即情即景，如化工肖物，著手成春，故能取不盡而用不竭。不然，一切語古人都已說盡，何以唐、宋、元、明，才子輩出，能各自成家而光景常新耶？即如一客之招，一夕之宴，開口便有一定分寸，貼切此人此事，絲毫不容假借，方是題目佳境。若今日所咏，明日亦可咏之；此人可贈，他人亦可贈之，便是空腔虛套，陳腐不堪矣。〔註68〕

貼切而不容假借，即情即景，如化工肖物，著手成春，光景常新，因此題目佳境，不可刊置別處。例如袁牧〈臨安懷古〉一詩云：「曾把江潮當敵攻，三千強弩水聲中。霸才越國追勾踐，家法河西仿竇融。宰樹重重封錦繡，宮花緩緩送春風。誰知苦創東周局，留與平王避犬戎。」〔註69〕三千強弩的典故，引自五代十國時吳越王錢鏐築海塘，屢為潮水所毀，於是命令三千犀甲軍用強弩放箭射住潮頭。宮花緩緩的典故，引自蘇軾〈陌上花三首〉原注曰：「父老云：吳越王妃每歲春必歸臨安，王以書遺妃曰：『陌上花開，可緩緩歸矣。』吳人用其語為歌，含思宛轉，聽之淒然。」此題目佳境，不可刊置別處。

五、作詩當辨別淡與枯、新與纖、樸與拙、健與粗、華與浮、清與薄、厚重與笨

袁枚論詩主張：

> 作詩不可不辨者：淡之與枯也，新之與纖也，樸之與拙也，健之與粗也，華之與浮也，清之與薄也，厚重之與笨也，縱橫之與雜亂也：

〔註67〕張鳴著，《宋詩菁華──宋詩分體選讀》（台北市：三民書局，2016年），頁81～82。

〔註68〕袁枚著，《隨園詩話》，卷1，頁19。

〔註69〕袁牧著，《袁牧詩文》，頁23。

亦似是而非，差之毫釐，失之千里。〔註70〕

賞詩能析微入裡，作詩詩藝才能自省日進。

六、論詩主張鮮活、真趣、自然

袁枚論詩主張鮮活、真趣、自然：

> 熊掌、豹胎，食之至珍貴者也，生吞活剝，不如一蔬一筍矣。牡丹、
> 芍藥，花之至富麗者也；剪綵為之，不如野蓼山葵矣。味欲其鮮，
> 趣欲其真，人必如此，而後可與論詩。〔註71〕

袁牧〈歌者天然官索詩〉一詩云：「何必當筵唱《浣紗》，但呼小字便妍
華。萬般物是天然好，野卉終勝剪綵花。」〔註72〕末二句強調生鮮活色、真趣
自然，詩要不落俚鄙，又須濟以學問：

> 詩難其真也，有性情而後真；否則敷衍成文矣。詩難其雅也，有學
> 問而後雅，否則俚鄙率意矣。〔註73〕

袁枚所謂「性靈」，主要在氣魄、性情、才力等，強調有學問而後雅。

七、咏物、讀史詩須有寄託新義，不可用小說演義語

袁枚論詩主張咏物、讀史詩須有寄託新義，不可用小說演義語：

> 崔念陵進士，詩才極佳；惜有五古一篇，責關公華容道上放曹操一
> 事。此小說演義語也，何可入詩？何屺瞻作札，有「生瑜生亮」之
> 語，被毛西河誚其無稽，終身慚悔。某孝廉作關廟對聯，竟有用「秉
> 燭達旦」者，俚俗乃爾，人可不學耶？〔註74〕

> 咏物詩無寄託，是兒童猜謎。讀史詩無新義，便成〈廿一史彈詞〉。
> 雖著議論，無雋永之味，又似史贊一派，俱非詩也。〔註75〕

袁枚〈謁張曲江祠〉一詩云：「天寶當年事漸非，先生進退履危機。篋中
秋扇恩難忘，天際冥鴻亦早飛。《金鑒》果教言在耳，玉環何至淚沾衣？千秋
丞相祠堂在，留與行人拜夕暉。」〔註76〕此詩寫於乾隆四十九年（西元一七八

〔註70〕袁枚著，《隨園詩話》（臺北：漢京文化，1984），頁49。
〔註71〕袁枚著，《隨園詩話》，卷1，頁20。
〔註72〕袁牧著，《袁牧詩文》（台北：錦繡，民國82年再版），頁184。
〔註73〕袁牧著，《隨園詩話》，頁234。
〔註74〕袁枚著，《隨園詩話》，頁164。
〔註75〕袁枚著，《隨園詩話》，卷2，頁58。
〔註76〕袁牧著，《袁牧詩文》（台北：錦繡，民國82年再版），頁172。

四年），張九齡祠在韶州曲江（今廣東韶關）。第四句隱括唐朝宰相張九齡罷相謫嶺南所作詩〈感遇〉，末二句云：「今我遊冥冥，弋者何所慕？」不用小說演義語，讀史詩寄託新義，稱許張九齡履危知機的出處智慧。

　　袁枚的詠物詩如〈落花〉亦是詠史。論者邱燮友說袁枚的《小倉山房詩集》，共有詩四三三○首，其中以花為題的詠物詩、有〈落花〉詩十五首，為詠物的七言律詩，收錄在《小倉山房詩集》卷三，其創作年代為壬戌年到癸亥年，也是乾隆七年到八年（西元一七四二～一七四三年）之間的作品，這時袁枚二十七歲與二十八歲之間。詠物詩除了詠物之外，應有所寄託，才是好詩。全詩用落花為題，而詩中又帶出歷史上出色的女子，其下場堪憐，是詠物而有所托，又具詠史的新義，所以讀來感性特強，而清新雋永。〔註77〕「落花」是個泛稱，涵意寬廣，袁枚借落花詠古代紅顏女子，命運多坎坷，故有「春在東風原是夢，生非薄命不為花」的慨歎。其中有楊貴妃事，袁枚云：

　　　楊妃洗兒事，新舊唐書皆不載，而溫公通鑑乃采天寶遺事以入之。
　　　豈不知此種小說，乃委巷讕言，所載張嘉貞選婿，得郭元振，年代
　　　大訛，何足為典要，乃據以污唐家宮闈耶？余〈咏玉環〉云：「唐書
　　　新舊分明在，那有金錢洗祿兒？」蓋雪其冤也。〔註78〕

　　小說乃委巷讕言，何足為典要，不可據以吟詩，讀史詩寄託新義，但不可求新而失實。

八、詩人身後之名，有待時間嚴格的審判

　　袁枚論詩主張溫、李方是真才，力量還在韓、蘇之上：

　　　某太史掌教金陵，戒其門人曰：「詩須學韓、蘇大家，一讀溫、李，
　　　便終身入下流矣。」余笑曰：「如溫、李方是真才，力量還在韓、蘇
　　　之上。」太史愕然。余曰：「韓、蘇官皆尚書、侍郎，力足以傳其身
　　　後之名。溫、李皆末僚賤職，無門生故吏為之推挽，公然名傳至今，
　　　非其力量尚在韓、蘇之上乎？」〔註79〕

〔註77〕邱燮友著，〈清代袁枚〈落花〉詩探微〉，收於邱燮友著，《童山詩論卷》（台北：萬卷樓圖書公司，2003 年 4 月初版），頁 58～59。〈落花〉詩收在袁枚著，《袁枚全集》第一冊《小倉山房詩集》（南京：江蘇古籍出版社，1993 年 9 月 1 版），卷 3，頁 35～36、頁 61。

〔註78〕袁枚著，《隨園詩話》，卷 2，頁 46。

〔註79〕袁枚著，《隨園詩話》，卷 5，頁 161。

溫、李皆末僚賤職，無門生故吏為之推挽，可見詩人身後之名，有待時間嚴格的審判，才筆有待解人知音，切莫耳食隨聲。

九、作詩多敘事而寡音節，非詩之正宗

袁枚論詩主張作詩多敘事而寡音節，非詩之正宗：

> 余嘗教人，古風，須學李、杜、韓、蘇四大家；近體，須學中、晚、宋、元諸名家。或問其故，曰：「李、杜、韓、蘇才力太大，不屑抽筋入細，播入管絃，音節亦多未諧。中、晚名家，便清脆可歌。」〔註80〕

> 劉後村為吳恕齋作詩序云：「近世貴理學而賤詩賦，間有篇章，不過押韻之語錄、講章耳。」余謂此風，至今猶存。雖不入理障，而但貪敘事、毫無音節者，皆非詩之正宗。韓、蘇兩大家，往往不免。故余〈自訟〉云：「落筆不經意，動乃成蘇韓。」〔註81〕

> 韋正己曰：「歌不曼其聲則少情，舞不長其袖則少態。」此詩之所以貴情韻也。古人東坡、山谷，俱少情韻。今藏園、甌北兩才子詩，鬥險爭新，余望而卻步，惟于「情韻」二字，尚少絃外之音。〔註82〕

作詩多敘事而寡音節，非詩之正宗，針砭以詩為語錄和偈語，貪敘事、毫無音節者，皆非詩之正宗。詩之所以重音節，曼其聲，以貴情韻。棄生稱許袁枚論詩主張：

> 袁公論詩，雖多有強辨之處，然亦多創解處，及精細不磨處，不可不鑄金事之。規蔣心餘曰：「吾作詩當自命為名家，而使後世置我於大家之中。不可自命為大家，而使後人屏我於名家之外。」又辨詩柔之與弱，清之與薄，新之與纖，健之與粗等語。又謂作詩多敘事而寡音節，非詩之正宗，韓、蘇每有此病。又謂作詩須隨時隨地，題目佳境，不能移置，故唐、宋、元、明詩人，各不相襲，所以可傳。溫、李之才且過韓、蘇，諸如此類甚多，皆閱歷有得之言。〔註83〕

洪棄生批評清代中葉以後，詩人的詩作多發洩而少含蓄，作詩多敘事而寡音節，是以寡於情韻，本自袁枚詩論。

〔註80〕 袁枚著，《隨園詩話》，卷 7，頁 245。
〔註81〕 袁枚著，《隨園詩話》，卷 2，頁 48。
〔註82〕 袁枚著，《隨園詩話》，頁 754。
〔註83〕 洪棄生著，《寄鶴齋詩話》，卷 6，頁 129。

十、作詩用意要精深，下語要平淡

袁枚論詩主張作詩用意要精深，下語要平淡：

> 漫齋語錄曰：「詩用意要精深，下語要平淡。」余愛其言，每作一詩，往往改至三、五日，或過時而又改。何也？求其精深是一半工夫，求其平淡，又是一半工夫。非精深不能超超獨先，非平淡不能人人領解。〔註84〕

> 詩不可不改，不可多改。不改，則心浮；多改，則機窒。要像初揣黃庭，剛到恰好處。孔子曰：「中庸不可能也。」此境最難。〔註85〕

作詩用意要精深，是詩人自我精進和超越。下語要平淡，是要求言文行遠，使人人領解。

然而，棄生批抨袁枚《隨園詩話》云：

> 《隨園詩話》有謂如陳壽取米作佳傳，想不誣。不然其言多博雅有物，其識多精創獨到，自非雨村所可夢見，何至夾雜如雨村乎？〔註86〕

> 若《隨園詩話》、《甌北詩話》、《雨村詩話》則聲聞辟支、禪家小乘，無不拉雜入選，甚至由野狐禪而墮入魔道者有之，非為抉擇，則流弊百出矣。《隨園詩話》有謂陳壽取米作佳傳，想不誣。不然其言多博雅有物，其識多精創獨到，自非雨村所可夢見，何至夾雜如雨村乎？《甌北詩話》所論十家，宗風甚正，惟雜採者，即多墮落處。至翁覃溪《小石帆詩話》則太學究矣。〔註87〕

袁枚《隨園詩話》蒐羅詩作，品類頗廣，體製除古詩、律絕外，還有偈語、竹枝，人物如僧侶、閨秀、隱逸、文士、伶人、商人、顯宦、吏史、醫生、無名氏題壁之作等等。題材如遊覽山水、行役、節慶、掌故、題畫、贈答、遊仙、詠物等。袁枚聲名籍盛，得以賣文潤筆，加上交遊廣闊，其詩話風行一時，採捃能識隻言片語之出色，卻不免浮濫。〔註88〕棄生批評袁枚《隨園詩話》云：

> 去年海氛狂熾，而土崩瓦解，營將朝士無一足用者，主上悁怵，割地求和，廷議遂以為中國之衰，由於文章之過，若欲屏詩書而技藝，

〔註84〕袁枚著，《隨園詩話》，卷8，頁271。
〔註85〕袁枚著，《隨園詩話》，卷3，頁82。
〔註86〕洪棄生著，《寄鶴齋詩話》，卷5，頁106。
〔註87〕洪棄生著，《寄鶴齋詩話》，卷5，頁106。
〔註88〕袁枚賣文潤筆，見《袁枚全集》(貳)，頁2，〈隨園老人遺囑〉。詩話採捃的困難，及時人批評其濫採，見《隨園詩話》，頁586、604、630、656。

而堯舜禹湯之道，將見屈於耶穌異教之流，步伐止齊之法，復見隳於機關輕巧之器，則不揣其本，而齊其末，中國之不幸，堯舜禹湯之道，豈獨文人學士之不幸哉！吾臺淪異域，頓改詩禮文章之心，則無識者因噎廢食，懲羹吹齏之過，而杭湖蘇淞之間，未受兵燹之驚，尚是晏然承平歌舞之世，則又抱火厝薪而寢其上，巢燕釜魚之不知亡哉！蒿目時艱，追懷舊昔，康熙、乾隆之世不可得矣，偶見康熙、乾隆之軼事，率舉一端，皆有車攻馬同之風，《隨園詩話》乃文人游戲，無關風化者，偶見一談，亦莫不有臺笠緇撮之遺，不可令人悼歎哉！〔註89〕

此文作於光緒二十二年（西元一八九六年），台灣割日之後，懲於世變者，人心悔吝戒懼過甚，廢八股詩律取士之建議大倡，崇武抑文未得其平理。未受兵燹之江南，則未見憂虞之心，一仍舊習，渾不知盛世都麗之風已逝。近思補過，洪氏志在以詩書文章教化興世。見於袁枚當日所見：

昇平日久，海內殷富，商人士大夫慕古人顧阿瑛、徐良夫之風，蓄積書史，廣開壇坫。揚州有馬氏秋玉之玲瓏山館，天津有查氏心穀之水西莊，杭州有趙氏公千之小山堂，吳氏尺鳧之瓶花齋：名流宴咏，殆無虛日。〔註90〕

詩禮文章之心，車攻馬同之風，《隨園詩話》乃文人游戲，卻想見盛清文治武功之規模。當時的江左三大家，棄生推崇蔣士銓詩性情醞釀，氣格深醇，非袁枚、趙翼二公信筆揮灑，油腔雜出所可比也。棄生云：

乾、嘉時，袁、蔣、趙並稱，然蔣詩性情醞釀，氣格深醇，非袁、趙二公信筆揮灑，油腔雜出所可比也。子才自負第一，若以古駢文論，自非蔣及。若以詩，小詞論，子才當在下風矣。蔣詩惓惓民物，循循禮法，則其為人亦決不似子才之風流放浪。〔註91〕

梅盦論詩推蔣抑袁趙，恰與余平日之見合。然袁趙有心餘所不及者，袁之古文駢儷，趙之考據數典也。蓋三人俱高才，但袁以手滑失真，趙以口滑入俗，故作詩不足與蔣鼎立耳。〔註92〕

〔註89〕洪棄生著，《寄鶴齋古文集》，頁 267〈閱隨園詩話有感書後〉。
〔註90〕袁枚著，《隨園詩話》，頁 92。
〔註91〕洪棄生著，《寄鶴齋詩話》，卷 3，頁 58。
〔註92〕洪棄生著，《寄鶴齋詩話》，卷 3，頁 83。

子才體製較多，心餘體格較純。子才多逢世之作，心餘多傳世之作。
三人之詩，惟蔣詩最深，直造古人。《雨村詩話》謂趙不及袁，而勝
于蔣，玄黃倒置，非識味者矣。

子才外力多於內心，心餘內心多於外力。當時蘊釀之深，莫如蔣詩。
故其論前人，時有不足，亦識高耳，惜只為宋人名家耳。〔註93〕

子才詩每欲做到不堪處，梅伯詩每欲作到不達處，有才者不可不引
以戒。

　　棄生認為蔣詩性情醞釀，氣格深醇，非袁、趙二公信筆揮灑，油腔雜出所
可比也。古人強調詩文者，生氣也，氣之精者為神。偽者氣骨輕浮，當求緊健、
鋒刃快利，忌軟弱寬緩。但易失之流易而不厚重。當取味於陶淵明的真味、厚
重。〔註94〕效法杜甫混茫飛動氣勢，否則一滑即散漫。〔註95〕論者錢鍾書的
《談藝錄》云：

袁、蔣、趙三家齊稱，蔣與袁、趙議論風格大不相類，未許如劉士
章之貼宅開門也，宜以張船山代之。故當時已有謂張船山詩學隨園
者，（原注：參觀《船山詩草》卷十一兩絕），惜乎年輩稍後，地域
不接耳。〔註96〕

　　蔣與袁、趙議論風格大不相類，至於張問陶（字仲治，一字柳門，又字樂
祖，號船山，別號有蜀山老猿、老船，豸冠仙史、寶蓮亭主、群仙之不欲昇天
者、藥庵退守等，祖籍四川遂寧，一七六四～一八一四年）仰慕袁枚文名，如
錢鍾書所說，惜乎年輩稍後，地域不接耳。胡適批評袁枚、蔣士銓、趙翼三家：

床上讀趙翼的詩，很多可取的。當日袁枚、蔣士銓、趙翼三家齊名，
風行一世，也自有道理。宋以後，做詩的無論怎樣多，究竟祇有一
個「通」字為第一場試驗，一個「真」字最後的試驗。凡是大家，都
是經過這兩場試驗來的。大凡從杜甫、白居易、陸游一派入門的，
都容易通過「通」字的試驗；正如從八家古文入手的，都容易通過
文中的「通」字第一關。歷史上所以不能不承認這兩大支詩文的正
統者，其實祇是一個「通」字的訣竅。「真」字稍難；第一要有內容，

〔註93〕洪棄生著，《寄鶴齋詩話》，卷4，頁65。
〔註94〕方東樹編，《昭昧詹言》（台北縣：漢京，民國74年），頁24。
〔註95〕方東樹編，《昭昧詹言》（台北縣：漢京，民國74年），頁25。
〔註96〕錢仲聯編，《清詩紀事‧乾隆朝卷》，頁5707。

第二要能自然表現這內容，故非有學問性情不能通過這第二關。

袁枚、趙翼都是絕頂的天才，性情都很真率，忍不住那矯揉的做作與法式的束縛，故能成大家。蔣士銓的詩集，我未讀過；但我讀了他的「九種曲」——內中尤以「臨川夢」為最佳——知道他是一個第一流文人，不愧他的盛名。〔註97〕

　　寫甚麼和怎麼寫，也就是內容和形式如何結構出偉大的作品，所謂質文相待，如《文心雕龍・情采》所辯證，又如西方作家席勒的闡述，悲劇為觀眾帶來的痛苦和憐憫，不是因為內容而是因為形式的魅力，要以形式消滅內容，支配內容的技巧必須出神入化。〔註98〕胡適說大凡從杜甫、白居易、陸游一派入門的，都容易通過「通」字的試驗，這是從敘事、議論和抒情的流暢有條理。袁枚、蔣士銓、趙翼性情都很真率，忍不住那矯揉的做作與法式的束縛，也指出支配內容的技巧必須出神入化，才能自然表現內容。也就是「真」字，第一要有內容，第二要能自然表現這內容，故非有學問性情不能通過這第二關。誠如袁枚自我期許：

錢辛楣少詹序馮畹廬之詩曰：「古之君子，以詩名者，大都自抒所得；非有意于求名：故一篇一句，傳誦于士大夫之口。後人薈萃成書，而集始名焉。……近世士人，未窺六甲，便製五言。又多求名公為之標榜，遂梓集送人。宜于詩學入之不深，而可傳者少。」〔註99〕

　　對於詩學深入淺出，學為己而不為人，自抒所得，後人薈萃成書，而集始名焉。此盛清雍容自得之學風。

第四節　晚清樊增祥發揚高華的詩作

　　棄生批評晚清詩風格一為發揚高華，一為奧衍微至。筆者陳光瑩著，《洪棄生《詩》《騷》別裁的遺民詩史研究》（新北市：花木蘭文化出版社，2021年3月）深入論析此乃別裁《詩》《騷》風格，身為遺民，洪棄生的詩史觀點。尤推崇樊增祥發揚高華的詩作，以樊增祥素以豔體與香奩詩著稱。

　　樊增祥（字嘉父，號雲門，又號樊山，別署天琴老人。湖北恩施人，西元

〔註97〕胡適著，《胡適北大日記選》（台北：遠景出版公司，1984），民國十一年七月十五日（星期六），頁39～40。

〔註98〕瘂弦著，〈形式的魅力〉（台北市：聯合報副刊，2001年8月2日）。

〔註99〕袁枚著，《隨園詩話》，補遺卷2，頁600。

一八四六～一九三一年），論者闡發其詩學理論，強調「八面受敵」，博採眾長，自成面目。樊增祥感歎「至光緒中葉，新學日昌，士以詞章為無用，而古所謂道性情、體物象、致諷諭、紀治亂之作，見亦罕矣。」認為詩有獨到之處，須轉益多師。古人才筆，兼收並蓄，「所蓄既富，加以虛衷求益，旬煅季煉，而又多行路，多更事，多見名人、長德，多經歷世變，多合千古百人之詩以成吾一家之詩，此則樊山詩法也。」〔註100〕

樊山作詩，於有清詩人，遠則師法袁枚。論者稱袁枚詩語淺義深，樊增祥詩典麗清切，意趣不同。〔註101〕又師事親炙李慈銘，於師仰讚之語屢見詩篇。〈寄壽愛伯師二首〉云：「香山廣大稱盟主，無取三閭號獨醒。」李慈銘則稱許樊增祥詩如八面受敵，精能過人。〔註102〕

樊增祥於同治六年（西元一八六七年），張之洞典浙試時所取士，後居幕下。從樊增祥詩〈春孟有懷爽秋同年〉等，〔註103〕知其與袁昶等浙中士人最親。袁昶（原名振蟾，字爽秋，號重黎，晚號芳郭鈍叟、鈍錐、漸西村人。浙江桐廬人，西元一八四六～一九〇〇年七月二十八日）辛巳〈調樊雲門〉云：

> 今之樊紹述，棲息古精廬。絳守池未關，元經論已儲。松根一片席，
> 佛火半床書。出則誰門去，泥溝太祝居。〔註104〕

樊山側艷詩作甚多，舉其效法前人者，如〈閒事六首效疑雨集〉。〔註105〕但如袁昶調侃「松根一片席，佛火半床書。」其人為清癯一叟，旁無姬侍，且素不作狎斜遊者。〔註106〕

至於其友袁昶〈戲贈同年台州王子裳太守〉末云：「徒為兩禿翁，生役智無涯。萍逢此江國，粉堞聽鳴葭。猶託山公跡，吏隱詎非邪？（原注：史稱山巨源吏非吏，隱非隱，委蛇順時，心存事外，獨保浩然之度。）」〔註107〕袁昶詩心存事外，平日則留心吏事，頗有「吏隱」幾分意味。

樊增祥終身未參大政，不曾膺任封疆大吏，直以詩文創作為樂。其〈擬桃花源詩三首〉并序云：「……苟有一廛，如淵明所記，稻田鱗比，花竹嬋媛，

〔註100〕樊增祥著，《樊樊山詩集》（上海：上海古籍出版社，2004），頁2038～2039。
〔註101〕樊增祥著，《樊樊山詩集》，頁2080，李肖聃的評論。
〔註102〕樊增祥著，《樊樊山詩集》（上海：上海古籍出版社，2004），頁434。
〔註103〕樊增祥著，《樊樊山詩集》（上海：上海古籍出版社，2004），頁610。
〔註104〕袁昶著，《漸西村人初集》，卷6，頁332～333。
〔註105〕樊增祥著，《樊樊山詩集》（上海：上海古籍出版社，2004），頁457。
〔註106〕樊增祥著，《樊樊山詩集》，頁2096，陳衍的評論。
〔註107〕樊增祥著，《樊樊山詩集》（上海：上海古籍出版社，2004），頁431。

所不即歸，有如江水。因擬是題，寓息壤之意，並寄子珍都中。若以吾意在避秦，則失之遠矣。」〔註108〕又有詩句云：「如鱗案牘參差了，難得官身不廢詩。」〔註109〕寫詩成了他為官公餘之暇，嚮往且書寫營造的心靈寄託的理想境界。

樊增祥詩針砭朝政者，如〈春興八首〉其六云：

> 昇平相業視牀棱，臺寺諸賢力詆勝。外吏幾曾襃郭琇，中樞有意出彭鵬。頻聞直節投邊徼，稍覺危言取上憎。往日翰林稱四諫，朝衣剩積淚成冰。〔註110〕

第二句指臺臣，即諫官。頷聯用典，引用康熙朝臣郭琇抨擊權相，本傳史臣稱許有直臣之風，震霆一鳴，僉壬解體。〔註111〕彭鵬《清史稿校註》卷四百八十三〈循吏一〉云：

> 聖祖平定三藩之後，與民休息，拔擢廉吏，如于成龍、彭鵬、陳璸、郭琇、趙申喬、陳鵬年等，皆由縣令洊歷部院封疆，治理蒸蒸，於斯為盛。〔註112〕

郭琇和彭鵬比擬清末朝廷的翰林四諫。因此，郭琇自比廉能之臣，以彭鵬出都指張佩綸之戍邊，頸聯諷諭時政。《請史稿校註》〈張佩綸〉本傳云：

> 是時吳大澂、陳寶琛好論時政，與寶廷、鄧承修輩號「清流黨」，而佩綸尤以糾彈大臣著一時。……論曰：體芳、寶廷、佩綸與張之洞時稱翰林四諫，有大政事，必具疏論是非，與同時好言事者，又號「清流黨」。然體芳、寶廷議承大統，惓惓忠愛，非佩綸等所能及也。承修以搏擊為能，致祥以誕妄受責，君子譏之。唯盛昱言不妄發，潔身早退，庶超然無負清譽歟？〔註113〕

同卷合傳記載盛昱於光緒十五年引疾歸。寶廷於光緒七年出典福建鄉試。既藏事，還朝，以在途納妾自劾罷，光緒十六年卒。黃體芳，字漱蘭，浙江瑞安人。中法事起，遄歸練師，忤旨，左遷通政使。兩署左副都御史。光緒十七

〔註108〕樊增祥著，《樊樊山詩集》，頁162。

〔註109〕樊增祥著，《樊樊山詩集》，頁402。

〔註110〕樊增祥著，《樊樊山詩集》，頁178。

〔註111〕參引趙爾巽著，《清史稿列傳》（台北：商務，民國88年初版），卷277、列傳57，頁8621～8623。

〔註112〕清史稿校註編纂小組編纂，《清史稿校註》（台北：國史館，1990年），卷483，頁10873。

〔註113〕清史稿校註編纂小組編纂，《清史稿校註》（台北：國史館，1990年），卷451、列傳231，頁10478～10480。

年，乞休。光緒二十五年卒。〔註114〕

　　樊增祥〈感事二首〉應指光緒十年、十一年間中法戰事，言閩省馬江之敗。其友張佩綸奉旨主持福州船政，及其後聞法軍犯閩，棄守逃離一事。其一首云：「綸羽雍容出備邊，虎門岌岌沒狼煙。」其二末云：「古人三敗猶無怍，曹范由來是丈夫。」似為張佩綸辯解。〔註115〕〈宮詞〉云：「相公進入宛渠船」言李鴻章進小輪船。〈雜感五首〉其一諷徒守章句呴呴敗事之公卿。〔註116〕

　　樊增祥中年之後的詩友如陳衍等人，陳衍記其軼事，引纕蘅輓詩「語多詼詭寧諧俗，文漸頹唐祗坐貧。」

　　「刪餘嘆老嗟卑語，盡有裁雲鏤月情。」「紛紛唐宋拘門戶，何似先生掉臂行？」「紅裙不醉詞偏艷，白髮無私耄尚玄。」〔註117〕掉臂表示不顧而去，奮起貌。可見樊詩之超拔於眾人。陳衍又評樊增祥詩云：「詩有先寫情景，而後補點其事，遂覺不直致而有味者。」〔註118〕樊增祥詩善寫情景，豔體與香奩詩如〈小遊仙詩二十二首和答顧晴谷同年〉，〔註119〕宮閨體如〈無題八首〉詩序：「……因思前人宮閨體，因寄所託，不必皆緣麗情。滬寓乏書，惟有李義山詩及韓致堯翰林《香奩》兩集，偶一展閱，見獵而喜，聊復效之。……」〔註120〕又有「捧角詩」，歌詠戲曲伶人如〈天仙部三女伶詩三首有序〉：「……屈才人於廝養，知好夢不到邯鄲，污菡萏以淤泥，嘆慧根難生淨土。……」樊山哀憐伶人，行亦自念。所謂：「……以酒爐之效誕，寄箈拍之牢騷。……是用商量採選，品第名花……狀元榜眼探花，不過一場春夢。讀吾詩者，作如是觀。」〔註121〕「捧角詩」歌詠戲曲伶人又如〈梅郎曲〉，詩詠京劇名角梅蘭芳。〔註122〕樊增祥詩詠台灣事者如〈書臺北事〉七律云：

〔註114〕清史稿校註編纂小組編纂，《清史稿校註》（台北：國史館，1990年），卷451、列傳231，頁1483。

〔註115〕樊增祥著，《樊樊山詩集》（上海：上海古籍出版社，2004），頁175。

〔註116〕陳衍著，錢仲聯編校，《陳衍詩論合集》（福州市：福建人民出版社，1999年），頁110。

〔註117〕陳衍著，錢仲聯編校，《陳衍詩論合集》，頁633。

〔註118〕陳衍著，錢仲聯編校，《陳衍詩論合集》，頁152。

〔註119〕樊增祥著，《樊樊山詩集》，頁635。

〔註120〕樊增祥著，《樊樊山詩集》，頁635。

〔註121〕樊增祥著，《樊樊山詩集》，頁2023。

〔註122〕樊增祥著，《樊樊山詩集》，頁1803。

堂堂幕府即離宮，坐踞三貂氣勢雄。豈謂解元唐伯虎，不如殘寇鄭
芝龍。蜉蝣天地波濤裡，螻蟻君臣夢寐中。十日臺疆作天子，凝旒
南面太匆匆。〔註123〕

批評唐景崧怯懦棄台。作於乙未（西元一八九五年）十一月迄丙申（西元
一八九六年）四月《樊樊山詩集》卷二十七《東園後集》，集中詩作〈書臺南
事〉七律云：

手挽陽公落日戈，臺南半壁尚嵯峨。錦帆號令甘興霸，銅柱威名馬
伏波。萬戶侯封思靖海，一篇檄草誓殲倭。諸番生熟同心膽，百粵
英雄赴禮羅。廣島已更新節度，中朝猶保舊山河。單于轉鬥傷兼病，
鄧訓從容少制多。倉葛嬰城惟有守，岳飛抗表沮言和。登樓焦度能
訶罵，入陣蘭陵自嘯歌。宛下勝兵驅虎豹，海東京觀聚鯨鼉。眼中
黑子如丸耳，老去朱耶奈賊何。填海一妹化精衛，負山二子走夸娥
（原注：世傳劉軍門子女俱善戰）。生降那肯臣黿鼉，死戰深防損鶺
鴒。鹿耳潮來兵仗解，鷗夷仙去姓名訛。鮫人夜入生金礦，龍戶朝
飛談水梭。誤國有人同麴蘗，恨君無命作囂佗。蚍蜉此局全輸矣，
晚德扶餘鬢未皤。〔註124〕

末句批評劉永福晚節未成，「恨君無命作囂佗」，時運不濟，台灣終為日人
所據。

樊增祥詩最有名者為前後〈彩雲曲〉七古，寫洪鈞之妾傅彩雲。後〈彩雲
曲〉寫庚子（西元一九〇〇年）拳亂之秋，德將瓦德西挾妓傅彩雲居儀鸞殿。
傅彩雲即名妓賽金花，洪鈞之妾也。隨洪鈞之西洋，艷名噪一時。洪鈞字文
卿，江蘇吳縣人。同治七年（西元一八六八年）一甲一名進士，授修撰。出使
俄、德、奧、比四國大臣。〔註125〕後〈彩雲曲〉，論者以白居易〈長恨歌〉，
吳偉業〈圓圓曲〉比之，有同工異曲之妙。〔註126〕

後〈彩雲曲〉諷刺德將瓦德西「將軍七十虯髯白，四十秋娘盛釵澤。普法
戰罷又今年，枕席行師老無力。」詩序罵賽金花是禍水和蕩婦，此詩綰合政治

〔註123〕樊增祥著，《樊樊山詩集》，頁1853。
〔註124〕樊增祥著，《樊樊山詩集》，頁622。
〔註125〕柴萼著，《庚辛紀事》（《義和團文獻彙編第一冊》，台北：鼎文書局，1973年
9月初版），頁318。《八州遊記》，頁238、244、250、270～273。《清史稿校
註》，卷453。
〔註126〕樊增祥著，《樊樊山詩集》，頁2040～2044。

與愛情，以流麗詩筆寫妓女與德國敵將瓦德西的傳奇，掩不住國事陵夷，中國任由外人蹂躪的恥辱與悲傷。西元一九二二年到二三年間，洪棄生皆其子洪炎秋遊中國，身在北京時，棄生因歎咸豐十年（西元一八六〇年）英法聯軍，光緒二十六年（西元一九〇〇年），八國聯軍及民國辛亥革命兵燹之蹂躪。「公路」乃袁術字，暗指袁世凱。國父中山先生為求推翻滿清，促成共和，乃將大總統之位讓給袁。袁氏為清之貳臣，民國之罪人。袁氏死後。軍閥割據亂政，政壇紛擾，猶如「群兒撞破好家居，眾肩吹上御階阤。」末自比梁鴻，賦五噫而傷宮闕，不堪銅駝荊棘之悲。其〈西苑行〉云：

> 玉泉山水昆明湖，瀉入宮牆浮蓬壺。蒼茫縹渺成銀闕，南北中央開紫都。當時海宇承平日，九重六馭深宮出。此間水木極清華，常見翠葳來駐蹕。瓊島微陰縠縐煙，太液池生玉井蓮。五龍亭北春如海，萬佛樓前水蘸天（俗謂北海）。下過團城眼界拓，中有平臺紫光閣。芭蕉園改豐澤園，重重宮館清時作。憮懷今日住共和（居仁堂等為總統府），回首當年畫褒鄂（團城以下，俗謂中海，今總統府。）薰風南扇到瀛臺，自昔龍興避暑來。曲澗流杯亭尚在，含和遐矚樓重開（亭及樓多康熙御題）。無限玲瓏水精域，多為宵旰勤事齋（瀛臺以下俗謂南海）。一自金輪流禍水，西清皇臺摘瓜蓏。皇孫閤下龍幽囚，堯母門中燕啄矢。潢池倏忽召戎兵，倉皇西幸空苑城。亂兆蒼鵝洛下起，胡群白馬壽州行。可憐新蓋儀鑾殿（德宗幽瀛臺，太后居此殿聽政。），竟為柏林駐兵弁（庚子七月，德國將瓦爾德西帥聯軍居此。）。痛絕金鼇玉蝀橋，傳來白霽花門箭。祇今瀛海再滄桑，漢苑依然留未央。蜚廉桂觀仍相望，承露金人休斷腸（苑中有承露盤）。

清宮城周六里，其中西苑周五里，俗呼三海，由景山西望，則湖水茫茫，樹色蒼蒼，樓閣交綺，為雲山拳石。據洪炎秋〈遊頤和園筆記〉云，昆明湖古稱西湖，源出西山，在玉泉瀦為高水、裂帛二小湖，引入皇城，繞映石橋，直如蓬壺銀闕。棄生云：

> 故國朝自康熙時，即恒聽政西苑，乾隆繼之。侍從之臣，皆趨蹌是間。北為瓊華島，元稱萬歲山，今稱萬壽山，有假山石洞玲瓏，即汴京之艮嶽。

詩從此園北海寫到東部的宮廷區，偏重寫景，「瓊島微陰縠縐煙」即「瓊

島春陰」，乃京師之八景。萬壽山坐北朝南，面臨昆明湖，為主要的景區。昆明湖東西兩長堤，將湖分隔成三個湖面，其中有三個小島，象徵東海中蓬萊、方丈、瀛洲三座仙島。長堤又仿照杭州西湖蘇隄上的六橋，建了六座形如拱月的石橋。又以「太液池中玉井蓮」渲染五龍亭及萬佛樓的煙水春色。北海在三海中最壯麗，「過金鼇玉蝀橋東行，有雉堞崇墉在崇基上，有兵門焉，俗呼團城。」此瓊島中有一路也。此區園景氣勢宏偉開闊，相較後山後湖，則幽靜深邃，二者景觀形成對比，又互有聯繫。〔註127〕棄生以「五龍亭北春如海，萬佛樓前水蘸天（俗謂北海）。」對照「曲澗流杯亭尚在」、「無限玲瓏水精域」。

此島北一路有石臺如柱，立銅人，曰承露盤。中海時為總統府，對面迤東，為總府庶務處。相隔一路，府南為瀛臺，康熙時為避暑宮，聽政於此，戊戌政變後，德宗幽囚於瀛臺，慈禧重聽政於儀鸞殿。接著寫傅彩雲一事，棄生作白彩雲，恐誤。同治十二年（西元一八七三年），穆宗以恭親王諸臣力諫，停修圓明園工程，然以重修三海為交換條件。〔註128〕光緒年間續修，以博慈禧之歡心。「一自金輪流禍水」以下，慨歎慈禧稱制干政，其禍延蔓王孫，如「黃臺瓜辭」所懼者。帝子幽囚，禍起堯母，擬之如飛燕妒啄，故帝祚不絕如縷。一朝之忿，妄啟兵釁，落得倉皇西狩。「亂兆蒼鵝洛下起」二句用晉永嘉之亂前，洛下蒼鵝之兆，指八國聯軍之禍。〔註129〕積漸成禍，京師竟被兵燹。金鸞殿上駐雄兵，百年珍寶劫掠一空。再經辛亥兵事，及軍閥破壞搶奪，宮室惟餘蜚廉桂觀、承露金人，當年求仙的帝子何在？

〔註127〕樓慶西著，《中國古建築二十講》（香港：香港中和出版公司，2014年4月），頁164～169。

〔註128〕國史館編，《清史稿校註‧穆宗本紀》，卷22，頁897。吳相湘著，《晚清宮廷實紀》（台北：正中書局，1993年12月），頁204～206。

〔註129〕楊守敬、熊會貞注，《水經注疏》（南京：江蘇古籍出版社，1999年），卷35，〈穀水注〉，頁1375。

第七章　思圓活法，剪裁烹煉

　　詩藝的精進在警策沉麗，從技巧理論言，洪棄生一如西方形構主義者，將文學當成詩，設定「陌生化」是文學的本質。換言之，「文學性」成了一種言說與另一種言說間種種差異關係。但棄生也欣賞散文的寫實與優美，沒有刻意標新，引人注目，卻簡潔穩健。〔註1〕洪雖強調詩意詞藻，認為詩是語言的突出和審美對象。他也認為詩的情感必須可信，使詩的詞藻平實而真誠。進而吸收散文和故事的敘述能力來寫詩。〔註2〕這些文學的本質源自《詩經》和《楚辭》的特色。洪棄生主張風格「清新」，〔註3〕其尋求文學語言創造性用法的活力十分顯著。珍視「老成」的作品，〔註4〕則是追求創造和維持文學精華的驅動力。

　　從文壇風氣與學術訓練言，清代為詩詞、古文、駢賦，各種文體集成熟練時期，作家能掌握各類文體特色風格，又能會通求變，方能推陳出新，與古人爭勝。洪棄生於光緒二十年（西元一八九四年）所作〈擬作劉彥和文心雕龍序〉，推許詩文風格清真古雅，宗法《文心雕龍・通變》與〈神思〉之說。宗經通變，端在「憑情以會通，負氣以適變。」〔註5〕以「尊古通變」、「神通千載」，懸為學養和創作的銘箴。洪的技巧論本自李夢陽等人，強調文自有格；不祖其格，終不足以知文。〔註6〕所以洪的詩歌體製論，強調寫作須天分與學

〔註1〕泰瑞・伊格頓（Terry Eagleton）著，吳新發譯《文學理論導讀》（台北：書林出版社，1993），頁 18～19。
〔註2〕洪棄生著，《寄鶴齋詩話》，頁 56。
〔註3〕洪棄生著，《寄鶴齋詩話》，頁 67。
〔註4〕洪棄生著，《寄鶴齋詩話》，頁 44、86。
〔註5〕劉勰原著，周振甫注，《文心雕龍注釋》，頁 570、515～516。
〔註6〕洪棄生著，《寄鶴齋詩話》，頁 33。

力，二者不可或缺。〔註7〕而詩歌風格的新變代雄與題材、體製、時代、作家等因素密不可分。誠如劉若愚所云審美理論，認為文學是美言麗句的文章。

技巧概念著重於作家對其作品的關係，此見於明代詩貴先合度的說法，此乃明代「前七子」之一的王廷相的討論。王廷相（字子衡，號浚川，諡肅敏。河南儀封縣人（今蘭考縣）幼有文名，弘治十五年進士，西元一四七四～一五四四年）〔註8〕〈與郭价夫學士論詩書〉強調作詩應有比興風神，所謂「夫詩貴意象透瑩，不喜事實黏著，古謂水中之月，鏡中之影，可以目睹，難以實求是也。三百篇比興雜出，意在辭表。離騷引喻借論，不露本情。」他以《詩經》、〈離騷〉為例，誠如論者葉朗所說，詩歌不同於「徵實」，不喜事實黏著，難以實求。要不露本情，須引喻借論。創造審美意象，所謂「言徵實則少餘味，情直致而難動物也，故示以意象。」〔註9〕此外，王廷相書中又云：

> 何謂三會？博學以養才，廣著以養氣，經事以養道也。才不贍則寡陋而無文，氣不充則思短而不屬，事不歷則理舛而犯義。三者所以彌綸四務之本也。要之名家大成，罔不具此。然非一趨可至也，力之久而後得者也，故曰會。如不期而遇也。此工詩之大凡也。……雖然工師之巧，不離規矩，畫乎邁倫，必先擬摹風騷樂府，各具體裁。蘇、李、曹、劉，辭分界域。欲擅文圃之撰，須參極古之遺，調其步武，約其尺度以為我，則所不能已也。久焉純熟，自爾悟入。神情昭於肺腑，靈境徹於視聽。開闔起伏，出入變化，古師妙擬，悉歸我閫。由是搦翰以抽思，則遠古即今，高天下地，凡具形象之屬，生動之物，靡不綜攝為我材品。敷辭以命意，則凡九代之英，三百之章及夫仙聖之靈、山川之精，靡不會協為我神助，此非取自外者也，習而化於我者也。故能擺脫形模、凌虛構結，春宵天成，不犯舊跡。乃若諸家所謂雄渾、沖澹、典雅、沉著、綺麗、含蓄、飄逸、清俊、高古、曠逸等類，則由夫資性學力，好尚致然。所謂萬流宗海，異調同工者也。究其六轡在手，城門之軌，則一而已。〔註10〕

王廷相云：「然措手施斤，以法而入者有四務。真積力以養而充者有三會。

〔註7〕洪棄生著，《寄鶴齋詩話》，頁33。
〔註8〕萬斯同等編著，《明史》，卷194。
〔註9〕葉朗著，《中國美學的開展》（下）（台北：金楓出版公司，1987年7月初版），頁19。
〔註10〕黃宗羲編，《明文海》（北京市：中華書局，1987年），卷160。

謂之務者，庸其力者也；謂其會者，待其自至者也。何謂四務？運意、定格、結篇、練句也。」運意、定格、結篇、練句之四務，乃以法而入者。而三會即「博學以養才」、「廣著以養氣」、「經事以養道」，三者所以彌綸四務之本也。《文心雕龍‧知音》提出對批評的問題，可以參鑑技巧理論：

> 夫綴文者情動而辭發，觀文者披文以入情，沿波討源，雖幽必顯。世遠莫見其面，覘文輒見其心，豈成篇之足深，患識照之自淺耳。〔註11〕

「披文以入情」之句，指出情意的投射就是作者心裡具體的反應，情壹動，辭即發，情辭之間，表現的是和諧自然，就如《文心雕龍‧明詩》篇所說：「人秉七情，應物斯感。感物吟志，莫非自然。」既然感物吟志，就能為文造情，作者的情思就能源源不斷，神思自然超邁，作品方有深度。

然而，僅是披文入情，或只是為文造情，仍然無法展現作品的完整性，必待批評者的鑑賞，作品才更具可觀性，因此《文心雕龍‧知音》六觀之說，便把批評的方法延伸開來：

> 是以將閱文情，先標六觀：一觀位體，二觀置辭，三觀通變，四觀奇正，五觀事義，六觀宮商，斯術既形，則優劣見矣。

此問題，業師王忠林和張健提出幾個觀點，為之詮釋，其中觀置辭，張健詮釋置辭即修辭，屬於修辭學的範圍，〈情采〉第三十一、〈鎔裁〉第三十二，〈章句〉第三十三的一部份，都討論這一問題；采是詞采、文采，剪截浮詞叫「裁」，句者「聯字以分疆」，都不外乎此。業師王忠林詮釋乃用詞造句的技巧，即文學語言的藝術。〔註12〕作詩求高格而棄俗求雅，對詩歌體製的觀點，實本自明代的格調論。真性情之詩從鍛鍊得來，才能有神無跡，宛如天籟。強調創作時「氣機靈動」則生氣勃勃，也就是靈感泉湧，揮灑如有神助，棄生形容如「初寫黃庭，到恰好處，越日不可再得也。」〔註13〕但須意境高，方稱合作。然而「天分」不能勉強而至，「學力」卻可涵養踐履而臻。

第一節　思圓活法

此中強調創作的關鍵在因「規矩」成「方圓」，以臻詩文作品意境之圓美。

〔註11〕王更生著，《文心雕龍》（台北：文史哲，1991 年）。
〔註12〕王忠林著，《文心雕龍析論》（台北：三民書局，1998），頁 589～590。張健著，《中國文學批評》（台北：五南出版社，1984 年），頁 5。
〔註13〕洪棄生著，《寄鶴齋詩話》，頁 58。

見於典籍者，如《文心雕龍・體性》云：「思轉自圓」，〈風骨〉云：「骨采未圓」。
〔註14〕宋人論詩講活法云：「學詩當識活法。活法者，規矩備具而出於規矩之外；變化不測，而不背於規矩。謝玄暉有言：『好詩如彈丸，此真活法也。』」
〔註15〕試印證袁枚〈與程蕺園書〉批評博雅大儒的文章：

> 近見海內所推博雅大儒，作為文章，非序事嘮呇，即用筆平衍；于剪裁、提挈、烹煉、頓挫諸法，大都懵然。是何故哉？蓋其平素神氣沾滯于叢雜瑣碎中，翻擷多而思功小。〔註16〕

　　從作者與作品的關係，強調為文當重真性情的理論，清代以袁枚的性靈說為代表。袁枚強調：「情從心出，非有一種芬芳悱惻之懷，便不能哀感頑豔。」
〔註17〕如袁枚引其友朱竹君所云：「性情厚者，詞淺而意深。」此所謂情厚而詞清，所謂沉鬱頓挫，皆由此來。洪氏云：「梅村詩所以邁過錢、龔者，在雄博偉厚，奄有多體。尤在情韻纏綿，能成一體。」推崇明末清初詩人吳偉業詩情韻纏綿，能成一體。而吳偉業詩情厚而詞偉，奄有多體，足稱大家。此乃兼論作者與作品，兼重天分與學力。宋人詩變自唐格，以切近賦物、用意鍊句見長。其平實處或似白居易，〔註18〕「以文入詩」之風又導源自韓愈，故棄生論述中、晚唐及有宋詩家，每舉韓、白、蘇、陸四家為代表。明代李夢陽、何景明詩重格調，一變為清初漁洋神韻說，再變為沈德潛「重詩教、言比興、主格調」之說，〔註19〕皆以古雅為則，不免乏意趣。袁枚倡性靈說，詩多意趣，然棄生批評袁枚、趙翼詩云：

> 讀袁子才、趙雲崧等詩，便如稗官小說，……其善道意中語，能達人所未達，亦一枝妙筆也，惜託體不高耳。〔註20〕

　　棄生又批評袁枚詩以「手滑失真」，趙翼詩以「口滑入俗」，作詩不足與

〔註14〕劉勰原著，周振甫注，《文心雕龍注釋》（台北：里仁書局，1984），頁536、554。

〔註15〕劉克莊著，《後村集》（文淵閣四庫全書集部・集部・別集類》（台北：商務，1983），卷24，〈江西詩派小序〉。

〔註16〕袁枚著，王英志主編，《袁枚全集》（貳）（江蘇：江蘇古籍出版社，1993），頁525。

〔註17〕袁枚著，《隨園詩話》（台北：漢京文化公司，1984），頁284、183。

〔註18〕洪棄生著，《寄鶴齋詩話》，頁18。

〔註19〕引自吳宏一著，〈沈德潛《說詩晬語》研究〉，頁226。收於吳宏一著，《清代文學批評論集》（台北：聯經，1998年6月初版）。

〔註20〕洪棄生著，《寄鶴齋詩話》，頁86。

蔣士銓鼎足。〔註21〕士銓詩，棄生以為「氣格深穩，神思清沉。」〔註22〕袁、趙二人詩則因「滑」而少真、少雅、少厚，多俚語諧談。錢鍾書《談藝錄》亦以為世人將袁、蔣、趙三家齊稱，然蔣與袁、趙議論風格大不相類。又批評趙翼詩筆滑不留手，稍欠蘊藉。言詩之情韻、氣脈須厚實云：

> 詩之情韻、氣脈須厚實，如刀之有背也，而思理語意必須銳利，如刀之有鋒也。鋒不利，則不能入物；背不厚，則其入物也不深。甌北輩詩動目而不耐看，猶朋友之不能交久以敬，正緣刃薄鋒利而背不厚耳。〔註23〕

洪棄生謂袁、趙等人詩作多意趣而減氣格，故傾動一世，而不耐深人之賞，與錢鍾書的批評相似。棄生所以推崇王士禎及蔣士銓詩，乃欲以神味古澹、氣格深穩之詩，藥袁、趙俚滑之病。

錢鍾書以「圓」論文，以為圓指「詞意周妥、完善無缺之謂，非僅音節調、字句光緻而已。若夫僻澀嘔啞，為字之妖，為文之吃，則不得與於圓也明矣。」又云：「行文者總不越規矩二字，規取其圓，矩取其方。故文藝中有著實精發核事切理者，此矩處也；有水月鏡花，渾融周匝，不露色相者，此規處也。今操觚家負奇者，大率矩多而規少，故文義方而不圓。」〔註24〕即因「規矩」成「方圓」。洪棄生主張文無定法，文求筆調則無氣格。筆法風調本自意格聲律，意格聲律又本自才氣文思。其說本自王昌齡〈論文意〉：「凡作詩之體，意是格，聲是律，意高則格高，聲辨則律清，格律全，然後始有調。」〔註25〕強調氣格重於筆調。

一、黃景仁詩圓美入時

論者龔鵬程〈晚清詩人諷寓的傳統〉分析常州之學的特色，大抵說經必宗西漢，解字必主籀文，迴翔於戴震、惠棟之間，左采右獲，而隱持變法之意。引用龔定盦〈常州高材篇〉說：「人人妙擅小樂府，爾雅哀怨聲能道。」龔鵬程認為他們雖人人以治經為本業，卻無不擅長於流博絕麗的詩文。〔註26〕其

〔註21〕洪棄生著，《寄鶴齋詩話》，頁 83。
〔註22〕洪棄生著，《寄鶴齋詩話》，頁 69。
〔註23〕錢鍾書著，《談藝錄》（台北：書林，1999 年 2 月第二刷），頁 137、134。
〔註24〕錢鍾書著，《談藝錄》（台北：書林出版公司，1988），頁 114。
〔註25〕張伯偉校考，《全唐五代詩格校考》（西安：陝西人民教育出版社，1996 年 7 月），頁 138。
〔註26〕龔鵬程著，《讀詩隅記》（台北市：華正，民國 71 年版），頁 228。

實清代乾隆、嘉慶時期，常州文人以詩、駢文博麗著稱，當時袁枚讚賞同時人：「近日文人，常州為盛。趙懷玉字映川，能八家之文。黃景仁字仲則，詩近太白。孫星衍字淵如，詩近昌谷。洪君禮吉字稚存，詩學韓杜，俱秀出班行。」〔註27〕洪棄生則批評黃景仁詩圓美入時，不主一格。

　　黃景仁（名景仁字仲則，以字行。又字漢鏞，自號鹿菲子，江蘇武進人。西元一七四九～一七八三年）。黃景仁的摯友洪亮吉，在所著《北江詩話》評論黃景仁詩云：「黃二尹景仁詩。如咽露秋蟲，舞風病鶴。」〔註28〕誠是。棄生云：

> 乾嘉以後，詩人雲起。……而黃仲則圓美如珠，最入時。繼之者吳蘭雪（嵩梁），圓熟亦相近，不若黎二樵（簡之）匠心獨運也。〔註29〕黃仲則若不早亡，成就當不減心餘，今即所造論之，深詣博厚，雖遜心餘，而俊秀尚覺過之。〔註30〕

> 國朝乾隆嘉道時，予所知者約有三派，沈歸愚、夢文子、王鳳喈、盛青嶁、吳企晉，嚴東有諸人為一流，吳穀人、趙損之、黃仲則、洪蕡施、吳蘭雪、張紫峴、彭模觴為一流，蔣心餘、袁子才、張船山、宋芷灣、舒鐵雲、張亨甫諸人為一流，三派之中，當以歸愚為正，蓋其兼綜古今，風裁獨峻也。黃吳一派不立宗主，詩格亦妙，然有流於圓熟入時者矣。至袁子才以下諸家，純逞才氣，其麤處則有遠風雅者。又馮伯子、錢坤一、翁覃溪、張南山、譚康侯、亦成一派，然覃溪、南山窠白氣甚深，覃溪尤甚，故同時若黃香石即有心以脫袁習氣矣。〔註31〕

> 國朝中葉以後，詩家求其醇古，可與國初諸老並行者，惟有沈歸愚、蔣心餘二家耳。若黃仲則筆極靈圓，而理涉淺近，姚梅伯思甚高邁，而格落繁雜。黃仲則太不求古，姚梅伯欲求古而又滯於奇古之字，抑非大方已。〔註32〕

〔註27〕袁枚原著，張健精選，《隨園詩話精選》（台北：五南出版社，1986 年 4 月文一版），頁 67。

〔註28〕洪亮吉著，《北江詩話》，（北京：人民文學出版社，1998 年），頁 4～6。

〔註29〕洪棄生著，《寄鶴齋詩話》，頁 29。

〔註30〕洪棄生著，《寄鶴齋詩話》，頁 34。

〔註31〕洪棄生著，《寄鶴齋詩話》，頁 35。

〔註32〕洪棄生著，《寄鶴齋詩話》，頁 37。

黃仲則〈觀潮行〉，人爭擊節，故子才亦有「觀潮七古冠錢塘」之句，然其出語太近，終覺氣格不高。余早歲亦極服之，閱數年而知其淺露處。〔註33〕

錢塘七子詩格，趙損之較高於黃仲則。〔註34〕

錢塘七子，名盛一時，黃仲則詩人尤推許不置。然余謂不若趙升之（文哲）才地既富，功力亦深，故措詞高雅，出筆秀健，取其興會所到之篇，不愧古作者。〔註35〕

本朝黃仲則亦負才名，壽亦三十九，所造又殊不若高之超卓，天之限人如此。〔註36〕

溫、李齊名，予意欲以長吉易義山，蓋以飛卿超逸之麗，匹長吉奇闢之麗，並出群才也。（予意如此，自覺鶻突，不意黃仲則早有合刻長吉、飛卿之論，見之不覺撫掌，索解人不得也。）〔註37〕

黃仲則詩以古體勝，古體以七古勝，其才氣降伏一世無異詞，然尚多信手游戲之作，流於滑調俗腔，時時有之，惟天品甚超，雖偶爾涉凡，不至如袁子才、趙雲菘之墮落外道也。仲則詩初學李白，雖不及李白之高妙，然亦自有仲則之高妙，不專學杜韓，雖不似杜韓之老重，然亦自有仲則之老重，故能凌駕今人，追逐昔賢。

仲則七古，如禹碑詩之勁達，塗山禹廟詩之奇闢，遊四明山詩之雄麗，虞忠肅祠詩之厚重，皆集中可傳之作。

黃仲則詩，前人皆愛其前後觀潮行及太白樓醉歌、圈虎行諸詩，予謂諸詩學李，詩趣失之淺近，去古殊遠，不如荻港遇徐遜齋及太白墓及遊四明山及上朱笥河詩，學李而詩趣落落不凡也。若新安程孝子行及和賈禮耕用石鼓歌韻，則不專學李，而氣格深嚴，有國初諸大老風裁矣，前人不為指出何也。五古如江上寄左杏莊二首，有晉人筆意，憶昔篇和味辛，有漢魏遺音，黃山尋益然和尚塔得韓公氣象，尤為集中佳製，惜《湖海詩傳》皆遺之。

〔註33〕洪棄生著，《寄鶴齋詩話》，頁52。
〔註34〕洪棄生著，《寄鶴齋詩話》，頁53。
〔註35〕洪棄生著，《寄鶴齋詩話》，頁68。
〔註36〕洪棄生著，《寄鶴齋詩話》，頁89。
〔註37〕洪棄生著，《寄鶴齋詩話》，頁92。

　　黃仲則五古，洪棄生推崇〈舟過龍門山〉一首，尤優入杜境，不減杜入蜀詩，中間警句云：「幽谷神龍都，深潭老蛟大。風雨倏晦明，知是陰靈會」。稱其五古究竟較多清高入古之作，拙著已賞析其刻劃景物感性工巧。〔註38〕棄生評論王士禛和黃仲則詩品，王為「羽化飛仙」，而黃乃「陸地行仙」。就閱歷仕途言，王士禛早達又曾獲高位，黃仲則仕途乖蹇，多病工愁，年壽不過四十，詩作自然多哀蛰之音。洪云：

> 本朝仙才推王阮亭，或有舉黃仲則以比之者，予謂阮亭兼有老成典型，不止以其才傳，若仲則之詩，則純以才傳而已，何能追阮亭，但才筆靈妙如黃仲則，亦屬本朝有數人物，阮亭詩品，可為羽化飛仙，仲則詩品可謂陸地行仙。〔註39〕

　　黃仲則詩作名篇，七古如〈觀潮行〉、〈後觀潮行〉、〈笥河先生偕宴太白樓醉中作歌〉、〈圈虎行〉諸詩落落不凡，前人多所稱賞。〔註40〕洪氏評其學李白而不及李之高妙，卻自饒高妙，別具隻眼。仲則詩語圓美如珠，奇正虛實相生，比喻恆出谿徑，最見才華。推重明代高啟詩作，作書致其摯友洪亮吉云：

> 蓋青丘雖不以五古傳，而僕謂勝其樂府、七古遠甚，味清而腴，字簡以鍊，〈擬古〉諸章尤佳。……且更欲足下多讀前人詩，於庸庸無奇者，思其何以得傳，而吾輩嘔出心血，傳否未必，其故何在？〔註41〕

　　黃氏婉轉諷示洪亮吉作詩不可太刻意炫奇。其評高啟語，可視作其五古自評語。洪棄生舉其清高入古之作，如〈舟過龍門山〉之警句。〔註42〕〈江上寄左二杏莊二首〉其一末云：「繁華不足悼，逝景何匆匆。幸有潤棲約，還悲川嶺重。蕙榮倘不歇，遲我春山空。」〔註43〕佩蕙思榮的志士情懷，頗似陶潛〈時運〉諸詩篇。

　　此外，黃〈憶昔篇和趙味辛〉末云：「憶昔復憶昔，百年不盈瞬。豈有金如山，能鑄鏡中鬢。且回魯陽戈，且挽姬滿駿。閶闔轉眼開，排闥望君進。倘

〔註38〕陳光瑩著，《洪棄生的旅遊詩歌──〈八州詩草〉研究》（新北市：花木蘭文化出版社，2015），頁65。
〔註39〕陳光瑩著，《洪棄生的旅遊詩歌──〈八州詩草〉研究》，頁120～121。
〔註40〕詩見黃景仁著，《兩當軒集》（上海：上海古籍出版社。1998年12月第二刷），頁13、14、107、354。前賢評騭見書後附錄。
〔註41〕黃景仁著，《兩當軒集》，頁480。
〔註42〕黃景仁著，《兩當軒集》，頁490。
〔註43〕黃景仁著，《兩當軒集》，頁77。

念蒿萊人，更枉霞間訊。」〔註44〕對流光驚逝的描寫，令人聯想曹操樂府〈龜雖壽〉、〈短歌行〉的悲慨。〈黃山尋益然和尚塔不得偕邵二雲作〉云：「……呼之已圓寂，是日風怒號。掛壁何所有，血污留戰袍。始知西來旨，成佛不放刀。樸實得頭地，可與群魔鏖。低眉與努目，一理事不勞。感激壯士心，聞者皆悲號。」〔註45〕反用「放下屠刀，立地成佛。」之成語，翻用「金剛努目」、「菩薩低眉」之理出新語，可見其出語圓美。

　　七古如〈荻港舟次遇徐遜齋太守罷官歸滇南〉云：「……我聞碧雞山與金馬連，名勝秀出西南天。公也茅屋居其間，數頃尚有桑麻田。著書歲月且未艾，翁自樂此何憂焉！……。」〔註46〕昂藏氣慨，頗似太白。〈太白墓〉云：「錦袍畫舫寂無人，隱隱歌聲繞江水。殘膏賸粉灑六合，猶作人間萬餘子。與君同時杜拾遺，窆石卻在瀟湘湄。我昔南行曾訪之，衡雲慘慘通九疑。即論身後歸骨地，儼與詩境同分馳。終嫌此老太憤激，我所師者非公誰？」〔註47〕瓣香李白，直抒仰慕之情。〈上朱笥河先生〉一詩末云：「……佐公巨筆揮淋漓，此則不敢多讓誰。公聞此言顧我嘻，小子狂矣言無稽。言雖無稽心不欺，春葵只有傾陽枝。」〔註48〕以傾倒詞作自薦語，頗似李白〈上韓荊州書〉的自負。〈新安程孝子行〉歌頌孝子割肉事親的愚孝，所謂「我思孝子孝，愚乃成其純。」〔註49〕以孝道為標榜，欲以激清揚濁。今日視之，流於情偽而刻酷。〈賈禮耕用昌黎石鼓歌韻贈詩和贈一首〉刻意學韓愈詩典重風格，然「陸離瑰傀乃有此，便恐雨逗勞媧娥。」〔註50〕卻似李賀詩句法。〈遊四明山放歌〉足稱「雄麗」。描寫山勢比喻聯翩似韓愈〈南山〉一詩，詩思入仙境又似李白。〈禹碑〉議論生色云：「凝精應接尚不暇，文字且闕千秋疑。後來楊、沈太嘈囋，強以點畫相敲推。夢神恍惚固可笑，尋義穿鑿尤堪嗤。六書倘可盡太古，直以面目尋宗支。」〔註51〕詩句勁達。〈虞忠肅祠〉云：「萬八千人同一泣，卓然大陣如山立。」〔註52〕的確是厚重語。至於〈塗山禹廟〉一詩句句押韻，韻腳多罕見

〔註44〕黃景仁著，《兩當軒集》，頁 150。
〔註45〕黃景仁著，《兩當軒集》，頁 136。
〔註46〕黃景仁著，《兩當軒集》，頁 51。
〔註47〕黃景仁著，《兩當軒集》，頁 76。
〔註48〕黃景仁著，《兩當軒集》，頁 105。
〔註49〕黃景仁著，《兩當軒集》，頁 213。
〔註50〕黃景仁著，《兩當軒集》，頁 252。
〔註51〕黃景仁著，《兩當軒集》，頁 523。
〔註52〕黃景仁著，《兩當軒集》，頁 108。

字，詩又闌入《竹書紀年》等異聞傳紀。這類詩作，誠如袁枚所說：

> 考據之學，離詩最遠；然詩中恰有考據題目，如〈石鼓歌〉、〈鐵券
> 行〉之類，不得不徵文考典，以侈侈隆富為貴。但須一氣呵成，有
> 議論、波瀾方妙，不可銖積寸累；徒作算博士也。其詩大概用七古
> 方稱，亦必置之於各卷中諸詩之後，以備一格。〔註53〕

　　黃仲則此詩「侈侈隆富」，論詩境奇闢，反而不如〈禹碑〉。黃仲則作詩，
傾心李白之外，亦推服岑參、李賀、溫庭筠三人。他和李賀都是工愁多病的詩
人，年壽不永，對時間流逝極端敏感，作詩感性揮斥，往往流露秋蟲之吟。但
他不像李賀那麼耽於神仙鬼域的奇想，溫婉的情致反而近於溫庭筠。而平生遊
歷山水，規摹化境，晚年客居京師，自謂「自嫌詩少幽燕氣，故作冰天躍馬
行。」〔註54〕其〈井陘行〉、〈固關〉等詩，刻意規摹岑參〈東歸晚次潼關懷古〉
諸詩。洪棄生惜其早亡，詩雖俊秀卻不及蔣士銓的深詣博厚，評論的當。至於
軒輊黃景仁、趙文哲二人詩格高低，則無必要。趙氏長於五律、五古；黃氏長
於七律、五古、七古。趙氏云：「深知時命窮，反苦歲月緩。」〔註55〕相較黃
氏「茫茫來日愁如海，寄語羲和快著鞭。」〔註56〕黃氏詩語悲切圓美勝於趙，
趙氏語較和緩，可見二人性格和詩格差異。若與黃仲則詩友黎簡相較，則黎氏
五古模山範水，時出新境，但詩的整體成就未必高過仲則。以仲則詩相較王士
禎、沈德潛、袁枚、趙翼、蔣士銓等人，洪棄生稱賞王士禎兼有老成典型，不
僅以其才傳，評論的當。但以為王士禎與黃仲則一為羽化飛仙，一為陸地行仙
則不恰當。萬黍維〈味餘樓賸稿〉云：

> 仲則天才，軼群絕倫，意氣恆不可一世，獨論詩以余合。余嘗謂今
> 之為詩者，濟以考據之學，艷之以藻繪之華，才人學人之詩，屈指
> 難悉，而詩人之詩，則千百中不得什一焉。仲則深韙余言，亦知余
> 此論蓋為仲則、數峰發也。〔註57〕

　　黃仲則的詩乃「詩人之詩」，詩心別有幽微銳感，情摯厚流露，詩歌為乾隆
一代不遇士人的窮途悲歌。仲則詩作每每情溢乎詞，相較道光以後，詩人龔自

〔註53〕袁枚著，《隨園詩話》，頁615。
〔註54〕黃景仁著，《兩當軒集》，頁250〈將之京師雜別〉。
〔註55〕趙文哲著，《娵隅集》（合肥：黃山書社。2009年），卷7，頁61，〈東充齋述
　　　庵三次前韻〉。
〔註56〕黃景仁著，《兩當軒集》，頁266〈綺懷〉。
〔註57〕黃景仁著，《兩當軒集》，頁627。

珍所作〈病梅館詞〉，則有意針砭時政。一有意一無心，仲則的無心之詞卻更動人。而仲則當時袁、趙、蔣等人詩作可謂才人之詩，而錢載則為學人之詩矣！

第二節　剪裁烹煉

　　錢鍾書以「圓」論文，以為圓指「詞意周妥、完善無缺之謂。」洪棄生主張文無定法，文求筆調則無氣格。筆法風調本自意格聲律，意格聲律又本自才氣文思。細究探源，乾隆江左三家中，袁枚、趙翼已言之矣。試分論細述：

一、鍊句精要，語無剩義

　　趙翼（字雲菘，一字耘松，號甌北（其初或當作「鷗北」），江蘇陽湖（今常州）人。西元一七二七～一八一四年）晚年因目半明半昧，耳半聰半聾，喉音半響半啞，又自號「三半老人」。〔註58〕著作等身，著作有《甌北全集》，收《廿二史劄記》、《陔餘叢考》、《簷曝雜記》、《皇朝武功紀盛》、《甌北詩鈔》、《甌北詩話》、《甌北集》共一百七十二卷。〔註59〕

　　趙翼強調詩作需鍊句精要，語無剩義。其〈甲子夏梅雨過多，蘇州以下多被水，不能插秧，米價頓長。貧民遂蜂起搶掠，直入省城，一百劫案數十百起。城門晝閉，三日稍定。吾常地勢高，幸免淹浸，而糧價亦貴。群不逞，聞風將效尤。余家有米一囷，計一百二十石，亟減價平糶，市價每升三十五文，余僅以二十四文定價，於是萬眾畢集。有無賴子突起搶米，眾皆隨之。少年女亦脫其裙中袴作囊盛得升斗。嗚呼！饑窘之迫人，以至於無忌憚，亡廉恥如此。自惟小惠招尤，固自貽之慼，而民氣囂然不靖，大可慮也〉五古一詩云：「更有紅顏婦，脫袴布裙底。但貪裹糧多，弗顧失褌恥。」詩末趙翼自注：「余嘗愛東坡句：『潛鱗有飢蛟，掉尾取渴虎。』蓋虎飲於河，為蛟所食也。以十字寫之，毫無剩義。此搶米事，有婦脫裙內敝袴作囊盛米者，亦欲以十字寫之。初云：『脫袴有紅顏，作囊裹白米』但袴外尚有裙，故可脫。今裙字意不見，竟似躶露矣，故改作四句。乃始歎前人鍊句真不可及也。」〔註60〕

〔註58〕趙翼著，李學穎、曹光甫校點，《甌北集》，（上海：上海古籍出版社，1997年4月第一刷），前言，頁1。

〔註59〕趙翼著，李學穎、曹光甫校點，《甌北集》（上海：上海古籍出版社，1997年4月第一刷），772。

〔註60〕趙翼著，李學穎、曹光甫校點，《甌北集》，頁1189～1190。

趙翼詩作影響當時文人如洪亮吉、趙懷玉，其〈吳穀人祭酒枉過草堂邀稚存味辛同集〉云：「袁（子才）、蔣（心餘）、王（禮堂）、錢（竹汀）總作塵，慸遺漫比後來薪。名流各有千秋在，肯與前人作替人。」〔註61〕勉後輩為代興，有老成典型。《清史稿・趙翼傳》稱趙翼「其同里學人後於翼而知名者，有洪亮吉、孫星衍、趙懷玉、黃景仁、楊倫、呂星垣、徐書受，號為「毘陵七子」〔註62〕

二、言簡意深，新密切理

趙翼《甌北詩話》卷八云：「言簡意深，一語勝人千百，此真煉也。」〈論詩〉：「作詩必此詩，定知非詩人。此言出東坡，意取象外神。羚羊眠掛角，天馬奔絕塵。其實論過高，後學未易遵。詩文隨世運，無日不趨新。古疎後漸密，不切者為陳。譬如駕馬，將越而適秦。灞滻終南景，何與西湖春？又如寫生手，貌施而昭君。琵琶春風面，何關苧蘿蠻？是知興會超，亦貴肌理親。吾試為轉語，案翻老跕輪。作詩必此詩，乃是真詩人。」〔註63〕強調詩作須言簡意深，新密切理。

三、詩本性情，創新氣魄

趙翼評論元稹、白居易詩的「坦易」和韓愈、孟郊詩的「奇警」，提到「詩本性情，當以性情為主。」「坦易者多觸景生情，因事起意，眼前景，口頭語，自然沁人心脾，耐人咀嚼。」指出「性情」與「意味」的依存關係。推崇創新者的勇氣魄力與開拓精神，提升眼光的重要。〔註64〕〈論詩〉云：

> 滿眼生機轉化鈞，天工人巧日爭新。預支五百年新意，到了千年又覺陳。
>
> 李杜詩篇萬口傳，至今已覺不新鮮。江山代有才人出，各領風騷數百年。
>
> 隻眼須憑自主張，紛紛藝苑漫雌黃。矮人看戲何曾見，都是隨人說短長。
>
> 詩解窮人我未空，想因詩尚不曾工。熊魚自笑貪心甚，既要工詩又怕窮。

〔註61〕趙翼著，李學穎、曹光甫校點，《甌北集》，頁1207。
〔註62〕趙翼著，李學穎、曹光甫校點，《甌北集》，頁1421。
〔註63〕趙翼著，李學穎、曹光甫校點，《甌北集》，頁1173～1174。
〔註64〕趙翼著，李學穎、曹光甫校點，《甌北集》，前言，頁6～9。

少時學語苦難圓，只道工夫半未全。到老始知非力取，三分人事七
分天。〔註65〕

「天工人巧日爭新」、「各領風騷數百年」等句都推崇創新者的勇氣魄力
與開拓精神。「隻眼須憑自主張」強調提升眼光的重要。「詩窮而後工」的理論
強調，現實生活困頓成就詩藝不朽，說明文學是苦悶的象徵。雖說「三分人事
七分天」，但要成就，七分天分，修為在三分人事和閱歷。

趙翼〈子才書來有松江秀才張鳳舉少年美才手繪拜袁揖趙哭蔣三圖，蓋子
才及余并亡友心餘也。自謂非三人之詩不讀，可謂癖好矣。書此以復子才并托
轉寄張君〉云：「前呼袁蔣後袁趙，恰與醉吟同故事。」〔註66〕袁枚稱趙翼：
「忽奇忽正，勿莊忽俳，稗史方言，皆可闌入。」蔣士銓稱其「奇恣雄麗，不
可偪視。」〔註67〕趙翼〈心餘詩已刻於京師謝薀山太守覓以寄示展閱累日為題
三律〉其二首二句云：「談忠說孝氣峻岣，卅卷詩詞了此身。」〔註68〕稱許蔣
士銓。〈寄壽子才八十〉七律二首其二頷聯云：「到老未除才子氣，多情猶昵美
人香。（原注：門下多女弟子）」〔註69〕「論詩重性情」是袁枚「性靈」詩觀之
要旨。袁枚認為「人之情，以男女之情為先。」棄生論性情重真，偏愛一往情
深，情韻纏綿之詩作，可謂與袁氏同調。而胡適評論「真」字稍難；第一要有
內容，第二要能自然表現這內容，故非有學問與性情不可。袁枚強調博雅大儒
的文章雖有學問，性情練達和文章變化卻不足，袁枚所謂「當謂古文家似水，
非翻空不能見長。」意在批評考據學者雖知文章法度規矩，若無變化之才，不
能翻空出奇，文乏神思骨氣，如何能方圓如意。因此，「考據」、「詞章」各有
畛域，學問彼此可融通，然各有成家者，主要在各自的致力處不同。知文章法
度規矩，熟知剪裁、提挈、烹煉、頓挫諸法，變化出奇，文有神思骨氣，方圓
如意，思圓而神，方臻化境。

第三節　婦女形象，詠史諷諭

傳統婦女形象見於詩歌者，例如《詩經‧鄘風‧載馳》寫許穆公夫人家國

〔註65〕趙翼著，李學穎、曹光甫校點，《甌北集》，頁630。
〔註66〕趙翼著，李學穎、曹光甫校點，《甌北集》，頁750。
〔註67〕趙翼著，李學穎、曹光甫校點，《甌北集》，頁1424。
〔註68〕趙翼著，李學穎、曹光甫校點，《甌北集》，頁778。
〔註69〕趙翼著，李學穎、曹光甫校點，《甌北集》，頁878。

之憂思，與求救無援，歸唁得咎之怨情。論者高亨據《左傳·閔公二年》記載言此詩詩旨：「這首詩是許穆公夫人所作。她是衛宣姜和公子頑所生，出嫁於許穆公。狄國攻破衛國，殺死衛懿公，衛人立戴公於漕邑。不久戴公死，衛人又立文公。她知道衛國遭此浩劫，要回衛國去弔唁衛君，但因當時環境不許可，許國的國君不准她去。她走到半路上被追回，因作此詩。」〔註70〕《詩經·鄘風·載馳》云：

> 載馳載驅，歸唁衛侯。驅馬悠悠，言至於漕。大夫跋涉，我心則憂。
> 既不我嘉，不能旋反。視爾不臧，我思不遠。既不我嘉，不能旋濟。
> 視爾不臧，我思不閟。陟彼阿丘，言採其蝱。女子善懷，亦各有行。
> 許人尤之，眾穉且狂。我行其野，芃芃其麥。控于大邦，誰因誰極。
> 大夫君子，無我有尤。百爾所思，不如我所思。

許穆公夫人家國之憂思對比大夫君子百爾所思，「不如我所思！」急於赴義的形象躍然紙上。

洪棄生曾評論范成大〈胭脂井〉詩。范成大（字致能，號石湖居士，平江府（今江蘇蘇州市）人，西元一一二六～一一九三年）的詩集《石湖居士詩集》卷二有〈胭脂井〉兩首：

> 昭光殿下起樓臺，拼得山河付酒杯。春色不從金井去，月華空上石
> 頭來。
> 腰支旅拒更神游，桃葉山前水自流。三十六書都莫恨，煩將歌舞過
> 揚州。〔註71〕

據沈欽韓云：「《大業拾遺錄》（即《隋遺錄》）載：煬帝夢見陳後主云：『三十六封書，使人恨恨！』前人莫解何謂。蓋隋兵渡江警書為張貴妃所沉閣者。」論者季明華云：

> 第一首詩對陳後主的荒淫生活有極為深刻的描寫，「拼得山河付酒
> 杯」，寫陳後主的昏醉已極；末兩句則以感慨的筆調，就昔日的繁
> 華，與今日的淒冷相對照，暗寫了南朝滅亡的必然性。第二首詩寫
> 隋在滅陳之後，不僅沒有記取歷史教訓，反而重蹈昏主後塵，甚至
> 有過之而無不及；詩人以煬帝曾在醉夢中恍惚與陳後主相遇酒宴甚
> 歡，並請張麗華舞《玉樹後庭花》的典故映襯；末兩句則故說反話，

〔註70〕高亨注，《詩經今注》（台北市：里仁書局，1981年10月15日版），頁76。
〔註71〕范成大著，《范石湖集》（上海：上海古籍出版社，2006年6月），卷2。

謂：三十六封報警的緊急文書且擱置一旁吧！又何必耿耿於懷呢！
還是及時行樂吧！作者的筆觸極盡譏刺辛辣之能事。在南宋朝廷耽
於眼前、苟延殘喘之際，詩人詠南朝及隋興亡之事，意在警策，用
心可謂十分明顯。〔註72〕

　　洪棄生稱許〈胭脂井〉兩首「秀雅」，誠然。〔註73〕論者張火慶稱這種
「重視歷史記載中，個別人物及其行事的是非善惡的評價，以及他們對政治世
局的影響，由此而引伸出政教風俗與個人修養的鑑戒意義。」〔註74〕

　　洪棄生詩詠王昭君，值得析賞意蘊。歷代詠王昭君事者，據論者李燕新
研究，大抵而言，內容不外四類：一為純寫昭君者，或睠故國、或寫怨情、
或言悲苦。二是諷刺漢帝及和番政策者。三為翻案之屬，大抵皆翻昭君之怨
為怨，亦有為毛延壽翻案者。四為傷懷寄託之屬，此多借人喻己，寄託亦深
遠者。〔註75〕

　　論者張高評認為試核史實，竟寧元年（紀元前三十三年），匈奴西部郅支
單于被殺，東匈奴呼韓邪單于心懼來朝，自願婿漢和親，漢元帝以王昭君嫁
之。呼韓邪以正月來朝，二月偕昭君抵胡庭，五月而元帝駕崩。昭君遠嫁匈
奴時，呼韓邪已老，三年而死，昭君與之生一子。新王雕陶莫皋立，復妻昭
君，生二女。昭君史實，大抵如此。考諸史實，漢自武帝至元帝，對匈奴與
烏孫的和親政策，大抵採取主動積極，用意在安撫羈縻邊疆少數民族。只有
漢朝初年，匈奴強大，漢朝只得採取忍辱、消極的和親政策。先說王昭君故
事之本事，首見於班固《漢書・匈奴傳第六十四下》：

　　（漢元帝）竟寧元年（紀元前三十三年）……單于〔呼韓邪單于〕
　　自言願婿漢室以自親。元帝以後宮良家子王牆字昭君賜單于。……
　　王昭君號寧胡閼氏，生一男伊屠智牙師，為右日逐王。……呼韓邪
　　死，〔子〕雕陶莫皋立，為復株絫若鞮單于。……復株絫若鞮單于
　　復妻王昭君，生二女。

　　班固之後，其後范曄《後漢書・南匈奴傳》云：

〔註72〕季明華著，《南宋詠史詩研究》（臺北市：文津，1997），頁159、182。
〔註73〕洪棄生著，《寄鶴齋詩話》（南投：台灣省文獻委員會，1993年），頁23。
〔註74〕季明華著，《南宋詠史詩研究》（臺北市：文津，1997），頁159、182。見張火
　　　　慶著，〈中國文學中的歷史世界〉一文，出自張其昀著，《中國文化新論・文學
　　　　篇・抒情的境界》（台北市：華岡，1970年），頁295。
〔註75〕李燕新著，《王荊公詩探究》（台北：文津出版社，1997），頁127。

昭君字嬙，南郡人也。初，元帝時，以良家子選入庭。時呼韓邪來朝，帝敕以宮女五人賜之。昭君入宮數歲，不得見御，積悲憤，乃請掖庭令求行。呼韓邪臨辭大會，帝召五女以示之。昭君豐容靚飾，光明漢宮，顧影裴回，竦動左右。帝見大驚，意欲留之，而難於失信，遂與匈奴，生二子。及呼韓邪死，其前閼氏子代之，欲妻之。昭君上書求歸，成帝敕令從胡俗，遂復為後單于閼氏焉。

《西京雜記》則有不同的記載云：

元帝後宮既多，不得常見，乃使畫工圖其形，案圖召幸。諸宮人皆賂畫工，多者十萬，少者亦不減五萬。獨王嬙自恃容貌，不肯與。工人乃醜圖之，遂不得見。後匈奴入朝，求美人為閼氏。於是上案圖以昭君行。及去，召見，貌為後宮第一，善應對，舉止閑雅。帝悔之，而名籍已定。方重信於外國，故不復更人。乃窮案其事，畫工皆棄市，籍其家資皆巨萬。畫工有杜陵毛延壽，為人形，醜好老少，必得其真。新豐劉白、龔寬，並工為牛馬飛鳥，亦肖人形，好醜不逮延壽。下杜陽望亦善畫，尤善布色。樊育亦善布色。同日棄市，京師畫工於是殆稀。〔註76〕

論者張高評認為上列三則資料，是昭君和親故事的文本與原型。《漢書》《後漢書》因文本的空白處極大、不確定性極多，敘述的跨度和跳躍性極強，王昭君又是個圓形人物。具有「召喚性的語符結構」，提供給讀者許多想像的空間，和發揮的餘地。因此歷代文人參與創作，作品展現文人的「期待視野」，更是作家道德觀念、審美趣味、意識型態、人生觀感的心理定勢。作家的心理定勢不外兩種：其一：證同，只認同、歸屬、傳承、接受。其二：趨異，多見於跳脫窠臼、豪邁不羈、卓爾不群、追新求奇。〔註77〕

〔註76〕劉歆著，《西京雜記》（藝文百部叢書33，抱經堂叢書第6函。臺北：藝文，1969年）。

〔註77〕張高評著，〈南宋昭君詩之接受與誤讀〉，收於《第五屆中國詩學會議——宋代詩學研討會》（彰化市：彰化師範大學，2000年5月20日星期六），頁2。張高評引用或參考龍協濤著，《文學解讀與美的再創造》（臺北：時報文化，1993年8月），頁32～46、頁214～217，第一章、第六章。H.R.姚斯，R.C.霍拉勃著，周寧、金元浦譯，《接受美學與接受理論·走向接受美學》（瀋陽：遼寧人民出版社，1989年），頁175～229。朱立元著，《接受美學》（上海：上海人民出版社，1989年），頁191～230。頁276～294。頁87～127。朱立元、陳克明譯，哈羅德·布魯姆著，《比較文學影響論——誤讀圖示》（板橋：駱駝出版社，1992年11月），頁2、頁6。

　　例如范曄認為昭君因未蒙君王寵幸而積悲憤，乃自請掖庭令求行。後又不堪匈奴父子聚麀之俗，上書求歸。《西京雜記》因此添加了畫工毛延壽的情節，昭君因不賂畫工。容華為圖畫所誤，遂致遠嫁以和親。元帝悔，事後將毛延壽等畫工籍家棄市，以正宮壼。至此，昭君雖然希冀寵幸，但不賂畫工以求倖進，形象始備貌兼德。又《樂府古題》引《琴操》云：

> 王昭君者，齊國王襄女也。昭君年十七時，顏色皎潔，聞於國中。
> 襄見昭君端正閑麗，未嘗窺看門戶，以其有異於人，求之皆不與，
> 獻於孝元帝。以地遠，既不幸納，叨備後宮。積五、六年，帝每遊
> 後宮，昭君常恐不出。後單于遣使朝賀，帝宴之，盡召後宮。昭君
> 乃盛飾而至。帝問：「欲以一女賜單于，誰能行者？」昭君乃越席請
> 往。時單于使者在旁，帝驚恨不及。昭君至匈奴，單于大悅。以為
> 漢與我厚，縱酒作樂，遣使者報漢。送白璧一雙，駿馬十四，胡地
> 珠寶之類。昭君恨帝始不見遇，乃作怨思之歌。單于死，子世達立。
> 昭君謂之曰：「為胡者妻母，為秦者更娶。」世達曰：「欲作胡禮。」
> 昭君乃吞藥死。

　　此處記述昭君身世、入宮始末等。又言其吞藥自盡，以保貞節，顯然是後人的附會增飾。故事中已加入漢人貞操的觀念。昭君此一人物的個性，不斷演變而更加豐富。清代洪亮吉云：

> 王昭君賜單于一事，《琴操》之言，最得其實。云王昭君者，齊國王
> 襄女也，年十七，獻元帝。會單于遣使請一女子，帝謂後宮欲至單
> 于者起。昭君喟然而歎，越席而起，乃賜單于。是昭君之行，蓋由
> 自請。而《西京雜記》妄以為事由毛延壽，說最鄙陋。而世俗信之，
> 何耶？余曾有一絕正之云：「奇童請尺組，奇女請和戎，莫信無稽說，
> 媸妍出畫工。」〔註78〕

　　洪亮吉批評畫工毛延壽之說鄙陋，信然。畫工此說出自《西京雜記》，本非信史，乃後人憑空增益。只是《琴操》之言，和《西京雜記》雖不同，但都是勃離史實的小說家言，也未得其實。

　　《昭明文選》有晉石崇〈明君辭〉及序。序云：「王明君者，本是王昭君，以觸文帝諱改之。匈奴盛，請婚於漢，元帝以後宮良家子配焉。昔公主嫁烏孫，令琵琶馬上作樂以慰其道路之思，其送昭君亦必爾也。其造新曲，多哀怨

〔註78〕洪亮吉著，《北江詩話》，（北京：人民文學出版社，1998年），頁74。

之聲，故敍之於紙云爾。」〈明君辭〉云：

> 我本漢家子，將適單于庭。辭訣未及終，前驅以抗旌。僕御涕流難，
> 猿馬悲且鳴。哀鬱傷五內，泣淚沾朱纓。行行日已遠，遂造匈奴城。
> 廷我於穹廬，加我閼氏名。殊類非所安，雖貴非所榮。父子見陵辱，
> 對之慚且驚。殺身良不易，默默以苟生。苟生亦何聊，積思常憤盈。
> 願假飛鴻翼，棄之以遐征。飛鴻不我顧，佇立以屛營。昔為匣中玉，
> 今為糞上英。朝華不足嘉，甘與秋草并。傳與後世人，遠嫁難為情。
> 〔註79〕

石崇此詩大意本之《漢書》，刻畫王昭君遠嫁邊塞飄泊之苦，以及忍辱苟活的悲憤。「行行日已遠」，悲憫遠嫁之情。「昔為匣中玉，今為糞上英。」今昔貴賤殊異，加深其對漢王的眷戀，婉轉表達對朝廷的不滿。

論者張高評以昭君和親故事，以班固（西元三二～九二年）《漢書》所載為濫觴。其次《樂府詩集》中蔡邕（西元一三三～一九二年）《琴操》，敍事情節獨特。其三，東晉石崇（西元二四九～三〇〇年）〈王明君辭並序〉將公主琵琶轉為昭君琵琶，誤讀歷史。其四，號稱葛洪（西元二八三～三六三年）所撰的《西京雜記》則踵事增華。其五，劉宋范曄（西元三九八～四四六年）《後漢書》所敍，情節完整，將昭君美麗形象具體化、生動化。張高評論述唐代詩人對昭君「容華誤身」主旨較少刻劃。宋代詩人詳人所略，異人所同，詠此主旨，渲染昭君冷落漢宮及悲怨和親的不幸，所謂紅顏薄命，此《左傳》昭公二十八年叔向母所謂「甚美必有大惡」。〔註80〕

《西京雜記》補白發揮的空間，添加了畫工收賄，昭君拒賂等事，使王昭君有備貌兼德的形象，其形象又見《世說新語》云：

> 漢元帝宮人既多，乃令畫工圖之，欲有呼者，輒披圖召之。其中常
> 者，皆行貨賂。王昭君姿容甚麗，志不苟求；工遂毀為其狀。後匈
> 奴來和，求美女於漢帝，帝以昭君充行。既召見，而惜之；但名字
> 已去，不欲中改，於是遂行。

誠如劉正浩等人析賞，《世說新語》中的昭君有「不屑苟且求榮，勇於為

〔註79〕蕭統編，《文選附考異》（台北：啟明，1960年10月初）版，卷27。
〔註80〕張高評著，〈《漢宮秋》本事之變異與創新──從唐宋詩到元雜劇的演化〉。收於張高評著，《王昭君形象之轉化與創新：史傳、小說、詩歌、雜劇之流變》（臺北市：里仁，2011年12月），頁343、345。

國犧牲的高貴心志。」〔註81〕

　　論者張高評認為《後漢書‧南匈奴傳》中「昭君入宮不得見御」是自請和親的原因，因語焉不詳，留給《西京雜記》補白發揮的空間，添加了畫工收賄，昭君拒賂等事。又憑空坐實畫工姓名為毛延壽。唐宋詩人詠圖畫失真，容華誤身等，大多由此化出。例如李白〈王昭君〉其一：「生乏黃金買圖畫，死留青冢使人嗟。」白居易〈青冢〉云：「何乃明妃命，獨懸畫工手。」李商隱〈王昭君〉云：「毛延壽畫欲通神，忍為黃金不為人。」論者張高評以為唐代詩人是「漢民族的優越感形成本位主義」，完全漠視昭君和親使命之神聖。對昭君和親、生子與再嫁，也未表達應有的關切。詩人的「價值取向」和「期待視野」，表現出的差異，正如傅樂成所說唐型文化與宋型文化與宋型文化的不同。〔註82〕清代洪亮吉云：

> 僧果仲詠王昭君詩：「和戎原漢策，遣妾亦君情。」論斷平允，可以
> 正前人「漢恩自淺胡自深」諸句之失。〔註83〕

　　洪亮吉看出昭君和親使命之神聖，引僧果仲詠王昭君詩，認為論斷平允。至於傅樂成所說唐型文化與宋型文化的不同：

> 至於宋人的民族意識，也日益強烈。科舉制度與文人政治造成士大夫的自尊以及對中國文化的竭誠崇拜和擁護，因此自然卑視外族文化。加以契丹、女真等外族的侵凌，遂使宋人對異族於卑視之外，益以仇視。宋人好談春秋，如孫復、胡安國等，皆以春秋之學名世。孫著《春秋尊王發微》一書，主張「安不忘危，治不忘亂，講武經而教民戰。」安國曾進高宗政論二十一篇，其論立志，謂「當必志於恢復中原，祗奉陵寢；必志於掃平讎敵，迎復兩宮。」朱熹以理學名世，但其所著資治通鑑綱目，踵事春秋，而以蜀漢為正統，其意即在否定北方外族政權的正統性及合法性。此外宋人雖然因對外戰敗，屢訂屈辱條約，但從未效法漢唐，與外族和親，這些都是宋人民族思想具體表現。而北宋屢次伐遼，南宋屢次伐金，也都是宋人不甘受外族侵凌的明證。……大體說來，唐代文化以接受外來文化為主，其文化精神及動態是複雜而進取的。唐代後期的儒學復興

〔註81〕《新譯世說新語‧賢媛》，頁641。
〔註82〕張高評著，〈南宋昭君詩之接受與誤讀〉，頁6。
〔註83〕洪亮吉著，《北江詩話》，（北京：人民文學出版社，1998年），頁72。

運動，只是始開風氣，在當時並沒有多大作用。到宋，各派思想主
流如佛、道、儒諸家，已趨融合，漸成一統之局，遂有民族本位文
化的理學的產生，其文化精神及動態亦轉趨單純與收斂。南宋時，
道統的思想既立，民族本位文化益形強固，其排拒外來文化的成見，
也日益加深。宋代對外交通，甚為發達，但其各項學術，都不脫中
國本位文化的範圍；對外來文化的吸收，幾達停滯狀態。這是中國
本位文化建立後的最顯著的現象，也是宋型文化與唐型文化最大的
不同點。〔註84〕

契丹、女真等外族的侵凌，遂使宋人對異族於卑視之外，益以仇視。因
此，論者張高評認為南宋人詠昭君和親，間接批評和議政策，表現以書法史筆
議論是非之詠史特色來。〔註85〕論者季明華認為《西京雜記》增入了昭君因不
賂畫工，遂不得元帝幸見的情節，且對昭君的外貌有了具體的描寫；而假託是
牛僧儒所作的《周秦行紀》更指明了畫工即為毛延壽，使得昭君和蕃的故事更
添悲劇及曲折性。〔註86〕

唐宋詩人詠圖畫失真，容華誤身等，例如宋代郭茂倩編撰《樂府詩集》所
收唐人梁獻〈王昭君〉──詩云：

圖畫失天真，容華坐誤人。君恩不可再，妾命在和親。淚點關山月，
衣銷邊塞塵。一聞陽鳥至，思絕漢宮春。〔註87〕

詩中第三、四二句：「君恩不可再，妾命在和親。」指漢元帝恩斷義絕，
使昭君薄命，終因和親而客死異鄉。「圖畫失天真」正本自《西京雜記》意旨
而來。論者張高評以此詩「陽鳥至」勾起流落異域之恨。〔註88〕

〔註84〕傅樂成著，〈唐型與宋型文化〉，《國立編譯館：國立編譯館刊第一卷第四期，
1972 年 12 月出版》，頁 20。

〔註85〕張高評著，《王昭君形象之轉化與創新：史傳、小說、詩歌、雜劇之流變》（臺
北市：里仁，2011 年 12 月），頁 110。

〔註86〕季明華著，《南宋詠史詩研究》（臺北市：文津，1997），頁 183，註 109。季明
華的資料參考張壽林撰，《王昭君故事演變之點點滴滴》（《文學年報》第一期，
1932 年）。黃綮琇撰，〈王昭君故事的演變〉及丘燮友著，〈歷代王昭君在主題
上的轉變〉，皆收錄在陳鵬翔主編，《主題學研究論文集》（台北：東大圖書公
司，1983 年 11 月）。黃永武著，〈昭君不怨〉一文，見黃永武著，《珍珠船》
（台北：洪範書店，1985 年 3 月），頁 1～15。

〔註87〕郭茂倩編撰，《樂府詩集》（台北：里仁，1981 年 3 月 24 日出版），頁 426。

〔註88〕張高評著，《王昭君形象之轉化與創新：史傳、小說、詩歌、雜劇之流變》，頁
58。

此外，純寫昭君或睠故國、或寫怨情、或言悲苦，這類作品又如唐代盧照鄰〈昭君怨〉：「合殿恩中絕，交河使漸稀。肝腸辭玉輦，形影向金微。漢地草應綠，胡庭沙正飛。願逐三秋雁，年年一度歸。」論者張高評以唐代聲威，遠及邊陲；唐代文明，高居四方夷狄之冠。因中原文化的本位本義及優越感，遂矮化醜化夷狄。而對昭君不幸之同情，集中在一、出塞淚；二、異域恨。寫昭君去國之傷心，盧照鄰以恩絕、使稀、斷腸、孤影，形容明妃去國之傷悲。〔註89〕

此外，杜甫〈詠懷古跡五首〉其三詠王昭君：

> 群山萬壑赴荊門，生長明妃尚有村。一去紫臺連朔漠，獨留青塚向
> 黃昏。畫圖省識春風面，環珮空歸夜月魂。千載琵琶作胡語，分明
> 怨恨曲中論。〔註90〕

論者邱燮友認為王昭君，本為王嬙，名一作牆，字昭君，南郡秭歸人，秭歸是巫峽附近居山傍水的一個小縣，景色清麗，也是戰國時楚國屈原的家鄉。王嬙被郡國舉而入選後宮，由於後宮佳麗眾多，未被御幸。漢元帝竟寧元年（西元前三十三年），匈奴王呼韓邪單于來朝請婚，元帝便遣後宮良家女王嬙賜給匈奴王，被尊為「寧胡閼氏」。匈奴人稱皇后為閼氏。唐吳兢《樂府古題要解》卷上王昭君條謂：「呼韓邪單于死，子復株絫單于欲以胡禮復妻昭君，昭君乃吞藥而死。」昭君一生含怨塞外，而「獨留青塚向黃昏」。今內蒙古呼和浩特市有王昭君墓，相傳塞外草白，獨王昭君墓草青，故名青塚。〔註91〕昭君吞藥而成了殉節烈女，又見《琴操》。沈德潛《唐詩別裁集》卷十四盛讚：「詠昭君詩，此為絕唱！」作家王鼎鈞轉述其師長的評論：

> 「群山萬壑赴荊門」為什麼不是「千山」。所謂群山，不過十座八座，
> 數目有限，十座山而有萬壑！可見山是大山，是高山，是深山，很
> 有氣勢。如果是千山萬壑，一座山只有十壑，這兒有一千座山，山
> 就小了，就零碎了，就平凡了。〔註92〕

〔註89〕張高評著，《王昭君形象之轉化與創新：史傳、小說、詩歌、雜劇之流變》，頁45。

〔註90〕杜甫著，張忠綱、趙睿才、綦維注譯，《新譯杜甫詩選》（台北：三民書局，2009），頁408～409。

〔註91〕邱燮友著，〈清代袁枚〈落花〉詩探微〉，收於邱燮友著，《童山詩論卷》（台北：萬卷樓圖書公司，2003年4月初版）。

〔註92〕王鼎鈞著，〈瘋爺爺〉。收錄在琦君等著，《我的國文師承》（臺中：明道文藝出版社，1993年5月12日），頁36。

　　由群山氣勢到明妃故鄉，開合推拓，頷聯聚焦昭君生平重大經歷，異域之悲，生死大痛，偏由意象的對仗象徵來，情思蘊藉婉轉。頸聯摹寫生動，虛想傳神。張忠綱等人析賞：

> 三四句，作者僅用十四個字就寫盡昭君的一生，文字極為精煉，卻淋漓盡致地展現出昭君生前死後的寂寞悲涼。「一去」、「獨留」，見其不得復歸；「連朔漠」、「向黃昏」，狀出處境之無比荒涼淒慘；「紫臺」和「青塚」形成鮮明的對比，凸顯出跌宕難堪的悲劇命運。五句即將筆鋒直指悲劇的製造者，深刻而又形象地揭露了漢元帝的昏庸和淫威。六句言昭君不忘故國，生不能身歸，死後魂魄也要伴著夜月歸來。五六句中「省識」與「空歸」對文，又形成強烈的對比：「省識」見出漢元帝的暴戾恣睢，草菅人命；「空歸」顯出王昭君的愛國之切，遺恨之深。末尾「怨恨」二字，點明全詩主題，為千載之下一切懷才不遇之士痛灑一掬熱淚。作者通首詠昭君，實際上是在抒己懷；寫昭君，也是寫自己。王昭君是美女入宮而不見御，詩人是烈士懷忠而不見用。但詩人感慨和愛憎全不直接寫出，而是通過冷靜的客觀描寫，讓讀者自己去領會、去體味。這正是杜甫的高超之處。

　　作家高陽說此詩寫：「埋沒太甚之感」。〔註93〕為千載之下一切懷才不遇之士痛灑一掬熱淚。宋詩人詠圖畫失真，容華誤身等，而詩作為翻案之屬，大抵皆翻昭君之怨為怨，亦有為毛延壽翻案者。翻案之屬最有名的詩即王安石〈明妃曲二首〉云：

> 明妃初出漢宮時，淚溼春風鬢腳垂。低徊顧影無顏色，尚得君王不自持。歸來卻怪丹青手，入眼平生幾曾有？意態由來畫不成，當時枉殺毛延壽。一去心知更不歸，可憐著盡漢宮衣。寄聲欲問塞南事，只有年年鴻雁飛。家人萬里傳消息，好在氈城莫相憶。君不見咫尺長門閉阿嬌，人生失意無南北！（其一）明妃初嫁與胡兒，氈車百輛皆胡姬。含情欲語獨無處，傳與琵琶心自知。黃金桿撥春風手，彈看飛鴻勸胡酒。漢宮侍女暗垂淚，沙上行人卻回首：「漢恩自淺胡恩深，人生樂在相知心。」可憐青塚已蕪沒，尚有哀絃留至今。（其二）

〔註93〕許晏駢撰，《高陽說詩》（台北：聯經，1990年第四次印行），頁50。

　　王安石（字介甫，撫州臨川（今江西臨川）人，西元一〇二一～一〇八六年）〈明妃曲二首〉應作於仁宗嘉祐四年（西元一〇五九年），當時王安石尚未受到重用，因此詩別有寄託，學者李燕新研究：

　　　然若僅如此求公此二詩，尚未能明荊公之深意也。前已云此詩作於
　　　仁宗嘉祐四年，適在上仁宗萬言書後，蓋公上仁宗書具言國弱民貧，
　　　當興當革之意，而仁宗不能用，故知此背景，細味此詩，寄託之意
　　　乃可見。如前首之「意態由來畫不成，當時枉殺毛延壽」句，乃極
　　　有深意，非僅翻案出奇而已；高步瀛云：「託意甚高，非徒以翻案為
　　　能。」陳石遺云：「意態句言人不易知」二公所見略同，高氏未詳說，
　　　陳氏所言甚是。蓋公自謂己之高言為人目為迂闊不切實，而仁宗又
　　　未能知之，故歎人之不易知也，乃借翻毛延壽案以自喻。下復云「君
　　　不見咫尺長門閉阿嬌，人生失意無南北」乃公借寬慰明妃之語，而
　　　發一己之慨歎，隱喻帝王常以愚昧、無知而使人才埋沒，細味二句，
　　　寄託之深意出矣！清方東樹嘗評此二句曰：「此等題各人有寄託，借
　　　題立論而已，……公此詩言失意不在近君，近君而不為國士知，猶
　　　泥塗也。」方氏闡釋，最為精碻，足能發公之微意。又次首於明妃
　　　思漢之時，突出「漢恩自淺胡自深，人生樂在相知心」二句，本亦
　　　寬慰之辭，然實乃公自歎難遇知心之人，有所感慨而發者，寄託之
　　　情甚明，蓋此二詩均公詠古人以寄託之詞，而稍發其抑鬱之意者也。
　　　陳石遺嘗云：「二詩荊公自己寫照之最顯者。」此言得之，足為公二
　　　詩之注腳。

　　李燕新提到〈明妃曲二首〉其二「漢恩自淺胡自深，人生樂在相知心」二句，本亦寬慰之辭，然實乃公自歎難遇知心之人，有所感慨而發者，寄託之情甚明。然而自宋代范沖、羅大經，明代瞿佑、清代趙翼等人，皆從王安石詩「胡」、「漢」二字落意，指斥其無君無父，壞人心術。此如學者李燕新的批駁，錯在不深究詩意，又挾黨爭之私見，陳陳相因，人云亦云。〔註94〕張鳴分析「漢恩自淺胡自深，人生樂在相知心」二句云：「只是沙上行人的自言自語罷了。」在胡言胡，也是恰如其分的安慰語。〔註95〕大陸學者漆俠則認為王安石〈明妃曲〉「漢恩自淺胡自深，人生樂在相知心。」二句詩意，或因嘉祐二

〔註94〕李燕新著，《王荊公詩探究》（台北：文津出版社，1997），頁128～130。
〔註95〕張鳴著，《宋詩菁華──宋詩分體選讀》（台北市：三民書局，2016年），頁335。

年（西元一〇五七年）十月間，王安石伴契丹史臣到宋遼交界處，親身經歷宋遼戰場和邊防要地，有感而發，遂有此寄託之作。〔註96〕其一「意態由來畫不成，當時枉殺毛延壽」句，乃極有深意，非僅翻案出奇而已。

北宋詩人詠昭君，大抵傳承唐人所詠昭君形象而創造，多依《西京雜記》加以敷衍。論者張高評認為南宋程大昌（西元一一二三～一一九五年）《演繁露》、王楙（西元一一五一～一二一三年）《野客叢書》，始考查昭君故事有關史傳與小說之出入，以及公主琵琶與明妃琵琶之糾葛。例如王楙《野客叢書》卷七〈明妃事〉云：「……《琴操》謂單于遣使朝賀，帝宴之，盡召後宮，問誰能行者？昭君盛飾請行。如《琴操》所言，則單于使者來朝，非單于來朝也。昭君在帝前自請行，非因掖庭令請行也。其相戾如此。此事《前漢》既略，當以《後漢》為正，其他紛紛，不足深據。」辨正極是。王楙書卷十〈明妃琵琶事〉引傅玄〈琵琶賦序〉和石崇〈昭君詞〉，認為「馬上彈琵琶，乃烏孫公主事，以為明妃用，蓋承前人誤。」試以杜甫詩為例，以「千載琵琶作胡語」誇張昭君之怨。北宋詩人如王安石，歐陽脩等人詩作，皆以「琵琶」作為傳恨或留怨之媒介。王楙也發現「今人畫明妃出塞圖，作馬上愁容，自彈琵琶。而賦詞者，又述其自鼓琵琶之意。」程大昌《演繁露》卷三〈明妃琵琶〉則認為石崇〈明妃詞〉「寫諸琵琶」，郭茂倩《樂府詩集》載入楚調，以此推論「明妃嘗為琵琶詞」；然昭君「為琵琶詞」，與昭君「自鼓琵琶」，分明是二事，絕對不能混為一談。〔註97〕

論者張高評認為南宋詩人詠昭君，承繼發揚前人傳統，亦有運用思辨，考求信實，回歸史傳，以別出心裁，另闢谿徑，此與印本文化蓬勃發展，史學空前繁榮加上宋學懷疑精神的發用。所以南宋詩人車若水（？～一二七五年）〈明妃〉詩云：「萬里來朝拜寵歸，琵琶下馬冊閼氏。虛傳千古和戎話，不道當年虜自衰。」〔註98〕表明「當年虜自衰」，是符合史實的，此論者張高評所說「由於詩作視角，取證史書，憑藉既不同，故所作多能言人所未言。」乃宋人對「遺研」之開發，可見殫精竭力之一斑。〔註99〕

〔註96〕漆俠著，《王安石的〈明妃曲〉》，《中國文化研究》，1999 年春之卷，總第 23 期，頁 67～70。
〔註97〕張高評著，〈南宋昭君詩之接受與誤讀〉，頁 8。
〔註98〕傅璇琮主編，《全宋詩》（北京市：北京大學古文獻研究會編，北京大學出版社出版，1999 年），卷 3397，頁 40427。
〔註99〕張高評著，〈南宋昭君詩之接受與誤讀〉，頁 13。

　　論者季明華認為南渡後的宋王朝仍在曲意求和的邊緣中苟延殘喘。看在詩人的眼裡，選擇用詩筆表達了心中的憤慨，如陸游的〈明妃曲〉：

> 漢家和親成故事，萬理風塵妾何罪？掖庭終有一人行，敢道君王棄憔悴。雙駝駕車夷樂悲，公卿誰悟和戎非？蒲桃宮中顏色慘，雞鹿塞外行人稀。砂磧茫茫天四圍，一片雲生雪即飛。太古以來無寸草，借問春從何處歸。〔註100〕

　　論者季明華認為：「……但昭君哀怨無奈及漢廷懦弱為小人所欺的形象，卻早已深植人心。陸游此詩以同情的觀點，通篇均是虛擬昭君的怨恨之辭，中間一句疑問且帶責難的語氣『公卿誰悟和戎非？』傳遞了詩人的心聲，也點出了全詩的主題。詩人雖詠明妃，卻是將箭頭直指當時朝中主張妥協投降的大臣，對彼等軟弱的行徑，表達了嚴重的諷刺。」〔註101〕

　　論者季明華又引用南宋王洋《東牟集》卷二〈明妃曲〉：「山西建將如君否，此日安危託婦人。」吳錫疇《蘭皋集》卷二〈姑蘇臺〉：「糜遊莫恨終亡國，誰把鴟夷載諫臣。」許棐《梅屋集》卷一〈明妃〉：「漢宮眉斧息邊塵，功壓貔貅百萬人。好把香閨舊脂粉，豔粧顏色上麒麟。」趙汝鐩《野谷詩稿》卷一：「聞笳常使夢魂驚，倚樓惟恐烽火明。狼子野心何可憑！」認為王洋、許棐及趙汝鐩等則借明妃和親故事，表達了對朝廷通和者的諷刺之意。〔註102〕

　　至於第二類為諷刺漢帝及和番政策者，如敦煌變文中的〈王昭君變文〉殘卷，〈王昭君變文〉殘卷，據項楚《敦煌變文選注》唐寫本《明妃傳》殘卷跋云：

> ……容肇祖據卷文所言之年代，考證其完成於唐代宗大曆二年（紀元後七六七年），到宣宗大中十一年（紀元後八百五十七年）之間。〈王昭君變文〉上卷缺前半部，起首韻句復多奪文，然鋪寫邊塞實景，多用胡語，如文中「骨咄」為馬之屬，乃產於唐代北方少數民族地區，由用辭知其確實為邊地文學作品。又唐貞觀年間，迴紇主吐迷度已自稱可汗，署官號皆如突厥故事。開元中，迴紇漸盛，奄有突厥故地。安史亂起，曾助唐收復兩京。唐自中葉後，國勢陵夷，屢與之和親以為安撫之策。故此內容雖託名突厥尚唐公主以聯姻，

〔註100〕見《陸放翁全集》〈劍南詩稿〉卷三十。
〔註101〕季明華著，《南宋詠史詩研究》（臺北市：文津，1997），頁160。
〔註102〕季明華著，《南宋詠史詩研究》，頁162。

　　　　實指中唐以後與迴紇和親故事。〔註103〕

　　容肇祖據卷文所言之年代，考證其完成於唐代宗大曆二年（紀元後七六七年），到宣宗大中十一年（紀元後八百五十七年）之間。內容雖託名突厥尚唐公主以聯姻，實指中唐以後與迴紇和親故事。〈王昭君變文〉上卷起首描述於荒天漠地之際，昭君思量：「如今已暮（已沐）單于德，昔日還承漢主恩」，「愁腸百結虛成著」，「賤妾儻期（其）蕃裡死，遠恨家人招取魂」。道出君恩不可再，遠嫁以和親的哀怨。散文部份形容迎親隊伍：「漢女愁吟，蕃王笑和，寧知惆悵，恨別聲哀，管絃馬上橫彈，即（節）會途間常奏。侍從寂寞，如同（喪）孝之家；遣妾攢蚖，狀似敗軍之將。」充滿黯淡，毫無喜氣，並設想以琵琶寄託行路之思，可謂昭君出塞和親哀怨之序曲。故文云：「此及（乃）苦復重苦，（怨）復重（怨）。……若道一時一餉，猶可安排；歲久月深，如何可度？」文中並言迴紇之風俗：「將戰鬥為業，以獵射為能……夫突厥法用，貴壯賤老，憎女憂男。懷鳥獸之心，負犬戎之意。冬天逐暖，即向山南；夏月尋涼，即向山北。」〔註104〕徵諸《舊唐書》卷一百四十五〈迴紇〉云：

　　　　迴紇其先匈奴之裔也，在後魏時，號鐵勒部隊。其眾微小，其俗驍強，依託高車，臣屬突厥，近謂之特勒。無君長，居無恆所，隨水草流移，人性凶忍，善騎射，貪婪尤甚，以寇抄為生。

　　可知風俗迴別，本非漢人所宜居處。上卷末之韻文言其嫁娶策妃之儀：「屯下既稱張毳幕，臨時必請定（建）門旗。搥鐘擊鼓千軍噉（喊），叩角吹螺九姓圍。」《舊唐書》卷一百四十五〈迴紇〉言其西城一地，有十都督，本九姓部落。此唐人〈王昭君變文〉設身荒漠，更加深其思念君王、懷念家鄉等幽怨。深憫其遭遇，故諱莫單于父子聚麀之事，復旌表其和親之功德，將其哀榮幽怨，結穴於身後青塚。王昭君變文中的單于「夫妻義重。頻多借問」，論者張高評對照王安石〈明妃曲二首〉其二云：「漢恩自淺胡恩深，人生樂在相知心。」認為王安石詩或有所本。「墳高數尺號青塚」論者張高評以此文「青

〔註103〕蔣禮鴻著，《敦煌變文字義通釋》（上海：上海古籍出版社，1988 年 9 月第 1 次印刷），頁 79。項楚著，《敦煌變文選注》（四川：巴蜀書社，1990 年 2 月第 1 次印刷）頁 246～289。郭在貽、張湧泉、黃徵著，《敦煌文集校議》（湖南：岳麓書社，1990 年 11 月第 1 次第 1 版印刷），頁 81～89。鄔錫芬著，《王昭君故事研究》（東海大學：東海中研所 70 年碩士論文）。

〔註104〕項楚著，《敦煌變文選注》，頁 246～291。

塚」成為王昭君墳墓之代稱，「儼然是哀怨孤恨的圖騰，悲壯犧牲的歸宿，聲名不朽的豐碑。」〔註105〕變文末云：「空留一塚齊天地，岸兀青山万載孤。」有此意涵。尤其表彰王昭君和親之功，千載不朽，如「捧荷和國之殊功，金骨埋於万里。」「猚（猛）將降喪，計竭窮謀。嫖姚有（猶）懼於獫狁，衛霍〔尚〕怯於強胡。不嫁昭君，紫塞難為運策定。」

和親以為安撫異族之政策，反映唐代與邊族的關係。唐人敦煌變文中亦有記載漢人流落西域的情形，〈王昭君變文〉可為代表。〈王昭君變文〉實指中唐以後與迴紇和親故事，文中自然強調對朝廷的貢獻。從故事情節上的比對推演，以見變文的特色。一在強調王昭君和親的滿腹辛酸血淚，充滿悲劇意識。二是漢胡文化水準的落差，不得不以和親達到安靖邊疆的目的。由其王昭君個性的豐富，後演變為馬致遠的《漢宮秋》。

元雜劇詠王昭君者，以馬致遠的《漢宮秋》最有名。羅錦堂的分類，《漢宮秋》屬歷史劇，以個人事蹟為主，而其事與史事相關聯。羅錦堂批評此類雜劇以「為表現某種情調或意義而變動史實」，以及「作者身處亂世，憤世嫉俗而翫世不恭，故為荒唐謬悠之說，以洩憤寄慨。」為元代歷史劇真精神真面目之所在，並舉馬致遠的《漢宮秋》第二折為例，以說明之。又引用《元文類》卷五十七：

> 耶律公神道碑云：「自太祖西征以後，倉廩府庫，無斗粟尺帛。而中使別迭等簽言，『雖得漢人，亦無所用，不若盡去之，使草木暢茂，以為牧地。』公（耶律楚材）即前日：「夫以天下之廣，四海之大，何求而不得，但不為耳，何名無用哉？」蒙元時，漢人抑鬱不伸，無可告語。

羅錦堂因此闡述：「漢宮秋作者馬致遠，生當元初，覩南宋之見滅於元，皆文治不修，武功不振之故；而又身受蒙古人之壓迫，一腔憤恨，無從發洩，乃借王昭君之事以舒其胸臆。」〔註106〕

前引袁枚〈落花〉詩，其〈落花十五首〉其八詩詠琵琶聲中的王昭君：

> 玉顏如此竟泥中，爭怪騷人唱惱公？茵溷無心隨上下，尹邢避面各

〔註105〕張高評著，〈《漢宮秋》本事之變異與創新——從唐宋詩到元雜劇的演化〉。收於張高評著，《王昭君形象之轉化與創新：史傳、小說、詩歌、雜劇之流變》（臺北市：里仁，2011 年 12 月），頁 52、111。

〔註106〕羅錦堂著，〈元人雜劇之分類〉。收於羅錦堂著，《錦堂論曲》（臺北市：聯經，1977 年 3 月初版），頁 77～78。

西東。已含雲雨還三峽，猶抱琵琶泣六宮。花總一般千樣落，人間
何處問清風？

論者邱燮友認為詩中有「已含雲雨還三峽，猶抱琵琶泣六宮」句，應是詠
王昭君。此詩以昭君辭漢宮而去異域，寄淒婉淪落之哀。從《隨園詩話》中，
袁枚對詩歌用典的看法，他說：

余每作詠古、詠物詩，必將此題之書籍，無所不搜；及詩之成也，

仍不用一典。嘗言：人有典而不用，猶之有權勢而不逞也。〔註107〕

在〈落花〉詩中，袁枚依據他的詩論來寫詩，不用典，卻將典故化成詩中
的意象，例如詠楊貴妃，他用「玉骨」、「身在最高枝」、「清華」、「東皇」、「花
鈿」、「后土埋香」、「素手捧至太陽」等意象，渲染楊貴妃的死，用落花暗示貴
妃的不幸，以配合〈落花〉詩的主題。洪棄生〈虞美人〉詩末段立意，早見於
袁枚云：

余幼時詠史云：「若道高皇勝項羽，試將呂后比虞姬。」後見益都

王中丞遵坦有句云：「垓下何必更悲歌，虞兮呂兮較若何。」兩意

相同。〔註108〕

洪棄生取法袁枚吟詠美人的詠史詩，〈虞美人詠花二十韻十六首〉其一
云：「杜鵑變血留情蒂，鸚鵡多言惹禍胎。晚季江山誰管領，妒嬌風雨漫相
摧。」「莫吒霸圖芳菲歇，漢宮金粉亦塵埃。」〔註109〕感慨末季國勢凌夷。
「杜鵑」句暗寓清室已亡，哀國之泣血染花，末句「漢宮金粉亦塵埃」，讀之
有滄桑感。

論者張高評認為清人題詠昭君和親，詩中的主體意識，除切合清朝滿蒙和
親聯姻之政策外：

紛紛稱揚「安危托紅裙」、「蛾眉第一功」、「長城是妾身」、「閼氏冠
九嬪」、「蛾眉畫麒麟」、「大事仗女子」、「功勛讓美人」、「蛾眉靖塞
塵」、「紅顏安社稷」、「美女如傑士」。甚至以為：「長算應無惜美
鞏」、「從此和親誤美人」，無論從天理之公、人情之私觀照昭君和
親，均極推崇女性之地位與貢獻。婦女話語在清代文苑詩崇女性之

〔註107〕袁枚著，《袁枚全集》（南京：江蘇古籍出版社，1993年9月），第三冊《隨
園詩話》，卷三，第六十三則，頁57。
〔註108〕袁枚著，《隨園詩話》，卷8，頁255。
〔註109〕洪棄生著，《寄鶴齋詩集》，頁378。

地位與貢獻。婦女話語在清代文苑詩壇之崛起，亦可供「性別研究」
之參考。〔註110〕

洪棄生詠昭君，奠基於清人題詠推崇之風氣，又有「思良將」之意識。其
翻案手法本自鮑桂星〈明妃〉一詩末云：「君王若補麒麟畫，應為明妃惜畫
工。」論者張高評以為「就昭君和親有功，圖畫應上麒麟進行假設性翻案，雖
不能改變『未上麒麟』之事實，然命意遣詞，卻生新有致。」〔註111〕洪棄生
〈題明妃圖〉云：

> 漢代平戎無上策，忍將美人餌強敵。春風吹去畫圖空，馬上琵琶聲
> 聲激。漢家豈其無男兒，竟把紅顏嫁鳴鏑。後路桃花前雪天，一到
> 天山途路黑。望盡美人為斷腸，雖作閼氏亦何益。壯哉當日一終童，
> 請纓欲斬名王馘。其次莫若樊將軍，萬馬且蹂胡地磧。廷臣怯懦計
> 不行，坐使天驕婦女索。和親美名何可居，君不見，景公涕出女吳
> 伯。吳伯猶是周姬宗，豈比胡兒出犬翟。從來一婦人，固亦無足惜。
> 明妃胡地雖絕群，藏在漢宮尋常色。漢皇一見偶咨嗟，宮裏猶多故
> 不易。但是失體何可堪，下嫁匈奴行不得。或謂美人如美疢，越以
> 餌吳吳焰熄。君不見，南北單于皆入朝，漢家國體仍赫赫。然則明
> 妃圖，可畫功臣側。〔註112〕

前引張高評論述唐代詩人對昭君「容華誤身」主旨較少刻劃。宋代詩人詳
人所略，異人所同，詠此主旨，渲染昭君紅顏薄命，而南宋人詠昭君美色，更
多從傾國傾城，美人禍水各方面去論述，此《左傳》所謂「甚美必有大惡」。
棄生「或謂美人如美疢，越以餌吳吳焰熄。」意旨本此。末句「然則明妃圖，
可畫功臣側。」本自鮑桂星〈明妃〉「未上麒麟」之事實，而進一步說明妃圖，
可畫功臣側。以昭君和親之不幸，發抒士大夫懷才不遇的悲情，從杜甫〈詠懷
古蹟〉寫明妃「分明怨恨曲中論」，寓「埋沒太甚」之感，影響後世文人的書
寫意旨。例如沈德潛（字確士，江蘇長洲（今蘇州市）人，西元一六七三～一
七六九年）落第時所寫詩作〈王昭君〉：「氈帳琵琶曲，休彈怨恨聲。無金償畫
手，妾自誤平生。」袁枚《隨園詩話》錄此詩，題作〈落第詠昭君〉，評價「深

〔註110〕張高評著，《王昭君形象之轉化與創新：史傳、小說、詩歌、雜劇之流變》，
　　　　頁442。
〔註111〕張高評著，《王昭君形象之轉化與創新：史傳、小說、詩歌、雜劇之流變》，
　　　　頁452。
〔註112〕洪棄生著，《寄鶴齋詩集》，頁180。

婉有味」,「集中最出色詩」。〔註113〕詩不歸罪毛延壽以及漢明帝,卻說是窮困所致,以自怨口吻出之。沈德潛又有同題詩:「天賦殊尤質,翻為異域人。君王不好色,遣妾去和親。」借昭君寫自己的落魄,後人如法式善的《梧門詩話》,計發的《魚計軒詩話》,都評其翻案而深得忠厚之旨,卻怨而不怒。〔註114〕合於沈德潛論詩尚格調,崇盛唐,以和平敦厚為宗。遵循儒家「溫柔敦厚」的詩教,同時注重格調,力求「怨而不怒」,「和平淵雅」的主張。〔註115〕

〔註113〕袁枚著,《隨園詩話》,卷九。袁枚著,《袁枚全集》第三冊《隨園詩話》(南京:江蘇古籍出版社,1993 年 9 月)。

〔註114〕沈德潛著,潘務正、李言編輯點校,《沈德潛詩文集》(北京:人民文學出版社,2011 年),前言,頁 15。

〔註115〕沈德潛著,潘務正、李言編輯點校,《沈德潛詩文集》,前言,頁 3。

第八章　詩格雅正，真實自然

　　棄生作詩強調「詩格雅正，真實自然。」藉由在地書寫宣揚雅正的詩教，以溫柔敦厚而不愚，此古人所謂學古有得，即雅。清代文人方東樹認為唐、宋以前人，不屑向他人借口，為客氣假象。學人好為高論，而不求真知，盡客氣也。〔註1〕此即緒論所說的實用理論。洪強調詩文的意味，進而以詩文代替干戈為武器，強調反抗日本的殖民主義。身為一個卓越的作家須有勇敢和魄力，忠實記錄戰爭與殖民帶來的荒蕪與貧困。此外，文學雖為「客觀」、描述性的範疇，但又表現超越的慾望，心通照化而深有真實自然的生活情味。棄生主張詩語當典雅，不可以方言、俗語入詩，強調「古雅」之詩觀，批評宋人詩好攙入方言及俗語，最為風雅之累。以此針砭清末詩壇「俗言」「白話」詩語叢出之現象。對於維新派詩人梁啟超主張以「新名詞」入詩，棄生直斥如「魔魅現形」，乃本宋人「以故為新」「以俗為雅」之文論，提出詩語當「推陳出新」，不必追隨潮流，濫用新名詞。

第一節　詩格雅正

　　洪棄生的古雅詩觀與清初王士禎論詩重「雅」之說同調。以為作詩當含英咀華，取法前賢。其「推陳出新」與「古雅」的詩語觀看似矛盾，實仍強調「學古」方能「創新」。故稱許《詩經》以至漢、魏古詩及樂府詩語之平淺動人，情足理足以見奇麗。唐詩苞綜前代之成就，其近體詩之律絕臻於成熟，且意象

〔註1〕方東樹編，《昭昧詹言》（台北縣：漢京，民國74年），頁48～50。

超邁、深於情韻，棄生所謂「奇中見奇」者。有宋詩歌善於切近賦物，於平凡事物中發現奇美，其審美觀可謂「平中見奇」。

清末白話小說、報刊的風行，詩語當典雅，或以方言、俗語入詩，成了文人間的論辯。例如洪棄生論詩的語言，要旨如《寄鶴齋詩話》卷一所云：「格不頹放，則意可使盡。不然則寧使意不盡，不可使格不高。」詩格求雅正，詩語準此，亦當摒棄方言、俗語及新名詞入詩。但能以平淺語寄託奇思、奇意者為上。詩中之景語及情語，則當交融無間，而詩中好入地名、人名，為棄生詩語之特色，乃深染於清代詩風所致。

宋人作詩常以俚語入詩，有所謂「以故為新」、「以俗為雅」之說。例如陳師道云：「閩士有好詩者，不用陳語常談，寫投梅聖俞。答書曰：『子詩誠工，但未能以故為新，以俗為雅爾。』」〔註2〕蘇軾〈題柳子厚詩二首其二〉云：「詩須要有為而作，用事當以故為新，以俗為雅。好奇務新，乃詩之病。柳子厚晚年詩，極似陶淵明，知詩病者也。」〔註3〕

黃庭堅〈次韻楊明叔四首·再次韻·引〉亦云：「庭堅老懶衰墮，多年不作詩，已忘其體律，因明叔有意於斯文，試舉一綱，而張萬目。蓋以俗為雅，以故為新，百戰百勝如孫吳之兵，棘端可以破鏃，如甘蠅飛衛之射，此詩人之奇也。明叔當自得之。公眉人，鄉先生之妙語震耀一世，我昔從公得之為多，故今以此事相付。」〔註4〕蘇軾、黃庭堅皆擅「以故為新」、「化俗為雅」之道以作詩，就前人所遺俚俗題材開發遺妍，展現新鮮創意。〔註5〕

蘇軾所說：「詩須要有為而作，用事當以故為新，以俗為雅。好奇務新，乃詩之病。」黃庭堅亦主張「以俗為雅，以故為新。」陳師道《後山詩話》引梅聖俞書札語，亦同此論。然而，學者謝佩芬討論宋人「以俗為雅」問題時，最常援引梅堯臣、蘇軾、黃庭堅三段文字，證明三人觀念相同，都重視「以俗

〔註2〕陳師道著，《後山詩話》，何文煥輯，《歷代詩話》（臺北：漢京文化：1993），頁188、314。

〔註3〕蘇軾著，《蘇東坡全集》（臺北：世界書局，1973），卷67，頁2109。蘇軾著，《東坡題跋》，〈題柳子厚詩二首〉其二。《宋人題跋》（台北：世界書局，1992年3月4版），卷2，頁73。

〔註4〕黃庭堅著，《山谷詩集注》（台北：藝文印書館，1969年10月），卷12，頁710～711。黃庭堅著，《山谷內集詩注》（《景印文淵閣四庫全書》第1114冊，台北：商務印書館，1983年10月初版），卷12，頁153，〈再次韻楊明叔并序〉。

〔註5〕張高評著，〈刻抉入裡與宋詩之遺妍開發──蘇黃「薄薄酒」之創意與南宋詩人之繼作〉，張高評著，《創意造語與宋詩特色》（臺北：新文豐出版公司，2008年12月），頁495～531。

為雅」。詳細探究梅、蘇、黃三人「以俗為雅」說產生的場景、原因以及具體
指涉內涵後，他們對於「以俗為雅」的理解其實相去甚遠。謝佩芬云：

> 以蘇軾為例，他的「以俗為雅」是專就用事而言，目的是為了實現
> 以文章經世濟民的理想，並矯正時人好奇務新、捨本逐末風氣。他
> 自己也確能作到「最善用事，既顯而易讀，又切當」的境界，訣竅
> 就在他能以胸中洪鑪融化故事典故，如水中著鹽般自然無跡，在表
> 現技巧、詩意選擇上都能脫俗入新。綜上所論，我們同將「以俗為
> 雅」解讀為，將通俗故事、文字轉化為雅正、較不俗爛的風貌，這
> 是種「新」。不過，就作品呈現的整體風格而言，「以俗為雅」已遠
> 離原先俗雅範疇，而進入另一境界，也就是「清」的層次。前文說
> 過，「以俗為雅」是須鍛鍊得來的，鍛鍊方法是以詩人胸次為洪鑪，
> 使得鍛鍊之後的詩作無論文字、詩意都超越原先俗的層次，而被詩
> 人胸次同化為「清」。趙翼（1728～1814）曾言：「坡詩有云：『清詩
> 要鍛鍊，乃得鉛中銀。』然坡詩實不以鍛鍊為工，其妙處在乎心地
> 空明，自然流出，一似全不著力，而自然沁人心脾，此其獨絕也。」
> 將「鍛鍊」限定在語詞上的推敲琢磨，略嫌偏狹。其實，蘇軾的「鍛
> 鍊」除了文字工夫外，「心地空明，自然流出」更是要義所在。因此，
> 「以俗為雅」的最終指向乃在於「清新」。〔註6〕

「以俗為雅」之說，南宋楊萬里云：「詩固有以俗為雅，然亦須曾經前輩
取鎔乃可因承爾。如李之『耐可』，杜之『遮莫』，唐人之『裹許』、『若箇』之
類是也。」〔註7〕洪棄生則反對詩中用方言、俗語，他說：

> 有宋諸家，多讕入方言、俗語，最為風雅之累。〔註8〕

他批評楊萬里〈初食太原生蒲萄時十二月二日〉一詩「淮南蒲萄八月酸，
只可生喫不可乾。淮北蒲萄十月熟，縱可作靶也無肉。」〔註9〕及〈大兒長孺

〔註 6〕謝佩芬著，〈蘇軾「清」論研究〉（彰化師大：第五屆中國詩學會議——宋代詩
學研究會，2000 年 5 月 20 日星期六），頁 33 趙翼著，《甌北詩話》卷 5，引自
四川大學中文系唐宋文學研究室編，《蘇軾資料彙編》（北京：中華書局，1994
年 4 月），頁 1307。

〔註 7〕楊萬里著，《誠齋集》（《景印文淵閣四庫全書》第 1160 冊，台北：商務印書館，
1983 年 10 月初版），卷 66，頁 626，〈答盧誼伯書〉。

〔註 8〕《寄鶴齋詩話》，頁 22。

〔註 9〕北京大學古文獻研究所編，《全宋詩》第 42 冊（北京：北京大學出版社，1991
年 7 月第一刷），頁 26440。

赴零陵簿示以雜言（原注：長孺舊名壽仁）〉一詩「好官易得忙不得，好人難作須著力。」〔註10〕等句「宋氣深入骨髓」，乃「誠齋俗調」，而清代袁枚詩亦多此類，皆才人率筆騁巧之弊。〔註11〕又批評陳與義〈與季申信道自光化復入鄧書事四首〉其一云：「孫子白木杖，富子黑油笠。」〔註12〕云云，置之陶、韋間，豈不唐突西施，弊在學古人而雜以自己油腔。〔註13〕洪棄生則批評宋詩多羼入方言、俗語，轉而批評清代袁枚云：

> 袁公性靈之說，誠可救風格者膚廓之弊，實摛藻家無上咒，不可謂非惟佻性靈，而不復澤之以風雅。一切讕言臆說，里談巷語，都收入筆下，詩格頹喪，則所謂性靈者，乃轉失性靈者也。試觀三百篇、漢魏晉宋盛唐，膾炙人口諸古詩，風格之高，何一不從性靈來，究何一不從典雅來。雖其間脫口而出之語，羌無故實，不盡關於典，究未嘗離於雅也，雅即典也。〔註14〕

故詩語欲雅，詩人當先培養雅度。洪棄生稱許韓愈詩文云：

> 韓公詩文雖衝口而出，或不經意，仍不失深峻雅度，不似諸人開口真見喉嚨。〔註15〕

若無雅度，惟佻性靈，作詩時羼入里談巷說等俗語，為棄生所摒。因此，多讀書培養見識學問，雅度的培養以識字讀書為基礎。例如洪亮吉所著《北江詩話》云：

> 詩人之工，未有不自識字讀書始者。即以唐初四子論，年僅弱冠，而所作《孔子廟碑》，近日淹雅之士，有半不知其所出者。他可類推矣。以韓文公之俯視一切，而必諄諄曰：「凡為文辭，宜略識字。」杜工部，詩家宗匠也，亦曰「讀書難字過」。可見讀書又必自識字始矣。弄麞宰相，伏獵侍郎，不聞有詩文傳世，職是故耳。近時士大夫，亦有讀「針灸」之「灸」為「炙」，「草菅」之「菅」為「管」，呼「金日磾、万俟卨」如本字者，則「弄麞、伏獵」，又可以分謗矣。〔註16〕

〔註10〕北京大學古文獻研究所編，《全宋詩》第42冊，頁26454。

〔註11〕洪棄生著，《寄鶴齋詩話》，頁22。

〔註12〕陳與義著，《陳與義集》（台北：漢京文化，1983年10月31日初版），頁261。

〔註13〕陳與義著，《陳與義集》，頁21。

〔註14〕洪棄生著，《寄鶴齋詩話》，頁129。

〔註15〕洪棄生著，《寄鶴齋詩話》，頁92。

〔註16〕洪亮吉著，《北江詩話》，頁47。

「伏獵侍郎」指唐戶部侍郎蕭炅，因其將「伏臘」讀為「伏獵」，被嚴挺之譏為「伏獵侍郎」，見《舊唐書・嚴挺之傳》。「弄麞」、亦作「弄獐」。皆為「弄璋」之訛，因用以嘲寫錯別字。典出《舊唐書・李林甫傳》：「太常少卿姜度，林甫舅子，度妻誕子，林甫手書慶之曰：『聞有弄麞之慶』，客視之掩口。」洪棄生亦云：

> 鼉磯島，在登州西北海中，與沙門、牽牛、大竹、小竹，遠近相連屬，稱五島，以產鰒著，蘇東坡作鰒魚行，所謂「蓬萊閣下駞碁島，八月邊風備胡獠；舶船跋浪黿鼉震，長鑱鏟處崖谷倒」者，駞碁島，即鼉磯島，備胡獠即備契丹也，中外馳名五島鰒，即在登州，駞碁島距蓬萊閣實百餘里，坡詩所謂「三韓使者金鼎來，方奩饋送煩輿臺」者，此也，或欲以東洋五島相冒稱，相去遠矣。鰒魚，中華及日本、臺灣，今皆訛為鮑，書鰒反無人識，此中外所同誤，若鹼油之訛庚油，茭白筍之訛腳帛筍，則臺灣所獨誤。至於氾（音凡）水訛汜（音杞）水，屯氏河之訛毛氏河，則郡志官書，隋代史書且然，更無論時俗，不學之可笑，固不止「弄麞宰相」、「伏獵尚書」。〔註17〕

洪棄生批評「不學之可笑」，引用「弄麞宰相」、「伏獵尚書」等例子。可見雅度的培養以識字讀書為基礎。

宋代周紫芝（字少隱，號竹坡居士，宣城（今屬安徽）人，西元一○八二～一一五五年）《竹坡詩話》云：

> 東坡在黃州時嘗赴何秀才會，食油果甚酥，因問主人此名為何，主人對以無名。東坡又問為甚酥？坐客皆曰：「是可以為名矣。」又潘長官以東坡不能飲，每為設醴，坡笑曰：「此必錯著水也。」他日忽思油果，作小詩求之云：「野飲花前百事無，腰間惟繫一葫蘆，已傾潘子錯著水，更覓君家為甚酥。」李端叔嘗為余言，東坡云：「街談市語，皆可入詩，但要人鎔化耳。」此詩雖一時戲言，觀此亦可以知其鎔化之功也。〔註18〕

洪棄生稱許蘇軾是為中國古今一大詩家，卻規箴道：學蘇軾詩而入於俚，

〔註17〕洪棄生著，《八州遊記》，頁283。
〔註18〕周紫芝撰，《竹坡詩話》（景印文淵閣四庫全書第1480冊，臺北市：臺灣商務印書館，1983年），頁678。何文煥輯，《歷代詩話》（四部刊要集部・詩文評類，台北：漢京文化，1983年1月1日初版），頁354。

是不善學。可見作詩時攙入里談巷說等俗語，為洪棄生所摒。

然而宋代詩人詩作，時入里談巷說等俗語。陳師道在其《後山詩話》引梅聖俞（堯臣）語說：「但求能以故為新，以俗為雅爾。」以此規砭作詩不用陳語常談者。〔註19〕此新故與雅俗觀，論者張健評論時，引了許多例子，說明詩人鎔鑄俗語入詩，如《對牀夜語》卷二，《詩人玉屑》卷六舉杜甫詩為例。《西清詩話》舉蘇軾詩為例。此外，陸游《老學庵筆記》舉「今世所道俗語，多唐以來人詩。」張健評論以上所舉，雖未必明言「以俗為雅」，但「點瓦礫為黃金手」（意同「點鐵成金」）、「篇中奇特，可以映帶之也」諸語，已與「以俗為雅」無異。而各家所拈出的詩句，也多名作。

論者張健又評論僧惠洪《冷齋夜話》，認為僧惠洪與陳師道同代，僧惠洪《冷齋夜話》卷四所主張的「句法欲老健有英氣，當間用方俗言為妙。」雖用「老健」而不說「雅」，其實正是陳師道同調。《滹南詩話》卷一說：「古人淳至，初無俗忌之嫌。」也可以作為此說的一個注腳。不過明人楊慎（字用修，號升庵，別號博南山人、博南戍史，諡文憲，四川新都縣（今成都市新都區馬家鎮升庵村）人，西元一四八八～一五五九年），卻反對這種主張：

> 若以無出處之語，皆可為詩，則凡道聽塗說、街談巷語，酗徒之罵坐，里嫗之詈雞，皆詩也，亦何必讀書哉？此論既立，而村學究從而演之曰：「尋常言語口頭話，便是詩家絕妙辭。」三百篇中，如國風之微婉，二雅之委蛇，三頌之簡奧，豈尋常語口頭話哉！〔註20〕

《詩經》的確不是民歌的原本面貌，已經過貴族階級的潤飾。朱自清分析宋人「以俗為雅」論的由來，見解頗為透闢，他提到唐朝的安史之亂後，門第迅速的垮了台，社會的等級不像先前那樣固定了。到宋朝又加上印刷術的發達，學校多起來了，士人們也多起來了。士人多數是來自民間的新的分子，他們多少保留看民間的生活方式和生活態度。雖然學習和享受那些雅的，卻還不能擺脫或蛻變那些俗的。所以宋朝不但古文走上了「雅俗共賞」的路，詩也走向這條路。因此，胡適說宋詩的好處就在「做詩如說話」。細而論之，又與宋代取士名額較唐代大增，標準也較寬鬆，通過科舉考試的文人不再侷限於地主、官吏的子弟，而多有寒門子弟。論者謝佩芬認為這可能正是蘇軾

〔註19〕何文煥輯，《歷代詩話》，頁314。
〔註20〕楊慎撰，《升庵詩話》，卷5。收於蔡鎮楚編，《全明詩話》（山東：齊魯書社，2002年8月第一刷），頁919。

論詩文重「清」原因之一。宋代文人生活的庶民質素趣味，繆鉞認為與六朝繁麗豐腴、聲容之美的「清」不同，宋代之美在意態，「精細澄澈」如「清波容與」。〔註21〕

　　論者張健評論宋人作詩「以故為新」和「以俗為雅」的意義：「總之，『以故為新』，是傳統和創造並重，但它的流弊便是模仿和有意為之，有時則為求新而入於奇和拗。『以俗為雅』的消極意義是『俗不傷雅』，積極意義則是點鐵成金，因而創造新形式、新境界。」〔註22〕

　　作詩去俗，見嚴羽《滄浪詩話》的評論。嚴羽《滄浪詩話·詩法》云：「學詩先除五俗：一曰俗體，二曰俗意，三曰俗句，四曰俗字，五曰俗韻。」學者黃景進認為俗體指當時盛行的應酬諸詩。俗韻的韻指押韻，俗韻當指時人喜用、流行之韻。〔註23〕至於俗句，學者張健云：

> 江西詩人亦不能免於沿襲剽竊的陳腐詩句，雖欲以「奇」相救，也或無補於事。如黃山谷「猩毛筆」一詩有句「拔毛濟世事」，語雖自造，牽強無詩趣，王若虛譏為「俗子謎」，然則「俗句」也應包括弄巧成拙的詩句在內。〔註24〕

　　嚴羽針砭宋人作詩「以故為新，以俗為雅」的流弊。「以故為新」的流弊，嚴羽《滄浪詩話·詩法》云：「最忌骨董，最忌襯貼。」胡才甫箋注：「骨董即瑣屑，襯貼疑即泛引。」郭紹虞箋注：「骨董當是敷陳故事。」襯貼，過度刻劃過求貼切。」陶明濬《詩說》謂「古董」指「以古為尚，不加簡擇。」「奇而無理」。「襯貼」指「烘雲托月，遞影繫風。」學者張健云「古董」、「襯貼」二者都是欠缺內在蘊藉（妙悟）而只在修辭上做工夫。頗似《文心雕龍·情采》

〔註21〕朱自清著，《朱自清古典文學論文集》（上海：上海古籍出版社，2009年4月第2版），頁320。謝佩芬著，〈蘇軾「清」論研究〉（彰化師大：第五屆中國詩學會議——宋代詩學研究會，2000年5月20日星期六）。引用蘇軾著，《蘇軾文集》卷十，〈送章子平詩敘〉。陳宏天、高秀芳點校：《蘇轍集》（北京：中華書局，1990年8月），卷二十一，頁370，〈上皇帝書〉。金耀基著，《從傳統到現代》（台北：時報文化公司，1985年4月），頁69。繆鉞著，《詩詞散論》（台北：臺灣開明書店，1982年10月），頁32。張希清著，《國學研究&第二卷》（北京：北京大學出版社，1994年7月），頁411。卓遵宏著，《唐代進士與政治》（台北：國立編譯館，1987年3月），頁174～175。

〔註22〕張健著，《宋金四家文學批評研究》（臺北市：聯經，1975），頁252～256。

〔註23〕嚴羽著，黃景進撰述，《滄浪詩話研究》（臺北市：金楓，1986年12月初版），頁65。

〔註24〕張健著，《宋金四家文學批評研究》（臺北市：聯經，1975），頁252～256。

「為文而造情」，結果必是缺乏「興趣」。二句的用意，當與呂本中的提倡用「活法」——「規矩備具而能出於規矩之外，變化不測……」相近。〔註25〕學者黃景進認為「古董」指作詩喜採用古詞古字或故事，以求新異，此即古董之病。〔註26〕此即棄生批評作詩求古雅而轉失性靈的毛病。

至於俗字，棄生認為作詩萬不可用俗訛之地名，洪棄生論「瓜步」之意云：

> 步者，浦也，浦一訛為步，再訛為埠，步字可入詩，埠為近今俗字，萬萬不能入詩。〔註27〕

不以俗字入詩之主張，又本自王士禛《帶經堂詩話》云：

> 問：「律、古五七言中，最不宜用字句若何？」（士禛答）凡粗字、纖字、俗字，皆不可用，詞曲字面尤忌，即如杜子美詩「紅綻雨肥梅」，一句中便有三字纖俗，不可以其大家而概法之。〔註28〕

用語限制如此多，只為求詩作典雅大方，〔註29〕卻使筆路稍涉奧深。洪棄生以典雅古奧之語入詩，固因日人奴臺，多所忌諱。例如西元一八九八年，棄生〈與李雅歆君書〉云：「蓋自洊經禍亂以來，感慨淋漓，詩格一變，從前所未有也。第筆路稍奧，不動目耳。」〔註30〕

另一方面，洪棄生作詩主張詩語典雅，不肯躝入方言、俗語，又因本自王士禛的詩論。棄生極讚賞王士禛詩之秀雅。士禛批評羅隱「今朝有酒今朝醉，明日愁來明日愁。」詩句「當日如何下筆，後世如何竟傳，殆不可曉。」袁枚則引此句，以為「世有口頭俗語，皆出名士集中。」又可見王、袁二人詩論之不同。〔註31〕

洪棄生的主張又因清末詩壇「俗言」「白話」詩叢出，棄生不得不針砭而及於前賢。儘管棄生批評宋代楊萬里等人以俗語入詩，其詩語「以故為新」、「推陳出新」的手法究本自楊萬里、陸游等人。錢鍾書說得好：「人所曾言，

〔註25〕張健著，《滄浪詩話研究》（臺北市：五南，1986），頁49。

〔註26〕嚴羽著，黃景進撰述，《滄浪詩話研究》（臺北市：金楓，1986年12月初版），頁70。

〔註27〕洪棄生著，《八州遊記》，頁21。

〔註28〕王士禛著，《帶經堂詩話》（北京：人民文學出版社，1998年2月第一刷），頁833。

〔註29〕《寄鶴齋詩話》，頁38。

〔註30〕《寄鶴齋古文集》，頁323。

〔註31〕王士禛著，《帶經堂詩話》，頁111。袁枚著，《隨園詩話》（台北：漢京文化，1983年2月25日初版），卷9，頁308。

我善言之，放翁之與古為新也。人所未言，我能言之，誠齋之化生為熟也。」
〔註32〕但棄生的詩作雖「以故為新」、「推陳出新」，卻不肯讕入方言、俗語。

　　洪棄生主張詩語典雅，印證學者朱光潛論詩語，以為詩語典雅者乃「寫的
語言」，詩多白話者乃「說的語言」。運用「寫的語言」，雖不免要翻查字典，
才能「獺祭」文字，畢竟較「說的語言」豐富。欲得此「便利」，必定得「好
古敏求」。朱光潛云：「『寫的語言』比『說的語言』也比較守舊，因為說的是
流動的，寫的就成為固定的。『寫的語言』常有不肯放棄陳規的傾向，這是一
種毛病，也是一種便利。它是一種毛病，因為它容易僵硬化，失去語言的活性；
它也是一種便利，因為它在流動變化中抓住一個固定的基礎。」〔註33〕棄生因
批評《玉臺新詠》濫選晉人楊方〈合歡詩五首〉，皆淺浮不足觀云：

　　嘗竊怪同一語言，出自近世便俗，出自唐以上便雅，出自六朝人輒
　　綺，出自漢魏人輒古，出自漢以上尤高古。以為一代化機造物司之，
　　非人所能強。世風愈降，故愈漓。乃今觀之，則自古淺俗之篇決不
　　少，特年遠淘汰盡盡耳。〔註34〕

同一語言，以出自漢以上者為高古。然淺浮之作，卻無代無之，特感嘆近
代世風漓薄，斯又下矣。棄生所論之「雅」、「俗」，關乎世運之升降，如云：
「漢、魏、晉、唐人佔地高，故其詩亦高。齊、梁、宋人佔地低，故其詩亦低。」
〔註35〕「雅」者即「高」，指高古，「俗」者即「低」，指綺靡。而雅、俗及高、
下之分，在於個人之修能和表達方式。誠如王國維云：

　　「夜闌更秉燭，相對如夢寐。」（杜甫〈羌村〉詩）之於「今宵剩把
　　銀釭照，猶恐相逢是夢中。」（晏幾道〈鷓鴣天〉詞）；「願言思伯，
　　甘心疾首。」（《詩·衛風·伯兮》）之於「衣帶漸寬終不悔，為伊消
　　得人憔悴。」（歐陽修〈蝶戀花〉詞）。其第一形式同，而前者溫厚，
　　後者刻露者，其第二形式異也。一切藝術無不皆然，於是有所謂雅
　　俗之區別起。

　　因譏評王士禛「所謂『鶯偷百鳥聲』者也。」云：

　　……新城（筆者按：即王士禛）等去文學上之天才蓋遠，徒以有文

〔註32〕錢鍾書著，《談藝錄》（台北：書林出版社，1988年版），頁118。
〔註33〕朱光潛著，《詩論》（台北：漢京文化，1982年12月25日初版），〈論表現——
　　　　情感思想與語言文字的關係〉，頁97。
〔註34〕洪棄生著，《寄鶴齋詩話》，頁10。
〔註35〕洪棄生著，《寄鶴齋詩話》，頁52。

學上之修養，故其作遂帶一種典雅之性質，而後之無藝術上之天才
者，亦以其典雅故，遂與第一流之文學家等類而觀之。〔註36〕

王國維批評王士禛去文學上之天才蓋遠，徒以有文學上之修養，故其作
遂帶一種典雅之性質。洪棄生推重王士禛，強調藝術修養之重要，以求詩語之
典雅。王士禛詩作雖不免人力多於天分，然成就不凡處，亦足爭勝於千古。

第二節　真實自然

此節闡述詩並不是「愈俚愈妙」，藝術加工不能喪失其真實、自然的特性，
方是上品。其實王士禛雖然主張神韻詩說以及論詩重風雅，卻不擯斥語言俚俗
之佳作。例如樂府〈懊儂歌十四首〉其三云：「江陵去揚州，三千三百里。已
行一千三，所有二千在。」此詩據學者溫洪隆、溫強的題解，引用《古今樂錄》
記載，〈懊儂歌〉是晉朝石崇的愛妓綠珠所作，但是只留下〈絲布澀難縫〉一
曲，「後皆隆安（東晉安帝年號，西元三九七～四〇一年）初民間訛謠之曲」。
溫洪隆、溫強研析：

> 清朝的王士禛，官做到刑部尚書。七十歲退休後，在家養老，雖然
> 耳聾眼花，「猶不廢書」，有見有感，便隨時記錄下來，寫成了《分
> 甘餘話》一書，想與子孫輩分享。在第三卷中記下了他「對雪讀古
> 樂府」的情景，當他讀到這首詩的時候，覺得詩「愈俚愈妙，讀之
> 未有不失笑者」。因而回想起他當初出使西蜀，北歸時，晚上住在聞
> 諸，大概是因為歸心似箭，儘管六千里路程剛走四十里，就脫口而
> 出：「今日歸家，所餘道路無幾矣。當酌酒相賀也。」一人問他：「所
> 餘幾何？」他回答：「已行四十里，所餘不過五千九百六十里耳。」
> 這情景同這首詩所寫的太相似了，他於是「不覺失笑」，認為自己所
> 說的話「雖謔，乃得樂府之意」。王士禛所說的「愈俚愈妙」的「樂
> 府之意」，正道出了樂府詩樸素、自然、真實的特點。不過詩並不是
> 「愈俚愈妙」，藝術加工還是需要的，不過加工不能喪失其真實、自
> 然的特性，能做到加工後的自然，方是上品。〔註37〕

〔註36〕王國維著，《海寧王靜安先生遺書》（四）（台北：商務印書館，1979 年 5 月台
　　　　二版），頁 1794、1797、1805〈文學小語〉、〈古雅之在美學上之位置〉。
〔註37〕溫洪隆、溫強注譯，《新譯樂府詩選》，頁 240～241。

　　洪棄生稱作詩應該取神韻於漢魏樂府和古詩，自然也包括這種語言俚俗之佳作。但畢竟偏向雅言，因此作品有古雅之風。前述作者如袁枚、蔣士銓詩的語言俚俗語較多，相對來說，吳偉業詩情韻纏綿，語言文雅。不過同一作者的詩，語言或文雅或俚俗，與詩書寫的對象和主題有關。前述洪棄生因批評《玉臺新詠》濫選晉人楊方〈合歡詩五首〉，皆淺浮不足觀云：「嘗竊怪同一語言，出自近世便俗，出自唐以上便雅，出自六朝人輒綺，出自漢魏人輒古，出自漢以上尤高古。」論詩歌語言不免重雅輕俗。

　　此處不得不論及明代中葉之後，文人對小說、戲曲的重視與創作。以及對俗文學的推重與整理。例如公安派袁宏道（字中郎，號石公，湖北公安（今屬湖北）人，西元一五六八～一六一〇年）的文學理論，袁中道（字小修，湖北公安（今屬湖北）人，西元一五七〇～一六二六年）為其兄袁宏道的作品作序的〈中郎先生全集序〉云：

> 天下之慧人才士，始知心靈無涯，搜之愈出，相與各呈其奇，而互窮其變，然後人人有一段真面目溢露於楮墨之間。即方圓黑白相反，純疵錯出，而皆各有所長，以垂之不朽，則先生之功於斯為大矣。〔註38〕

　　此言小品文的特色在獨抒性靈和個性，文章始有真性情而具有個人之風格。可是小品文的缺點亦由此可見，因為要在小品文中寫出真趣，非人人可為，然人人以不修飾用力之態度為文，結果文章無有真趣，反而純疵錯出。此寫作態度，即袁宏道所說：「善畫者，師物不師人；善學者，師心不師道；善為詩者，師森羅萬象，不師先輩。」〔註39〕至於師心自用而純疵錯出者，又衍生另一問題。袁宏道認為《金瓶梅》勝過枚乘〈七發〉，《水滸傳》的文學成就在六經和《史記》之上。他〈東西漢通俗演義序〉說他每檢十三經或二十一史，「一展卷即呼呼欲睡去，未有若《水滸》之明白曉暢，語語家常。」使人捧玩不能釋手。說若非李贄「揭出一段精神，則作者與讀者俱成夢境。」〔註40〕論者以為此受王陽明學提倡個性解放的影響，將通俗文化中的小說、戲劇與士大夫的文化相提並論。晚清提倡小說、戲劇最有力且對新文學有闢路之功的是梁

〔註38〕蔡景康編選，《明代文論選》（北京：人民文學出版社，1999 年 1 月第一刷），頁 341。

〔註39〕蔡景康編選，《明代文論選》，頁 320。

〔註40〕蔡景康編選，《明代文論選》，頁 331。

啟超，但要到胡適提倡白話文才產生革命的影響和典範的轉移。〔註41〕

由重視真人真文引帶出晚明一個重要論題，即「奇與正」。學者曹淑娟所著《晚明性靈小品研究》一書提到，標榜奇的論者如湯顯祖（字義仍，號若士、海士，別署清遠道人，江西臨川（今江西臨川）人，西元一五五〇～一六一七年），其《湯顯祖集》卷三十二〈序丘毛伯稿〉云：

> 天下文集所以有生氣者，全在奇士，士奇則心靈，心靈則能飛動，
> 能飛動則下上天地，來去古今，可以屈伸長短生滅如意，如意則可
> 以無所不知。彼言天地古今之義而不能皆如者，不能自如其意者。
> 不能如意者，意有所滯，常人也。〔註42〕

所謂的奇是作者心靈奇而飛動，想像自由自在，不受拘束。以天真爛漫的童心寫作。曹淑娟論云：

> 所謂「心靈則能飛動」數語，皆是對奇士的描述，要點在「心靈」
> 與「如意」二語。「心靈」指性情不受習染，保持純真靈動，「如意」
> 指性情發為語文能暢遂無礙，轉換成李贄的說法，不以「聞見道理
> 為心」，護此「絕假純真，最初一念之本心」，則心靈；苟「童心常
> 存」，「童心自出之言」、「童心者之自文也」，則如意。所以「合奇序」
> 云：「夫使筆墨不靈，聖賢減色，皆浮沈習氣為之魔。士有志於千秋，
> 寧為狂狷，毋為鄉愿。」〔註43〕

李贄（字載贄，號卓吾，又號宏甫，別號溫陵居士，福建晉江（今福建泉州）人，西元一五二七～一六〇二年）〈童心說〉認為「天下之至文，未有不出於童心焉者也。」推重《西廂記》、《水滸傳》等戲曲小說。〔註44〕湯顯祖〈合奇序〉云：「寧為狂狷，毋為鄉愿。」〔註45〕論者稱湯顯祖《牡丹亭》最著名的「遊園」一齣：

> 其實只是杜麗娘的「思春」之詞，是杜麗娘蕩漾的情懷在傾訴她幽
> 幽的「春思」。……中國戲戲中情節的推移常常只是「過門」性質，
> 當情節移轉到表現感情的適當場合時（如杜麗娘遊園），就會有一段

〔註41〕 余英時著，《中國近代思想史上的胡適》。收於余英時著，《中國思想傳統的現
代詮釋》（台北市：聯經出版社，民國76年），頁539。
〔註42〕 蔡景康編選，《明代文論選》，頁277。
〔註43〕 曹淑娟著，《晚明性靈小品研究》（台北：文津出版社，1988年7月），頁170。
〔註44〕 蔡景康編選，《明代文論選》，頁229～231。
〔註45〕 蔡景康編選，《明代文論選》，頁275。

　　長時間的抒情場面（以一連串的抒情歌詞連結而成的。而這往往就是全劇的「高潮」）。〔註46〕

　　「遊園」一齣的奇是湯顯祖寫杜麗娘的「春思」，心靈奇而飛動，想像自由自在，不受拘束。現代作家平路言社會看待年紀有許多刻板印象，對女性尤然。在傳統男人的眼裡，對女性真實的生命歷程缺乏興趣，對女性異類的經驗更包含敵意。又舉湯顯祖《牡丹亭》〈移鎮〉一齣的唱詞：「有什麼命夫命婦，都是些鰥寡孤獨。」說得多透徹。廖玉蕙也認為這是較為真實的人生。平路深信，看歷史、政治、權力場，女性的眼睛更清明。〔註47〕

　　此即棄生批評王士禛稍乏獨來獨往之氣概。只是新奇之文未必意境佳妙，但明代文人卻有寧取奇文而反對雅正者。例如文學主張屬公安派的江盈科（字進之，號逯蘿，湖廣桃源縣人，西元一五五三～一六○五年）的《雪濤閣集》卷八〈璧緯編序〉指出唯奇始能言文：

> 夫近世論文者，輒稱復古，貴崇正而諱言奇，然有不奇而可言文者耶？夫正者，文之脉理，從脉而生息變化，時隱時現，時操時縱，時闔時闢，時陰時陽，時短時長，有自然之奇，然後盡文之態，而極虛明之變。亦以其（指唐人）窮心之變，而自見其奇，故一段精光閃爍炳朗，如寶在地，其氣上耀，雖欲終泯，不可得已。
>
> 唐杜工部詩，宏博精鍊，如石季倫觴客，俎饌餚核，不離世品，而麟脯鳳炙，間出天下所未嘗之味，此夫正而能奇者也。

　　論者曹淑娟提到：「以奇為文士一段精光的自然顯露，因其極變盡態而謂之奇，因其源自性情而謂之自然，故稱之為自然之奇。江氏並曾言奇之三型：正而能奇、以奇為奇、奇之奇，分別以杜甫、李白、李賀為代表。」其中最值得注意的是：正而能奇如何可能？江氏舉杜甫為例，其意大抵以題材不離世品為正，以風味世所未嘗為奇，故奇正可備於一體。曹淑娟進一步認為此與江盈科論奇與常云：「世所常見，雖奇亦常，則世所不常見，雖常亦奇矣。」可以相參。詩文展現各自的元神精光，對讀者而言，一一都是寡見的奇了。論者曹淑娟說的好：

〔註46〕呂正惠著，《抒情傳統與政治現實》（臺北：臺灣學生，民國78年9月初版），頁166。

〔註47〕〈文學相對論，平路VS廖玉蕙談青春與凋亡〉（聯合報2015年1月19日星期一聯副D2版）。

因復古派多強調依循古詩文之體製，以肖近古人為正格，性靈思想論者遂多標榜奇新，相互抗辯。如此的正、奇之爭固然難以調和。但性靈論者因同時主張新奇乃真人性情的自然展露，故能自行發展出兼含正、奇的觀念，避免過度強調奇的流弊。但其所謂「正」並非復古派聲摹字襲、盡復古人之舊的正，而是在「真」的創作基礎上新成的觀念，大抵可分二個層次：一是以正與奇為並立的不同風格，分別就不同對象而言；一是以正與奇為不同角度的觀察所得，就同一對象而言。〔註48〕

性靈論者因主張新奇乃真人性情的自然展露，以正與奇為並立的不同風格，分別就不同對象而言。此論如師事歸有光的婁堅（字子柔，蘇州府嘉定（今屬上海市嘉定區馬陸鎮）人，西元一五六七年～一六三一年）的《松圓浪淘集》卷首〈書孟陽所刻書受後〉提到：「近世之論非拘拘步趨，求面目之相肖，即苟為新異，抉摘句子為悟解，如是而已。昔予嘗聞長者之論：凡為詩若文，貴在能識真耳，苟真也，則無古無今，有正有奇，道一而已矣。」能有真人性情，為文有正有奇。

至於以正與奇為不同角度的觀察所得，就同一對象而言，也就是論者曹淑娟所闡述，性靈思想論者標榜奇新，強調真人性情的自然展露，而是在「真」的創作基礎上新成的觀念。但其流弊是以個性為真，牽於物慾而少涵養之功。所作的詩文就流於個人情緒的發洩，缺少反省與轉化。例如討論到〈離騷〉的怨，袁宏道為其弟袁中道的詩所作〈敘小修詩〉，主張「獨抒性靈，不拘格套。」又提到〈離騷〉對當時楚國黨人，「皆明示唾罵，安在所謂怨而不傷者乎？」〔註49〕論者廖棟樑詮釋歷代注家以孟子論《詩經·小弁》之怨，將屈原的怨置於「當怨不當怨」的層次，論述屈原的怨，「既是抒怨方式，也正是其『親親』、『忠』的表現形式，駁斥班固等官方意識形態者所謂『為君隱惡』的君臣大義的質問。」又引黃宗羲在〈朱人遠墓誌銘〉的說法，以學道之君子的怨是出於窮餓愁思一第之外，是公而怨，怨的境界高。〔註50〕

〔註48〕曹淑娟著，《晚明性靈小品研究》（台北：文津出版社，1988 年 7 月），頁 169 ～171。

〔註49〕蔡景康編選，《明代文論選》（北京：人民文學出版社，1999 年 1 月第一刷），頁 318。

〔註50〕廖棟樑著，《倫理·歷史·藝術：古代楚辭學的建構》（台北市：里仁書局，2008 年 9 月），頁 95。

第三節　浩落婉麗，樂府竹枝

　　試以棄生詩〈登臨感作〉「南望鯤身沙，北望雞籠雪。」以台灣地名入詩。
而台灣有「鯤島」之名，如學者林衡道引用宋代詩人陸游、林逋詩有「時看雲
海化鯤鵬」「鯤鵬懶擊三千水」。認為此譬喻本自《莊子》，而「大鵬的神威，
令人心儀，而大鵬是鯤所變的，鯤的神氣，更可以想像。台灣島橫臥在太平洋
的萬頃碧濤中，傲視四周蕞爾小島，以『鯤島』為名，應是最為妥切不過。」
〔註51〕此皆推陳出新，由熟求生的作詩方法。洪棄生曾稱許清初文人王士禎的
竹枝詞，可見他能欣賞經過文人雅化，具有民歌活潑自然特質的詩。清代臺灣
竹枝詞有民歌俚俗和特色，作者如施士洁、丘逢甲等人。梁啟超遊臺，也有作
品〈臺灣竹枝詞十首〉。〔註52〕

　　筆者陳光瑩著，《洪棄生的旅遊詩歌──《八州詩草》研究》（新北市：花
木蘭文化出版社，2015）論述《八州詩草》旅遊詩歌的特色，棄生詩有浩浩落
落如民間歌謠，風格本自樂府竹枝，婉麗動人。

一、南京城懷古詠詩

　　西元一九二二年，棄生遊南京長干里、長干橋，記其地云：

　　　　過夫子廟，廟制宏大，而氣象黯然，蓋自革命後，斯文不振，故廟
　　　　中典守，零落不堪，惟廟前街市茶館飲食棚，尚繁盛。自此又轉數
　　　　處樓市（南京街如北京，多以牌樓為名，樓乃一木坊耳。）而至南
　　　　門大街，街甚盛，直至南門外大街尤盛。南門外街即古長干里，〈吳
　　　　都賦〉所謂「長干延屬」，古樂府所謂〈長干行〉是也。《文選》註
　　　　江東，謂「岡壠間曰干」，《韓詩》「考槃在干」，註謂「地下而廣曰
　　　　干」。《毛詩》「秩秩斯干」，其下句即「幽幽南山」，蓋亦山壠間平
　　　　地之義。大長干、小長干，自古特著，故李白、李益、崔顥並盛歌
　　　　〈長干行〉之詩。今街中之坊，大署「長干橋」，橋處已砌為大路。
　　　　橋南北一直大街，左右橫貫兩小街，想古時兩小街即河道流入里中
　　　　著（者？），故〈長干行〉有愁水愁風、沙頭風色、家臨江水等句。
　　　　今雖敷石路，其下水道，猶彷彿可見。其地古在建業城南三里，或

〔註51〕林衡道著，《鯤島探源》（台北：青年日報，1988 年 4 月再版），頁 7。
〔註52〕翁聖峰著，《清代臺灣竹枝詞之研究》（臺北市：文津，民國 85 年），頁 131～
　　　　133，頁 174～175。

作五里，今則與城相屬。宋曹彬下江南，登長干，望金陵，遂進軍，即此。長干橋西，古有越城，亦名范蠡城，今無城跡。街中有古報恩寺，即唐以前長干寺。清初報恩寺，規制甚大，亦有高塔，今為兵燹後重建者，既不如前，亦無塔矣。由此迤邐行，街盡而接兩道，直上雨花臺。〔註53〕

南京明城牆建於元末至正二十六年（西元一三六六年），成於明洪武十五年（西元一三八二年）。〔註54〕試觀今南京城城南門為旅遊勝景，城寬而雉堞崢嶸，為明朝初年太祖朱元璋雄立之屏障，登城南望，南京城外原隰平壤，北望長江，東踞山嶺，城衛其南，實龍蟠虎踞之古都。「干」乃岡壠間地下而廣者，大長干、小長干古在城南，今則與城相屬。

〈長干曲〉為樂府民歌，多兒女言情之作。如崔顥寫了〈長干曲〉兩首模仿民歌，其一云：「君家何處住？妾住在橫塘。停船暫借問，或恐是同鄉。」以男女贈答的方式寫成，先寫少女的問話，再寫男子回答：「家臨九江水，來去九江側。同是長干人，生小不相識。」在異地相逢，偏問故鄉事，往來長干，彼此如同鄉人，情味盎然。洪遊南京，詩仿樂府者，如〈莫愁湖曲〉，此地：

> 莫愁湖，城西勝境也，在漢西門外，有徐中山故蹟，二十五日點，乘馬車出遊，與夫取捷徑出水西門，西門四重，城郭亦厚，又名三山門，市樓開閎，一望聳目，亦南京菁華處，南京街衢盛況，首下關，次水西門內街，次即南門長干里，次乃花牌樓。出西門行里許，至莫愁湖，入門為勝棋樓，相傳明太祖睹棋，因以湖酬中山者，即此處也，今管湖產者尚為徐姓子孫，湖水通江，即古南塘，亦名橫塘，崔顥樂府所云「君家住何處，妾住在橫塘」者矣，勝棋樓高聳可觀，然讀乾隆時李松雲（堯棟）「怪底冶春人不到，僧樓半是劫灰餘」之詩，則後來乙樓，蓋遠不如從前之麗，樓下前廳，懸中山王像，屏後懸盧莫愁像，為同治辛未單松再摹，所謂「英雄兒女各平分」者也。莫愁湖在樓北，實樓後，時殘荷尚滿水面，不似玄武湖之大，亦不似玄武湖之荒，樓右一庵，即華嚴庵，內為鬱金堂，舊時庵裡勝棋樓，殿宇堂閣數十間，乾隆時焚燬後，李太守重建，已

〔註53〕洪棄生著，《八州遊記》，頁 40～42。

〔註54〕李兆群著，《品讀水之韻——江南古鎮》（香港：萬里書店，2008 年 3 月），頁 65。

不如前，然樓前尚有古松柏、梅樹、棠花，湖心尚有四垂亭繞楊柳，今庵又及乾隆時矣，庵右壁今嵌黃山洪澤周大字，左壁同治癸酉張勝藻書梁武帝河中水詩，樓更右為曾公閣（文正閣，亦南向，湖在閣後。），閣北及西皆環湖，較勝碁東倍雄偉，兩畔長廊，南接荷池，池南又建樓，登閣兩面望湖，兩面遠山，又湖上勝境境也。

余按徐魏國佐創有明天下，而乃區區與女子爭一湖，曾文正締造有清江南，亦復來占此一角湖山，何所見之不廣，豈英雄賢豪有所未足，尚須附兒女子裙釵也耶！抑亦誠不以富，亦袛以異之不可得而易耶！湖在春夏時，盛時遊艇，余來在涼秋，無由把衣香鬢影矣，莫愁藕與西子湖藕，並一時，余亦未能免俗，喫一杯而去。

　　清末張之洞（字孝達，號香濤，又別號壺公、抱冰督兩廣時創廣雅書院、廣雅書局，又稱廣雅，直隸（今屬河北省）南皮人，西元一八三七～一九○九年）〈莫愁湖〉云：「蕭衍點老公，豔體託麗人。製為莫愁曲，歌者煩生津。遂令石頭城，曼膩嬌千春。將柳作腰支，以山當眉顰。」〔註55〕梁武帝蕭衍〈河中之水歌〉之豔詞，使南京莫愁湖千古景情，曼膩嬌千春。棄生〈莫愁湖曲〉云：

> 湖邊楊柳樹，湖上芙蓉花。石城橫塘路，云是莫愁家。湖碧花逾香，花紅水猶膩。將波作鏡奩，想見莫愁媚。……送歡下揚州（本古樂府），吳頭復楚尾。一日湖上心，千古秦淮水。湖上有高樓，有子名阿侯。輸與中山王，天子亦無愁。

　　詩仿南朝樂府民歌，語言質樸清新。〈西曲歌〉名有〈莫愁樂〉，因石城女子莫愁善歌謠，因有此歌。梁武帝〈河中之水歌〉有「河中之水向東流，洛陽女兒名莫愁。」石城在今湖北鍾祥，後人訛莫愁舊居在南京。〔註56〕「湖碧花逾香」四句，虛實映襯，善用比譬。「送歡下揚州，吳頭復楚尾。」隱然有思婦「愁風復愁水」之情。末以明太祖睹徐達棋局，黑白子巧排「萬歲」二字，以釋太祖猜忍之隱衷。中山王知見機避讓，使天子無憂功臣反側，乃賜與此湖。所謂「英雄兒女各平分」者也。〔註57〕詩中「湖邊」、「湖上」、「湖碧」以及「莫愁」等均屬類疊。「頭有」二句排比，回旋往復，情思宛轉。

〔註55〕張之洞著，《張之洞詩文集》（上海：上海古籍出版社，2008年），頁168。
〔註56〕溫洪隆、溫強注譯，《新譯樂府詩選》（台北：三民書局，2010），頁259。
〔註57〕洪棄生著，《八州遊記》，頁48。

詩詠南朝興亡，託興於江南桃葉情歌以敘者，如〈龍潭路望隔江桃葉山〉云：

> 隔江有名山，山偏曾駐馬。飲馬可渡江，天塹不能阻。湯湯限南北，
> 長江終古瀉。一朝王氣終，隋師盈陳野。美人傳艷聲，至竟亡陳社。
> 江上晉王岡，曾此受降者。異代送青山，一井貽黃瓦。抱膝張麗華，
> 細腰同一把。桃葉歌聲冶，玉樹歌聲哀。迎接過江來，桃根亦難捨。
> 一望仙城中，誰將金粉寫。山水尚依依，無愁有淚灑。

〈桃葉歌〉乃晉王獻之送愛妾桃葉而歌之。南朝陳時江南盛歌云：「桃葉復桃葉，渡江不用楫。但渡無所苦，我自迎接汝。」後隋晉王楊廣伐陳，即置將桃葉山下。詩敘此事，「天塹不能阻」點明地利不如人和。美人艷歌，傳唱而禍國；君王抱美女，卻忘了胸懷家國。詩於敘事中，穿插零落景緻，結穴於「桃葉」二句，歌聲或冶或哀，不外男女之情。〈桃葉歌〉其二云：「桃葉復桃葉，桃葉連桃根。」〔註58〕情來復去，當日誰寫六朝金粉？惟見山水依依，悵然淚灑。

〈玉樹後庭花〉，乃〈吳聲歌曲〉名，陳後主所作（西元五五三～六〇四年），名叔寶，字元秀，是陳朝極其昏庸荒淫的亡國君主。太建十四年（西元五八二年）即帝位，禎明三年（西元五八九年），隋軍攻入建康（今南京），俘獲陳後主，押送長安，陳朝滅亡。隋仁壽四年（西元六〇四年），陳後主死於洛陽，時年五十二歲。《陳書》卷六有〈後主本紀〉。《隋書‧五行志上》提到，禎明（陳後主年號之一，西元五八七年～五八九年）初，後主作新歌，詞甚哀怨，令後宮美人學習，又言陳後主「又於清樂中造〈黃鸝留〉及〈玉樹後庭花〉、〈金釵兩臂垂〉等曲，與幸臣等製其歌詞，綺豔相高，極於輕薄，男女唱和，其音甚哀」。〈玉樹後庭花〉、〈臨春樂〉等，大致都是讚美張貴妃、孔貴嬪的容色的。陳叔寶所作〈玉樹後庭花〉完整的就只留下「麗宇芳林對高閣，新妝豔質本傾城。映戶凝嬌乍不進，出帷含態笑相迎。妖姬臉似花含露，玉樹流光照後庭。」這一首了。唐杜牧〈泊秦淮〉：「煙籠寒水月籠沙，夜泊秦淮近酒家。商女不知亡國恨，隔江猶唱〈後庭花〉。」他所說的〈後庭花〉，指的就是這首詩。〔註59〕棄生有感於中國國勢陵夷，不禁有「玉樹歌聲哀」之感嘆。

〔註58〕郭茂倩編，《樂府詩集》（台北：里仁，1981 年 3 月 24 日版），頁 664。
〔註59〕溫洪隆、溫強注譯，《新譯樂府詩選》（台北：三民書局，2010），頁 253～255。

二、浙江嘉興鴛鴦湖等地詠詩

　　清初詩人朱彝尊於康熙十三年（西元一六七四年）旅食潞河（今北京通州以北的運河），言歸未遂，爰憶土風，寫了大型組詩〈鴛鴦湖棹歌一百首〉，描寫家鄉浙江嘉興鴛鴦湖（今稱南湖）風光。詩云：「百尺紅樓四面窗，石梁一道鎖晴江。自從湖有鴛鴦目，水鳥飛來定是雙。」〔註60〕採用樂府民歌回旋反復的類疊手法，形容山重水複者，如棄生〈鴛鴦湖曲〉云：

　　苕溪青，霅溪綠，流作鴛鴦湖一曲。湖水注天星，溪流出天目，鴛鴦湖匯華亭谷。鴛鴦湖光如鏡奩，鴛鴦湖水如碧玉。鴛鴦湖長百里強，鴛鴦湖闊七里弱。采菱采蓮何處歸，船去船來向南郭。湖上無山堆鬢鬟，湖中有波解連環。長水塘邊人盪槳，餘不溪頭風送還。南湖水接范蠡湖，曾載西施至姑蘇。女兒最愛鴛鴦好，湔裙水濺鴛鴦襦。

　　此詩首二句排比，連疊用「鴛鴦湖」三字者共五句。「鴛鴦湖光」二句，及「鴛鴦湖長」二句皆排比句。「采菱采蓮」、「船去船來」又用類疊句。「湖上」、「湖中」，「無山」、「有波」，排比類疊又有對偶。後半「長水」二句對偶，「南湖」二句意連貫而下。末二句類疊「鴛鴦」而意亦相連。形式齊整，文字活潑，層層鋪寫，「婉轉纏綿，語摯情真。」〔註61〕深得樂府要旨。乘舟遊此地煙雨樓，他說：

　　西湖中撐船無婦女，此處均係婦女。船艙美潔，櫂女多時式妝；老櫂婦穿衣及裙，均古裝；嘉興驛見婦女，多秀而雅妝。〔註62〕

　　棄生〈鴛鴦湖曲〉云「女兒最愛鴛鴦好，湔裙水濺鴛鴦襦。」可謂即景生情。又云：「長水塘邊人盪槳，餘不溪頭人送還。」二句即目書事，情思蕩漾頗似李白〈越女詞五首〉其二：「吳兒多白皙，好為蕩舟劇。賣眼擲春心，折花調行客。」〔註63〕又如〈鏡湖曲〉云：

　　鏡湖水，四邊青。遠可達，近可停。七十二溪為一泓，三十六灣灣灣行。舟出禹王陵，遂至會稽城。迴首若耶溪，已去樵風涇。出城晚過雲門山，乘風急至古蘭亭。徘徊曲水流觴路，躑躅千巖萬壑程。

〔註60〕王英志注譯，《新譯清詩三百首》（台北：三民書局，2010），頁304。
〔註61〕洪棄生著，《寄鶴齋詩話》，頁38。
〔註62〕洪棄生著，《八州遊記》，頁314。
〔註63〕李白著，瞿蛻園等校注，《李白集校注》（台北：里仁書局，1981），頁1498。

明月夜渡曹娥江，微雪人訪剡溪籐。我自西湖來，遠向鏡湖去。錢塘一望海門潮，蕭山復見湘湖曙。鏡湖灣又灣，梅市及柯山。我來空見浣紗石，不見西施采蓮還。〔註64〕

鏡湖據學者郁賢皓注譯：「鏡湖在今浙江紹興會稽山麓。得名於王羲之『山陰路上行，如在鏡中遊』之句。又名鑒湖、長湖、慶湖。東起今曹娥鎮附近，經郡城（今紹興）南，西抵今錢清鎮附近，盡納南山三十六源之水瀦而成湖。周三百一十里，呈東西狹長形。唐朝時湖底逐漸淤淺，今唯西南尚有一段較寬河道被稱為鑒湖，此外只殘存幾個小湖。據《新唐書・賀知章傳》，賀知章還鄉時，皇帝『有詔賜鏡湖剡川一曲』。」剡溪據《元和郡縣志》卷二六江南道越州剡縣：「剡溪，出縣西南，北流入上虞縣界為上虞江。」在今浙江嵊州南。即曹娥江上游諸水，古通稱剡溪。剡，今浙江嵊州縣及新昌地。〔註65〕

若耶溪在紹興南，北流入鏡湖。春秋時越王元常（一作允常）使歐冶子造劍五枚，以示薛燭，薛燭稱許歐冶子所鑄寶劍湛盧曰：「赤堇之山已合無雲，若耶之溪深而莫測。」若耶溪在會稽南，溪傍赤堇山，一名鑄浦山，即歐冶子鑄劍之所。《戰國策》所謂「涸若邪而取銅，破堇山而取錫。」〔註66〕郭茂倩編《樂府詩集》，所收吳聲歌曲，如〈子夜歌〉、〈懊儂歌〉，皆出自江南，本為徒歌，既而被之管絃。吳歌傳唱於長江三角洲和太湖流域。〔註67〕

洪氏遊若耶，則引李白〈子夜吳歌四首〉其二云：「鏡湖三百里，菡萏發荷花。五月西施採，人看隘若耶。回舟不待月，歸去越王家。」〔註68〕李白〈越女詞五首〉其五云：「鏡湖水如月，耶溪女如雪。新妝蕩新波，光景兩奇絕。」〔註69〕張健析賞此詩云：「鏡湖、耶溪，文字本身即有一種對應的美感，而女、雪與水、月之間，亦有一種異體同類的旋律。」〔註70〕以此篇論點視棄生〈鏡湖曲〉，即以女、雪、水、月等意象組成詩篇，句式以七字為主，雜以三字、五字句，配合轉韻，融入水程地名，末句目擊浣紗石而懷想西施，筆調空靈。

〔註64〕作者註：「十九夜續昨夢中句。」《八州詩草》，頁100。

〔註65〕李白著，郁賢皓注譯，《新譯李白詩全集》（台北：三民書局，2011年），頁757。

〔註66〕趙曄撰，《吳越春秋》（上海：上海書店，1989年），頁45。

〔註67〕石琪主編，《吳文化與蘇州》（上海：同濟大學出版社，1992年3月），頁523。

〔註68〕李白著，瞿蛻園等校注，《李白集校注》，頁451。

〔註69〕李白著，瞿蛻園等校注，《李白集校注》，頁1499。

〔註70〕張健著，〈李白的五絕〉，《中國古典詩新論》（台北：五南圖書公司，1996），頁35。

三、徐州燕子樓詠詩

筆者陳光瑩著，《洪棄生的旅遊詩歌——《八州詩草》研究》（新北市：花木蘭文化出版社，2015）論述《八州詩草》旅遊詩歌的作品，徐州西門有燕子樓，清光緒年間修置，非故址。〔註71〕燕子樓原為唐關盼盼為張建封守志之蹟，棄生〈徐城西訪燕子樓二首〉云：

> 葳蕤鎖落已千秋，當日無人燕燕愁。被冷香消霜月夜，我來無夢亦登樓（東坡有夢盼盼詞）。
>
> 白楊紅粉久成灰（本白詩意），我向城西訪古回。太息岳陽鴻雁盡（本關盼盼詩意），樓頭燕子不歸來。

白居易嘗遊、泗，與張封建之宴而睹盼盼風態，憶舊詠之，作〈燕子樓三首并序〉其一、其三云：

> 滿窗明月滿簾霜，被冷燈殘拂臥床。燕子樓中霜月夜，秋來只為一人長。
>
> 今秋有客洛陽迴，曾到尚書墓上來。見說白楊堪作柱，爭教紅粉不成灰。〔註72〕

棄生詩其一本樂天「被冷」、「霜月」詩意。「鎖落」音同「索落」，形索寞寥落之景。蘇軾嘗夜宿燕子樓，夢盼盼，因作〈永遇樂〉一詞，故詩末言之。〔註73〕其二亦本樂天詩意。關盼盼和樂天詩，有〈燕子樓三首〉其三云：

> 適看鴻雁岳陽迴，又睹玄禽逼社來。瑤瑟玉簫無意緒，任從蛛網任從灰。〔註74〕

棄生本其意，太息鴻雁南迴北歸，卻不見當年舊燕，空寂中頗有蒼涼感。

〔註71〕洪棄生著，《八州遊記》，頁 177、179。

〔註72〕白居易著，《白居易集》（台北：漢京文化，1984），卷 15，頁 312。

〔註73〕蘇軾著，龍榆生校箋，《東坡樂府箋》（台北：華正書局，1990 年），頁 104。

〔註74〕清聖祖御製，《全唐詩》（台北：明倫出版社，1971 年 5 月初版），卷 802，頁 9023。

第九章　結　論

　　本書《洪棄生的豔體香奩與描寫婦女詩研究》看待人倫關係的非存有，在清朝末年傳統文化受到西方外來挑戰與彼此融合，可以是對人類的脆弱與無根據性的覺察，再也沒有可失去的悲劇性自由可以產生正面的社會改革。是一種使我們對人性的開放本質保持信念的方式，是一種希望的源頭。階級、性別、種族是絕對必要的主題，卻不是只能繼續重複的敘事，擺脫僵化的正統教條，探討至今不敢碰觸的新的主題，是探索的開端。就問題脈絡化思考，民國初年學者胡適批判文化風俗的文章，如〈婦女問題〉等，具備歷時因果與共時革新的反思。以洪棄生的詩集中的豔體香奩與描寫婦女詩為主，探討百年來婦女在中國和台灣的社會生活、經濟活動、習俗和性生活的程度。從文學辨體論南朝宋，有元嘉體（宋文帝年號，即顏延之、鮑照、謝靈運諸子之詩。）齊，永明體（齊武帝年號，即謝朓暨王、張輩之詩。）：分言之，為齊梁體（即任、江、何、徐、庾諸子及梁帝之詩。）、陳隋體（陳陰鏗、江總、張正見、隋薛首衡等詩，仍齊梁體；唯煬帝及楊素微有別。），統言為南北朝體（南六朝、北元魏）。

　　南朝宮體詩以描寫女性本身及男女情愛為主，旁及記遊宴、詠節候、寫風景及詠物詩，手法輕艷柔膩，開拓艷情詩的意境。棄生評晉人詩及齊梁詩云：「至齊、梁則變而入於風情，其弊，宮詞閨意，靡靡不已。」齊梁宮體詩語富於聲色，因主張作詩當「取色於齊梁人。」至於「香奩體」，提到唐崔國輔、韓偓喜為兒女言情之作，韓偓遂以香奩名集。

　　洪棄生詩學要旨推崇王士禛「神韻說」，主張詩發洩中仍須含蓄，仍具唱歎不盡之致。其「辨體」觀念，誠如黃景進的研究，本自南宋嚴羽《滄浪詩話》

所強調辨體的重要，以及明代格調派對嚴氏此一觀念的承襲。辨體說乃因體製的特性、作家的專長來強調不同的文學類型有不同的特性和要求。例如王士禎教人作詩，就有五言感興宜阮、陳等說。洪棄生論詩，與王士禎「辨體」觀同調。其特色一是美人香草，微詞喻意。「香奩體」詩受《楚辭》啟沃，以美人香草喻託深微之情意。一是艷情逸韻，藻思橫溢。香奩體詩既歌詠裙裾脂粉，聲色自然偏於富艷柔靡，多富於春情。一是別裁合作，家國情懷。就洪棄生作品，別裁詞與駢文，豔體與香奩詩的承繼創新而自成風格。如緒論所說的別裁合作，抒發家國情懷。

第二章、公詠節婦，私愛豔情。第一節、就題發揮，紬繹古詩。棄生此類詩作，見於乙未年（西元一八九五年）以前之《謔蹻集》者，有〈長相思〉〈西洲曲〉〈江南曲〉等擬古詩作。〈雜春詩十首〉、〈無題三十首〉等詩。乙未年以後詩則收於《壯悔餘集》。棄生早期的香奩詩多半為擬古之作。擬古的前題「本為『就題發揮，紬繹古詩』的一種受限制的寫作方式。」寫作的動機和目的，或以「擬古是一種主要的學習寫作的方法，正如同習字由臨帖入手。」或是「各家的寫作技巧成熟之後，嘗試與人一較長短的傾向更為濃厚。」

第二節、詩詠節婦，記言敘事。洪棄生表彰婦女節列的詩文，筆法多「擬言代言，記言敘事。」此設身處地，揣情度變的歷史想像。從情節、人物、觀點和意義，由敘事文學不可或缺的要素，申明史傳、小說、戲曲等敘事文學共通之處。第三節、行旅他鄉，思念妻室。棄生詩述及原配者，皆在乙未年前（西元一八九五年以前），應舉或行旅他鄉時。如〈客處見月有懷〉云：「鹿溪東南樓，烏啼人夜起。借問月來時，可照高樓裏？經秋露泠泠，曾否怨遊子？」見月明而遙想閨婦，設想閨婦之思，所謂「我思君處君思我」，寫兩心相繫，婉轉含情。第四節、巧設仙詞，以寫春情。傳統臺灣文人詩會有「盛饌午宴，雛妓侑酒」之舊慣。以仙詞仙語寫一己之春情，在唐人遊仙詩中屢見不鮮。此因唐代詩人每以仙家喻妓院；稱女性為「仙」「真」等，多用作指妖豔婦人，或風流放誕之女道士之代稱，或以之目倡伎。棄生嘗放浪狹邪，其〈贈小妓花仙六首〉，頷聯兩句第一、二字皆嵌「花」「仙」名，詩中妓女名「花仙」，顯然沿自舊俗。日治時期則批判日人的公娼政策。第五節、清脆抒懷，遂造香艷。棄生此類風格的詩作，有寫狎斜之歡者，其音節脆響、藻思橫溢。贈其側室陳珵之詩作，情懷則可人、深摯。例如〈雜春詩十首〉為遊春買春之冶辭，頗見棄生多情風懷。

　　第三章、神韻格調，專運機神。洪棄生詩學要旨，論詩推崇「神韻」和「格調」說，作詩專運「機神」。作詩專運「機神」，認為詩境之高低在下筆時之天機，論《楚辭》〈九章〉〈九歌〉云：「然文字之高下，則係下筆時之天機，不係乎風雅。」強調天機獨到。論詩則推崇「神韻」和「格調」說。第一節、神韻格調，兼取其長。棄生兼取格調派和性靈派的詩論，推崇王士禎論詩，稱「漁洋論詩入微，為古今第一高妙。」洪棄生詩學要旨，論詩推崇「神韻」和「格調」說，作詩專運「機神」。作詩專運「機神」，認為詩境之高低在下筆時之天機，論《楚辭》〈九章〉〈九歌〉云：「然文字之高下，則係下筆時之天機，不係乎風雅。」強調天機獨到。論詩則推崇「神韻」和「格調」說。棄生亦有自我真見，不妄隨聲附和。如謂王維力量，尚遠在岑參之下，何望李白，批評漁洋阿私之偏見。洪棄生附和袁枚的批評「一代正宗才力薄。」對王士禎的評價「庶幾公論」，但推崇王士禎的詩作「古潔自守」「斂之又斂」。洪棄生兼取格調派和性靈派的詩論，推崇沈德潛和蔣士銓。論者認為格調派和性靈派的差異，試闡述屈原的怨，正是其親親、忠的表現形式，不同於班固等官方意識形態者所謂為君隱惡。就君臣大義的質問，正是該寫或不該寫，此表達方法的差異，格調派和性靈派的分別。第二節、詩尤超詣，機神情韻。就文學理論言，文學作品重在作者的想像虛構，因借想像，虛構與敘事，文學作品訴諸於人的情感；文學作品所以動人，端賴作家的想像力暗合神理。棄生云：「詩人之心，通乎造化。」從作家與宇宙的關係論詩人之心，通乎造化。而能夠「文成法立」。引唐代詩人孟郊〈峽哀十首〉其二，描寫三峽之地勢，並不是描寫地圓航船所見。但詩人的想像力暗合神理，每每「玄妙而真切」，所謂「超以象外，得其寰中」。第三節、機神情韻，清新鮮活。洪棄生發揮聖人因文以明道之說。又強調清代早期王士禎的「神韻」說。如劉若愚所說，有對現實的直覺領悟，直覺的藝術表現，以及個人風格。棄生因以「神到」、「入神」、「與會」、「到家」等語評古代詩作與詩人。

　　第四章、變風變雅，憂世憂身。此章論晚清因文明道的志士之詩，其詩作情懷有如棄生所說的「變風變雅」，而憂世憂身。第一節、詩史宗杜甫，因性以練才。乙未年（西元一八九五年）臺灣割日後，洪棄生的諷諭詩每每描寫臺灣受到日人殖民的痛楚，內容包括日治初期臺人抗日的英勇事蹟等等。因此，學習古人，棄生強調要能「因性練才，取法乎上。」作詩是否能從「入格」到「變格」，考驗作者的天分與學力。棄生強調創作者要因性練才，並且能取法

乎上。認為吳偉業（字駿公，號梅村，別署鹿樵生，灌隱主人，江南太倉（今江蘇太倉）人，西元一六〇九～一六七二年）其長篇古詩不似李、杜之處，正可見其獨創與特色。只是若創作時「自溺所好」而忽略了取法風格殊異者之長處，成就不免受限。棄生又以黃任為例，黃任（字莘田，號十硯老人，福建永福人，西元一六八三～一七六八年）。

詩長於抒情，然而古詩氣象頗隘，無韓愈之縈縈大篇如〈石鼓歌〉者；論仕途閱歷，黃任詩也缺少宋代黃庭堅詩風的深密奇峭。黃庭堅〈次韻奉送公定〉以詩針砭時政，自云：「語穿發欺笑，詩鋒犯嘲譏。」詩中敢言寓婉諷的機智與世故，尤其為黃任所不及。「莘田之於昌黎、山谷，迥不相近矣。」洪棄生的批評中肯。作家或視前賢為典範，有模仿進而超越的野心，往往不如選與自己性情相近的作家，仰鑽學習，取法乎上，成就來得容易。

第二節、針砭時政，詩徵信史。清末國勢凌夷，屢遭西方列強侵略威逼，中國淪為外人的刀俎魚肉，只能訂立喪權辱國的不平等條約，禍端起自鴉片戰爭。中國文人因而針砭時政，更書寫兵事記實，這也是洪棄生憂世憂生的詩作主題之一。鴉片戰爭自一八四〇年六月，英國軍艦封鎖廣州珠江口，到一八四二年八月二十九日，清政府戰敗，被迫簽訂《南京條約》宣告結束，歷時兩年多，又稱「第一次中英戰爭」或「通商戰爭」。棄生評論晚清詩人的詩作，自鴉片戰爭以後的主題書寫，分述福建文人張際亮（字亨甫，號松寥山人，華胥大夫，福建建寧人，西元一七九九～一八四三年）為福建著名的詩人，詩作極為棄生所讚賞。亨甫對詩的審美主張同於宋人嚴羽，以詩人須具「別才別趣」又兼「讀書窮理」。二者濟美，以針砭袁枚、趙翼之佻滑，與翁方綱之以考訂為詩，宗仰杜甫，重視真摯的兒女情懷詩作。

二、江蘇長洲文人王韜（本名利賓，字子九，乳名蘭瀛，江蘇長洲人。後改韜，字仲弢。號紫銓，又號弢園。別號署蘅華館主，釣徒，天南遁叟等，江蘇長洲（今蘇州市）人）。王韜好狎邪遊，棄生選錄其贈妻詩〈問夢蘅病〉，稱許「詩格秀麗，誠可誦也」。又選錄其〈春日滬上感事〉，談及中外時艱，有透闢之見。

三、晚清文人姚燮、汪瑝。姚燮（字梅伯，號野橋，一作野樵，晚號復莊，別署大梅山人、大某、上湖生、二石生、復道人等，浙江鎮海人。西元一八〇五～一八六四年）有〈哀江南〉等詩詠之，洪棄生引其詩寫道光二十二年（西元一八四二年）六月初，英艦陷吳淞、寶山、溯江入鎮江，八月四日直逼南京，

兩江總督牛鑑乞和，二十九日簽定南京條約，為此後百年不平等條約之首辱。詩寫此役之成敗以及殉節和臨陣退卻者。詩述三總兵定海殉難事者，又如汪瑔（字芙生，一字玉泉，一字越人，號無聞子，祖籍浙江山陰（今紹興），出生於廣東番禺，西元一八二八年～一八九一年），汪瑔早年擔任佐郡縣、曲江縣幕僚，當時法軍圍困曲江，其曾獻計焚燒敵舟，全城得保。光緒初年，擔任劉坤一幕僚，辦理涉外事務，著有《隨山館集》等。其與沈世良、葉衍蘭並稱「粵東三家」。棄生所錄汪瑔的詩意較和雅。上引詩人表彰烈女詩，彰顯戰亂中女子奇節。誠如姚燮詩句，詩應該表彰節烈，以徵信史。張際亮〈王郎曲〉以初唐之麗情，運盛唐之豪氣。主張志士之詩，推崇杜甫寫兒女至情的人倫佳篇。王韜寫詩贈妻的詩格秀麗。王韜性好狎邪冶遊，至老不衰，其《淞濱瑣話》記載妓女為娛客所唱的蘇、常曲調。傳統文人消遣品味與歌妓書場中的休閒空間，隨著上海小報的蜚短流長，各種規矩和語言只有參與其中的人才了解，而文人對文字遊戲的明顯喜好，會在那裏找到它的表達方式。棄生詩贈妻以及贈妓的詩風不同，也可以這種文化氛圍來理解。

　　第五章、奇麗出新，情足理足。論晚清在朝大臣諍諫諷諭，或是佯狂避禍的仕途出處之道，以詩詠詭嘲諷，怨譎針砭。詩人的真性情，以反常合道，公理私情或依違不能兼顧，或盡忠以身殉烈，則奇麗出新，情足理足。第一節、詩語求奇麗，情足理足。主張「平」中見「奇」「麗」之詩觀者，清末到日治時期，臺灣鹿港文人洪棄生。作詩之趣味在「獨創」。因此，若能有「奇思」與「麗詞」，言外又有平淡不磨之至情至理者，方稱佳作。簡言之，棄生強調「平」，稱許《詩經‧陳風‧衡門》一詩，又說毛詩情足理足，入理而不俚，入情而不近，真乃所以為經，此即「平」。洪棄生云：語言「平淺」，意境「平淡」，卻又含蓄高深，所謂「平淡」而「自然高妙」，斯乃漢魏詩之極詣。李杜詩語雖卓絕，相較漢魏詩，猶有未至處，但其成就已遠非後人可及。氏云：「古詩才之奇，莫奇於李太白，試以比之今人，則淡矣。」太白詩平淡雋永處，還賴後代讀者的批評與發現，牽涉一「詩歌接受史」。哈洛‧卜倫論經典的成立，「能為一部文學作品贏得正典地位的原創性其指標之一是一種疏異性，此疏異性若非教我們無從完全吸融，便是化為天然既成之貌（a given），使得我們感覺不到其特異之處。」疏異性（strangeness）類似李白詩才之奇，人無從完全吸融。但天然既成之貌，所謂平淡者，則有待發現。

　　第二節、晚清詩人的詼詭嘲諷，怨譴針砭。詼詭即詭辭和詼諧風趣二端。洪棄生引用清流派人物之一的寶廷（姓愛新覺羅氏，字竹坡，晚年自號偶齋，別號奇奇子，西元一八四○～一八九○年），評論寶廷因買江山船女為妾，受劾落職，由此潦落終身，然是風情小譴，無傷大端，視張之洞之尊榮，到底不過榮枯之判耳。陳寶琛惋惜寶廷事乃見機佯狂，明哲保身。「紅頂不如紅顏好」、「大人豈比美人嬌」皆是詭辭。寶廷以詩名家，詩作如〈西山紀遊行〉長二千九百二十一字，「體兼遊記、古賦而用之，志在紀實。」乃視文、詩、賦三者為一，取古文紀實、賦體鋪排之特色，變化詩體，開拓紀遊詩的新境。棄生所引〈冷家莊〉一詩，可知寶廷蕭然塵外，雖迫於晚景，不減尋春雅興。

　　第三節、洪棄生旅遊揚州故宮詠詩。〈揚州故宮行〉首云：「揚州自古稱繁華，況復蕪城帝子家。瓜洲已見隋隄柳，城頭更望廣陵花。廣陵花，今零落。處處花飛不見人，但見離宮在城郭。離宮尚威儀，可憐異昔時。」龔鵬程論清代文人狹邪風流，以袁枚等文人的憐花意識論才子文人的心態與詩學，認為憐花品花護花意識，其實就是好色。棄生詩情調近此，只是此地時移事異，加上棄生晚懷蕭瑟，其〈遊華歸後偶得四首〉其四云：「華夏清遊劇半年，老懷負卻好江天。秦淮河上西湖裏，不喚笙歌載酒船。」不過清遊賞景而已。

　　第六章、兒女性靈，詩家之心。洪棄生詩學的「入格之詩」的主張與「到家之詩」的標舉，無非指出「學古」與「創新」二者密不可分；當以學古「入格」為門徑，「創新」到家而成就專詣饒美之功。繼承王士禛重「典」、「雅」及「神韻」之詩觀，輔以桐城派論詩重法度之主張。遠承明代胡應麟由「體格聲調」入手，達致「興象風神」的學習順序。胡氏論五言古詩的寫作云：「不用其格，便非本色；一剽其語，決非名家。」本宋人「先體製而後工拙」說，強調詩歌的「本色」，以求「入格」而「到家」。因此，一方面由「辨體」，分辨文章體製；一方面探源索流、遠紹旁搜而「尊體」，企求會通歷代文體風格異同，以「變格求新」，方能汲古而融鑄自家風格。棄生作詩先求入格，再變化求新；學習古人作品，本自才學性情；無心印合，有神無跡，終臻「風格到家」，所謂「學古神到」。因此，又參酌袁枚「性靈說」，以兒女性靈，為詩家之心。

　　第一節、入格之詩。洪棄生論文作詩以清代桐城派「義法」為宗，從文學體製的「辨體」、「尊體」進而「變格求新」，此為清朝人近法本朝先正的文風。洪棄生早年八股文寫作的基礎訓練，尚法古人，會通體製，論「入格之詩」本自宋人言體製、正脈、本色，以為「蘊涵著風格與價值的判斷」、「用以指明某一文體的本質。」洪棄生論詩之入格，主張尚法古人，會通體製，所謂「當自取漢魏晉宋及初唐盛唐諸名家詩習之。習之既久，唐以前各名家精神懸於心目，則自無不入格之作。」

　　第二節、創新「到家」。因此，能學古以求變化，創新而至「到家」，方有自家面貌。洪棄生論文作詩以清代桐城派「義法」為宗，從文學體製的「辨體」、「尊體」進而「變格求新」。因此，能學古以求變化，創新而至「到家」，方有自家面貌。因云：「入格之詩可以偶然，真到之詩不可偶得。」

　　第三節、兒女性靈。推崇袁枚（字子才，號簡齋，晚號隨園老人，又號小倉山居士。浙江錢塘人。西元一七一六～一七九七年）所謂「性靈」，主要在氣魄、性情、才力等，每從詩人氣質與學力析論。一、以性靈言詩，詩詠男女之情為先。二、筆性靈，情韻足。三、詩題各有境界，各有宜稱。四、題目佳境，不可刊置別處。五、作詩當辨別淡與枯、新與纖、樸與拙、健與粗、華與浮、清與薄、厚重與笨。六、論詩主張鮮活、真趣、自然。七、咏物、讀史詩須有寄託新義，不可用小說演義語。八、詩人身後之名，有待時間嚴格的審判。九、作詩多敘事而寡音節，非詩之正宗。十、作詩用意要精深，下語要平淡。第四節、晚清樊增祥發揚高華的詩作。棄生批評晚清詩風格一為發揚高華，一為奧衍微至。筆者陳光瑩著，《洪棄生《詩》《騷》別裁的遺民詩史研究》（新北市：花木蘭文化出版社，2021 年 3 月）深入論析此乃別裁《詩》《騷》風格，身為遺民，洪棄生的詩史觀點。尤推崇樊增祥發揚高華的詩作，以樊增祥素以豔體與香奩詩著稱。樊增祥（字嘉父，號雲門，又號樊山，別署天琴老人。湖北恩施人，西元一八四六～一九三一年），論者闡發其詩學理論，強調「八面受敵」，博採眾長，自成面目。樊增祥感歎「至光緒中葉，新學日昌，士以詞章為無用，而古所謂道性情、體物象、致諷諭、紀治亂之作，見亦罕矣。」認為詩有獨到之處，須轉益多師。古人才筆，兼收並蓄，「所蓄既富，加以虛衷求益，旬煅季煉，而又多行路，多更事，多見名人、長德，多經歷世變，多合千古百人之詩以成吾一家之詩，此則樊山詩法也。」樊山作詩，於有清詩人，遠則師法袁枚。論者稱袁枚詩語淺義深，

樊增祥詩典麗清切，意趣不同。又師事親炙李慈銘，於師仰讚之語屢見詩篇。
李慈銘則稱許樊增祥詩如八面受敵，精能過人。後〈彩雲曲〉諷刺德將瓦德
西「將軍七十虯髯白，四十秋娘盛釵澤。普法戰罷又今年，枕席行師老無力。」
詩序罵賽金花是禍水和蕩婦，此詩綰合政治與愛情，以流麗詩筆寫妓女與外
國敵將的傳奇，掩不住國事陵夷，中國任由外人蹂躪的恥辱與悲傷。西元一
九二二年到二三年間，洪棄生皆其子洪炎秋遊中國，身在北京時，棄生因歎
咸豐十年（西元一八六〇年）英法聯軍，光緒二十六年（西元一九〇〇年），
八國聯軍及民國辛亥革命兵燹之蹂躪。「公路」乃袁術字，暗指袁世凱。國父
中山先生為求推翻滿清，促成共和，乃將大總統之位讓給袁。袁氏為清之貳
臣，民國之罪人。袁氏死後。軍閥割據亂政，政壇紛擾，猶如「群兒撞破好
家居，眾臂吹上御階阰。」末自比梁鴻，賦五噫而傷宮闕，不堪銅駝荊棘之
悲。其〈西苑行〉寫指八國聯軍之禍，京師竟被兵燹。金鑾殿上駐雄兵，百
年珍寶劫掠一空。再經辛亥兵事，及軍閥破壞搶奪，宮室惟餘蜚廉桂觀、承
露金人，當年求仙的帝子何在？

　　第七章、思圓活法，剪裁烹煉。詩藝的精進在警策沉麗，從技巧理論言，
洪棄生一如西方形構主義者，將文學當成詩，設定「陌生化」是文學的本質。
換言之，「文學性」成了一種言說與另一種言說間種種差異關係。但棄生也欣
賞散文的寫實與優美，沒有刻意標新，引人注目，卻簡潔穩健。洪雖強調詩意
詞藻，認為詩是語言的突出和審美對象。他也認為詩的情感必須可信，使詩的
詞藻平實而真誠。進而吸收散文和故事的敘述能力來寫詩。這些文學的本質源
自《詩經》和《楚辭》的特色。洪棄生主張風格「清新」，其尋求文學語言創
造性用法的活力十分顯著。珍視「老成」的作品，則是追求創造和維持文學精
華的驅動力。

　　第一節、思圓活法。此中強調創作的關鍵在因「規矩」成「方圓」，以臻
詩文作品意境之圓美。洪氏云：「梅村詩所以邁過錢、龔者，在雄博偉厚，奄
有多體。尤在情韻纏綿，能成一體。」推崇明末清初詩人吳偉業詩情韻纏綿，
能成一體。而吳偉業詩情厚而詞偉，奄有多體，足稱大家。此乃兼論作者與作
品，兼重天分與學力。袁枚倡性靈說，詩多意趣，然棄生批評袁枚詩以「手滑
失真」，趙翼詩以「口滑入俗」，作詩不足與蔣士銓鼎足。蔣士銓詩，棄生以為
「氣格深穩，神思清沉。」袁、趙二人詩則因「滑」而少真、少雅、少厚，多
俚語諧談。錢鍾書《談藝錄》亦以為世人將袁、蔣、趙三家齊稱，然蔣與袁、

趙議論風格大不相類。又批評趙翼詩筆滑不留手，稍欠蘊藉。

　　推許黃景仁詩圓美入時，洪棄生推崇〈舟過龍門山〉一首，尤優入杜境，不減杜入蜀詩，中間警句云：「幽谷神龍都，深潭老蛟大。風雨倏晦明，知是陰靈會」。稱其五古究竟較多清高入古之作，拙著已賞析其刻劃景物感性工巧。棄生評論王士禎和黃仲則詩品，王為「羽化飛仙」，而黃乃「陸地行仙」。就閱歷仕途言，王士禎早達又曾獲高位，黃仲則仕途乖蹇，多病工愁，年壽不過四十，詩作自然多哀蛩之音。黃仲則詩作名篇，七古如〈觀潮行〉、〈後觀潮行〉、〈笥河先生偕宴太白樓醉中作歌〉、〈圈虎行〉諸詩落落不凡，前人多所稱賞。洪氏評其學李白而不及李之高妙，卻自饒高妙，別具隻眼。仲則詩語圓美如珠，奇正虛實相生，比喻恆出谿徑，最見才華。

　　第二節、剪裁烹煉。錢鍾書以「圓」論文，以為圓指「詞意周妥、完善無缺之謂。」洪棄生主張文無定法，文求筆調則無氣格。筆法風調本自意格聲律，意格聲律又本自才氣文思。細究探源，乾隆江左三家中，袁枚、趙翼已言之矣。趙翼（字雲菘，一字耘松，號甌北（其初或當作「鷗北」），江蘇陽湖（今常州）人。西元一七二七～一八一四年）強調詩作需鍊句精要，語無剩義。詩作須言簡意深，新密切理。趙翼評論元稹、白居易詩的「坦易」和韓愈、孟郊詩的「奇警」，提到「詩本性情，當以性情為主。」「坦易者多觸景生情，因事起意，眼前景，口頭語，自然沁人心脾，耐人咀嚼。」指出「性情」與「意味」的依存關係。推崇創新者的勇氣魄力與開拓精神，提升眼光的重要。袁枚強調博雅大儒的文章雖有學問，性情練達和文章變化卻不足，袁枚所謂「當謂古文家似水，非翻空不能見長。」意在批評考據學者雖知文章法度規矩，若無變化之才，不能翻空出奇，文乏神思骨氣，如何能方圓如意。因此，「考據」、「詞章」各有畛域，學問彼此可融通，然各有成家者，主要在各自的致力處不同。知文章法度規矩，熟知剪裁、提挈、烹煉、頓挫諸法，變化出奇，文有神思骨氣，方圓如意，思圓而神，方臻化境。第三節、婦女形象，詠史諷諭。傳統婦女形象見於詩歌者，洪棄生〈題明妃圖〉渲染昭君紅顏薄命，而南宋人詠昭君美色，更多從傾國傾城，美人禍水各方面去論述，此《左傳》所謂「甚美必有大惡」。棄生「或謂美人如美疢，越以餌吳吳焰熄。」意旨本此。末句「然則明妃圖，可畫功臣側。」本自鮑桂星〈明妃〉「未上麒麟」之事實，而進一步說明妃圖，可畫功臣側。以昭君和親之不幸，發抒士大夫懷才不偶的悲情。

　　第八章、詩格雅正，真實自然。棄生作詩強調「詩格雅正，真實自然。」藉由在地書寫宣揚雅正的詩教，以溫柔敦厚而不愚，此古人所謂學古有得，即雅。認為唐、宋以前人，不屑向他人借口，為客氣假象。學人好為高論，而不求真知，盡客氣也。蘇軾云：「詩須要有為而作，用事當以故為新，以俗為雅。好奇務新，乃詩之病。」黃庭堅亦主張「以俗為雅，以故為新。」

　　第三節、浩落婉麗，樂府竹枝。洪棄生曾稱許清初文人王士禛的竹枝詞，可見他能欣賞經過文人雅化，具有民歌活潑自然特質的詩。西元一九二二年，棄生遊南京長干里、長干橋，〈莫愁湖曲〉詩仿南朝樂府民歌，語言質樸清新。類疊排比修辭，回旋往復，情思宛轉。製詩詠南朝興亡，託興於江南桃葉情歌以敘者，如〈龍潭路望隔江桃葉山〉情來復去，當日誰寫六朝金粉？惟見山水依依，悵然淚灑。〈玉樹後庭花〉，乃〈吳聲歌曲〉名，陳後主所作。棄生有感於中國國勢陵夷，不禁有「玉樹歌聲哀」之感嘆。

參考書目

一、筆者的著作

1. 陳光瑩著，《臺灣古典詩家洪棄生》（台中：晨星出版社，2009 年）。
2. 程玉凰、陳光瑩選注，《洪棄生集》（台南市：臺灣文學館，2012 年）。
3. 陳光瑩著，《吳梅村諷諭詩研究》（臺北：花木蘭文化出版社，2009 年）。
4. 陳光瑩著，《洪棄生的旅遊詩歌——〈八州詩草〉研究》（新北市：花木蘭文化出版社，2015 年）。
5. 陳光瑩著，《儒醫謝道隆〈小東山詩存〉研究》（新北市：花木蘭文化出版社，2020 年 3 月）。
6. 陳光瑩著，《洪棄生〈詩〉〈騷〉別裁的遺民詩史研究》（新北市：花木蘭文化出版社，2021 年 3 月）。
7. 陳光瑩著，《臺中公園的文學書寫：臺中一中人暨第十八屆語資班作品研究》（臺中市：陳光瑩自刊本，2021 年 6 月）。

二、洪棄生、洪炎秋著作

1. 洪棄生著，《寄鶴齋古文集》（南投：臺灣省文獻委員會，1993 年）。
2. 洪棄生著，《寄鶴齋詩話》（南投：臺灣省文獻委員會，1993 年）。
3. 洪棄生著，《寄鶴齋駢文集》（南投：台灣省文獻委員會，1993 年）。
4. 洪棄生著，《寄鶴齋詩集》（南投：臺灣省文獻委員會，1993 年）。
5. 洪棄生著，《洪棄生先生遺書》（台北：成文出版社，1960 年）。
6. 洪棄生著，《時勢三字編》（南投：臺灣省文獻委員會，1993 年）。

7. 洪棄生著,《八州詩草》(南投:台灣省文獻委員會,1993 年)。

8. 洪棄生著,《八州遊記》(南投:台灣省文獻委員會,1993 年)。

9. 洪棄生著,《瀛海偕亡記、中東戰記、中西戰記、時勢三字編》(南投:台灣省文獻委員會,1993 年)。

10. 程師玉凰著,《洪棄生的旅遊文學——〈八州遊記〉研究》(台北:文津出版社,2011 年年)。

11. 程師玉凰著,《洪棄生及其作品考述》(臺北縣:國史館,1997 年)。

12. 洪炎秋著,《文學概論》(臺北市:華岡出版社,1979 年)。

13. 洪炎秋著,《洪炎秋自選集》(台北:黎明文化公司,1975 年)。

14. 洪炎秋著,《淺人淺言》(台北:三民書局,1973 年)。

15. 洪炎秋著,《閒話與常談——洪炎秋文選》(彰化市:彰化縣立文化中心,1996 年 7 月)。

三、詩經著作

1. 方玉潤著,《詩經原始》(台北:藝文出版社,1960 年)。

2. 王先謙撰,《〈詩〉三家義集疏》(臺北:明文書局,1988 年 10 月 10 日初版)。

3. 王靜芝著,《詩經通釋》(台北:輔仁大學文學院,1991 年)。

4. 孔穎達撰,《〈毛詩〉正義》(臺北:中華書局,1966 年 3 月臺一版)。

5. 朱熹集註,《〈詩〉集傳》(臺北:中華書局,1970 年 9 月臺三版)。

6. 朱熹集註,《詩經集註》(臺北市:萬卷樓圖書公司,1996 年)。

7. 朱善著,《詩解頤》《文淵閣四庫全書·經部三·詩類》(台北:商務印書館,1983 年)。

8. 李辰冬撰,《〈詩經〉通釋》(臺北:水牛出版社,1980 年 11 月 15 日三版)。

9. 林慶彰編著,《詩經研究論集》(台北市:臺灣學生書局,1983 年)。

10. 屈萬里著,《〈詩經〉詮釋》(臺北:聯經出版社,1983 年)。

11. 高亨注,《詩經今注》(台北市:里仁書局,1981 年 10 月 15 日版)。

12. 屈萬里著,《〈詩經〉詮釋》(臺北:聯經出版社,1996 年 7 月初版第十刷)。

13. 裴普賢編著,《詩經研讀指導》(台北:東大,民 76 再版)。

14. 裴普賢編著,《詩經評註讀本》(臺北:三民書局,1987 年 4 月三版)。

15. 糜文開、裴普賢著，《詩經欣賞與研究》（台北市：三民書局，1986 年 11 月三版）。

16. 滕志賢注譯，葉國良校閱，《新譯詩經讀本》（台北：三民書局，2000 年）。

四、楚辭著作

1. 王逸原注，何錡章編著，《王逸注楚辭》（台北：黎明文化，1984 年）。

2. 王逸撰，《楚辭章句十七卷四冊》。收於《國立中央圖書館善本序跋集錄・別集（一）》（明陳深批點明萬曆天啟間吳興凌氏刊朱墨套印本。台北：1994 年 4 月）。

3. 丁晏撰，黃靈庚點校，《楚辭天問箋》（上海：上海古籍出版社，2018 年 11 月第 1 版）。

4. 朱熹集注，《楚辭集注》（台北：文津出版社，1987 年）。

5. 朱熹集注，《楚辭集注》（合肥市：黃山書社，2009 年）。

6. 朱熹撰，《楚辭集註八卷後語六卷辯證二卷五冊》。收於《國立中央圖書館善本序跋集錄・別集（一）》（明萬曆間楊鶴南京刊本。台北：1994 年 4 月）。

7. 朱熹著，蔣立甫校點，《楚辭集注》。見《朱子全書》（上海：上海古籍出版社；合肥：安徽教育出版社，2002 年）。

8. 吳福助註譯，《楚辭註繹》（台北市：里仁書局，2007 年）。

9. 傅錫壬註譯，《新譯楚辭讀本》（台北：三民書局，1987 年）。

10. 廖棟樑著，《倫理・歷史・藝術：古代楚辭學的建構》（台北市：里仁書局，2008 年 9 月）。

五、工具書、地方志

1. 永瑢著，《四庫全書總目》下冊（北京：中華書局，1997 年）。

2. 林偉洲、張子文、郭啟傳撰文，《臺灣歷史人物小傳：明清時期》（臺北市：國家圖書館，民國 90 年版）。

3. 陳正祥著，《臺灣地名辭典》（臺北：南天書局，1993 年版）。

4. 臧勵龢主編，《中國人名大辭典》（臺北：商務印書館，1979 年二月增補臺二版）。

5. 黃秀政撰，《鹿港鎮志・沿革篇》（鹿港鎮：鹿港鎮公所，2000 年）。

6. 葉大沛著，《鹿港發展史》（彰化市：左羊出版社，1997 年）。

7. 單文經撰，《鹿港鎮志‧教育篇》（鹿港鎮：鹿港鎮公所，2000 年）。

8. 施添福撰，《鹿港鎮志‧地理篇》（鹿港鎮：鹿港鎮公所，2000 年）。

9. 許雪姬撰，《鹿港鎮志‧宗教篇》，（鹿港鎮：鹿港鎮公所，2000 年）。

10. 高拱乾修纂，《臺灣府志》（臺北：台灣大通書局，1987 年 10 月）。

11. 錢仲聯主編，《中國文學家大辭典清代卷》（北京：中華書局，1996 年 10 月第一版）。

六、詩（詞）話、詩箋、詩集、文集、年譜

1. 干寶著，黃鈞注譯，《新譯搜神記》（台北：三民書局，1996 年 1 月）。

2. 王韜著，《蘅華館詩錄》（續修四庫全書集部‧別集類，上海：上海古籍出版社，2002 年）。

3. 王彥泓著，鄭清茂校，《王次回詩集》（台北：聯經，民國 73 年 7 月初版）。

4. 王應麟撰，閻若璩箋，《困學紀聞》（山東濟南市：山東友誼書社，1992 年 7 月第 1 版）。

5. 王夫之著，《薑齋詩話》（北京：人民文學出版社，1998 年）。

6. 王夫之等撰，《清詩話》（上海：上海古籍出版社，1999 年 6 月第 1 版）。

7. 王國維著，《海寧王靜安先生遺書》（四）（台北：商務印書館，1979 年）。

8. 王國維著，《人間詞話》（台北：金楓出版社，1999 年）。

9. 王士禎著，《帶經堂詩話》（北京：人民文學出版社，1998 年）。

10. 王士禎著，《池北偶談》（台北市，漢京文化出版社，1984 年）。

11. 王士禎撰，《丙申詩》《國立中央圖書館善本序跋集錄‧集部‧別集（五），明～清、民國暨朝鮮、安南、日本》（台北市：國立中央圖書館，民國 83 年 4 月出版）。

12. 王英志注譯，《新譯袁枚詩文選》（台北市：三民，2014 年）。

13. 王英志注譯，《新譯清詩三百首》（台北：三民書局，2010 年）。

14. 方回選評，李慶甲集評校點，《瀛奎律髓彙評》（上海：上海古籍出版社，2005 年）。

15. 方苞著，《欽定四書文》《文淵閣四庫全書‧集部‧總集類》（台北：商務印書館，1983 年）。

16. 方苞著，《望溪集》《文淵閣四庫全書‧集郡‧別集類》（台北：商務印書

館，1983 年）。

17. 方苞著，《望溪先生文集》《續修四庫全書·集郡·別集類》第 1420 冊（上海：上海古籍出版社，2002 年）。

18. 白居易著，陶敏、魯茜注譯，《新譯白居易詩文選》（台北：三民書局，2009 年）。

19. 白居易著，《白居易集》（台北：漢京文化，1984 年）。

20. 元稹撰，《元稹集》（台北：漢京文化，1983 年）。

21. 司空圖原作，陳國球導讀，《二十四詩品》（臺北：金楓出版社）。

22. 四川大學中文系唐宋文學研究室編，《蘇軾資料彙編》（北京：中華書局，1994 年 4 月）。

23. 阮籍原著，林家驪注譯，《新譯阮籍詩文集》（台北：三民書局，2001 年）。

24. 李桓輯錄，《國朝耆獻類徵初編》（八）（台北：文海，民國 62 年 12 月版）。

25. 李白著，郁賢皓注譯，《新譯李白詩全集》（台北：三民書局，2011 年）。

26. 李商隱著，朱恆夫、姚蓉、李翰、許軍注譯，《新譯李商隱詩選》（台北：三民書局，2011 年）。

27. 李一冰著，《蘇東坡新傳》（台北：聯經出版公司，1996 年）。

28. 李靈年、李澤平譯注，《袁枚詩文》（台北市：錦繡，1993 年）。

29. 杜甫著，張忠綱、趙睿才、綦維注譯，《新譯杜甫詩選》，（臺北市：三民書局，2009 年）。

30. 杜甫著，仇兆鰲注，《杜詩詳註》（北京，中華書局，1989 年 12 月第三刷）。

31. 杜甫著，楊倫箋注，《杜詩鏡銓》（台北：華正書局，1986 年 8 月版）。

32. 杜牧著，《樊川文集》（臺北：漢京文化公司，1983 年）。

33. 何文煥輯，《歷代詩話》（四部刊要集部·詩文評類，台北：漢京文化，1983 年 1 月 1 日初版）。

34. 吳文志編，《宋詩話全編》（江蘇：江蘇古籍出版社，1998 年）。

35. 吳文志編，《明詩話全編》（南京：江蘇古籍出版社，1997 年）。

36. 吳偉業著，李學穎集評標校，《吳梅村全集》（上海：上海古籍出版社，1990 年 12 月）。

37. 沈德潛等人編《宋詩別裁集·元詩別裁集·明詩別裁集》（長沙市：岳麓書社，1998 年）。

38. 沈德潛、周準編,《明詩別裁集》(西安:中華書局,1981 年第 2 次印刷)。

39. 沈德潛著,潘務正、李言編輯點校,《沈德潛詩文集》(北京:人民文學出版社,2011 年)。

40. 沈括著,《夢溪筆談》(上海:上海古籍出版社,1987 年 9 月第一刷)。

41. 沈佺期原著,陶敏、易淑瓊校注,《沈佺期集校注》(北京:中華,2000 年 11 月第一刷)。

42. 汪瑔著,《隨山館猥稿》(上海:上海古籍出版社,2010 年 12 月第一版)。

43. 汪瑔著,《番禺汪穀庵先生集五本》(黃濬捐贈行政院圖書室,1934 年 9 月)。

44. 金聖歎著,《金聖歎全集》(江蘇:江蘇古籍出版社,1985 年)。

45. 林資銓著,《仲衡詩集》(台北:龍文出版社,1992 年)。

46. 周紫芝撰,《竹坡詩話》(景印文淵閣四庫全書第 1480 冊,臺北市:臺灣商務印書館,1983 年)。

47. 易順鼎著,王颺點校,《琴志樓詩集》(上海:上海古籍出版社,2004 年 4 月第一刷)。

48. 紀昀著,《閱微草堂筆記》(台北:台灣古籍出版公司,2006 年)。

49. 姚瑩著,《中復堂選集》(文叢第 83 種,1867 年重刊)。

50. 姚燮著,《復莊詩問》(上海,上海古籍出版社,1988 年 5 月第一刷)。

51. 姚鼐著,《惜抱軒詩文集》(上海市:上海古籍出版社,1992 年)。

52. 姚鼐編纂,王文濡評註,《評註古文辭類纂》(台北:華正,1987 年 8 月初版)。

53. 洪邁著,《容齋隨筆》(北京:中華書局,2005 年)。

54. 洪亮吉著,《北江詩話》,(北京:人民文學出版社,1998 年)。

55. 范成大著,《范石湖集》(上海:上海古籍出版社,2006 年 6 月)。

56. 胡適著,李敖編,《胡適選集(三)》(臺北縣:李敖出版社,2002 年)。

57. 紀昀著、孫致中等校點,《紀曉嵐文集》第一冊(河北:河北教育出版社,1991 年)。

58. 查為仁撰,《蔗塘未定稿七卷外集八卷八冊‧清乾隆八年精刊初印本》《國立中央圖書館善本序跋集錄‧集部‧別集(五),明~清、民國暨朝鮮、安南、日本》(台北市:國立中央圖書館,民國 83 年 4 月出版)。

59. 徐陵編,《玉臺新詠》(台北:漢京文化,出版日期不詳),頁 574。

60. 徐陵編，清吳兆宜原注，《玉臺新詠箋注》（台北：漢京文化，出版日期不詳）。

61. 徐北文主編，《李清照全集評注》（濟南市：濟南出版社，2005 年）。

62. 徐世昌著，《晚晴簃詩匯》（北京市：中華書局，1990 年）。

63. 袁昶著，《漸西村人初集》（合肥：黃山書社，2009 年）。

64. 袁枚著，王英志主編，《袁枚全集》（江蘇：江蘇古籍出版社，1993 年）。

65. 袁枚原著，張健精選，《隨園詩話精選》（台北：文史哲出版社，1986 年4 月一版）。

66. 袁枚著，《隨園詩話》（台北：漢京文化公司，1984 年）。

67. 連橫編撰，《臺灣詩薈》（台北：成文出版社，1977 年）。

68. 連橫著，《雅堂文集》（台北：臺灣銀行，1964 年）。

69. 陸游著，錢仲聯校注，《劍南詩稿校注》（上海：上海古籍出版社，1985 年9 月）。

70. 郭紹虞著，《元好問論詩三十首小箋》（北京市：人民文學出版社，1998 年）。

71. 郭紹虞著，《宋代詩話考》（四部刊要集部·詩文評類，台北：漢京文化，1983 年元月 20 日）。

72. 郭茂倩編，《樂府詩集》（台北：里仁書局，1981 年 3 月 24 日）。

73. 梅曾亮著，《柏梘山房文集》（上海：上海古籍出版社，2005 年 12 月第 1 版）。

74. 陳衍著，錢仲聯編校，《陳衍詩論合集》（福州市：福建人民出版社，1999 年）。

75. 陳衍著，《石遺室詩話》（臺北市：臺灣商務，1976 年）。

76. 陳寶琛著，《滄趣樓詩文集》（上海：上海古籍出版社，2006 年）。

77. 陳恭尹著，《獨漉堂集》（廣東：中山大學出版社，1988 年 8 月）。

78. 陳沆著，《詩比興箋》（台北：藝文出版社，1970 年 9 月初版）。

79. 陳與義著，《陳與義集》（台北：漢京文化，1983 年 10 月 31 日初版）。

80. 陳宏天、高秀芳點校：《蘇轍集》（北京：中華書局，1990 年 8 月）。

81. 琦君等著，《我的國文師承》（臺中：明道文藝出版社，1993 年 5 月 12 日）。

82. 張之洞著，《張之洞詩文集》（上海：上海古籍出版社，2008 年）。

83. 張夢機著，《近體詩發凡》（台北：中華，1984 年 5 月四版）。

84. 張鳴編著，《宋詩菁華：宋詩分體選讀》（臺北市：三民書局，2016 年）。

85. 張際亮著，王颺校點，《思伯子堂詩文集》（上海：上海古籍出版社，2007 年）。

86. 陶秋英編選，虞行校訂，《宋金元文論選》（北京：人民文學出版社，1999 年版）。

87. 清聖祖御製，《全唐詩》（台北：明倫出版社，1971 年 5 月初版）。

88. 陶潛著，龔斌校箋，《陶淵明集校箋》（上海：上海古籍出版社，2004 年）。

89. 陶潛著，逯欽立校注，《陶淵明集》（台北：里仁書局，1985 年）。

90. 梁啟超著，《飲冰室詩話》（北京市：人民文學出版社，1998 年）。

91. 梁章鉅撰，《文選旁證》（福州市：福建人民出版社，2000 年 1 月第一刷）。

92. 傅剛著，《〈昭明文選〉研究》（北京：中國社會科學出版社，2000 年 1 月）。

93. 傅錫壬著，《新譯楚辭讀本》（台北：三民書局，2007）。

94. 傅璇琮主編，《全宋詩》（北京市：北京大學古文獻研究會編，北京大學出版社出版，1999 年）。

95. 傅與礪著，《傅與礪詩文集》《四庫全書珍本三集》，（臺北：商務印書館）。

96. 傅與礪著，紀昀等編，《傅與礪詩文集》（《文淵閣四庫全書·集部·別集類》第一二一三冊，臺北：商務印書館，1983 年 10 月初版）。

97. 楊萬里著，《誠齋集》（《景印文淵閣四庫全書》第 1160 冊，台北：商務印書館，1983 年 10 月初版）。

98. 溫洪隆、溫強注譯，《新譯樂府詩選》（台北：三民書局，2010 年）。

99. 董解元著，《西廂記董王合刊本》（台北：里仁，民國 70 年 12 月 25 日版）。

100. 曾國藩著，《曾國藩家書第二輯》（臺北：黎明文化，1986 年 12 月）。

101. 曾國藩著，湯孝純注譯，《新譯曾文正公家書》（台北：三民書局，2001 年）。

102. 曾國藩著，《曾國藩詩文選》（上海：上海古籍出版社，2005 年 10 月第一刷）。

103. 葉昌熾著，《藏書紀事詩》（北京：中華，1991 年）。

104. 葉慈（W. B. Yeats）著，《葉慈詩選》（臺北市：洪範書局，1997 年 2 月初版一刷）。

105. 黃景仁著，《兩當軒集》（上海：上海古籍出版社。1998 年 12 月第二刷）。

106. 黃徹著，《鞏溪詩話》，（北京：人民文學出版社，1998 年 5 月第 1 版）。

107. 黃宗羲著，《南雷詩歷》（臺北市：中華書局，1971 年 11 月臺二版）。

108. 黃宗羲編，《明文海》（北京市：中華書局，1987 年）。

109. 黃鈞宰著，《金壺七墨》。《續修四庫全書》1183 冊（上海：上海古籍出版社，1999 年版）。

110. 黃培芳著，《香石詩話》（續修四庫全書・集部・類第 1706 冊，上海：上海古籍出版社，2002 年）。

111. 黃遵憲著，《人境盧詩草箋注》（上海：上海古籍出版社，1999 年 12 月第二刷）。

112. 黃美娥編，《魏清德全集・參・文卷》（台南市：台灣文學館，2013 年 12 月初版）。

113. 黃文煥輯，《歷代詩話》（台北：漢京文化出版社，1983 年）。

114. 黃庭堅撰，任淵、史容、史季溫注，《黃庭堅詩集注》（北京：中華書局，2003 年 5 月）。

115. 黃庭堅著，《山谷集》《景印文淵閣四庫全書・集部・別集類》（台北：商務印書館，1983 年）。

116. 趙翼著，李學穎、曹光甫校點，《甌北集》，（上海：上海古籍出版社，1997 年 4 月第一刷）。

117. 趙文哲著，《娵隅集》（合肥：黃山書社。2009 年）。

118. 樊增祥著，《樊樊山詩集》（上海：上海古籍出版社，2004 年）。

119. 歐陽脩著，《文忠集》（文淵閣四庫全書集部・別集類，台北：商務，1983 年）。

120. 蔡鎮楚編，《全明詩話》（山東：齊魯書社，2002 年 8 月第一刷）。

121. 蔣禮鴻著，《敦煌變文字義通釋》（上海：上海古籍出版社，1988 年 9 月第 1 次印刷）。

122. 劉克莊著，《後村集》（文淵閣四庫全書集部・集部・別集類）（台北：商務，1983 年）。

123. 劉歆著，《西京雜記》（藝文百部叢書 33，抱經堂叢書第 6 函。臺北：藝文，1969 年）。

124. 錢謙益著，錢曾箋注，錢仲聯標校，《錢牧齋全集》（上海：上海古籍出版社，2003 年）。

125. 謝榛著，《謝榛全集》（山東：齊魯書社，2000 年 2 月第一刷）。

126. 謝榛著，《四溟詩話》（北京：人民文學出版社，1998 年）。

127. 韓愈著，馬通伯校注，《韓昌黎文集校注》（台北：華正書局，1986 年）。

128. 韓愈著，錢仲聯編，《韓昌黎詩繫年集譯》（台北市：學海書局，1985 年）。

129. 韓愈著，周啟成、周維德注譯，《新譯昌黎先生文集》（台北：三民書局，1999 年）。

130. 瞿蛻園等校注，《李白集校注》（台北：里仁，民國 70 年）。

131. 蕭繹著，《金樓子》（臺北市：臺灣商務印書館，1975 年）。

132. 蕭統編，《增補六臣註文選》（台北：漢京文化，1983 年）。

133. 竇廷著，聶世美校點，《偶齋詩草》（上海：上海古籍出版社，2005 年）。

134. 蘇軾著，王文誥輯校，《蘇軾詩集》（北京市：中華書局，1996 年）。

135. 蘇軾著，清王文誥、馮應榴輯注，《蘇軾詩集》（台北：學海出版社，1985 年 9 月再版）。

136. 蘇軾著，《東坡全集》《景印文淵閣四庫全書・集部・別集類》（台北市：商務印書館，1983 年）。

137. 蘇軾著，龍榆生校箋，《東坡樂府箋》（台北：華正書局，1990 年）。

138. 嚴可均校輯，《全上古三代秦漢三國六朝文》《全梁文》（北京：中華書局，1995 年）。

139. 嚴羽著，郭紹虞校釋，《滄浪詩話校釋》（臺北：里仁書局，1987 年）。

140. 嚴羽著，《滄浪詩話》（台北市：金楓出版社，1986 年）。

七、文化、美學

1. 石琪主編，《吳文化與蘇州》（上海：同濟大學出版社，1992 年 3 月）。

2. 安克強著，袁燮銘、夏俊霞譯，《上海妓女──19～20 世紀中國的賣淫與性》（上海：上海古籍出版社，2004 年 7 月第 1 刷）。

3. 艾德華・薩伊德著，薛絢譯，《世界・文本・批評者》（台北：立緒文化，2009 年）。

4. （艾）愛德華・W・薩伊德著，李自修譯，《世界・文本、批評家》（北京・三聯書店，2009 年）。

5. 艾德華・薩伊德著，單德興譯，《知識分子論》（台北：麥田出版社，2004 年）。

6. 何冠彪著，《明末清初學術思想研究》（台北：台灣學生，1991 年）。

7. 李豐楙著，《誤入與降謫：六朝隋唐道教文學論集》（台北：台灣學生書局，1996 年）。

8. 李豐楙著，《憂與遊：六朝隋唐遊仙詩論集》（台北：台灣學生書局，1996 年）。

9. 李兆群著，《品讀水之韻—江南古鎮》（香港：萬里書店，2008 年 3 月）。

10. 金耀基著，《從傳統到現代》（台北：時報文化公司，1985 年 4 月）。

11. 胡適紀念館編，《論學談詩二十年：胡適楊聯陞往來書札》（台北：聯經出版社，1998 年）。

12. 張其昀著，《中國文化新論·文學篇·抒情的境界》（台北市：華岡，1970 年）。

13. 葉朗著，《中國美學的開展》（下）（台北：金楓出版公司，1987 年 7 月初版）。

14. 漢娜·鄂蘭著，鄧伯宸譯，《黑暗時代群像》（台北：立緒文化公司，2006 年版）。

15. 錢鍾書著，《談藝錄》（台北：書林出版社，1999 年 2 月二刷）。

16. 錢鍾書著，《談藝錄》（野狐出版社，出版地及年月不詳）。

17. 劉紀曜等著，《理想與現實》（台北：聯經文化公司，1987 年 2 月）。

18. 羅蘭·巴爾特著，《寫作的零度》（北京：中國人民大學出版社，2008 年）。

八、文學史、史學、哲學、語言學

1. 方豪著，《宋史》（臺北市：華岡，1979 年）。

2. 王邦雄著，《莊子內七篇·外秋水·雜天下的現代解讀》（台北：遠流出版公司，2013 年）。

3. 王世貞著，《弇州山人續稿》（台北：文海出版社，1970 年）。

4. 王師忠林等人編，《中國文學史初稿》（台北：福記文化，民國 74 年 5 月修訂三版）。

5. 王力主編，《古代漢語》第二冊（北京：中華，2003 年 8 月）。

6. 王仲犖著，《魏晉南北朝史》（台北：漢京文化出版社，1992 年 9 月 1 日台版一刷）。

7. 王國維著，《宋元戲曲史》（台北：商務印書館，1986 年 2 月初版）。

8. 田汝成撰，《西湖遊覽志》，（文淵閣四庫全書·史部·地理類·山水之屬，台北：商務印書館，1983 年）。

9. 古鴻廷、黃書林、顏清苓合編，《臺灣歷史與文化（五）》（台北：稻鄉出版社，2000 年 11 月）。

10. 司馬遷著，瀧川龜太郎注，《史記會注考證》（台北：洪氏出版社，1986 年 9 月版）。

11. 台北縣鎮江旅台同鄉會編，《思我故鄉──鎮江》第二集（台北縣：鎮江旅台同鄉會，1986 年 10 月初版）。

12. 北京大學古文獻研究所編，《全宋詩》（北京：北京大學出版社，1998 年 12 月第一刷）。

13. 左丘明著，郁賢皓等注譯，《新譯左傳讀本》（台北：三民書局，2006 年）。

14. 左丘明著，楊伯峻注，《春秋左傳會注》（高雄：復文書局，1988 年 1 月初版）。

15. 左丘明著，杜預注，《春秋經傳集解》（台北：新興書局，1989 年 8 月版）。

16. 左丘明著，《國語》（台北：九思出版社，1978 年）。

17. 全漢昇等人著，《中國近代現代史論集第九編。自強運動（四）工商業》（台北：商務印書館，1985 年 8 月初版）。

18. 朱孟實等著，《中國古代美學藝術論》（臺北：木鐸出版社，1985 年）。

19. 呂思勉著，《先秦史》（台北：台灣開明書局，1975 年 1 月臺五版）。

20. 宋濂等撰，《元史》（台北：鼎文書局，1980 年 3 月初版）。

21. 里德（Leader Darian）著，龔卓軍譯，《拉康》（台北：立緒文化公司，1988 年）。

22. 吳福助著，《史記解題》（台北：國家出版社，1986 年 6 月三版）。

23. 吳文星著，《日據時期社會領導階層之研究》（台北：正中，民國 81 年 3 月臺初版）。

24. 沈清松主編，孫效智等合著，《哲學概論》（臺北：五南，2002 年）。

25. 杜維運著，《憂患與史學》（臺北市：東大出版社，1993 年）。

26. 余英時著，《中國思想傳統的現代詮釋》（台北市：聯經出版社，民國 76 年）。

27. 余英時著，《歷史人物與文化危機》（台北：東大，1995 年）。

28. 李慈銘著，由雲龍輯，上海書店重編，《越縵堂讀書記》，（上海：上海書店出版社，2000 年 7 月）。

29. 李細珠著,《張之洞與清末新政研究》(上海：上海書店出版社,2003 年)。

30. 季明華著,《南宋詠史詩研究》(臺北市：文津,1997 年)。

31. 易中天注譯,《新譯國語讀本》(台北：三民書局,2006 年)。

32. 孟元老撰,鄧之誠注,《東京夢華錄》(台北：漢京出版社,1984 年 3 月 30 日版)。

33. 孟元老原著,嚴文儒注譯,侯迺慧校閱,《新譯東京夢華錄》(臺北市：三民書局,2001 年)。

34. 卓遵宏著,《唐代進士與政治》(台北：國立編譯館,1987 年 3 月)。

35. 林衡道著,《鯤島探源》(台北：青年日報,1988 年 4 月再版)。

36. 房玄齡等撰,《晉書》(台北：鼎文書局,1980 年 3 月初版)。

37. 姚範著,《援鶉堂筆記》(臺北市：廣文書局,1971 年)。

38. 胡適著,《胡適北大日記選》(台北：遠景出版公司,1984 年)。

39. 胡適著,《白話文學史》(台南：東海出版社,1981 年)。

40. 班固著,《漢書》(台北：鼎文書局,1997 年 10 月 9 版)。

41. 倉修良主編,《中國史學名著評介》(台北：里仁書局,1994 年 4 月)。

42. 袁康著,劉建國注譯,《新譯越絕書》(台北：三民書局,1997 年 6 月初版)。

43. 袁燮銘、夏俊霞譯,《上海妓女──19～20 世紀中國的賣淫與性》(上海：上海古籍出版社,2004 年 7 月第 1 刷)。

44. 徐芹庭、徐耀環著,《焦氏易林解譯》(新北市：聖環圖書,2013 年 6 月)。

45. 柴萼著,《庚辛紀事》(《義和團文獻彙編第一冊》,台北：鼎文書局,1973 年 9 月初版)。

46. 泰瑞‧伊格頓(Terry Eagleton)著,黃煜文譯,《論悲劇》(台北市：商周出版：城邦文化出版,2021 年 4 月初版)。

47. 泰瑞‧伊格頓(Terry Eagleton)著,方佳俊譯,《生命的意義是爵士樂團》(台北：商周出版社,2009 年)。

48. 泰瑞‧伊格頓(Terry Eagleton)著,李尚遠譯,《理論之後：文化理論的當下與未來》。

49. 泰瑞‧伊格頓著,方佳俊譯,《生命的意義是爵士樂團》(台北：商周出版社,2009 年)。

50. 孫效智著,《宗教、道德與幸福的弔詭》(台北：立緒文化,2002 年)。

51. 脫脫等撰，《宋史》（台北：鼎文書局，1983 年 11 月三版）。

52. 郭廷以著，《近代中國史綱》（台北：曉園出版社，1994 年 5 月初版第一刷）。

53. 清史稿編纂委員會編，《清史稿校註》（台北：商務印書館，1999 年）。

54. 曹道衡著，《中古文學史論文集》（台北市：洪葉文化，1996 年）。

55. 張京華注釋，《新譯近思錄》（臺北市：三民書局，2005 年）。

56. 張麗俊著，《水竹居主人日記》（四）（台北市：中央研究院近代史研究所，2001 年）。

57. 張麗俊著，《水竹居主人日記》（九）（台北：中央研究院近代史研究所，2000 年）。

58. 張希清著，《國學研究＆第二卷》（北京：北京大學出版社，1994 年 7 月）。

59. 張玉法著，《中華民國史稿》（台北：聯經出版社，1998 年初版）。

60. 陳壽撰，裴松之注，楊家駱主編，《新校本三國志注附索引》（台北：鼎文書局，1997 年）。

61. 陳良運著，《焦氏易林詩學闡釋》（南昌：百花洲文藝出版社，2000 年）。

62. 陳鼓應著，《易傳與道家思想》（臺北市：臺灣商務，1994 年）。

63. 陳麗桂著，《漢代道家思想》（臺北市：五南圖書，2013 年 11 月初版一刷）。

64. 崔志海等著，《當代中國晚清政治史研究：1849～2019》（北京：中國社會科學出版社，2019 年 12 月）。

65. 梁華璜等著，《中國近代現代史論集第十一編中日甲午戰爭》（台北：商務印書館，1986 年 1 月初版）。

66. 陸心源輯撰，《宋史翼》（北京：中華書局，1991 年 12 月第 1 版）。

67. 國史館編，《清史稿校註》（台北：國史館，1991 年 6 月初版）。

68. 葉昌熾撰，柯昌泗評，《語石．語石異同評》（北京：中華書局，2005 年重印）。

69. 傅佩榮解讀，《傅佩榮解讀易經》（臺北：立緒文化出版社，2005 年 2 月）。

70. 楊衒之著，楊勇校箋，《洛陽伽藍記校箋》（北京：中華書局，2010 年版）。

71. 楊家駱主編，《宋人題跋》（台北：世界書局，1992 年）。

72. 楊家駱主編，《太平天國文獻彙編》第五冊（民國 62 年 12 月初版）。

73. 楊伯峻著，《春秋左傳會注》（高雄：復文書局，1986 年 8 月初版）。

74. 楊守敬、熊會貞注，《水經注疏》（江蘇：江蘇古籍出版社，1999 年）。

75. 鈴木清一郎著，馮作民譯，《臺灣舊慣習俗信仰》（台北：眾文圖書公司，1989 年）。

76. 葛洪著，王明校釋，《抱朴子內篇校釋》（北京市：中華書局，1996 年）。

77. B. Delfgaauw 著，傅佩榮譯，《西方哲學（1900〜1950）》（台北：業強出版社，1989 年 6 月）。

78. 萬斯同著，《明史》（台北：鼎文書局，1975 年 6 月初版）。

79. 廖炳惠著，《解構批評論集》（臺北市：東大，1995 年）。

80. 趙曄撰，《吳越春秋》（上海：上海書店，1989 年）。

81. 樓慶西著，《中國古建築二十講》（香港：香港中和出版公司，2014 年 4 月）。

82. 劉千美等合著，《哲學概論》（臺北：五南圖書出版公司，2002 年）。

83. 劉向編，易中天注譯，《新譯國語讀本》（台北：三民書局，1995 年 11 月）。

84. 劉向編，《國語》（台北：里仁書局，1980 年 1 月 15 日版）。

85. 劉向編，《戰國策》（台北：九思出版社，1976 年 10 月初版）。

86. 劉安撰，高誘注，《淮南子》（臺北市：臺灣中華書局，1993 年 6 月 6 版 2 刷）。

87. 劉鳳翰等著，《中國現代史論集第 23 冊第 21 編‧民初政治（三）》（台北：商務印書館，1986 年 6 月初版）。

88. 劉銀昌著，《焦氏易林文學研究》（北京：中國社會科學出版社，2016 年 7 月）。

89. 劉昫等撰，《舊唐書》（台北：鼎文書局，1979 年 12 月初版）。

90. 劉向著，張金嶺注譯，《新譯列仙傳》（台北：三民書局，1997 年 2 月初版）。

91. 蔣寅著，《王漁洋事迹徵略》（北京市：人民文學出版社，2001 年 10 月第 1 刷）。

92. 鄭志明，《中國善書與宗教》（台北：台灣學生書局，1988 年）。

93. 錢穆著，《中國學術思想史論叢（三）》（臺北：東大圖書，1985 年）。

94. 錢仲聯主編，《清詩紀事》（南京：鳳凰出版社，2004 年 4 月）。

95. 顏崑陽著，《莊子藝術精神析論》（臺北：華正書局，1985 年初版）。

96. 龔鵬程主編，《海峽兩岸道教文化學術研討會論文》（下）（台北：台灣學生書局，1996 年）。

九、現代文學作品

1. 伊莉莎白‧碧許（Elizabeth Bishop）著，曾珍珍譯，《寫給雨季的歌——伊莉莎白‧碧許詩選》（台北：木馬文化，2004 年）。

2. 余光中著，《望鄉的牧神》（台北：九歌出版社，2008 年）。

3. 余光中著，《逍遙遊》（台北：時報文化出版社，1985 年 11 月 1 日初版二刷）。

4. 余光中著，《從徐霞客到梵谷》（台北：九歌出版社，1994 年）。

5. 夏日漱石著，李永熾導讀，《行人》（台北：萬象圖書，1999 年 4 月）。

十、經書、宗教、倫理、心理、人類學

1. 朱熹著，黎德靖編，《朱子語類》（北京：中華書局，1996 年 6 月）。

2. 朱熹、趙順孫等注疏，《四書纂疏》（台北：學海出版社，1980 年 9 月初版）。

3. 江燦騰著，《日據時期臺灣佛教文化發展史》（台北：南天，2001 年元月初版 1 刷）。

4. 伊利亞德（Mircea Eliade）著，楊素娥譯，《聖與俗：宗教的本質》（台北：桂冠出版社，2001 年）。

5. 李亦園著，《宗教與神話論集》（台北縣：立緒文化，2004 年 10 月二刷初版）。

6. M‧耶律亞德著，楊儒賓譯《宇宙與歷史：永恆回歸的神話》（台北：聯經出版社，2000 年）。

7. 紀昀等撰，《四庫全書總目提要》（台北：商務印書館，1983 年 10 月初版）。

8. 高莉芬著，《蓬萊神話》（台北：里仁書局，2008 年）。

9. 袁珂校注，《山海經校注》（臺北市：里仁書局，1995 年）。

10. 格爾達‧帕格爾著，李朝暉譯，《拉康》（北京：中國人民大學出版社，2008 年）。

11. 莫里斯‧梅洛—龐蒂（Maurice Merleau-Ponty, 1908～1961）著，楊大春譯，《眼與心》（北京：商務印書館，2007 年 6 月）。

12. 陳昭瑛著，《臺灣儒學：起源、發展與轉化》（台北：正中書局，2000 年 3 月）。

13. 陳慧劍譯註,《維摩詰經今譯》(台北:東大圖書公司,1990 年)。

14. 章太炎著,傅杰編校,《章太炎學術史論集》(北京:中國社會科學出版社,1997 年 6 月第一刷)。

15. 康師義勇著,《論語釋義》(高雄:麗文文化公司,1993 年)。

16. 勒內‧吉拉爾著,馮壽農譯,《替罪羊》(台北:臉譜出版社,2004 年)。

17. 顏之推著,李振興、黃沛榮、賴明德注譯,《新譯顏氏家訓》(台北市:三民,2001 年 2 月初版 2 刷)。

18. 羅洛‧梅(Rollo May)著,朱侃如譯《焦慮的意義》(臺北:立緒文化出版社,2004 年)。

19. Follette, Victoria 等著,楊大和等譯,《創傷的認知行為治療》(台北市:心理出版社,2004 年)。

十一、文學理論、批評

1. 于民著,《氣化諧和——中國古典審美意識的獨特發展》(長春:東北師範大學出版社,1999 年 6 月)。

2. 王文顏、顏天佑、侯雅文編著,《古典詩歌選讀》(台北市:三民書局,2010 年)。

3. 王夢鷗著,《文學概論》(臺北:藝文印書館,1989 年 8 月三版),頁 235～242。

4. 王守國著,《黃庭堅研究論文集》(江西:江西人民出版社,1986 年)。

5. 王忠林著,《文心雕龍析論》(台北:三民書局,1998 年)。

6. 方東樹著,《昭昧詹言》(台北:漢京文化,1985 年 9 月 30 日初版)。

7. 方回著,《瀛奎律髓》(《景印文淵閣四庫全書》第 1366 冊。台北:商務,1983 年 10 月初版)。

8. 巴徹爾(S.H. Butcher)著,《亞里斯多德論詩的藝術》(Dorer Publication. Inc. 1951)。

9. 卡勒(Jonathan Culler)著,李平譯,《文學理論》(香港:牛津大學出版社,1998 年)。

10. 安伯托‧艾可著,翁德明譯,《艾可談文學》(臺北市:皇冠,2008 年 1 月)。

11. 朱自立著,《說詩晬語論歷代詩》(台北:里仁書局,1994 年)。

12. 朱自清著，《朱自清古典文學論文集》（上海：上海古籍出版社，2009 年 4 月第 2 版）。

13. 朱光潛著，《詩論》（台北：漢京文化，1982 年 12 月 25 日初版）。

14. 李燕新著，《王荊公詩探究》（台北：文津出版社，1997 年）。

16. 李建崑著，《韓孟詩論叢》（台北：秀威資訊出版社，2005 年 11 月初版）。

17. 施蟄存著，《唐詩百話》（台北：文史哲出版社，民國 83 年 3 月初版）。

18. 周振甫著，《詩詞例話》（臺北：長安出版社，1987 年）。

19. 波赫士（Jorge Luis Borges）著，陳重仁譯，《波赫士談詩論藝》（臺北市：時報文化，2001 年）。

20. 余美玲著，《日治時期台灣遺民詩的多重視野》（臺北市：文津，2008 年）。

21. 呂正惠著，《抒情傳統與政治現實》（臺北：臺灣學生，民國 78 年 9 月初版）。

22. 沈惠樂、錢偉康著，《初唐四傑和陳子昂》（台北：群玉堂，民國 80 年 12 月初版）。

23. 吳宏一著，《清代文學批評論集》（臺北：聯經，1998 年 6 月 15 日）。

24. 林文月著，《澄輝集》（台北：洪範，民國 74 年 9 月二版）。

25. 林淑貞著，《中國寓言詩析論》（臺北市：里仁書局，2007 年 2 月 10 日初版）。

26. 邱燮友著，《童山詩論卷》（台北：萬卷樓圖書公司，2003 年 4 月初版）。

27. 季明華著，《南宋詠史詩研究》（臺北市：文津，1997 年）。

28. 亞里斯多德著，陳中梅譯注，《詩學》（臺北市：臺灣商務，2001 年）。

29. 柯慶明、蕭馳主編，《中國抒情傳統的再發現（下冊）》（台北市：臺大出版中心，2009 年 12 月）。

30. 柯慶明著，《中國文學的美感》（台北：麥田出版公司，2000 年 1 月 1 日初版一刷）。

31. 哈洛‧卜倫（Harold Bloom）著、高志仁譯《西方正典》（台北：立緒立化，1998 年）。

32. 俞守真編註，《唐詩三百首詳析》（臺灣：復文圖書出版社，1983 年）。

33. 徐復觀著，《中國文學論集》（台北：學生，民國 79 年 3 月五版二刷）。

34. 徐復觀著，《中國文學論集續篇》（臺灣：學生書局，1984 年）。

35. 泰瑞・伊格頓（Terry Eagleton）著，吳新發譯，《文學理論導讀》（台北：書林出版社，1993年）。

36. 泰瑞・伊格頓（Terry Eagleton）著，黃煜文譯，《如何閱讀文學》（台北市：商周出版社，2014年）。

37. 翁聖峰著，《清代臺灣竹枝詞之研究》（臺北市：文津，民國85年）。

38. 海若・亞當斯（Hazard Adams）著，傅士珍譯，《西方文學理論四講》（台北：洪範書店，2000年）。

39. 舒燕等編記，《近代文論選》（北京：人民文學出版社，1999年）。

40. 梁實秋著，《梁實秋論文學》（台北：時報文化公司，1981年）。

41. 張高評著，《宋詩之傳承與開拓——以翻案詩、禽言詩、詩中有畫為例》（臺北市：文史哲。民國79年3月初版）。

42. 張高評著，《王昭君形象之轉化與創新：史傳、小說、詩歌、雜劇之流變》（臺北：里仁書局，2011年12月）。

43. 張高評著，《宋詩之新變與代雄》（台北：洪業文化，1995年）。

44. 張高評著，《宋詩之傳承與開拓》（台北：文史哲出版社，1990年3月初版）。

45. 張高評著，《張高評解析經史二：左傳之文學價值》（台北市：五南圖書出版社，2019年10月初版一刷）。

46. 張高評著，《左傳之文韜》（高雄：麗文文化，1994年10月初版一刷）。

47. 張高評主編，《文學藝術與創意研發研究論文集》（台北：里仁書局，2011年12月）。

48. 張健著，《滄浪詩話研究》（臺北市：五南，1986年）。

49. 張健著，《詩話與詩》（台北：五南圖書出版公司，2002年）。

50. 張健著，《文學批評論集》（台北：臺灣學生書局，1985年）。

51. 張健著，《宋金四家文學批評研究》（台北：聯經出版社，1983年）。

52. 張健著，《文學概論》（台北：五南圖書公司，1983年）。

53. 張健著，《文學評論第一集》（台北：巨流圖書公司，1980年）。

54. 張健著，《王士禎《論詩絕句》三十二首箋證》（台北市：文史哲出版社，1994年4月初版）。

55. 張健著，《中國古典詩新論》（台北：五南圖書公司，1996年）。

56. 張夢機著，《讀杜新箋——律髓批杜詮評》（台北：漢光文化公司，1987年）。

57. 張夢機著，《思齋說詩》（台北：華正書局，1977 年）。

58. 張錯（Dominic Cheung）著，《西洋文學術語手冊》（台北：書林出版社，2005 年）。

59. 張靜尹著，《清代詩學神韻說的論詩旨趣》（高雄：高雄師範大學國文學系博士論文，2002 年元月）。

60. 曹淑娟著，《晚明性靈小品研究》（台北：文津出版社，1988 年 7 月）。

61. 許晏駢撰，《高陽說詩》（台北：聯經，1990 年第四次印行）。

62. 陳光瑩著，《吳梅村諷諭詩研究》（臺北：花木蘭文化出版社，2009 年）。

63. 陸機著，楊牧校釋，《陸機文賦校釋》（台北：洪範書局，1985 年）。

64. 梅家玲著，《漢魏六朝文學新論——擬代與贈答篇》（台北：里仁，民國 86 年 4 月 15 日初版）。

65. 楊海明著，《唐宋詞主題探索》（高雄市：麗文文化公司，1995 年 10 月初版一刷）。

66. 程千帆著，《閑堂詩學》（瀋陽：遼海出版社，2002 年 12 月第 1 版）。

67. 葉嘉瑩著，《詞學新詮》（臺北市：桂冠出版社，2000 年 2 月初版第一刷）。

68. 葉維廉著，《荒原·艾略特詩的藝術》（臺北市：臺大出版中心，2018 年 5 月）。

69. 項楚著，《敦煌變文選注》（四川：巴蜀書社，1990 年 2 月第 1 次印刷）。

70. 郭在貽、張湧泉、黃徵著，《敦煌文集校議》（湖南：岳麓書社，1990 年 11 月第 1 次第 1 版印刷）。

71. 黃永武著，《字句鍛鍊法》（臺北市；洪範書局，2003 年 11 月）。

72. 黃永武著，《中國詩學（鑑賞篇）》（臺北：巨流出版社，1977 年三版）。

73. 黃慶萱著，《新譯乾坤經傳通釋》（台北：三民書局，2009 年）。

74. 黃慶萱著，《修辭學》（台北：三民書局，1989 年）。

75. 黃景進著，《意境論的形成：唐代意境論研究》（台北：臺灣學生書局，2004 年 9 月初版）。

76. 黃景進撰述，《滄浪詩話研究》（臺北市：金楓，1986 年 12 月初版）。

77. 黃景進著，《王漁洋詩論之研究》（台北：文史哲出版社，1980 年）。

78. 黃美娥著，《重層現代性鏡象：日治時代台灣傳統文人的文化視域與文學想像》（台北：麥田出版社，2004 年）。

79. 楊勇著，《楊勇學術論文集》（北京：中華書局，2006 年 9 月第 1 刷）。

80. 奧斯卡‧王爾德著,蕭易譯,《謊言的衰落》(南京市:江蘇教育出版社,2004 年 3 月第一刷)。

81. 鄔錫芬著,《王昭君故事研究》(東海大學:東海中研所 70 年碩士論文)。

82. 瑪格莉特‧愛特伍(Margaret Atwood)著,嚴韻譯,《與死者協商:瑪格莉特‧愛特伍談寫作》(臺北:麥田出版社,2004 年 5 月)。

83. 廖蔚卿著,《漢魏六朝文學論集》(台北市:大安出版社,1997 年第一版)。

84. 廖炳惠著,《解構批評論集》(台北:東大圖書公司,1995 年 10 月)。

85. 廖可斌著,《復古派與明代文學思潮》(台北:文津出版社,1994 年初版)。

86. 蔡景康編選,《明代文論選》(北京:人民文學出版社,1999 年 1 月第一刷)。

87. 蔡源煌著,《從浪漫主義到後現代主義》(台北:雅典出版社,1998 年 3 月修訂 8 版)。

88. 錢仲聯編,《清詩紀事》(江蘇:江蘇古籍出版社,2008 年)。

89. 劉勰著,王更生注譯,《文心雕龍讀本》(台北:文史哲出版社,1988 年)。

90. 劉勰著,周振甫注,《文心雕龍注釋》(臺北:里仁書局,1984 年)。

91. 劉勰著,羅立乾注譯,李振興校閱,《新譯文心雕龍》(臺北市:三民書局,1996 年)。

92. 劉若愚著、杜國清譯,《中國文學理論》(台北:聯經出版社,1981 年)。

93. 劉熙載著,《詩概》(台北:藝文印書館,1985 年 9 月初版)。

94. 鄭文惠著,《文學與圖像的文化美學——想像共同體的樂園論述》(台北:里仁書局,2005 年)。

95. 興膳宏著,蕭燕婉譯注,《中國文學理論》(台北:聯經出版社,2014 年 12 月)。

96. 繆鉞著,《詩詞散論》(台北:臺灣開明書店,1982 年 10 月)。

97. 繆鉞、葉嘉瑩合著,《靈谿詞說》(台北:國文天地雜誌社,1987 年第一版)。

98. 謝志賜撰,《道咸同時期淡水廳文人及其詩文研究:以鄭用錫、陳維英、林占梅為對象》(台北:臺灣師大國研所碩士論文,民國 84 年)。

99. 關永中著，《神話與時間》（臺北市：臺灣書局，1997 年）。

100. 簡宗梧著，《賦與駢文》（台北：台灣書局，1998 年）。

101. 羅伯特・斯科爾斯、詹姆斯・費倫、羅伯特・凱洛格著，于雷譯，《敘事的本質》（南京市：南京大學出版社，2015 年 1 月 1 版）。

102. 羅婷著，《克里斯多娃》（台北市：生智文化，2002 年 8 月初版一刷）。

103. 羅錦堂著，《錦堂論曲》（臺北市：聯經，1977 年 3 月初版）。

104. 龔師顯宗著，《明七子派詩文及其論評之研究》（台北：花木蘭出版社，2007 年）。

105. 龔顯宗著，《論梁陳四帝詩》（高雄：復文書局，1995 年）。

106. 龔顯宗著，《臺灣文學與中國童謠》（臺北：萬卷樓，2014 年 2 月）。

107. 龔鵬程著，《詩史本色與妙悟》（台北市：學生書局，1992 年）。

108. 龔鵬程著，《中國文學十五講》（臺北市：臺灣學生，2013 年 8 月）。

109. 龔鵬程著，《才》（台北：臺灣學生，2006 年）。

110. 龔鵬程著，《六經皆文：經學史／文學史》（台北市：臺灣學生書局，2008 年 12 月初版）。

十二、期刊論文

1. 王爾敏撰，〈王韜生活的一面—風流至性〉，《中央研究院近代史研究所集刊第 24 期上冊》（台北：中央研究院近代史研究所，1995 年 6 月）。

2. 王敏川，〈對於廢娼問題的管見〉，《當代》第 138 期（台北：民國 88 年 2 月 1 日出版）。

3. 王曉波撰，〈碧血丹青永照汗青：駁《臺灣論》對抗日義勇軍的誣蔑〉（聯合報：聯合副刊，2001 年 3 月 18 日星期日）。

4. 平路、廖玉蕙著，〈文學相對論，平路 VS 廖玉蕙談青春與凋亡〉（聯合報 2015 年 1 月 19 日星期一聯副 D2 版）。

5. 伍振鷟著，〈朱陸教育方法論之比較〉（《教育哲史教學國際學術研討會》，教育部中等教育司主辦，國立高雄師範大學教育研究所承辦。民國八十二年四月二十日至二十二日）。

6. 周憲著，〈藝術四要素理論與西方文論的演變——艾布拉姆斯《鏡與燈》評述〉（《南京師大學報》（社會科學版）一九八六年第四期）。

7. 卓意雯著，〈清代臺灣婦女的生活——婚姻關係〉（《台灣風物》41 卷 4

期，1991 年 12 月 31 日）。

8. 張高評著，〈南宋昭君詩之接受與誤讀〉，收於《第五屆中國詩學會議——宋代詩學研討會》（彰化市：彰化師範大學，2000 年 5 月 20 日星期六）。

9. 陳光瑩著，〈洪棄生古典的漢詩教學研究〉，《建國科技大學通識教育中心「第七屆提升職業倫理與職業道德教育研討會論文集」》（彰化：建國科技大學通識教育中心，2010 年 4 月 30 日）。

10. 楊淑華著，〈創意造語和方東樹論山谷詩——桐城詩論與宋代詩學研究之一〉《彰師大第五屆中國詩學會議——宋代詩學研討會》。

11. 黃景進著，〈從宋人論「意」與「語」看宋詩特色的形成〉《成大中文系第一屆宋代文學研討會論文集》。

12. 瘂弦著，〈形式的魅力〉（台北市：聯合報副刊，2001 年 8 月 2 日）。

13. 漆俠著，《王安石的〈明妃曲〉》，《中國文化研究》，1999 年春之卷，總第23 期。

14. 劉燕芝撰，〈談詩歌中的意境與境界——兼論《人間詞話》中的境界說〉（王忠林教授指導，文學理論專題的研究報告，1997 年）。

15. 劉翠溶、劉士永著，〈臺灣歷史上的疾病與死亡〉。《臺灣史研究第四卷第二期》（臺北市：中央研究院臺灣史研究所籌備處，民國 86 年 12 月）。

16. 蔡淑玲著，〈德布達（即德希達）與白朗修對「空無」看法的異同：符號與現實之間的關係〉（《中外文學》第 22 卷第 10 期，1994 年 3 月）。

17. 德國 Wackernagel 著，易默譯，〈修辭學與風格論〉（刊載《國文月刊》第五十四期）。

18. 霍松林、鄧小軍著，〈論中國傳統詩歌的文化精神〉（《江海學刊（南京）》，1989 年第一期）。

19. 謝佩芬著，〈蘇軾「清」論研究〉（彰化：彰師大第五屆中國詩學會議——宋代詩學研討會，2000 年 5 月 20 日）。

20. 簡政珍著，〈詩和現實〉（《聯合報副刊》1987 年 4 月 10 日）。

十三、英文

1. Adalaide Kirby Morris, "Wallace Stevens: Imagination and Faith" (New Jersey: Princeton University Presss, 1974).